Karl Acham

Philosophie der Sozialwissenschaften

# Handbuch Philosophie

Herausgegeben von
Elisabeth Ströker und Wolfgang Wieland

# Karl
# Acham

# Philosophie der
# Sozialwissenschaften

Verlag Karl Alber Freiburg/München

CIP-Kurztitelaufnahme der Deutschen Bibliothek

**Handbuch Philosophie** / hrsg. von Elisabeth Ströker
u. Wolfgang Wieland. – Freiburg [Breisgau]; München: Alber

NE: Ströker, Elisabeth [Hrsg.]

→ Acham, Karl: Philosophie der Sozialwissenschaften

**Acham, Karl:**
Philosophie der Sozialwissenschaften / Karl
Acham. – Freiburg [Breisgau]; München: Alber,
1983.
  (Handbuch Philosophie)
  ISBN 3–495–47476–5

# Vorwort

> Und so, nachdem jeder lebensfähige Schöß-
> ling der Untersuchung sich von dem gemein-
> samen Stamme zur Selbständigkeit abge-
> zweigt hatte, blieb der Philosophie das mißli-
> che Los, nur den noch unentwirrbaren Teil
> aller Aufgaben als ihr unbestrittenes Eigen-
> tum zu behalten. Auf dieses Altenteil gesetzt,
> ist sie dennoch lebendig geblieben, stets die
> schweren Rätsel von neuem überdenkend und
> immer auch wieder in stillen Stunden von
> denen aufgesucht, welche die Hoffnung auf
> Einheit des menschlichen Wissens festhielten.
>
> *Rudolf Hermann Lotze*, Mikrokosmus, Ach-
> tes Buch (1856)

Die moderne Philosophie der Sozialwissenschaften läßt
man im allgemeinen mit der von John Stuart Mill im
6. Buch seines „System of Logic" aus dem Jahre 1843
besorgten Grundlegung der Gesellschaftswissenschaft
beginnen. Dieses programmatische Werk hat einen in
verschiedenen Sozialwissenschaften tätigen Gelehrten
zum Verfasser. Mill vereinte die Kenntnisse des sozialwissenschaftlichen Spezialisten in verschiedenen Bereichen
mit dem Blick des philosophischen Generalisten alter
Prägung. Im Laufe der Zeit, und zwar als Folge der
zunehmenden Ausdifferenzierung der Sozialwissenschaften, wurden Werke im Sinne einer allgemeinen Philosophie der Sozialwissenschaften durch Arbeiten zur Metatheorie einzelner sozialwissenschaftlicher Disziplinen

ersetzt. Exemplarisch sei hingewiesen auf die Historiker Johann Gustav Droysen und Ernst Bernheim, auf die Ökonomen Eugen von Böhm-Bawerk und Joseph A. Schumpeter, auf die Soziologen Georg Simmel und Max Weber. Analoges gilt für die Naturwissenschaften: auch hier vollzog sich eine Diversifikation metatheoretischer Analysen.

Die Philosophie der Sozialwissenschaften könnte nun also folgerichtig als eine synoptische Erörterung von metatheoretischen Partialansichten verschiedener Einzelwissenschaften verstanden werden. Ein derart anspruchsvolles Programm kann mit der vorliegenden Arbeit nicht realisiert werden. Hier soll es nicht etwa um eine Strukturanalyse und Komparatistik sozialwissenschaftlicher Forschungsansätze gehen, sondern darum, am Leitfaden alter, für die zentralen Bereiche der Philosophie charakteristischer Fragestellungen einen Sinn für bestimmte Voraussetzungen zu entwickeln, welche im allgemeinen sowohl im Prozeß sozialwissenschaftlicher Analysen als auch im Rahmen der einschlägigen Forschungslogik ausgeblendet werden; gemeint sind vor allem Voraussetzungen ontologischer, erkenntnistheoretischer, axiologischer und metaphysischer Art. Ferner soll auf einige Zusammenhänge zwischen bestimmten wissenschaftsexternen Bedingungen und der Zielorientierung der sozialwissenschaftlichen Tätigkeit hingewiesen werden.

Die vorliegende Monographie zur Philosophie der Sozialwissenschaften kann nicht die Vielzahl von vortrefflichen Abhandlungen zu diesem Thema darstellen, sie kann sie bestenfalls ergänzen. Besonders sei auf Max Webers „Gesammelte Aufsätze zur Wissenschaftslehre" (erstmals 1922), Felix Kaufmanns „Methodenlehre der Sozialwissenschaften" (1936), Karl R. Poppers „Conjectures and Refutations" (1963), Abraham Kaplans „The

Conduct of Inquiry" (1964), Stanislaw Ossowskis „Besonderheiten der Sozialwissenschaften" (1973; poln. 1967), Alan Ryans „Philosophie der Sozialwissenschaften" (1973; engl. 1970) und Michael Lessnoffs „The Structure of Social Science" (1974) hingewiesen.* Sie vermitteln – bei aller Unterschiedlichkeit – ein repräsentatives Bild von dem, was eine Philosophie der Sozialwissenschaften im vorhin angedeuteten Sinne zu integrieren hätte. Die vorliegende Arbeit kann also gar nicht mehr sein als eine Ergänzung zu bereits Bestehendem, wenn auch das Material nach geänderten Gesichtspunkten zu ordnen und eine allgemeine Richtungsanzeige einer erst zu leistenden Integration philosophischer Perspektivierungen der sozialwissenschaftlichen Tätigkeit versucht wird.

Und noch etwas: Gewisse Bücher scheinen, wie schon Goethe in seinen „Maximen und Reflexionen" bemerkte, geschrieben zu sein, nicht damit man daraus lerne, sondern damit man wisse, daß der Verfasser etwas gewußt hat. In besonderem Maße ist diese Gefahr im Falle von Handbüchern gegeben. Der Autor des vorliegenden Handbuchs weiß um dieses Risiko, hofft, daß er wenigstens *etwas* gewußt haben möge, und fügt sich ansonsten in sein Geschick. – Zuvor gilt aber noch sein Dank Frau Elisabeth Schober für das Tippen des Manuskripts und Herrn Mag. Dr. Manfred Prisching für dessen Vorschläge

---

* Ausdrücklich erwähnt sei auch die Zeitschrift „Philosophy of the Social Sciences", die, seit 1971 erscheinend, den umfassendsten Überblick über die jüngsten Tendenzen der auf die Sozialwissenschaften bezogenen philosophischen Grundlagenforschung vermittelt. Von den zahlreichen Textbüchern zur Philosophie der Sozialwissenschaften seien vor allem die Sammelbände von May Brodbeck (1968), Leonard I. Krimerman (1969), Hans Albert ([2]1972) und Ernst Topitsch ([10]1980) genannt.

zur nötig gewordenen Kürzung der ursprünglichen Fassung der vorliegenden Arbeit.

Graz, im Sommer 1982                              Karl Acham

# Inhalt

# Einleitung

Denn heute ist eine jener Situationen, in denen Optimismus nichts ist als eine Form der
Pflichtvergessenheit.

*Joseph A. Schumpeter*, Kapitalismus, Sozialismus und Demokratie, Nachwort (1950)

Die Erörterungen von Grundlagenproblemen der Sozialwissenschaften hängen mit Zuständen und Entwicklungen
in jenem Bereich zusammen, dem sie angehören und der
zugleich, wenn auch in sehr unterschiedlicher Weise,
ihren Gegenstand bildet. Im folgenden soll kurz etwas zu
bestimmten Aspekten des Verhältnisses von *Sozialgeschehen und Wissenschaftskritik* gesagt werden, das ja auch für
den Charakter der jüngeren Philosophie der Sozialwissenschaften von grundsätzlicher Bedeutung ist.

Ohne daß auf die Zusammenhänge, die zwischen ihnen
bestehen, näher eingegangen werden soll, seien zunächst
vier Faktoren genannt, welche heute nahezu durchgehend
bei einer Charakterisierung der derzeitigen Weltlage angeführt werden: die weltweite Konfrontation zwischen
Kapitalismus und Sozialismus, das ungeheure Anwachsen
des militärtechnischen Potentials im Bereich der atomaren, biologischen und chemischen Waffensysteme bis hin
zur Möglichkeit einer Selbstvernichtung der Menschheit,
das Bevölkerungswachstum und die damit zusammenhängenden Probleme der Nahrungsmittel- und Energiever-
sorgung, schließlich die ungleiche Entwicklung zwischen

17

den Industrieländern und den wirtschaftlich unterentwik-
kelten Ländern. Angesichts dieser unserer Lage ist die
Orientierung in der Gegenwart und auf die Zukunft hin
zur zentralen Aufgabe der Sozialwissenschaften geworden. Vor diesem Hintergrund wurde in den letzten Jahren
auch die Frage nach der Funktion und nach den Voraussetzungen der Sozialwissenschaften gestellt, und dies häufiger und drängender, als es so manchem der Befragten
angenehm war. In der Folge geriet Selbstverständliches
unter Legitimationsdruck, lang Erprobtes wurde ange-
zweifelt, und verschiedentlich wurde der Auffassung Ausdruck gegeben, daß die Frage, wozu man eigentlich die
Sozialwissenschaften noch brauche, sich nicht mehr hinreichend mit dem Hinweis auf subjektive Interessen des
Forschers, wie etwa seine „Liebe zur Sache" und seine
private Freude bei der Wahrheitsfindung, beantworten
lasse. Ein Teil der in diesem Zusammenhang an die
Sozialwissenschaftler adressierten Kritik ist nur als eine
Facette jener umfassenderen Kritik anzusehen, welche
sich auf die Wissenschaft im allgemeinen bezieht. Was
sind die Voraussetzungen dieser allgemeinen Wissenschaftskritik, und was sind ihre Konsequenzen für die
Sozialwissenschaften?
   War in Zeiten der Auseinandersetzung mit einem mehr
oder weniger mythisch-magischen Weltbewußtsein das,
was man als die Weltbildfunktion der wissenschaftlichen
Erkenntnis bezeichnet hat, von besonderer gesellschaftlicher Bedeutsamkeit, so rückte im Laufe der Zeit die
technisch-instrumentelle Funktion von Wissenschaft in
den Vordergrund. Wissenschaft wurde zunehmend als
Produktivkraft verstanden, die Wissenschaftler wurden in
der Folge pragmatisiert und in ihrer Tätigkeit vielfach der
Relevanzkontrolle unterworfen. In jüngster Zeit führte
dies vor allem dazu, daß der disproportional ansteigende

Kostenzuwachs der Forschung in eine deutlichere Nutzen-Kosten-Beziehung zu den öffentlichen Haushalten einerseits und zum erzielbaren Wissenszuwachs andererseits gesetzt wurde. Daß sich in diesem Zusammenhang auch eine Reihe von enttäuschten Erwartungen wegen der Nichterfüllung von angekündigten Zusagen bezüglich der gesellschaftlichen Relevanz ihrer Tätigkeit den Wissenschaftlern gegenüber bemerkbar machte, daß ferner vor allem die anwachsende zivilisatorische Schädlichkeit von Nebenfolgen der angewandten Wissenschaft weiten Kreisen vor Augen geführt wurde, ist ein verständlicher und oftmals positiver Effekt dieser Entwicklung gewesen. Obschon in erster Linie die kostenintensiven Bereiche der naturwissenschaftlichen Forschung im Vordergrund der einschlägigen Erwägungen standen, wurden die wissenschaftskritischen Argumente vollinhaltlich auch auf die Sozialwissenschaften übertragen. Eine zum Teil fühlbare Verschiebung der sozialen Wertigkeit der positiven Wissenschaft in unserem kulturellen Gesamtsystem war die Folge, was im Bewußtsein verschiedener Betrachter auf einen Legitimitätswandel der Wissenschaft hinauszulaufen scheint (vgl. Lübbe *1981*). Die Wissenschaftler, so heißt es, hätten sich um die Ziele ihres Tuns zu kümmern, nicht allein um ihr Tun.

Diese Kritik richtet sich vor allem gegen jene stets willfährigen wissenschaftlichen Domestiken der Politik, die sich den jeweiligen politischen Organen als diejenigen präsentieren, welche eine an sie herangetragene und häufig sehr gut dotierte Auftragsforschung nicht nur im Dienste der „Öffentlichkeit", sondern auch unter dem vorwaltenden Gesichtspunkt der „Praxisrelevanz" zu betreiben vorgeben. Nun wird allerdings diese Kritik an einem Typ von ideologisch betriebener Wissenschaft gelegentlich in einen totalen Ideologieverdacht gegenüber der Wissenschaft umgewandelt. Die Kultivierung derartiger Einstellungen führt dazu, die Wissenschaft, welche im Prozeß der Vollendung der Aufklärung positiviert worden war, auf eine eigentümliche Weise zu rekonfessionalisieren: Wesentlich sei es, endlich die den richtigen Gesellschaftszielen entsprechende Gesinnung in den Institutionen der Wissenschaft zu vermitteln. Sachlichkeit und die Fähigkeiten der logischen und empirischen Überprüfung erscheinen, verglichen damit, als Kompetenzen von zweitrangigem Gewicht, weil nicht der „substantiellen", sondern der bloß „instrumentellen" Rationalität zugehörig. Da solches mittlerweile zum Standardrepertoire einiger im Namen der „Demokratie" und der „Emanzipation" Agitierender in verschiedenen weltanschaulichen und politischen Lagern zählt, erscheint es nicht abwegig, sich kurz damit zu beschäftigen.

Gewiß ist nicht zu leugnen, daß es Vertreter der wissenschaftlichen und technischen Intelligenz gibt, die bereitwillig die Mittel für einen Fortschritt liefern, zu dessen moralischen und politischen Zielen sie sich gleichgültig verhalten. Ganz abgesehen von den zahlreichen Entsprechungen in außerwissenschaftlichen Institutionen stellt sich zunächst die grundsätzliche Frage, ob eine Kritik der instrumentellen Vernunft dort schon am Platz ist, wo es praktizistisch tätige Wissenschaftler aus zumeist durchsichtigen Gründen der Opportunität ganz einfach unterlassen, das kritische Potential der sogenannten „formalen Rationalität" auch auf die Analyse von Zielen in Anwendung zu bringen und nicht nur auf die Wahl von Mitteln zu beschränken. Nicht die Verfahren der „formalen Rationalität": die logische und empirische Kontrolle, die Analyse von Ursachen und Wirkungen der Zielrealisierung sowie die Untersuchung von Nebenwirkungen der Mittelverwendung, sind – wie es gelegentlich heißt –

restriktiv oder gar repressiv, sondern jene Umstände sozialer und politischer Art, die ihre volle Entfaltung und Anwendbarkeit verhindern oder beeinträchtigen.

Ein weiterer Aspekt, der mit der in den Sozialwissenschaften wieder konstatierbaren und häufig mit scheinbarem Bekennermut vollzogenen Rekonfessionalisierung und Reideologisierung verbunden ist, betrifft das Übersehen des Unterschiedes von Ziel- und Steuerungskrisen. Häufig stellt nicht der Mangel an vernünftigen Zielen ein Problem unserer wissenschaftlich-technischen Zivilisation dar, sondern der schleichende oder auch überraschende Effekt nichtbeabsichtigter Nebenfolgen absichtsgeleiteter Handlungen. Im Falle der krisenhaften Momente unserer Zivilisation handelt es sich in der Tat weitgehend nicht um die Folgen einer Zielkrise, sondern um das Problem einer Steuerungskrise (vgl. Lübbe *1981*, 201). Diese Differenzierung ist alles eher als unwesentlich. Entschließt man sich nämlich zur Beschreibungsart der Zielkrise, so begünstigt man dadurch zweifellos eine Tendenz, über den Umweg einer Kritik der „instrumentellen Vernunft" eine Inthronisation einer Schicht von Wissenschaftlern als gesellschaftspolitischen Wegweisern und Zielfindungsexperten zu betreiben.

Mit dieser Tendenz ist nicht selten ein eigenartiger Elitismus auf seiten derer verknüpft, die zum Teil sehr virulent das Prinzip der „wertenden Wissenschaft" gegen den prozeduralen Aspekt wissenschaftlicher Erkenntnis ins Treffen führen (vgl. dazu Habermas *1969*, 244 f.). Ihm liegt die schon von Kant kritisierte Prätention zugrunde, im Besitz einer „unmittelbaren Anschauung" zu sein, wobei die Kritik von „formalen" und „substantiellen" Momenten der Rationalität häufig Parallelen in der politischen Diskussion hat. Und zwar gibt es Entsprechendes in jener Kritik an der Demokratie, durch welche diese als

„bloß formal" verachtet wird, weil eben die Mehrheits*regel* nichts über qualitative *Inhalte* der Entscheidungen besagt.

Wo immer man die „Ziele" und „Anliegen" für wichtiger hält als Formen und Verfahren, dort ist ein Wissen ums „Eigentliche" und die Gewißheit am Werk, für *das* Gute und Gerechte, für *die* Wahrheit, *das* Allgemeinwohl, wenn nicht gar für *das* Heil der Menschheit zu kämpfen. Wer für das Heil schlechthin kämpft, dem muß es jedoch als Pflicht erscheinen, jeden, der sich ihm widersetzt, zum Feind zu erklären, ihn zu verfemen und zu verfolgen. Politik gerinnt überall dort, wo ein schattenloses Gewissen in Handlung umgesetzt wird zum Freund-Feind-Verhältnis, mithin zu etwas, das dem Prinzip der wissenschaftlichen Kritik, die auf Toleranz zu basieren hat, elementar zuwiderläuft. Vielleicht sollte man daran erinnern, daß zur Zeit der Weimarer Republik Carl Schmitt diesen „Begriff des Politischen" im Kampfe gegen Parlamentarismus und Parteiensystem entwickelt hat (vgl. Schmitt *1927*). Wenn nun auch in der Wissenschaft, von der man sagt, ihre Distanz zur Politik sei allemal nur ideologischer Schein, der „Politisierung" das Wort geredet und in diesem Zusammenhang ein Denken in fundamentalistischen Wertbegriffen gefordet wird, so schwindet auch hier die Bereitschaft zu lernen und damit zur Akzeptierung der Umkehrbarkeit von Entscheidungen. Wer also die Freiheit wahren will – im weiteren Bereich der Politik wie auch im engeren der Wissenschaft –, der kann mit dem Prozeduralen in Gestalt einer formalen Sicherung der Reversibilität von Zielsetzungen gar nicht behutsam genug umgehen.[1]

---

[1] Christian v. Krockow hat diesen Zusammenhang folgendermaßen dargestellt: „Wenn man darauf vertrauen kann, daß alle – sogar ‚die

In der jüngeren Wissenschaftskritik ist die Kritik an der Formaldemokratie mit der Kritik an der „formalen Rationalität" verschmolzen, wobei vorübergehend – im Sinne eines Umkehrschlusses – den Anwälten der „substantiellen Rationalität" im Bereich der Wissenschaft, als einer Art von revitalisierten platonischen Philosophenkönigen, besondere Kompetenz bezüglich der Orientierung des politischen Gemeinwesens zugesprochen wurde. Wissenschaftler sind aber nun im besten Fall Experten zur Kritik von Zielorientierungen im Lichte der logischen und empirischen Analyse ihrer Voraussetzungen, Konsequenzen und Nebenwirkungen; sie sind auch als Experten zur fachspezifischen Lösung von Steuerungskrisen anzusehen. Sie sind aber nicht notwendig auch Experten zur Lösung von Zielfindungskrisen. Das heißt natürlich nicht, daß die Inhalte und die Richtung des Kollektivbewußtseins der wissenschaftlichen Kritik entzogen sein sollen. Im Gegenteil. Die Inhalte der verschiedensten demoskopischen Erhebungen können durchaus unaufgeklärte und revisionsbedürftige Bewußtseinszustände widerspiegeln. Aber weder aus dem Erfordernis der Kritik noch aus der vielleicht sogar vorliegenden Fähigkeit zur Kritik läßt sich ein Expertentum für weltanschaulich-politische Zielorientierungen ableiten.

---

anderen' – die Spielregeln einhalten werden, muß man wenig befürchten, nicht einmal Veränderungen, die man verwünscht. Das Spiel geht ja weiter; vielleicht bringt seine nächste Runde ein besseres Ergebnis und damit die Chance zur Veränderung der Veränderungen. – Wenn aber das Vertrauen fehlt, wenn man unterstellt, daß ‚die anderen' die Regeln manipulieren oder gar den Spieltisch umstoßen werden, sobald sie die Gelegenheit dazu haben? Dann muß man natürlich jede, sei es noch so unscheinbare Veränderung blockieren, deren Konsequenz sich nicht absehen läßt. Dann muß man krampfartig jedes Stück Macht festhalten, dessen man habhaft werden kann. Erstarrung ist die Folge." (v. Krockow *1981*)

Dies alles ist nicht allein gegen Vertreter eines in den letzten zwei Dezennien mitunter an den Universitäten merkbar gewordenen radikaldemokratischen Fundamentalismus gesagt, sondern auch gegen dessen „technokratisch" gesonnene Antagonisten. Diese betreiben zwar keine Abwertung der formalen Rationalität, definieren aber insofern gesamtgesellschaftliche Orientierungen, als sie weltanschaulich-politische Zielkonflikte prinzipiell durch eine von Experten gesteuerte Gütermaximierung für eliminierbar erklären. Damit wird unterstellt, daß Bedürfnisse invariante „Gegebenheiten" seien, mit deren Befriedigung alle Konfliktgründe wegfielen, so daß von einem Ende der Ideologien gesprochen werden könne.

Über die Art, das Ziel und die Kapazität gesamtgesellschaftlicher Steuerungen habe man in diesem Zusammenhang nicht nach den Gesichtspunkten der Demokratie, sondern nach denen der Expertokratie zu entscheiden. Aber die Sozialwissenschaften sind nicht dafür geeignet, Bedürfnisse oder Zielorientierungen individuellen oder kollektiven Verhaltens – für sich genommen – als „richtig" zu „beweisen". Heißt das, daß der Sozialwissenschaftler in Ansehung konfligierender gesellschaftlicher Zielorientierungen indifferent sein muß? Keineswegs. Nur sollte ihn kein gefühlsmäßiger Druck nötigen, etwas zu tun, was über seine Kräfte geht. Der Dienst, den er in sogenannten Zieldiskussionen leisten kann, besteht vor allem, erstens, in der Klärung des genauen Sinnes alternativer Zielsetzungen (etwa bezüglich der Ideale von Freiheit, Gleichheit, Gerechtigkeit); zweitens in der Untersuchung der logischen Kompatibilität sowohl von instrumentellen Normen und Zielsetzungen als auch von Zielsetzungen und Konsequenzen der Zielrealisierung; drittens in der empirischen Untersuchung der Nebenwirkungen und Risiken, die sich aus der Akzeptierung und praktischen Durchführung von Zielsetzungen ergeben; viertens in dem Kampf gegen alle dogmatischen Zieldoktrinen, die so tun, als stehe ihre allgemeine Gültigkeit wissenschaftlich fest – eine Behauptung, die im Rahmen einer kritizistischen Wissenschaftsauffassung notwendigerweise unhaltbar ist. Exemplarisch sei gegenüber derartigen allgemeinen Geltungsbehauptungen darauf hingewiesen, daß sich, wie schon Arnold Brecht feststellte, im Verlauf sozialpolitischer Gleichheitsdiskussionen beliebige zwei der folgenden Zustände innerhalb einer großen Bevölkerung unmöglich gleichzeitig nachweisen lassen können: Gleichheit pro Kopf, Gleichheit nach Bedürfnis, Gleichheit nach Arbeitsmenge, Gleichheit nach Arbeitsqualität, Gleichheit der Gelegenheit (vgl. Brecht *1961*, 511–518).

Aber stellt dieser Umstand nicht eben unter Beweis, daß die sogenannte „formale Rationalität" zwar nicht zur Zielbegründung, aber eben doch zu wesentlich mehr taugt als bloß zur Durchführung sozialtechnischer Maßnahmen innerhalb des zweckrationalen Kalküls? In der Tat scheint, wie Hans Albert feststellt, die technologische Nutzung der Wissenschaft zur Lösung von Steuerungsproblemen keineswegs die einzige Verwendung zu sein, für die sie im praktisch-politischen Zusammenhang in Betracht kommt, obschon die Verbesserung der Institutionen einer Gesellschaft zweifellos für deren Mitglieder von außerordentlich großer Bedeutung ist. „Einige der heute dominierenden philosophischen Strömungen suchen den Eindruck zu erwecken, als ob diejenigen Realwissenschaften, die das Erkenntnisprogramm der Erklärung auf theoretischer Grundlage adoptiert haben, für eine rationale Praxis lediglich wegen ihrer technischen Verwendbarkeit von Wert sein könnten. Das ist eine oberflächliche Auffassung, in der die Rolle der wissenschaftlichen Erkenntnis für die Gestaltung unseres Weltbildes übersehen wird." (Albert *1978*, 183) Die wirklich wesentlichen Neuerungen, welche durch sozialwissenschaftliche Erkenntnisse – wie durch wissenschaftliche Erkenntnisse allgemein – bewirkt wurden, haben mit Veränderungen in unserer Realitätswahrnehmung, mit einer Korrektur unseres vorgängig obwaltenden Weltverständnisses zu tun. Wir beschränken uns zumeist darauf, die „praktischen" Ergebnisse der Sozialwissenschaften auf ihren unmittelbaren Nutzen zur Befriedigung unserer Lebensansprüche hin zu betrachten. Alle sich in dieser Weise ergebenden Anwendungsmöglichkeiten lassen sich zur Disposition stellen. Sozialwissenschaftliche Erkenntnis kann jedoch nicht darauf reduziert werden. Wie kritisch sich immer eine darauf bezügliche Kritik gebärden mag – sie hat in entscheidendem Maße der Weltbildfunktion von Wissenschaft Rechnung zu tragen, und damit einer praktischen Dimension von sehr grundlegender Art: „Wie anders wird man sich in der Welt denn verhalten wollen, als den Regeln entsprechend, von denen man sie beherrscht glaubt? So gesehen ist jedes Weltbild zugleich Handlungsanleitung, sozusagen eine Gebrauchsanweisung für den Umgang mit der Welt. Die Menschen machen von dieser Anleitung einen unbewußten, einen gänzlich gedankenlosen Gebrauch. Denn seit je halten wir das Bild, das wir von der Welt jeweils haben, in aller Unschuld für die Wirklichkeit selbst." (v. Ditfurth *1981*)

Wissenschaft ist weitgehend identisch mit der fortwährenden Korrekturarbeit an diesem Bild. Eine solche Arbeit vollzieht sich nicht unabhängig von den lebenspraktischen Zusammenhängen, in denen dieses Bild wirksam wird, aber der Sinn des Bildes ist nicht deshalb schon auf dessen im engeren Sinne utilitaristische Nutzenfunktion reduzierbar.

# A. Zur Wissenschaftslehre der Sozialwissenschaften – Forschungsbereiche und Ansätze

„...die Methodologie kann immer nur Selbstbesinnung auf die Mittel sein, welche sich in der Praxis *bewährt* haben, und daß diese ausdrücklich zum Bewußtsein gebracht werden, ist sowenig Voraussetzung fruchtbarer Arbeit, wie die Kenntnis der Anatomie Voraussetzung ,richtigen' Gehens. Ja, wie derjenige, welcher seine Gangart fortlaufend an anatomischen Kenntnissen kontrollieren wollte, in Gefahr käme zu stolpern, so kann das Entsprechende dem Fachgelehrten bei dem Versuche begegnen, auf Grund methodologischer Erwägungen die Ziele seiner Arbeit anderweit zu bestimmen... Nur durch Aufzeigung und Lösung *sach*licher Probleme wurden Wissenschaften begründet und wird ihre Methode fortentwickelt, noch niemals dagegen sind daran rein erkenntnistheoretische oder methodologische Erwägungen entscheidend beteiligt gewesen. Wichtig für den Betrieb der Wissenschaft selbst pflegen solche Erörterungen nur dann zu werden, wenn infolge starker Verschiebungen der ,Gesichtspunkte', unter denen ein Stoff Objekt der Darstellung wird, die Vorstellung auftaucht, daß die neuen ,Gesichtspunkte', auch eine Revision der logischen Formen bedingen, in denen sich der überkommene ,Betrieb' bewegt hat, und dadurch Unsicherheit über das ,Wesen' der eigenen Arbeit entsteht."

*Max Weber*, Kritische Studien auf dem Gebiet der kulturwissenschaftlichen Logik (1906)

Die Philosophie der Sozialwissenschaften wird im folgenden als Wissenschaftslehre der interpretativen (verstehenden) und der theoretischen (erklärenden) Gesellschaftswissenschaften verstanden. Was unter der interpretativen und der theoretischen Orientierung in den Gesellschaftswissenschaften zu verstehen ist und worin sich diese unterscheiden, wird noch Gegenstand späterer Ausführungen, vor allem in Teil B und in Teil C, sein. Voneinander im strengen Sinn abtrennbar sind die beiden Betrachtungsweisen, wie sich zeigen wird, nicht. – Hier sollen zunächst einige allgemeine Charakterisierungen der Wissenschaftslehre erfolgen.

# I. Zur Differenzierung
## der Hauptdisziplinen

In Anbetracht eines bestimmten gegebenen Systems wissenschaftlicher Aussagen ist es heute üblich, den Entstehungs-, den Geltungs- und den Verwertungszusammenhang dieses Aussagensystems zu unterscheiden. Die Wissenschaftslehre ist mit allen drei Bereichen befaßt. Je nachdem, welcher Bereich Gegenstand der Betrachtung ist, und je nach Art dieser Betrachtung unterscheidet man zunächst zwei Hauptdisziplinen der Wissenschaftslehre: die *Wissenschaftstheorie* und die *Wissenschaftsgeschichte*. Bezieht sich die Wissenschaftstheorie auf den Geltungszusammenhang, so betrifft die Wissenschaftsgeschichte den Entstehungs- und Verwertungszusammenhang wissenschaftlicher Aussagensysteme. Die unterschiedliche Art und Weise, in der dies geschieht, läßt eine weitere Differenzierung innerhalb der beiden Hauptsparten der Wissenschaftslehre als sinnvoll erscheinen: in eine Wissenschaftstheorie im engeren und weiteren Sinne und in eine Wissenschaftsgeschichte im engeren und weiteren Sinne.

Die *Wissenschaftstheorie im engeren Sinne* betrifft im wesentlichen die Strukturanalyse von Verfahren zur Sicherung der Datenbasis (Reliabilität, Validierung), ferner die logische Analyse der Darstellungs- und Erklärungsmittel (Begriffs- und Theoriebildung) und schließlich den Aufweis der formalen Struktur der Überprüfung vorliegender Erklärungen und Prognosen (Konfirmierung und Widerlegung von Deduktionen aus Hypothesen und Randbedingungen). Man könnte also sagen, daß es der

Wissenschaftstheorie im engeren Sinne um den Aufweis der Standards und Kriterien der logischen und empirischen Kontrolle wissenschaftlicher Aussagen, also um Methodologie oder Rekonstruktionslogik, geht. Die Erörterung derartiger Fragen erfolgt vor allem in Teil D, aber gelegentlich auch in Teil C der vorliegenden Arbeit. – Die *Wissenschaftstheorie im weiteren Sinne* als eine breiter dimensionierte wissenschaftliche Metatheorie geht in einer bedeutsamen Hinsicht über die Erörterung rekonstruktionslogischer Probleme hinaus. Sie schließt nämlich vor allem Probleme der Ontologie, der Werttheorie und der Metaphysik mit ein. Dabei wird im Verlauf der Erörterungen ontologischer Probleme der wissenschaftlichen Forschung vor allem nach der spezifischen Art und Weise des Forschungsgegenstandes gefragt; im Verlauf der werttheoretischen Erörterungen steht im besonderen die Wertbeziehung des Forschungssubjekts zum Gegenstand seiner Untersuchungen im Vordergrund der Betrachtung; schließlich geht es bei der Erörterung metaphysischer Probleme vor allem um die für das Selbstverständnis der sogenannten sozialen Akteure – und das sind nicht nur die Forschungsobjekte, sondern auch die Wissenschaftler als die Subjekte der Forschung – grundlegenden Frage nach der Freiheit oder Notwendigkeit ihres Tuns. Den erwähnten Fragestellungen gelten die Ausführungen in Teil B, E und F, aber gelegentlich auch in Teil C des vorliegenden Buches.

Von den meisten Autoren, die sich als Wissenschaftstheoretiker verstehen, wird nur dem Geltungsproblem metatheoretische Relevanz beigemessen, während die Entstehung und Verwertung wissenschaftlicher Aussagen als psychologisches, soziologisches, jedenfalls als ein im weiteren Sinne historisches Problem angesehen wird, welches aus dem Rahmen ihrer Untersuchungen herausfalle. Dem Entstehungs- und Verwertungszusammenhang wissenschaftlicher Aussagen wendet sich, wie schon erwähnt, die Wissenschaftsgeschichte zu. Die *Wissenschaftsgeschichte im engeren Sinne* ist dabei mit der innerwissenschaftlichen oder endogenen Betrachtung des Entstehungszusammenhangs wissenschaftlicher Aussagen beschäftigt. Ihre Vertreter betreiben eine Theorien- oder Dogmengeschichte der jeweils geltenden Wissenschaft, wobei sie meist entweder mehr auf die theoretische oder aber mehr auf die angewandte Wissenschaft hin orientiert sind. – Vertreter der *Wissenschaftsgeschichte im weiteren Sinne* gehen in einer bezeichnenden Weise über die Rekonstruktion einer Theorien- oder Dogmengeschichte hinaus. Sie untersuchen die außerwissenschaftlichen oder exogenen Determinanten nicht nur der angewandten, sondern vor allem auch der theoretischen Wissenschaft. Die Sparten der Wissenschaftspsychologie, Wissenschaftssoziologie und Wissenschaftsökonomie sind es vor allem, in denen die Entstehung und Verwertung wissenschaftlicher Erkenntnisse Gegenstand einer historisch orientierten Wissenschaftsforschung ist. Von Interesse sind in diesem Zusammenhang auch jene Fragen der Forschungspragmatik, die sich vor allem auf das beziehen, was in einer bestimmten historischen Situation als Wert der Forschung angesehen wird, aber auch auf das, was in dieser Situation für die Forschung als wertvoll erscheint. Den erwähnten Fragestellungen gilt insbesondere Teil G des vorliegenden Buches.

Besinnt man sich auf die alte, vor allem von Kant aktualisierte Zweiteilung der metatheoretischen Erkenntnisse, so könnte man die Wissenschaftstheorie im engeren Sinne der Rekonstruktion der *„quaestio iuris"*, die Wissenschaftsgeschichte im weiteren Sinne hingegen der Rekonstruktion der *„quaestio facti"* zuordnen. Analoges

31

gilt für die Hans Reichenbach zugeschriebene Bereichsunterscheidung in der Wissenschaftsforschung: für den „*context of justification*" und den „*context of discovery*". Es wäre nicht abwegig, mit Bezug auf die empirische Analyse der Funktion wissenschaftlicher Aussagensysteme, also hinsichtlich der Untersuchung des Verwertungszusammenhanges wissenschaftlicher Erkenntnisse, diese Reichenbachsche Differenzierung um einen „*context of application*" zu erweitern.

In der vorliegenden Arbeit deckt sich das mit „Philosophie der Sozialwissenschaften" Gemeinte mit einer Wissenschaftstheorie im weiteren Sinne. Zum Zwecke eines besseren Verständnisses einschlägiger Zusammenhänge wird allerdings gelegentlich auf wissenschaftsgeschichtliche Sachfragen Bezug genommen werden.

## II. Zur Differenzierung
## der Hauptströmungen

Die Philosophie der Sozialwissenschaften wird im allgemeinen so verstanden, daß sie nicht Fragen zu lösen bestrebt ist, welche *innerhalb* des Bereichs der Wissenschaft auftreten, sondern Fragen *über* die Wissenschaft; ihre Fragen seien nicht „Fragen erster Ordnung" oder Tatsachenfragen, sondern solche „zweiter Ordnung", das heißt begriffliche Fragen (vgl. Ryan *1973 a*, 10f.). – Philosophische Kontroversen beziehen sich in diesem Bereich häufig auf disjunktiv verstandene Standpunkte und Schulen, noch öfter sind sie selbst Ausdruck von solchen. Dies gilt vor allem für die unter dem Namen der „normativen" und der „empirisch-analytischen Theorien" einander gegenüberstehenden metatheoretischen Positionen des Präskriptivismus und des Deskriptivismus (1), aber auch für die Konzeptionen des Naturalismus und der Hermeneutik (2). Angesichts beider Paare von einander gegenüberstehenden Konzeptionen läßt sich jedoch behaupten, daß sie zueinander öfter in einer komplementären als in einer disjunktiven Beziehung stehen.

### 1. Präskriptivismus und Deskriptivismus

Präskriptive Konzeptionen, wie sie etwa im Rahmen der Politikwissenschaft von Hannah Arendt, Arnold Bergstraesser, Eric Voegelin und Leo Strauss formuliert wurden, betonen die Überzeitlichkeit von Werten und zielen –

im Sinne des antiken Politikbegriffs – nicht nur auf die Erhaltung des Lebens ab, sondern auf die Sicherung eines guten Lebens in Freiheit und Menschenwürde. Ganz nach Art älterer Naturrechtstheorien zählt die Annahme der Wahrheitsfähigkeit von Sätzen normativer Art zu ihren Prämissen, wobei als Kriterium der Wahrheit solcher Sätze deren Übereinstimmung mit einer zuvor als richtig erkannten Seinsordnung gilt. Anwälte dieser Position verurteilen die dem Prinzip der Wertneutralität verpflichteten Wissenschaftler, vor allem solche positivistischer Provenienz, als „unwissenschaftlich", „gnostisch" oder „ideologisch" (vgl. v. Beyme *1980*, 25).

Derartige Vorwürfe werden von Vertretern des werttheoretischen Deskriptivismus postwendend an die Präskriptivisten zurückgegeben. Im Sinne der empirisch-analytischen Tradition verweisen sie darauf, daß nur Tatsachenaussagen, nicht aber evaluative Aussagen (Werturteile) wahrheitsfähig seien. Von präskriptiv verstandenen Theorien zu behaupten, sie ließen sich in kognitiv gehaltvolle Aussagen übersetzen, erscheint den Vertretern der empirisch-analytischen Richtung unhaltbar. Allein deskriptive Theorien ließen sich als besser bzw. schlechter im Vergleich zu anderen erweisen. Eine Theorie gilt dabei unter pragmatischen Gesichtspunkten als gut, wenn sie sich bewährt, wenn ihre Begriffe operationalisierbar sind, und das heißt, wenn sie für die empirische Forschung nutzbar gemacht werden kann. Der letzte Grund für die Bewährung einer aus der Sicht von werttheoretischen Deskriptivisten kognitiv bedeutsamen Theorie besteht in ihrer erfolgreichen Anwendung im sozialen Bereich.

Mit Bezug auf beide erwähnten metatheoretischen Konzeptionen läßt sich nun zeigen, daß sie in bestimmter Weise ergänzungsbedürftig sind. So kann man einerseits bezüglich des Deskriptivismus feststellen, daß mit dem letztlich auf sozialwissenschaftliche Aussagen angewandten Bewährungsprinzip häufig gesamtgesellschaftliche Werte unausdrücklich in die vermeintlich rein methodologischen Betrachtungen einfließen; dies geschieht zumeist in der Form eines Bekenntnisses zu einem Mehrheitskonsens. Seinen Anwälten wird allerdings die hinter der Realisierung dieser forschungsleitenden Prinzipien wirksame Moralität so gut wie nie ein Anlaß zu werttheoretischen Erörterungen. – Was andererseits den Präskriptivismus anlangt, so neigen dessen Vertreter dazu, ihren Standpunkt in der Normativitätsdiskussion zu verabsolutieren. Die mit dem Präskriptivismus verbundenen Ansichten bezüglich der Wirksamkeit normativer Ideen sind häufig weltfremd, da sie auf dem Irrtum beruhen oder ihn doch unterstützen, wonach die eigentlich bewegenden Kräfte in der Geschichte die Ideen bzw. die sie propagierenden Schriftsteller wären (vgl. Teil F, Kap. II). Das teleologische Wollen vermag erst in Verbindung mit dem kausalen und logischen Erkennen eine Beeinflussung der Lebensbedingungen in der Weise zu bewirken, daß sich unsere normativen Zielorientierungen gleichsam durch die nomologischen Zusammenhänge der Empirie hindurch verwirklichen. Gewiß: Je mehr wir die deskriptiv erfaßbaren Ursachen im Sinne unserer präskriptiv verstandenen Zwecktätigkeit zu dirigieren vermögen, um so wichtiger wird unsere normative Orientierung für die Fortentwicklung des menschlichen Zusammenlebens. Wer aber im Sinne des uneingeschränkten normativen Idealismus nicht innerhalb seiner *spezifischen* Umstände, sondern unter *allen* Umständen seinen präskriptiven Erwartungen zum Durchbruch verhelfen will, kann nur scheitern.

## 2. Naturalismus und Hermeneutik

In wissenschaftsgeschichtlicher Perspektive sieht man heute den ursprünglich mitunter dramatisch formulierten Gegensatz zwischen den metatheoretischen Positionen des Naturalismus und der Hermeneutik in der Philosophie der Sozialwissenschaften meist eher im Sinne einer komplementären Beziehung. Im Fall dieser Konzeptionen geht es vor allem um die Auszeichnung jeweils bestimmter Klassen von Faktoren im Verlauf der Erklärung gesellschaftlicher Sachverhalte.

Der *Naturalismus* vertritt einen Standpunkt im Sinne des klassischen Empirismus, demzufolge es *im Prinzip* keinen Unterschied zwischen dem Studium von sozialwissenschaftlich und von naturwissenschaftlich bedeutsamen Phänomenen gibt. Es lassen sich drei Varianten des Naturalismus unterscheiden: ein *rechtfertigungslogischer* („methodologischer") Naturalismus, welcher die strukturelle Identität der logischen Rekonstruktion sozialwissenschaftlicher und naturwissenschaftlicher Erklärungen und Vorhersagen behauptet; ein *ontologischer* Naturalismus, demzufolge alle sozialwissenschaftlich belangvollen Phänomene natürliche Erscheinungen seien; schließlich ein *forschungstechnischer* („methodischer") Naturalismus, der die ausschließliche Verwendung von Methoden der Naturwissenschaften bei der Erklärung sozialwissenschaftlicher Sachverhalte postuliert. Karl R. Popper wäre exemplarisch als ein Vertreter der ersten Richtung zu nennen, der mit dem einer kausalen Erklärung zugeführten Ereignis kein irgendwie geartetes ontologisches Bekenntnis verknüpft (vgl. Popper *1958* II, 324 f. und 465 f.), Otto Neurath als ein Vertreter der zweiten und dritten Richtung (vgl. Neurath *1931*). Ein häufig auftretendes Mißverständnis sei an dieser Stelle abgewehrt: daß nämlich das Bekenntnis zum ontologischen Naturalismus (Materialismus) notwendig auch ein Bekenntnis zum forschungstechnischen Naturalismus zur Folge habe. Ein interessantes Beispiel ist in diesem Zusammenhang Sigmund Freud, der in ontologischer Hinsicht Naturalist (Materialist) war, in forschungstechnischer Hinsicht hingegen – wie er meinte, aus Gründen eines unterentwickelten Forschungsstandes der Psychosomatik – ein Vertreter einer nicht-naturalistischen Psychologie.[2]

Die Mehrzahl der jüngeren Vertreter des Naturalismus ist sich zumeist des Umstandes bewußt, daß der Mangel an Invarianz in sozialwissenschaftlichen Forschungen in hohem Maße mit dem menschlichen Lernvermögen zu tun

---

[2] In der jüngeren Vergangenheit waren es vor allem viele dem Prinzip der Einheitswissenschaft verpflichtete neopositivistische Methodologen, die als Anhänger des Naturalismus in Erscheinung getreten sind. Den radikalen Vertretern dieser Richtung wies ihr ontologisches Bekenntnis im Sinne des Materialismus, also ihr ontologischer Naturalismus, den Weg zur Auszeichnung bestimmter naturwissenschaftlicher Methoden im Sinne des forschungstechnischen Naturalismus. Wie im „Leviathan" von Thomas Hobbes erschienen ihnen die Sozialwissenschaften als eine Unterabteilung der Physik. Die Schwierigkeit bezüglich der faktisch noch nicht möglichen Einlösung des damit verbundenen reduktionistischen Erkenntnisprogramms liegt, so meinte man, allein in der ungeheuren Kompliziertheit der Situationen begründet, mit denen es die Sozialwissenschaftler zu tun haben. Sie äußere sich vor allem in Folgendem:
– in der Tatsache, daß sich soziale Phänomene selten in genau gleicher Form wiederholen, also in einem niedrigen Grad ihrer Replikation;
– in dem damit zusammenhängenden Umstand, daß es sehr schwer sei, eine den Replikationsbedingungen entsprechende Experimentalsituation herzustellen;
– in der nicht immer möglichen Erfassung sozialer Phänomene in der Form quantitativer Gesetze;
– in dem Umstand, daß es – selbst in Anbetracht gleich erscheinender Zustände oder Ereignisse – schwierig ist, das relative Gewicht der verschiedenen Faktoren in der sozialwissenschaftlichen Erklärung bestimmen zu können, da diese in einer ganz anderen Weise kontextabhängig sind als etwa physikalische Sachverhalte.

hat. Aber dieses Faktum besagt ihrer Meinung nach keineswegs, daß sich daraus ein grundsätzlicher Unterschied zwischen den Natur- und den Sozialwissenschaften ableiten lasse. In beiden Wissenschaftsbereichen müsse man die Tatsachen genauer beschreiben, gemäß der alten Devise Galileis messen, was meßbar ist, aber auch Versuche anstellen, wo dies möglich ist. Mit der Weiterentwicklung der statistischen und der experimentellen Verfahren werde die relative Inferiorität der Sozialwissenschaften gegenüber den Naturwissenschaften zum Schwinden gebracht werden. Die beiden großen Bereiche der Wissenschaft unterscheiden sich demnach nur hinsichtlich des Umfanges von theoretischen Generalisierungen, welcher Umstand eben in der ungleichen Komplexität der Forschungsobjekte seinen Grund habe, insbesondere in der Vielzahl von Parametern sozialer Handlungssituationen. Der Unterschied zwischen Natur- und Sozialwissenschaften sei nur einer des Grades, keineswegs ein kategorialer, der sich in grundlegenden forschungstechnischen Differenzierungen niederschlagen müßte.

Im Unterschied zum soeben dargestellten Forschungsprogramm des Naturalismus, wie es vor allem von den Vertretern des behavioristischen Ansatzes in den Sozialwissenschaften vertreten wird, bestreiten die Vertreter der *Hermeneutik* und der verstehenden Sozialwissenschaften gewisse einheitswissenschaftliche Annahmen des Naturalismus. Der hermeneutischen Konzeption zufolge unterscheiden sich die Phänomene des menschlichen Verhaltens grundlegend zumindest von denen der toten Materie und des Reflexverhaltens, da bei den Gesellschaftswissenschaften die Sinn-Dimension ins Spiel komme. Diese Wissenschaften seien nicht allein an den Regelmäßigkeiten des gesellschaftlichen Lebens interessiert, sondern auch an der Bedeutsamkeit, welche die Akteure selbst jenen

Handlungen beimessen, die diese Regelmäßigkeiten aufweisen oder aber bewirken. Daher unterscheiden sich die Sozialwissenschaften von den Naturwissenschaften grundlegend und nicht nur hinsichtlich des Kompliziertheitsgrades der von ihnen untersuchten Situationen. – Es ist allerdings in diesem Zusammenhang wichtig, darauf hinzuweisen, daß die Mehrzahl der Vertreter der hermeneutischen Metatheorie der Sozialwissenschaften nicht von der Forderung abrückt, wonach die Sozialwissenschaften als empirische, auf Tatsachen gerichtete Forschungen zu betreiben seien. Daß in den Naturwissenschaften eine Rekonstruktion von Gründen und Absichten zum Zwecke der Erklärung der in Betracht stehenden Zustände und Vorgänge nicht am Platz, in den Gesellschaftswissenschaften aber oftmals erforderlich ist, besagt ihrer Ansicht nach nicht, daß es nötig sei, sich auf irgendein transempirisches Vermögen zu berufen, um dieser Aufgabe gerecht zu werden. Es ist nichts Mystisches daran, daß eine Primärbeschreibung in behavioristischer Sprache einen Sachverhalt betreffen kann, der ganz unterschiedlich gedeutet und in der Folge Gegenstand ganz unterschiedlicher Beschreibungen wird: Wenn jemand seinen Namen auf ein Stück Papier schreibt, so kann er damit etwa einen Totenschein unterzeichnen, einen Scheck ausstellen, einem Kind zeigen, wie man schreibt etc. (vgl. Peters *1960*, 12–14). Gegenüber Vertretern des radikalen Naturalismus machen Vertreter der Hermeneutik geltend, daß die Feststellung, welche der differierenden Beschreibungen nun die korrekte Beschreibung eines Verhaltens ist, nicht durch eine weitere Verfeinerung der behavioristischen Sprache möglich wird, sondern allein durch die Bezugnahme auf Ziele und Handlungsgründe des in Betracht stehenden Akteurs. Dies wiederum sei nicht so zu verstehen, als stehe der Sozialwissenschaftler vor dem Problem einer erkenntnismäßig unüberschreitbaren monadischen Subjektivität; vielmehr ergebe sich ja, wie dies bereits Wilhelm Dilthey mit seinen Analysen des „objektiven Geistes" unter Beweis stellen wollte (vgl. vor allem Dilthey *1914 ff.* VII), bei der Interpretation individueller Handlungen so etwas wie eine intersubjektive Sicherung von Verhaltenserwartungen insofern, als die von jemandem mit seinem Tun verfolgten Handlungsziele und die diesem entsprechenden Handlungsgründe von den Regeln abhängen, welche die Struktur einer gegebenen Gesellschaft bestimmen. Die Erfassung von Handlungen erfordere sonach die Bezugnahme auf soziale Regeln, innerhalb derer sich – ob nun in Kongruenz mit oder in Devianz von ihnen – die individuelle Zwecksetzung ereignet. Ein derartiges Verstehen schließt natürlich keineswegs aus, daß man sich, unter Hinweis auf raum-zeit-sprachlich erfaßbare (nicht-mentale) Ursachen im Humeschen Sinn, etwa wiederum psychologisch oder ökonomisch „erklären" kann, wie sich bestimmte soziale Regeln herausgebildet haben.

Max Weber hat in einer Reihe von Studien, aber besonders klar in den „Soziologischen Grundbegriffen" (Weber *1921*), darauf hingewiesen, wie sich an die Erfassung des Handlungssinnes im Prozeß des „aktuellen Verstehens" die kausale Rekonstruktion des „erklärenden Verstehens" schließt; wie also die exakte Erfassung dessen, was der Fall ist, erweitert wird durch eine Erklärung des Umstandes, warum das eingetreten ist, was der Fall ist. Bezüglich Max Webers wäre es unrichtig, von einer Unverträglichkeit dieser beiden Formen des Erkennens zu sprechen. Aber auch unabhängig davon ließe sich in einer etwas überspitzten Formulierung sagen, daß es im Falle des „Verstehens" um die Erklärung von Handlungen unter Bezugnahme auf Motive und soziale Regeln geht, beim „Erklären" hingegen oft um das Verstehen dieser Handlungen unter Bezugnahme auf Ursachen im Sinne von nicht-mentalen Sachverhalten. – Natürlich soll mit dem Hinweis auf Weber als einen Vertreter einer den Naturalismus in gewisser Weise integrierenden Hermeneutik nicht der Eindruck erweckt werden, als gäbe es nicht auch Anhänger einer Verstehenslehre, für die eine kausale Deutung des Verstehens geradezu als Ausfluß einer mechanistischen Metaphysik erscheint (vgl. etwa Winch *1958*).

Einige zeitgenössische nicht-naturalistische Ansätze in der Philosophie der Sozialwissenschaften sind von dem Bestreben geleitet, den Blick auf eine die erkenntnisleitenden Interessen berücksichtigende („transzendentalpragmatische") Wissenschaftstheorie freizugeben, und dadurch auf die im eigentlichen Sinne *geisteswissenschaftlichen* Dimensionen einer Wissenschaftsmethodologie (vgl. Apel *1973*, *1979* und *1980*). Eine Klärung des Status der *Wissenschaftshistorie* sei dabei, wie Karl-Otto Apel meint, als Kristallisationspunkt für eine neue Bestimmung des methodologischen Status aller normativ-hermeneutischen Geisteswissenschaften oder Verständigungswissenschaften anzusehen. Wissenschaftshistorie könne als Versuch einer kritisch und normativ bedeutsamen Rekonstruktion der „internen Geschichte" des wissenschaftlichen Fortschritts, der das komplementäre Thema „externer" Kausalerklärungen der faktischen Wissenschaftsgeschichte allererst konstituiere, nicht in einem absoluten Sinne wertfrei sein, sondern habe sich immer schon auf das regulative Prinzip des von der Gemeinschaft der Wissenschaftler langfristig zu erreichenden Wahrheitskonsens als Maßstab der Interpretation und Bewertung von Rationalität festgelegt (vgl. Apel *1980*, 250). – Eng mit dieser transzendentalphilosophischen Betrachtungsweise der Wissenschaftsgeschichte verwandt sind die Bestrebungen von

Jürgen Habermas, einen normativ gehaltvollen Rationalitätsbegriff auf drei der wissenschaftshistorischen Betrachtung zugänglichen Ebenen freizulegen: hinsichtlich der Rationalitätsimplikationen der grundlegenden Handlungsbegriffe, hinsichtlich der Rationalitätsimplikationen eines sinnverstehenden Zugangs zum Objektbereich und hinsichtlich der Rationalisierungsformen im Prozeß der Modernisierung von Gesamtgesellschaften (vgl. Habermas *1981*). Im Anschluß an eine Erkenntnistypologie, durch welche ein „technisches", ein „praktisches" und ein „emanzipatorisches Erkenntnisinteresse" voneinander unterschieden wurden (vgl. Habermas *1968*, vor allem 146–168), soll es möglich sein, eine Theorie der Rationalitätstypen als Resultat einer Selbstdifferenzierung der Vernunft zu entwickeln: Neben die szientifisch-technische Rationalität, die auf empirische Wahrheit abzielt, und neben die moralisch-rechtliche Rationalität, der es um normative Richtigkeit geht, rückt die Rationalität der hermeneutischen Selbsterkenntnis, die im Geltungsanspruch der Wahrhaftigkeit (Authentizität, „Eigentlichkeit") ihren Grund hat.

Im Rahmen einer auf die Leistungen der Rationalität in ihren verschiedenen Ausprägungen abzielenden *kritisch-rekonstruktiven Sozialwissenschaft* soll es gemäß dem Verständnis der beiden genannten Vertreter einer Transzendentalphilosophie der Geistes- und Sozialwissenschaften nicht nur um die hermeneutische Rekonstruktion der (internen) Geschichte der Selbstverwirklichung des Geistes gehen, sondern auch um die empirische Rekonstruktion der naturwüchsigen Entwicklung gesellschaftlicher Verhältnisse als der Basis für (externe) Kausalerklärungen dessen, was jeweils als Geist gegolten hat. Nach Apel soll ein solch dialektisches Modell der Methodenvermittlung nicht etwa auf die Aufhebung der methodologischen Differenzen zwischen der naturwissenschaftlichen und der geisteswissenschaftlichen Betrachtungsweise hinauslaufen, vielmehr soll dadurch klar werden, in welchem Maße die menschliche Gesellschaft als Objekt der Wissenschaft zugleich deren Subjekt bleibt (vgl. Apel *1980*,251).

### 3. Der wissenschaftssoziologische Ansatz und die Reflexivität sozialwissenschaftlicher Aussagen

Die soziologische Relativierung metatheoretischer Absolutheitsansprüche erfordert nicht notwendig eine Parteinahme für eine der beiden soeben erörterten Konzeptionen, für den Naturalismus oder für die Hermeneutik. Dennoch schien das Gegenteil der Fall zu sein, als die Hermeneutik zum Gegenstand der Ideologiekritik gemacht wurde, wobei ihr vor allem von marxistischer Seite attestiert wurde, daß sie sich eines idealistischen Denkstils bediene; ferner, daß ihre Indifferenz gegenüber den Wahrheitsansprüchen der verschiedenen von ihr untersuchten Weltanschauungen selbst nur Ausdruck einer schwächlichen Wertungsabstinenz sei oder aber eine – unter dem Gesichtspunkt der wertenden Äquidistanz betriebene – Rehabilitierung des spätbürgerlichen Irrationalismus (vgl. etwa die Dilthey-Kritik in Lukács *1955*). Ähnliche Vorwürfe wurden auch gegen Karl Mannheims hermeneutisch inspirierte Wissenssoziologie laut, deren „totaler Ideologiebegriff" – angeblich im Sinne sehr klassenspezifischer Interessen, aber unter dem Schein der Neutralität – die Wahrheitsfrage obsolet mache (vgl. Horkheimer *1930*). Unberührt von solchen kritischen Analysen blieb die Siegessäule naturalistischer Erkenntnisgewißheit. Sie bildete den Orientierungspunkt für das

Wissenschaftsverständnis auch der meisten marxistischen Sozialwissenschaftler. Einige Fragen von Wissenschaftssoziologen sollten nun aber einen Prozeß der Erosion dieses wissenschaftlichen Selbstverständnisses einleiten.

Diese Fragen bezogen sich darauf, ob die Theorien der Naturwissenschaften das Produkt bestimmter Gesellschaftsstrukturen seien oder ob nicht bestimmte soziale Bedingungen zumindest dafür namhaft zu machen sind, daß jeweils gerade diese und nicht jene naturwissenschaftlichen Theorien zur Anwendung kommen. Es ist in diesem Zusammenhang kein Wunder, daß die Untersuchungen von Thomas S. Kuhn über die naturwissenschaftlichen Paradigmen und Paradigmenwechsel *(„paradigm shifts")* großes Interesse, vor allem bei Sozialwissenschaftlern, gefunden haben (vgl. Kuhn *1962*). In deren Augen schien durch eben diese Analysen jener Glaube an die Konstanz und Invarianz des naturwissenschaftlichen Erkenntnisfortschritts ein wenig erschüttert zu werden, der bislang auf ihrer Seite häufig das Gefühl der Inferiorität bezüglich ihrer eigenen wissenschaftlichen Profession zur Folge hatte.[3] Daß es solche Krisen und Umbrüche gibt und daß diese nicht nur Randbereiche von belanglosen Theorien betreffen, sondern den Kernbereich von „Welt-

---

[3] Dabei sind Kuhns wissenschaftssoziologische Fragestellungen keineswegs völlig originär, wie etwa vor allem die Arbeiten von Ludwik Fleck, aber auch von Boris Hessen sowie von Stanislaw Ossowski und Maria Ossowska aus den dreißiger Jahren bezeugen (vgl. Fleck *1935*; Hessen *1971*; Ossowski/Ossowska *1936*). Zudem ist Kuhns Zentralbegriff des „Paradigma" nicht übertrieben scharf bestimmt: Margaret Masterman zählte nicht weniger als 21 verschiedene Bedeutungen dieses Ausdrucks (vgl. Masterman *1970*). Aber das erscheint gar nicht so wesentlich – jedenfalls aus der Sicht vieler Sozialwissenschaftler, die erstmals von plötzlichen und erstaunlichen Veränderungen in den Naturwissenschaften hörten.

bildern" und die Vorstellungen der sogenannten wissenschaftlichen Welt über den Charakter hinreichender wissenschaftlicher Erklärungen, galt ihnen bislang nur als eine leider mit dem eigenen Tätigkeitsbereich verknüpfte Erfahrung.

Und dennoch wäre es falsch, nunmehr die Einheitswissenschaft gewissermaßen von der „weichen" Seite her proklamieren und die Unterschiede zwischen den Natur- und Sozialwissenschaften einebnen zu wollen. Hat sich durch den auch für die Naturwissenschaften als wichtig erkannten Aspekt der sozialen Bedingungen der wissenschaftlichen Theoriebildung auch einiges an vermeintlich grundsätzlichen Unterschieden zwischen den Sozial- und den Naturwissenschaften relativieren lassen, so bleiben doch wichtige Differenzen bestehen. Dies hat mit dem Gegenstand der Sozialwissenschaften zu tun, bei dem es sich im allgemeinen um lernfähige Individuen handelt und dem eine ganz spezifische Beziehung des Theorie-Praxis-Verhältnisses in den Sozialwissenschaften entspricht. Denn in einer Weise, wie das im allgemeinen auf die Naturwissenschaften nicht zutrifft, kann sich die Bekanntgabe von Beschreibungen der sozialen Wirklichkeit – in positiver oder negativer Weise – in Wirklichkeit umsetzen. Dazu einige Bemerkungen.

Realität, so sagt man landläufig, begegnet dem Menschen auf zwei Arten: als Natur und als historisch-soziale Realität. Die eine werde vom Menschen nicht gemacht, wenn auch in wachsendem Maße durch ihn verändert, die andere sei ein Produkt menschlichen Handelns, wenn auch die Erkenntnis der „Machbarkeit" sozialer Verhältnisse relativ jungen Datums ist.[4] Bei allen möglichen damit

---

[4] Mit dieser ontologischen Differenzierung waren häufig auch reichlich dualistische methodologische und metaphysische Auffassungen ver-

verbundenen Einseitigkeiten ist allerdings ein Sachverhalt nicht in Abrede zu stellen, der eine Komplizierung der sozialwissenschaftlichen Aussagensysteme gegenüber den naturwissenschaftlichen bewirkt: die sogenannte Reflexivität sozialwissenschaftlicher Theorien und Vorhersagen. Wenn Individuen, so stellte schon in den dreißiger Jahren William I. Thomas fest, eine Situation als real definieren, so ist sie auch in ihren Konsequenzen real (vgl. Thomas 1965, 114). Wenn also Menschen etwa die Überzeugung gewinnen, daß sie aus bestimmten Motiven handeln, so handeln sie auch danach, das heißt sie haben mit dieser Annahme recht, und das läßt wiederum die Deutung ihrer Handlungen aus diesen Motiven völlig korrekt erscheinen. Ein schönes Beispiel dafür bringt Ryan unter Hinweis auf Disraelis Gesellschaftsroman „Sybil", in welchem ein hartherziger Fabrikbesitzer auftritt, der sein eigenes Leben nach den Vorstellungen ökonomischer Zweckmäßigkeit gestaltet, wie sie aus der viktorianischen Sicht in der klassischen Nationalökonomie niedergelegt seien: „So handelt er aus Gründen, die ihm eine Volkswirtschaftstheorie tragbar erscheinen ließen; die Theorie wiederum erweist sich als tragbar, weil sich das Verhalten der Menschen tatsächlich danach richtet. Und das bedeutet: weil ein Mensch daran glaubt, daß die Darstellung der Motivierung ökonomischen Handelns, wie sie Ricardo und Adam Smith geben, richtig ist, wird sie eben richtig."

---

knüpft: die Natur bestehe aus Determinationszusammenhängen, die historisch-soziale Realität sei durch den Indeterminismus charakterisiert; die Natur sei das Reich der Notwendigkeit, die historisch-soziale Realität das Reich der Freiheit. So schätzenswert in bestimmten historischen Situationen diese emanzipatorische Emphase auch ist – sie läuft allemal Gefahr, im Sinne eines metaphysischen Idealismus das Moment des Natürlichen in den historisch-sozialen Verhältnissen allzusehr zu vernachlässigen (vgl. dazu auch Teil F).

(Ryan *1973 a*, 31) – Der Soziologe Robert K. Merton verknüpfte mit dem sogenannten Thomas-Theorem seine bekannten Analysen über die Eigendynamik gesellschaftlicher Voraussagen. Dessen Analysen der *„self-fulfilling prophecy"* und der *„self-destroying prophecy"* haben die Aufmerksamkeit auf die Tatsache gelenkt, wonach die bloße Bekanntgabe von Prognosen dazu führen kann, daß die Adressaten der Prognose im Prognosezeitraum durch ihr Handeln die zum Zeitpunkt der Prognoseformulierung bestehenden Bedingungen so ändern, daß das prognostizierte Ergebnis entweder erst eintritt oder eben gerade deshalb nicht eintritt (vgl. Merton *1957*, 421–436).[5]

An dieser Stelle der Analyse des Zusammenhangs von Theorie und Realität erscheint es sinnvoll, die Frage zu

---

[5] Alan Gewirth formalisierte diese beiden Formen reflexiver Prognosen; seine darauf bezogenen Feststellungen werden hier wiedergegeben:
„Die sich selbst zerstörende Prophezeiung läßt sich durch jede der beiden folgenden Varianten symbolisch darstellen:
(1) $(\exists x)(Px[A{\rightarrow}C]){\rightarrow}\{(\exists y)({\approx}Ay){\rightarrow}(\exists z)({\approx}Cz)\}$.
‚Gibt es eine Vorhersage P, daß eine bestimmte Art der Handlung A zu einer bestimmten Konsequenz C führen wird, dann führt diese Vorhersage zu dem Ergebnis, daß das Gegenteil [symbolisiert durch die beiden untereinandergesetzten Negationen] von Handlung A eintritt und das Eintreten des Gegenteils von Konsequenz C zur Folge hat.'
(2) $(\exists x)(Px[A_1{\rightarrow}C]){\rightarrow}\{[(\exists y)(A_1y){\cdot}(\exists z)(A_2z)]{\rightarrow}(\exists w)({\approx}Cw)\}$.
‚Gibt es eine Vorhersage P, daß eine bestimmte Art der Handlung $A_1$ zu einer bestimmten Konsequenz C führen wird, dann führt diese Vorhersage dazu, daß sowohl Handlung $A_1$ als auch eine andere Handlung $A_2$ eintritt, und daß diese Handlungen zur Folge haben, daß das Gegenteil von Konsequenz C eintritt.'
Die sich selbst erfüllende Prophezeiung kann folgendermaßen symbolisiert werden:
$(\exists x)(Px[A{\rightarrow}C]){\rightarrow}\{(\exists y)(Ay){\rightarrow}(\exists z)(Cz)\}$.
‚Gibt es eine Vorhersage P, daß eine bestimmte Art der Handlung A zu einer bestimmten Konsequenz C führen wird, dann führt diese Vorhersage dazu, daß Handlung A durchgeführt wird und das Eintreten von Konsequenz C zur Folge hat.'" (Gewirth *1954*, 468)

stellen, durch welche Merkmale nun jene Realität charakterisiert werden könnte, die den Gegenstand der Sozialwissenschaften ausmacht. Die Beantwortung solcher Fragen geht gelegentlich über die Beschreibung dessen hinaus, was Sozialwissenschaftler tun, weil damit auf jenes „Substrat" Bezug genommen wird, das ihren Darstellungen und Erklärungen als Voraussetzung zugrunde liegt. Aber die Philosophie der Sozialwissenschaften ist – gemäß dem hier vorherrschenden Verständnis dieser philosophischen Disziplin – ohnehin nicht allein auf einen Deskriptivismus sozialwissenschaftlicher Aktivitäten einzuschränken; sie soll schließlich solche Aktivitäten explizieren und nicht duplizieren.

# B. Ontologische Aspekte der Sozialwissenschaften – Gegenstand, Struktur, Prozeß

> Totalität bedeutet... nicht eine nur einem göttlichen Auge zumutbare, unmittelbare ein für allemal gültige Schau, nicht ein relativ in sich geschlossenes, auf Ruhe tendierendes Bild. Totalität bedeutet Partikularsichten in sich aufnehmende, diese immer wieder sprengende Intention auf das Ganze, die sich schrittweise im natürlichen Prozeß des Erkennens erweitert und als Ziel nicht einen zeitlos geltenden Abschluß, sondern eine für uns mögliche maximale Erweiterung der Sicht ersehnt.
>
> *Karl Mannheim*, Ideologie und Utopie (1929)

In Teil A wurde darauf hingewiesen, daß der Gegenstand der Wissenschaftslehre der Sozialwissenschaften die interpretativen und die theoretischen Sozialwissenschaften seien. Was ist aber nun der Gegenstand der Sozialwissenschaften selbst? Die Fragen nach der Art und nach den verschiedenen Merkmalen sozialwissenschaftlicher Forschungsobjekte sucht die Ontologie der Sozialwissenschaften zu beantworten.

# I. Gegenstandsarten

Die Unterscheidung der Geistes- und Sozialwissenschaften von den Naturwissenschaften erfolgt häufig unter Hinweis auf den spezifischen Charakter der durch die jeweiligen Wissenschaften behandelten Gegenstände, wobei dann auf die bereichsspezifischen Fragestellungen und Forschungsmethoden hingewiesen wird (vgl. z. B. Ossowski *1973*, Kap. V). Allerdings machte sich in der Wissenschaftslehre der Sozialwissenschaften immer wieder das Bestreben bemerkbar, die Unterschiede zwischen den Wissenschaftsbereichen über Gebühr zu betonen und sogar in den Rechtfertigungsmethoden nachweisen zu wollen.

Ein Mittel dazu bildete eine oft reichlich diffuse Ontologie des Natürlichen. Max Weber hat bereits 1907 in einer einschlägigen Kritik an Rudolf Stammlers Geschichtstheorie versucht, einen vorschnell proklamierten Wissenschaftsseparatismus zurückzuweisen.

## 1. Über „Natur" und Naturwissenschaft

Weber meldet starke Bedenken gegen Stammlers Bemühungen an, die „Wissenschaft vom sozialen Leben" dadurch als eigenständigen Erkenntnisbereich zu deklarieren, daß „soziales Leben" als ein von der „Natur" gänzlich verschiedenes *Objekt* der Betrachtung aufgezeigt wird (vgl. Weber *1907*, 320–322). Man pflegt ja unter

„Natur", wie Weber zeigt, schon im gewöhnlichen Sprachgebrauch mehrerlei zu verstehen: entweder 1) die „tote" Natur oder 2) diese und die nicht spezifisch menschlichen „Nebenerscheinungen" oder 3) diese beiden Objekte und außerdem auch diejenigen Lebenserscheinungen „vegetativer" und „animalischer" Art, die der Mensch mit den Tieren gemein hat, mit Ausschluß also der sogenannten „höheren", „geistigen" Lebensbetätigungen spezifisch menschlicher Art. In diesem Fall läge die Grenze des Begriffs „Natur", je nachdem, ungefähr da, wo (ad 1) die Physiologie oder wo (ad 2) die Psychologie, oder endlich wo (ad 3) die empirischen Disziplinen von den „Kultur-Erscheinungen" ihr Objekt aus der Gesamtheit des empirisch Gegebenen herauszugrenzen beginnen. Stets wird hier „Natur", wie Weber feststellt, als ein Komplex bestimmter *Objekte* gegen andere heterogene abgegrenzt (vgl. ebd. 321). – Oftmals sind nun aber gerade nicht die Objekte der wissenschaftlichen Betrachtung, sondern die *Betrachtungsweise* und die Erklärungsmethode der Objekte konstitutiv für die Gliederung von wissenschaftlichen Gegenstandsbereichen. So entsteht ein zweiter Begriff von „Natur", wenn man die Untersuchung der empirischen Wirklichkeit auf das „Generelle", auf die „Naturgesetze" hin, den Naturwissenschaften zuordnet, die Untersuchung des „Individuellen" jedoch den Kultur- und Sozialwissenschaften. In solchen Fällen entscheidet also die Betrachtungsweise über die Zuordnung der einzelwissenschaftlichen Forschung zu den zwei erwähnten Wissenschaftsbereichen. Der Gegensatz von „Natur" ist unter den erwähnten Voraussetzungen, wie Weber bemerkt, „Geschichte", und Wissenschaften wie die Psychologie, die Sozialpsychologie, die Soziologie, die theoretische Nationalökonomie, die vergleichende Religions- und Rechtswissenschaft gehören demnach zu den „Naturwissenschaften" (vgl. ebd. 321 f.). – Ein dritter Begriff von „Natur" und in der Folge von „Naturwissenschaft" entsteht nach Weber, wenn man die Gesamtheit der Disziplinen, welche eine empirisch-kausale Erklärung der in Betracht stehenden Sachverhalte erstreben, denjenigen Forschungszweigen gegenüberstellt, welche normative oder dogmatisch-begriffsanalytische Ziele verfolgen: Logik, theoretische Ethik, Ästhetik, Mathematik, Rechtsdogmatik, metaphysische (z. B. theologische) Dogmatiken. In diesem Fall entscheide der Gegensatz der *Urteilskategorien* („Sein" und „Sollen"), und es falle mithin die Gesamtheit der Objekte der „Geschichtswissenschaften", einschließlich etwa der Kunst-, Sitten-, Wirtschafts- und Rechtsgeschichte, unter den Begriff der „Naturwissenschaft". Deren Umfang reiche folgerichtig genau so weit, wie die Untersuchung mit der Kategorie der Kausalität möglich erscheint (vgl. ebd. 322).

Max Weber selbst war bestrebt, in den Sozialwissenschaften die hermeneutische Erfassung sinnhaften Handelns mit der Kausalanalyse zu verbinden. Seiner „verstehenden Soziologie" liegt die Überzeugung zugrunde, daß sich die Phänomene menschlichen Verhaltens ihrem ganzen Wesen nach von denen der toten Materie unterscheiden, weil bei jenen die Sinndimension ins Spiel komme. Ihm erschien es verfehlt, so vorzugehen, wie es der radikale Behaviorismus seiner Zeit bereits getan hat: nämlich nicht in der Nachfolge, sondern in Nachahmung der Naturwissenschaften versuchen zu wollen, die Berücksichtigung der Sinndimension und der Teleologie als „anthropomorphistische" Restbestände unseres Denkens aus der Analyse menschlichen Verhaltens zu eliminieren. Alan Ryan stellte viel später in ähnlichem Zusammenhang fest: „Es mag sein, daß eine primitive Naturwissenschaft annahm, daß Steine zur Erde ‚strebten' oder die Planeten die bewußte Absicht hätten, ihre Himmelsbahn einzuhalten, so daß das Fallenlassen einer solchen Art von Anthropomorphismus wesentlich zum wissenschaftlichen Fortschritt beitrug; aber es würde völlig sinnlos sein, in Anlehnung an diesen Fortschritt der Naturwissenschaften versuchen zu wollen, den ‚Anthropomorphismus' von unserem Verstehen menschlichen Tuns fernzuhalten. Wenn die sogenannten anthropomorphen Kategorien *keine* Bedeutung für menschliches Verhalten hätten, woher hätten wir sie dann entlehnt, als wir sie *fälschlich* auf Bäume, Sterne und Steine anwandten? Wenn es schon ein Irrtum war, hier dem Anthropomorphismus zu folgen, würde es dann nicht minder fehlerhaft sein, in einem Prozeß der Überkompensation dem gleich schweren, entgegengesetzten Irrtum zu verfallen?" (Ryan *1973 a*, 27 f.)

So wichtig es auch ist, auf die Differenz von intentionalen und nicht-intentionalen Deutungen sozialwissenschaftlicher Sachverhalte hinzuweisen, so falsch wäre es nun, aus dieser abzuleiten,

– daß sich das, was verstanden worden ist, nicht auch erklären lasse;

– daß die Naturobjekte als das uns Fremde, die Kulturobjekte als das uns Vertraute in heterogene Bereiche der wissenschaftlichen Analyse fallen und einmal von den Natur-, dann aber von den Sozialwissenschaften einer Erörterung zugeführt würden.

Bezüglich der erstgenannten Mutmaßung hat Max Weber zu zeigen versucht, wie das im Prozeß des „aktuellen Verstehens" *bekannt* Gewordene durchaus in der genetisch-kausalen Rekonstruktion des „erklärenden Verstehens" *erkannt* werden kann (vgl. Weber *1921*, 542–562). – Was die zweite Mutmaßung anlangt, so ist nicht zu übersehen, daß kultur- und sozialwissenschaftlich bedeutsame Sachverhalte in wesentlichem Ausmaß auch Komponenten natürlicher Art aufweisen. Daß sich Vertreter des Naturalismus weigern, mentalistische Ausdrücke in ihren Erklärungen zu verwenden, darf den Vertreter einer intentionalistischen Deutung des Sozialgeschehens nicht im Gegenzug dazu verführen, nur die kulturellen, nicht aber auch die natürlichen Komponenten sozialwissenschaftlicher Sachverhalte zum Gegenstand seiner Analysen zu machen. Auch in dieser Hinsicht sind Webers methodologische Hinweise von Bedeutung.

Weber zufolge soll soziales Handeln als der eigentliche Gegenstand der Soziologie ein solches Handeln heißen, welches seinem von dem oder den Handelnden gemeinten Sinn nach auf das Verhalten *anderer* bezogen wird und daran in seinem Ablauf orientiert ist (vgl. Weber *1921*, 542). Weber möchte aber durch diese Definition weder „natürliche" Affekthandlungen aus seinen Untersuchungen ausgeschlossen wissen noch auch solche Vorgänge, welche nicht einen auf das Verhalten anderer bezogenen Sinn haben. So stellt er einerseits fest, daß subjektiv-sinnhaft auf die Außenwelt und speziell auf das Handeln anderer bezogen auch die Affekthandlungen und die für den Ablauf des Handelns also indirekt relevanten „Gefühlslagen" seien, wie etwa „Würdegefühl", „Stolz", „Neid", „Eifersucht" (vgl. Weber *1913*, 429 f.). Andererseits wendet er sich energisch gegen die Annahme, daß „natürliche" Vorgänge, welche nicht intentional auf das Verhalten anderer bezogen sind, soziologisch gleichgültig wären: „Im Gegenteil können gerade sie die entscheidenden Bedingungen, und also: Bestimmungsgründe, des Handelns in sich schließen. Auf die in sich sinnfremde ‚Außenwelt', auf Dinge und Vorgänge der Natur, ist ja das Handeln zu einem für die verstehenden Wissenschaften sehr wesentlichen Teil sinnhaft bezogen: das theoretisch konstruierte Handeln des isolierten Wirtschaftsmenschen z. B. ganz ausschließlich." (Ebd. 430 f.) Allerdings, so meint Weber, bestehe „die Relevanz von Vorgängen ohne subjektive ‚Sinnbezogenheit', wie etwa des Ablaufs der Geburten- und Sterbeziffern, der Ausleseprozesse der anthropologischen Typen, ebenso aber die [der] nackt psychischen Tatbestände... für die verstehende Soziologie ganz ebenso lediglich in ihrer Rolle als ‚Bedingungen' und ‚Folgen', an denen sinnhaftes Handeln orientiert wird, wie etwa für die Wirtschaftslehre diejenige von klimatischen oder pflanzenphysiologischen Sachverhalten" (ebd. 431).

## 2. Zur Beziehung von Natürlichem und Kulturellem

Vor allem Ethologen und vergleichende Verhaltensforscher (z. B. Jakob v. Uexküll, Konrad Lorenz, Adolf Portmann), aber auch Vertreter der philosophischen Anthropologie (z. B. Erich Rothacker, Arnold Gehlen, Helmuth Plessner) haben in der jüngeren Vergangenheit der Dichotomisierung von externen und internen, kulturellen und natürlichen Faktoren des sozialen Handelns entgegengearbeitet. Eine derartige Dichotomisierung erschien schon Georg Simmel und anderen Vertretern der sogenannten „formalen Soziologie" und des soziologischen Interaktionismus vor allem aus dem Grunde bedenklich, weil kultur- oder sozialwissenschaftlich bedeutsame Phänomene als Mischformen anzusehen sind.

In jüngster Zeit hat Percy Cohen, unter Rückgriff auf Überlegungen des Soziologen David Lockwood zum Verhältnis von Natürlichem und Kulturellem, auf die Eigenart sozialwissenschaftlicher Sachverhalte hingewiesen (vgl. Cohen *1972*, 107–120). Zwei Gruppen von Faktoren werden von ihm bezüglich jedes Prozesses des sozialen Handelns und jedes Interaktionsprozesses analytisch unterschieden: Faktoren, die, vom Handelnden her gesehen, extern sind und solche, die intern sind. „Damit wird gesagt, daß die sozialen Zwänge, die sozial standardisiertes Verhalten erzeugen, zur einen oder anderen Art oder zu beiden Arten von Faktoren gehören: zu denen, die einen Handelnden von außen behindern oder ermutigen, und/oder zu denen, die ihn von innen hemmen, aktivieren oder steuern. Die externen Faktoren können andere Handelnde sein oder bloße physische Objekte, einschließlich lebender." (Ebd. 109) Die internen Kräfte können nicht-kulturelle oder „natürliche" Dispositionen sein, aber auch kulturelle Dispositionen. Unter den Begriff der natürlichen Dispositionen sollen nach Cohen solche Sachverhalte fallen wie das Bedürfnis, Hunger oder Durst zu stillen, das Bedürfnis, große Schmerzen zu vermeiden oder Wohlergehen anzustreben, das Bedürfnis, bestimmte libidinöse Belohnungen zu erhalten, zusammen mit der Fähigkeit, bestimmte Arten von Unterscheidungen zwischen wünschenswerten oder günstigen und ungünstigen Objekten zu treffen. Solchen „natürlichen" Dispositionen müsse nicht unter allen Umständen entsprochen werden (vgl. ebd.). Was die kulturelle Disposition anlangt, so versteht Cohen darunter „kulturell standardisierte Motive, Überzeugungen, Wahrnehmungsweisen und Bewertungsstandards, die alle die Einstellungen gegenüber anderen Objekten, auch anderen Handelnden beeinflussen" (ebd.).

Man kann nun die externen Kräfte in sozial Handelnde (gesellschaftliche Akteure) und in physische Objekte einteilen, wie dies im ersten Diagramm *(Figur 1)* der Fall ist. Sowohl die sozial Handelnden als auch die physischen

Objekte lassen sich wieder in zweifacher Hinsicht differenzieren. Die sozial Handelnden wären danach zu unterscheiden, ob sie „institutionell" oder „nicht-institutionell" Handelnde sind, mit anderen Worten: ob sie als Teilnehmer oder als Repräsentanten einer institutionellen Struktur handeln oder nicht (vgl. *Figur 2*). Physische Objekte kann man hingegen danach unterscheiden, ob sie kulturell „geprägt" sind oder kulturell „nicht-geprägt" (vgl. *Figur 3*). – Gewiß sind die getroffenen Unterscheidungen stets als idealisierte polare Typisierungen anzusehen. Darüber hinaus ist oftmals die Demarkationslinie zwischen den unterschiedenen Sachverhalten nicht immer klar feststellbar. So ist eine Unterscheidung zwischen den sozial Handelnden und den physischen Objekten, wie Cohen bemerkt, manchmal nicht möglich: Sklaven können so behandelt werden, als ob sie Objekte wären. Auch sei es oft schwierig, zwischen institutionell und nicht-institutionell Handelnden zu unterscheiden: Menschen, die in einer Schlange anstehen, sind in gewisser Hinsicht Mitglieder einer Institution, in anderer Hinsicht wieder nicht. „Auch die Unterscheidung zwischen natürlichen und kulturellen Dispositionen ist oft nur schwer durchzuführen: Zum Beispiel ist das Besitzgehabe von Müttern gegenüber ihren kleinen Kindern wahrscheinlich nicht instinktiv, aber insofern ‚natürlich‘, als sich die meisten Mütter so verhalten, weil sie sich leicht mit den Kindern identifizieren. Der Unterschied zwischen geprägten und nicht-geprägten physischen Objekten ist nicht immer eindeutig. Zum Beispiel kann ein Gebiet ein kulturell geprägtes Objekt sein, wenn seine Grenzen anerkannt werden, auch wenn die Grenzen selbst Teil der Natur sind." (Ebd. 110) Unter Berücksichtigung dieser von Cohen formulierten Einschränkungen können die folgenden drei Diagramme der Figuren 1, 2 und 3 verwendet

werden, um mögliche Kombinationen sozialwissenschaftlich bedeutsamer Sachverhalte darzustellen.

*Figur 1*

| *interne Faktoren* | *externe Faktoren* | |
| | soziale Faktoren (Handelnde) | physische Faktoren (Objekte) |
| --- | --- | --- |
| natürliche Dispositionen | a | b |
| kulturelle Dispositionen | c | d |

In diesem Diagramm gibt es vier mögliche Kombinationen, wobei im folgenden für jede der Kombinationen ein
bei Cohen genanntes Beispiel gegeben werden soll. Exemplarisch für (a) wäre die Einstellung von Fremden zueinander in der Zeit einer Hungersnot, wobei jeder im
anderen einen Rivalen um die karge Nahrung sieht. Ein
Beispiel für (b) wäre die Einstellung eines Menschen beim
Auftreten einer Dürre. Exemplarisch für (c) wäre die
Einstellung von zwei oder mehr Freunden oder „Bluts-
brüdern" zueinander. Schließlich wäre ein Beispiel für (d)
die Einstellung eines Juden oder Mohammedaners zu
einem Schwein oder die eines Hindu zu einer Kuh (vgl.
ebd. 111).

Im folgenden zweiten Diagramm *(Figur 2)* wird zwischen Handelnden unterschieden, die als Mitglieder einer
Institution handeln, und solchen, die nur als Individuen
oder Kollektive anwesend sind, ohne daß ihre institutionelle Zugehörigkeit berücksichtigt wird.

| interne Faktoren | externe soziale Faktoren | |
| --- | --- | --- |
| | institutionell | nicht-institutionell |
| natürlich | a | b |
| kulturell | c | d |

Ein Beispiel für (a) wäre dann gegeben, wenn ein Mensch
von jemand anderem sagt, er werde von einer Organisation zerrieben oder zugrunde gerichtet; in diesem Fall
muß man annehmen, daß die Beziehungen und Aktivitäten einer Organisation eines ihrer Mitglieder oder sogar
ein Nichtmitglied so beeinflussen, daß sein natürliches
Wohlbefinden untergraben wird. (Allerdings soll mit
diesem Beispiel nicht zum Ausdruck gebracht werden,
daß nicht zwischen der Anerkennung einer normativen
Erwartung und der subjektiven Verpflichtung, eine Norm
zu befolgen, ein grundlegender Unterschied bestünde.)
Ein Beispiel für (b) liegt vor, wenn ein Mensch von einer
Menschenmenge erdrückt wird, die aus einem Fußballstadion strömt. Ein Fall vom Typ (c) liegt dann vor, wenn
jemand Mitglied einer politischen Partei ist und sein
Verhalten von der Institution der Partei beeinflußt wird;
dieser Einfluß der externen Kraft eines sozialen Faktors ist
allerdings nur erkennbar, wenn man auch die Normen für
politische Aktivitäten und Parteizugehörigkeit internalisiert hat. Ein Beispiel für (d) sind etwa Verhaltensweisen
im Fall von Menschenansammlungen auf einem öffentlichen Platz: Für das Individuum ist die Menschenmenge
eine nicht-institutionelle externe Kraft, gegenüber welcher es in Übereinstimmung mit kulturellen Normen

reagiert, indem es etwa Stoßen oder Vordrängen vermeidet und sich in eine Menschenschlange einfügt (vgl. ebd. 112 f.).

Im dritten Diagramm *(Figur 3)* wird zwischen physischen Objekten, die kulturell geprägt sind, unterschieden und solchen, die es nicht sind.

*Figur 3*

| interne Faktoren | externe physische Faktoren | |
|---|---|---|
| | kulturell geprägt | kulturell nicht-geprägt |
| natürlich | a | b |
| kulturell | c | d |

Ein Beispiel für (a) ist die Einstellung eines verhungernden Menschen zu gekochter Nahrung, welche seinen Hunger stillt. Ein Beispiel für (b) ist die Einstellung zu roher Nahrung, wenn der Hunger gestillt werden soll. Ein Beispiel für (c) liegt vor, wenn von einer auf eine bestimmte Art gekochten Nahrung angenommen wird, sie sei „unrein". Ein Beispiel für (d) wäre die Weigerung, bestimmte Arten roher Nahrung zu essen, weil sie kulturell als ungenießbar definiert sind; ein anderes Beispiel für Typ (d) ist es, einen Berg oder Hain als heilig anzusehen (vgl. ebd. 114).

Das Ziel dieser Ausführungen ist es, unter Bezugnahme auf Überlegungen von Percy Cohen nachzuweisen, daß sozialwissenschaftlich belangvolle Phänomene sich häufig einer Dichotomisierung hinsichtlich sowohl interner und externer als auch natürlicher und kultureller Faktoren entziehen. Hinweise darauf sind nach wie vor keineswegs müßig. So läßt sich zeigen, daß weite Teile der sozialwissenschaftlichen Grundlagendiskussion als Paraphrasen des Dualismus von Innen und Außen sowie von Natur und Kultur anzusehen sind. Ihm liegen ontologische Bekenntnisse bezüglich des „eigentlichen" Gegenstandes der Sozialwissenschaften oder gar des Gegenstandes „echter" Wissenschaft zugrunde. Erinnert sei einerseits an die oft deplacierten Vorwürfe von seiten bestimmter Sozialisationstheoretiker gegenüber Vertretern der Verhaltensforschung, über die gesagt wurde, daß von ihnen der Mensch bloß mechanistisch als Produkt der Natur und nicht als Kulturwesen aufgefaßt werde. Andererseits sei auf jenen innersoziologischen Konflikt zwischen George C. Homans und Talcott Parsons hingewiesen, der bereits in der Auseinandersetzung zwischen Gabriel Tarde und Emile Durkheim sein Vorbild hat. Er gipfelt im Vorwurf Homans', daß der systemtheoretische Ansatz den Einzelmenschen übersehe und dessen innere Verfassung nur als Derivat von externen Systemzuständen erscheine; der Ansatz beim „sozialen System", wie er für die *„grand theory"* charakteristisch sei, schließe den Menschen aus der Soziologie aus, daher sei es an der Zeit, ihn wieder in die Soziologie zurückzuholen (vgl. Homans *1964*).

Die Kontroversen auf der Definitions-Ebene sozialwissenschaftlicher Phänomene sind oftmals nicht ohne Wirkung auf die Erklärungs-Ebene. Mit der Auszeichnung eines bestimmten als „eigentlich" sozialwissenschaftlich bedeutsam angesehenen Phänomenbestandes im Rahmen einer *Ontologie* der sozialen Welt sind nämlich meist auch bestimmte Auffassungen über das „eigentliche" Agens oder die signifikanten Ursachen im Rahmen der sozialwissenschaftlichen *Ätiologie* verknüpft (vgl. dazu Kap. III dieses Teils).

## II. Gegenstandskomponenten

„Komponente" kann Unterschiedliches besagen: einmal einen materiellen, dann einen begrifflichen Sachverhalt. So besteht zum Beispiel ein Mensch einerseits aus seinen Gliedmaßen; andererseits läßt er sich in psychologischer, ökonomischer, politischer, soziologischer Hinsicht begrifflich „segmentieren": er ist so vielleicht Sanguiniker, Kapitalist, Angehöriger der „power elite" und Konformist. – Derartige begriffliche Komponenten sind nun zwar nicht im engeren Sinne ontologischer Natur, sie sind aber ontologisch relevant. Mit ihrer Hilfe fokussieren wir bestimmte Elemente der Wirklichkeit, und mit ihnen strukturieren wir unsere Wirklichkeitserfahrung.

Schon Aristoteles stellte am Beginn seiner Abhandlung „Über die Seele" fest, daß der Naturforscher und der Dialektiker den Zorn ganz verschieden definieren würden: jener werde ihn als ein Aufwallen des Herzblutes und der Herzwärme erklären, dieser aber als ein Verlangen nach Leidvergeltung oder etwas dergleichen. Solche kategorialen Differenzierungen bestimmen unsere gesamte Realitätserfahrung, auch die Charakteristik von Natur- und Sozialwissenschaften. Was soll aber nun als wissenschaftlich relevante „Tatsache" gelten? Ein komplexer Sachverhalt oder die Komponenten, aus denen er zusammengesetzt ist? Schon die Möglichkeit einer Bestimmung der Komponenten, Teile oder Elemente eines Sachverhaltes setzt naturgemäß ein Vorverständnis eines Ganzen voraus. „Wir würden unser Wissen nicht für Stückwerk erklären, wenn wir nicht einen Begriff von einem Ganzen hätten", sagt in diesem Zusammenhang Goethe in den „Maximen und Reflexionen". Jede Wissenschaft richtet sich ja zunächst fragend an ein vage vorverstandenes Ganzes und schreitet, von ihm ausgehend, differenzierend und gliedernd fort zur exakten Bestimmung des einzelnen; sie entwickelt sich dabei vom Allgemeinen zur konkreten Bestimmung eines Besonderen (vgl. dazu Marx *1857/ 1858*, 21 f.). – Wo aber nun Wahrheit nur als eine mögliche Bestimmung der partikulären Aussage angesehen wird, nicht aber auch als eine mögliche Bestimmung einer Gegenstandstheorie, dort steht das Ganze des Forschungsobjekts selbst immer nur so weit in Betracht, wie diejenigen Aussagen reichen, die entweder wahr oder falsch sein können; das sind streng genommen nur die empirisch eindeutig überprüfbaren Elementaraussagen und deren aussagenlogische Verknüpfungen. „Damit reduziert sich die Sache selbst auf eine bloße Summe von atomaren Sachverhalten. Indem von der Wahrheit eines komplexeren Zusammenhanges nicht mehr sinnvoll die Rede sein kann, fallen auch die Gesichtspunkte von Einheit und Ordnung, die sich aus ihr ergeben, aus dem Wahrheitsverhältnis heraus. So steht man hilflos vor einem so einfachen Tatbestand, wie dem, daß eine Summe von richtigen Aussagen die Sache selbst verstellen, also unwahr sein kann." (Tugendhat *1965*, 399) Und was Ernst Tugendhat für die Psychologie feststellt, läßt sich in diesem Zusammenhang für alle Arten von Gesellschaftswissenschaften behaupten: daß nämlich eine Wissenschaft sich verschieden ausbilden kann, je nachdem, was ihr Wahrheit bedeutet. „Entweder es geht ihr darum, wahre Sätze aufzustellen; sie sucht sich dann wie die Rosinen aus einem Kuchen diejenigen partiellen Aspekte aus den komplex vorgegebenen Sachen heraus, die eindeutig verifizierbare Sätze zulassen. Oder es geht ihr darum, die komplex vorgegebenen Sachen, so wie sie selbst sind, zu erkennen, und das mag dazu führen, daß sie in einem bestimmten Ausmaß auf eindeutige Verifizierbarkeit verzichten muß. Wenn es der Wissenschaft ausschließlich um Wahrheit geht, dann sind wieder beide Aspekte für sie bindend. Eine konkrete Wissenschaft entnimmt ihrem Sachgebiet die Motive, sich stärker dem einen als dem anderen Aspekt zu überlassen, aber sie kann den einen nicht gegen den anderen als den wissenschaftlicheren ausspielen, wie das vielfach aufgrund eines historisch bedingten verengten Wahrheitsbegriffs geschieht." (Ebd. 399 f.)

Aus dem soeben Erwähnten kann unter anderem für Vertreter einer kritizistischen Methodologie die Empfehlung abgeleitet werden, sich stets der Struktur jenes ontologischen „Substrats" zu vergewissern, mit Rücksicht auf welches sich erst so etwas ausmachen läßt, was man als *relevante Falsifikationen* bezeichnen könnte.

## 1. Holismus und Individualismus

Wir wissen, daß es der einzelne ist, der denkt, fühlt, etwas will und handelt, und doch sind sein Denken, Fühlen, Wollen und Handeln unverständlich ohne Bezug auf die Gesellschaft, in welcher er lebt. Es gibt nun Wissenschaften, welche dominant den einzelnen, und solche, welche dominant die Gesellschaft untersuchen, und gelegentlich gerät die Nahtstelle zwischen diesen Polen außer Betracht. Dies hat zur Folge, daß – exemplarisch gesprochen – nicht mehr darauf geachtet wird, welche Verknüpfung bzw. welche komplementäre Beziehung zwischen den Fragen – Aus welchen subjektiven Gründen heiraten zwei Individuen? und

– Warum gibt es die Ehe in der Gesellschaft? besteht oder, um ein anderes Beispiel zu nehmen, zwischen den Fragen
– Warum hat diese Ehe ihre Kinderzahl auf ein Kind begrenzt? und
– Warum ist die Familie in der Industriegesellschaft klein? (Vgl. Barley *1975*, 4 f.) Es gibt jedoch eine *subjektive* individuelle und eine *objektive* strukturelle Seite, die beide Abstraktionen einer sozialen Situation sind.

Je nachdem, ob das Individuelle oder das Strukturelle als grundlegend für soziale Situationen angesehen wird, spricht man von der Konzeption des Individualismus bzw. des Holismus. Es empfiehlt sich dabei, einen Unterschied zu berücksichtigen, der mit der Frage zu tun hat, in welcher Hinsicht Individuelles oder Strukturelles als grundlegend angesehen wird. Dadurch werden einige Kontroversen um „Holismus" und „Individualismus" bzw. um „Kollektivismus" und „Subjektivismus" einerseits verständlich, andererseits als Scheingefechte erkennbar. Es geht um die Unterscheidung von Holismus und Individualismus nach *ontologischen* und *methodologischen* Gesichtspunkten.

Gegenüber einem ontologischen Holismus, welcher eine übermenschliche Triebkraft als in der Geschichte wirkend postuliert, behaupten Vertreter des ontologischen Individualismus, daß jedes Ganze in wissenschaftlicher Sicht nur aus Individuen und den zwischen ihnen nachweisbaren Relationen bestehe. Andererseits sind Vertreter des methodologischen Holismus bestrebt, gegenüber einem immanenzpositivistischen Induktionismus, der beispielsweise makrosoziologische und makroökonomische Strukturen aus individuellen Dispositionen logisch zu konstruieren bemüht ist (vgl. Ayer *1970*, 82), auf die Determinationsrichtung hinzuweisen, welche von den gesellschaftlichen Gebilden und Strukturen zu den aktuellen Gegebenheiten der psychischen Verfassung der Einzelmenschen weist. Für diese Auffassung spricht einiges. Denn der sogenannte Mikro-Reduktionismus ist mit gewissen Schwierigkeiten belastet. Versuchte man nämlich, das Verhalten zweier Staaten dadurch zu erklären oder vorherzusagen, daß man die Bewegungen der öffentlichen Meinung verfolgt, so wäre davor zu warnen, Krieg oder Frieden, Abrüstung oder Rüstungswettlauf nur davon abhängig zu sehen, was Iwan und John voneinander denken. Es sind ja politische, wirtschaftliche und militärische Institutionen, welche unter anderem deshalb als entscheidende Faktoren anzusehen sind, weil sie die Organisation und Lenkung der Massenmedien beeinflussen, durch welche wiederum die Meinungen von Iwan und John maßgeblich geprägt werden (vgl. Seger *1970*, 152). Dies besagt also, daß die psychischen Dispositionen der einzelnen nicht einfach als „Gegebenheiten" anzusehen sind, aus denen sich komplexe Gebilde, wie „eine Kultur" oder „eine Gesellschaft", zusammensetzen, sondern daß umgekehrt bereits die psychischen Dispositionen des einzelnen Resultate von Enkulturations- und Sozialisationsprozessen sind.

Heutzutage ist die Auffassung des ontologischen Holismus in den Sozialwissenschaften obsolet, da man sich angewöhnt hat, von spirituellen suprahumanen Agentien (z. B. von Volks- oder Zeitgeistern) nicht mehr anzunehmen, sie hätten unabhängig von den kognitiven, emotiven und volitiven Einstellungen und unabhängig von den Handlungen der Individuen Bestand. Der dem ontologischen Holismus gegenüber konträre Standpunkt eines ontologischen Individualismus ist aber durchaus mit der Auffassung des methodologischen Holismus vereinbar: Man erklärt dann individuelle Einstellungen oder Handlungen unter Hinweis auf deren Determination durch komplexe soziale Gebilde. Wenn man andererseits Vertreter des methodologischen Individualismus ist, so betont man demgegenüber den Beitrag der Einstellungen und Handlungen von Einzelmenschen zur Gestaltung sozialer Gebilde. Während also methodologische Individualisten den Ort der Veränderung bestehender sozialer Verhältnisse in den psychischen Dispositionen der Einzelmenschen erblicken, suchen ihn methodologische Holisten in den Strukturen des gesellschaftlichen Lebens. – Im Falle der vermeintlich entgegengesetzten Positionen des methodologischen Holismus und des methodologischen Individualismus handelt es sich weitgehend um durchaus komplementäre Auffassungen. Der Unterschied zwischen der Betrachtung eines Ganzen und der Betrachtung seiner Teile, wie er in den beiden Positionen zutage tritt, ist, wie Alan Ryan feststellte, oft nicht bedeutsamer als jener, der zwischen der Erörterung eines Schauspiels und der Erörterung der in ihm auftretenden Personen besteht.

Daß die Kontroverse zwischen „Holisten" und „Individualisten" oftmals den Charakter eines Scheinproblems annehmen konnte, hängt in entscheidendem Maße damit zusammen, daß einige Proponenten des Individualismus es unterlassen haben, zwischen dem, was man die ontologische These und dem, was man die Reduktionsthese des Individualismus bezeichnet, zu unterscheiden. Häufig wurde nur unzureichend differenziert zwischen der Auffassung, wonach die Bestandteile der sozialen Welt letztlich die Einzelmenschen seien, und der Überzeugung, daß Aussagen über gesellschaftliche Phänomene aus psychologischen Aussagen über Einzelmenschen ableitbar seien. Es ist, wie Ernest Nagel feststellte (vgl. Nagel *1961*, 542), zweifellos so, daß viele, die sich dem methodologischen Individualismus zurechnen, dies deshalb tun, weil sie der Überzeugung sind, dadurch eine Hypostasierung von

Kollektivbegriffen sowie die Annahme der kausalen Wirksamkeit „übermenschlicher" Agentien in menschlichen Belangen zurückzuweisen. Die Ablehnung der angeführten Annahme erscheint ihnen als das Äquivalent der Akzeptierung der Reduktionsthese. Wenn aber der methodologische Individualismus lediglich auf die Leugnung der Existenz übermenschlicher Entitäten im Sozialgeschehen abzielte, so wäre offensichtlich eine Reihe von Vertretern des methodologischen Holismus – man denke etwa an Maurice Mandelbaum (vgl. Mandelbaum *1955* und *1957*), Leon Goldstein (vgl. Goldstein *1956* und *1958*), Ernest Gellner (vgl. Gellner *1956*) oder May Brodbeck (vgl. Brodbeck *1968*) – nie in Gegensatz zu dieser methodologischen Position gestanden.

## 2. Über sozialwissenschaftlichen Reduktionismus

Wenn man Gruppen oder auch Institutionen Merkmale zuschreibt, durch welche die Denk-, Gefühls- und Verhaltensweisen der Einzelmenschen (mit)bedingt sind, so besagt dies keineswegs, daß sie notwendig als Entitäten aufgefaßt würden, welche völlig unabhängig von Einzelmenschen existieren. Daher ist es auch in den meisten Fällen tendenziös, von Holisten zu behaupten, sie machten sich zu Anwälten von nicht-menschlichen oder übermenschlichen Entitäten, welche in einer unerklärlichen Weise determinieren, was den Menschen zustoße. – Was den rationalen Kern der Position des methodologischen Holismus ausmacht, ist die Auffassung von der Bedingtheit des individuellen Verhaltens durch verschiedene Gruppen- und Sozialisationszwänge. Für die Position des methodologischen Holismus spricht beispielsweise der Umstand, daß die Menschen in ihre Verwandtschaftsbeziehungen hineingeboren werden, und daß es einer Umkehrung des realen Sachverhalts gleichkäme zu sagen, daß solche Verwandtschaftsbeziehungen das Produkt der Einstellungen der Einzelmenschen innerhalb des Verwandtschaftsverbandes sind (vgl. Goldstein *1956*). Im selben Sinne wäre es auch nicht möglich, die Institution einer Bank aus den Dispositionen der einzelnen Bankangestellten heraus zu erklären; denn es ist das institutionelle Rahmenwerk der Bank, welches die Verhaltensweisen der Bankangestellten bedingt, und keine noch so verfeinerte Form der Aggregierung von individualpsychischen Inhalten würde die einschlägige Institutionenkunde ersetzen können (vgl. Mandelbaum *1955*). – Damit wird allerdings keineswegs in Abrede gestellt, daß nicht in anderen Phasen – nach erfolgter Bewußtmachung der ursprünglichen Determinationsbeziehung vom Ganzen hin zum Teil, von der Gruppe oder der sozialen Struktur zum Einzelmenschen – eine Beeinflussung der Gruppe oder der sozialen Struktur durch den Einzelmenschen bzw. durch mikrosoziale Sachverhalte möglich wäre.

Was die Mehrzahl der Vertreter des methodologischen Holismus geltend machen will, ist zweierlei: daß wir im Verlauf des Verstehens oder Erklärens einer individuellen Handlung oft auf Tatsachen Bezug nehmen müssen, welche die Organisation der Gesellschaft insgesamt oder eine Institution in der Gesellschaft betreffen, in der der jeweils in Betracht stehende Akteur tätig ist; und daß ferner unsere Aussagen über derartige gesellschaftliche Tatsachen komplexerer Ordnung nicht zurückführbar sind auf eine Konjunktion von Aussagen über die faktischen Handlungen der jeweiligen individuellen Akteure im Sinne des radikalen Empirismus. Zudem müßte ein Vertreter des methodologischen Individualismus wohl auch anerkennen, daß institutionelle Tatsachen, wie etwa

Rechtsordnungen, keineswegs ohne die nicht im strengen Sinne empirischen Dispositions- und Modalbegriffe erklärbar sind. – Nun stellte bereits Mandelbaum fest, daß das mit der Position des methodologischen Individualismus verknüpfte Hauptproblem nicht mehr so sehr mit der Frage zu tun habe, ob es irreduzible gesellschaftliche *Tatsachen* gibt oder nicht, sondern vielmehr mit der Frage, ob es gesellschaftliche *Gesetze* gibt, welche auf Gesetze des Verhaltens von Einzelmenschen zurückführbar sind, oder nicht (vgl. Mandelbaum *1957*, 642). Ernest Nagel, dessen Diskussion des Problems der wissenschaftlichen Reduktion geradezu ein klassisches Stück der jüngeren Wissenschaftstheorie darstellt (vgl. Nagel *1961*, Kap. 11), beschäftigt sich mit diesem unter anderem auch von Mandelbaum formulierten Problem der Deduktion von Gesetzen, wobei die deduzierten Gesetze auf einem anderen Komplexitätsniveau zu liegen kommen als auf jenem, wo die als Prämissen geltenden Gesetze angesiedelt sind. Nagel nennt diejenige Wissenschaft, deren „makroskopische" Gesetze auf solche „mikroskopischer" Art zurückgeführt werden, „Sekundärwissenschaft"; die Wissenschaft hingegen, auf deren Gesetze die Gesetze der Sekundärwissenschaft zurückgeführt werden, nennt er „Primärwissenschaft". Eine Reduktion dieser Art wird oft als „Mikro-Reduktion" bezeichnet; sie ist für das charakteristisch, was man landläufig als wissenschaftlichen Reduktionismus im Sinne des methodologischen Individualismus ansieht (vgl. auch Kap. III, 2 a).

Nach Ansicht von Vertretern des methodologischen Holismus sei nun aber auch die Möglichkeit von Makro-Reduktionen nicht in Abrede zu stellen: daß, im Prinzip jedenfalls, Gesetze, welche das Verhalten von Elementen betreffen, aus Gesetzen ableitbar sind, welche sich auf Ganzheiten beziehen. In unterschiedlichen Wissenschaftsbereichen ist der Auffassung Ausdruck verliehen worden, daß Gesetze, welche das Verhalten von Systemelementen (etwa von Organen, Zellen und sogar organischen Molekülen innerhalb eines biologischen Organismus) lenken, mitunter leichter aus Gesetzen oder auch Theorien des Systems ableitbar sind als umgekehrt (vgl. Lessnoff *1974*, 30f.). In diesem Zusammenhang ist auch an die Kritik K. R. Poppers an bestimmten Vertretern des verhaltenswissenschaftlichen Ansatzes in den Sozialwissenschaften zu erinnern, die der Meinung sind, daß die erklärenden sozialen Tatsachen letztlich Tatsachen der Individualpsychologie seien, mit anderen Worten: daß die Sozialwissenschaften auf die Individualpsychologie reduzierbar seien. Popper argumentiert dahingehend, daß die psychologischen Aussagen nicht auf die Resultate sozialer Prozesse bezogen werden könnten, auch wenn sie sehr gut die Motivation jener Individuen zu erklären imstande sind, deren Handeln für die Resultate sozialer Prozesse eine notwendige Bedingung darstellt. Psychologische Gesetze mögen vortrefflich erklären, was Individuen anstreben, sie können aber nicht erklären, was das Resultat ihrer komplexen und unvorhersehbaren Interaktionen und Reaktionen ist, welches nur in seltensten Fällen den Absichten und Motiven der in einen sozialen Prozeß involvierten Einzelmenschen korrespondiert (vgl. Popper *1958* II, Kap. 4).

Analog dazu meint Ernest Nagel, daß bestimmte Programme des methodologischen Individualismus in der Volkswirtschaftslehre[6], wie er exemplarisch von Friedrich A. v. Hayek und Ludwig v. Mises vertreten wird, entsprechend zu erweitern wären (vgl. Nagel *1961*, 543f.). So

---

[6] Der Ausdruck „methodologischer Individualismus" findet sich in diesem Zusammenhang erstmals in Schumpeter *1908*.

werde bei diesen Vertretern der vor allem auf Carl Menger und Alfred Marshall zurückgehenden Grenznutzenlehre der Versuch gemacht, der sogenannten „Mikroökonomie" die Analyse wirtschaftlicher Tatsachen zuzuweisen; sie soll wirtschaftliche Phänomene in Begriffen jener Annahmen analysieren, welche sich auf die ökonomischen Präferenzen individueller Produzenten und Konsumenten ökonomischer Güter beziehen. Nun zeige sich jedoch, daß die grundlegenden Postulate durchaus fruchtbarer makroökonomischer Theorien – man denke etwa an diejenige von John M. Keynes – nicht ausschließlich „psychologische" und die individuellen ökonomischen Akteure betreffende sind, sondern daß sie Annahmen einschließen, welche sich auf Beziehungen zwischen breit gelagerten statistischen Aggregaten (wie Nationaleinkommen, Nationalkonsum, nationales Sparverhalten) gründen. Gewiß sei, wie Nagel bemerkt (vgl. ebd. 544), kein Beweis dafür zu erbringen, daß diese makroökonomischen Annahmen nicht aus mikroökonomischen deduzierbar sind; aber es sei ja auch noch kein Beweis dafür erbracht, daß die Deduktion in der umgekehrten Richtung bewerkstelligt werden könne, und einiges spreche immerhin dafür, daß dieser Anspruch nicht einlösbar sei. – In der wirtschaftswissenschaftlichen Methodologie neigt man heute zu einer komplementaristischen Sicht der Dinge, wie sie etwa im Bereich der Sozialpsychologie von Arnold Gehlen im Anschluß an Max Weber vertreten wurde. Gehlen sah es als unverzichtbar an, daß neben eine „Psychologie von innen" eine „Psychologie von außen" trete. Er illustrierte dies durch ein Beispiel, auf welches schon Weber hingewiesen hat: Wenn man vom Erwerbsstreben eines Unternehmers spricht, so kann man das in der Sicht von innen tun, und dann handelt es sich um eine Leidenschaft, ein Interesse oder sonst eine seelische Kraft mit eigener Geschichte; man kann dies aber auch in der Sicht von außen tun – dann ist „Erwerbsstreben" die Einstellung, die jedem von der Gesetzlichkeit eines Betriebes aufgenötigt wird, der in einem solchen Betrieb verantwortlich handelt, wenn dieser unter den Bedingungen der Konkurrenz produziert. Beide Ansichten der Sache, so führt Gehlen aus, schließen einander nicht aus, man müsse sie zusammennehmen, und daß man dies muß und kann, sei sogar eine Aussage über den spezifischen Charakter menschlichen Handelns (vgl. Gehlen 1952, 56).

Es hat sich als fruchtbar erwiesen, die Frage nach der Eigenart der Individuen, mit denen wir konfrontiert sind, nicht allein im Sinne endogener individueller Prozesse zu beantworten, sondern vor allem unter Bezugnahme auf gesellschaftliche Totalsituationen, also auf komplexe gesellschaftliche Sachverhalte *struktureller* Art, welche auf die Individuen einen Einfluß, wenn nicht gar einen Zwang ausüben. Andererseits hat es sich bewährt, die Tatsache in Erinnerung zu behalten, daß es immer wieder partikuläre Ereignisse, vor allem solche der *individuellen* Willenssetzung gibt, welche oft zu diesen Formen der Beeinflussung in Gegensatz stehen und die – eine entsprechende Kenntnis der Art der individuellen Determiniertheit vorausgesetzt – eine Neustrukturierung gesellschaftlicher Totalsituationen bewirken können.

# III. Inhalte und Modalitäten
## sozialwissenschaftlicher Erfahrung

Gegenstand und Methode, Erfahrungsinhalt und Erfahrungsweise stehen in jeder wissenschaftlichen Analyse von Beginn an in engem Zusammenhang. So kann beispielsweise einmal das Vorverständnis einer sozialen Tatsache oder eines „soziologischen Tatbestandes" (vgl. Durkheim *1976*, 105–114) zur Auszeichnung einer ganz bestimmten Methode oder Forschungstechnik führen; umgekehrt kann die Präokkupation durch eine bestimmte Methodik eine ganz spezifische Prägung der Gegenstandserfahrung bewirken.

Die Ontologie der Sozialwissenschaften kann daher auch das eine Mal auf jene Phänomene bezogen werden, die zu erklären sind, das andere Mal auf jene Phänomene, die als erklärende Faktoren fungieren. Die zwei grundlegenden Dimensionen der Sozialontologie bestehen demnach

– aus den grundlegenden Phänomenen (Variablen, Faktoren), die das Soziale *definieren*; diese bilden die Definitions-, Gegenstands- oder Explanandum-Ebene;

– aus den grundlegenden Phänomenen (Variablen, Faktoren), die das Soziale *erklären*; diese bilden die Erklärungs-, Methoden- oder Explanans-Ebene.

Es ist nicht unwesentlich, darauf hinzuweisen, daß verschiedene Sozialwissenschaftler die Grundcharakteristik ihrer Disziplin mit bestimmten Gegenstandsdefinitionen, andere jedoch mit bestimmten in der Erklärung dominierenden Variablen oder Faktoren verbinden. Aufgrund der nicht immer hinreichend klar vollzogenen

Unterscheidung der Aspekte von Gegenstand und Methode bzw. von Explanandum- und Explanans-Ebene werden daher beispielsweise Sozialwissenschaftler häufig als Vertreter des „Subjektivismus" bezeichnet, weil sie in die *Definition* des sozialen Handelns auch den subjektiven Sinn, den Akteure mit ihrem Tun verbinden, aufgenommen haben; andere wiederum werden deshalb als „Subjektivisten" bezeichnet, weil sie bei der *Erklärung* des sozialen Handelns auch Intentionen und Motiven, Absichten und Gründen Gewicht beimessen. Dies zeigt, daß einmal der spezifische – subjektive oder objektive – Charakter des Explanandums, dann aber der spezifische – subjektive oder objektive – Charakter des Explanans als konstitutiv für die in Betracht stehende sozialwissenschaftliche Theorie angesehen wird.

Wenn man nach der Erfahrungsgrundlage der Sozialwissenschaften fragt, ist es – im Sinne des soeben Erwähnten – wesentlich, die begriffliche Unterscheidbarkeit der *Inhalte* und *Modalitäten* der Erfahrung gleichermaßen im Blick zu behalten wie deren Interdependenz im Forschungsprozeß: dessen, *was* Gegenstand der Erfahrung wird und dessen, *wie* etwas Gegenstand der Erfahrung wird. Im Anschluß an Heinrich Gomperz seien zunächst vier grundlegende Bedeutungsschichten des Erfahrungsbegriffs herausgestellt (vgl. Gomperz *1905*, 95–98), woran diese eigentümliche Doppelung sichtbar wird:

1) Erfahrung bedeutet a) eine durch Mitteilung erworbene Kenntnis („von jemandem erfahren, daß..."), b) eine durch Versuch erworbene Kenntnis („erfahren in der Handhabung eine Apparates"), c) eine durch Erleben erworbene Kenntnis („am eigenen Leibe erfahren, daß..."), d) das Erleben selbst („Kränkungen erfahren");

2) Erfahrung bezeichnet ferner in bezug auf alle diese vier
    Bedeutungen a) die einzelne „Erfahrung", und b) den
    Inbegriff aller einzelnen „Erfahrungen" (etwas „*ist* eine
    Erfahrung", aber es „*gehört* auch zur Erfahrung");
3) unter Erfahrung versteht man in allen acht vorgenann-
    ten Fällen einmal a) den Akt des „Erfahrens" (das
    Kenntnis nehmen, Erleben usw. selbst, aber auch b)
    den Gegenstand dieses Aktes, also das „Erfahrene" (zur
    Kenntnis Genommene, Erlebte usw.);
4) Erfahrung wird landläufig mit Empirie identifiziert,
    wobei aber, genauer besehen, das Prädikat „empirisch"
    eine dreifache Beziehung unserer Begriffe auf die
    Erfahrung ausdrückt, nämlich a) daß der Begriff selbst
    zur Erfahrung gehört, b) daß er aus der Erfahrung
    „stammt", und c) daß er Erfahrung zum Inhalt hat.

Aus der Vielfalt der Bestimmungen des Begriffs der
Erfahrung wird ersichtlich, wie unbestimmt etwa der oft
hörbare Vorwurf der „Erfahrungsimmanenz" oder der
„Erfahrungsgebundenheit" ist. Je nachdem, ob man dabei
die Modalität oder den Inhalt der Erfahrung im Blick hat,
gestaltet sich das Bild der Wirklichkeit und der darauf
bezüglichen Wissenschaft.

## 1. Der ontologische Gehalt von Definitionen
   gesellschaftlicher Tatsachen

Wenn von gesellschaftlichen Tatsachen die Rede ist, so
soll auch erörtert werden, was unter jenem „Gesellschaftlichen" an diesen Tatsachen zu verstehen ist, welches doch
Gegenstand der verschiedenen Sozialwissenschaften wird.
Die Sozialwissenschaften haben gesellschaftliches Handeln vor allem in zwei Dimensionen zum Gegenstand:

Erstens geht es um die Darstellung und Analyse der vielfältigen Typen und Faktoren sozialer *Interaktionen,* also der verschiedenen Weisen der Differenzierung und Integration (z. B. Über- und Unterordnung, Konkurrenz und Kooperation, Rivalität und Solidarität) im Rahmen der zwischenmenschlichen Beziehungen; zweitens um die Darstellung und Analyse der sogenannten „materiellen" Komponenten des gesellschaftlichen Milieus, also namentlich der *Institutionen* und *Organisationen,* mithin dessen, was man in der soziologischen Beziehungslehre die sozialen Gebilde nennt.

Welche Komponenten einer sozialen Situation sind es nun, denen sich spezifische zwischenmenschliche Beziehungen und spezifische „objektive" Institutionen zuordnen lassen? Folgende neun Hauptkomponenten samt den für sie charakteristischen Grundmerkmalen sind hier zu nennen:

1) *politische:* Macht (Stärke oder Gewalt) und Ohnmacht,
2) *ökonomische:* Besitz und Einkommen,
3) *kulturelle:* Werte und Normen,
4) *soziale:* Gleichheit und Ungleichheit,
5) *ökologische:* Rohstoffversorgung, geostrategische Lage und Lebensqualität,
6) *demographische:* Verwandtschaftsordnungen und Bevölkerungsentwicklung,
7) *biologische:* vererbte und erworbene biophysische Ausstattung,
8) *wissenschaftlich-technische:* Materialbeherrschung und Organisation,
9) *psychische:* Triebgeschehen, Sublimierung und Sozialisation (vgl. dazu ausführlicher Acham *1982*).

Was auf der Definitionsebene einer sozialen Situation als mögliche *Komponente* und als Systematisierungsgesichtspunkt von *Beschreibungen* aufscheint, bildet auf der Erklärungsebene einen möglichen *Faktor* bzw. einen Systematisierungsgesichtspunkt von *Erklärungen*.

## 2. Der ontologische Gehalt von Erklärungsmethoden gesellschaftlicher Tatsachen

Die verschiedenen sozialwissenschaftlichen Theorien sind durch spezifische Bestimmungen auf der Definitions- und auf der Erklärungsebene von sozialen Tatsachen voneinander unterscheidbar. So charakterisieren etwa die unterschiedlichen soziologischen Theorien einerseits soziale Phänomene, ihren Wandel und dessen Verlaufsform, andererseits eine ausgezeichnete Klasse von Faktoren, welche diese Phänomene erklären sollen. Dadurch werden aber oftmals bereits Entscheidungen über den vermeintlich zutreffenden Abbruchspunkt soziologischer Erklärungen getroffen. So erblicken beispielsweise die meisten Vertreter des sogenannten konflikttheoretischen Ansatzes in der Veränderung der Machtverhältnisse den grundlegenden Faktor des gesellschaftlichen Wandels; Vertreter der materialistischen Gesellschaftstheorie in der Veränderung der Produktionsverhältnisse; Vertreter einer funktionalistischen Gesellschaftstheorie schließlich zumeist in der Änderung von Werten und Normen.

Rufen wir uns in diesem Zusammenhang noch einmal die neun Komponenten bzw. Faktoren von sozialen Situationen in Erinnerung, von denen im vorangegangenen Abschnitt die Rede war: politische Faktoren (Macht und Ohnmacht), ökonomische (Besitz und Einkommen), kulturelle (Werte und Normen), soziale (Gleichheit und Ungleichheit), ökologische (Rohstoffversorgung, geostrategische Lage und Lebensqualität), demographische

*Figur 4*

| Erklärende Phänomene<br>(Erklärungsebene) | Definierende Phänomene<br>(Definitionsebene) | | |
|---|---|---|---|
| | Wirtschaft<br>(Besitz) | Politik<br>(Macht) | Kultur<br>(Werte) |
| Wirtschaft<br>(Besitz) | a | b | c |
| Politik<br>(Macht) | d | e | f |
| Kultur<br>(Werte) | g | h | i |

(Verwandtschaftssysteme und Bevölkerungsentwicklung), biologische (biophysische Ausstattung), wissenschaftlich-technische (Materialbeherrschung und Organisation) und psychische Faktoren (Triebgeschehen, Sublimierung und Sozialisation). Trägt man nun in einem quadratischen Diagramm sowohl auf der Definitions- als auch auf der Erklärungsebene die erwähnten Komponenten bzw. Faktoren auf, so ergibt sich für diese Betrachtung des Sozialgeschehens ein Merkmalsraum von 81 Möglichkeiten. So gut wie immer werden nicht alle diese Möglichkeiten realisierbar sein. Bestimmend dafür ist unter anderem auch die sogenannte theoretische Einstellung des jeweiligen Sozialwissenschaftlers. Sie kann dazu führen, daß dieser von vornherein nur wenigen erklärenden Variablen seine Aufmerksamkeit schenkt und eine Reihe von anderen Erklärungsmöglichkeiten in der Folge als objektiv irrelevant beiseite läßt. Die Auszeichnung gewisser

Variablen auf der Erklärungsebene bestimmt in besonderem Maße den spezifischen Charakter sozialwissenschaftlicher Theorien. Der Illustration dient das Diagramm von *Figur 4*. Drei der vorhin erwähnten neun Faktoren werden dabei jeweils auf der Definitions- und auf der Erklärungsebene in Betracht gezogen, so daß der Merkmalsraum dieses theoretischen Ansatzes insgesamt neun Möglichkeiten aufweist. Einige von ihnen sollen hier exemplarisch konkretisiert werden: (b) durch Karl Marx und seine zahlreichen Versuche, politische Gegebenheiten (im sogenannten „Überbau"-Bereich) durch sozialökonomische Faktoren (im sogenannten „Basis"-Bereich) zu erklären; (g) durch Max Webers Werk „Die protestantische Ethik und der Geist des Kapitalismus" und durch Joseph A. Schumpeters Ausführungen über kulturelle Voraussetzungen des Kapitalismus (vgl. z. B. Schumpeter *1950*, Kap. 11–14); (d) durch Vilfredo Paretos Analysen von wirtschaftlichen Gegebenheiten als Instrumenten für das Avancement politischer Eliten (vgl. Pareto *1976*, 108–152). – Die Fälle (a), (e) und (i) stellen jeweils faktoraffine Erklärungsmöglichkeiten dar – ähnlich den Erklärungen Emile Durkheims, der meinte, „soziologische Tatbestände" ließen sich nur durch soziologische Tatbestände erklären (vgl. Durkheim *1976*, 105–114, 220 f.). Im besonderen bedient man sich derartiger Erklärungsformen beispielsweise bei der Analyse des endogenen Wandels von ökonomischen, politischen oder kulturellen Institutionen.

a. Mikro- und Makrobetrachtung

Mit dem soeben erörterten Problem ist in struktureller Hinsicht die Differenzierung von Mikro- und Makrophänomenen sowohl auf der Definitions- als auch auf der

Erklärungsebene verwandt. *Figur 5* veranschaulicht den hier in Betracht stehenden Tatbestand.

| *Erklärende Phänomene* | *Definierende Phänomene* Mikro | Makro |
|---|---|---|
| Mikro | a | b |
| Makro | c | d |

Vorweg ist auf zweierlei aufmerksam zu machen. Erstens darauf, daß die Mikro- und die Makro-Betrachtung keineswegs generell auf die Größenordnung der auf der Definitionsebene in Betracht stehenden Sachverhalte bezogen werden dürfen. Diese Betrachtungsweisen haben vielmehr meistens mit der Größenordnung der im Explanans auftretenden Faktoren zu tun; sie charakterisieren sonach öfter die erklärende als die definierende Komponente sozialwissenschaftlicher Theorien. – Zweitens soll hier darauf hingewiesen werden, daß es nichts gibt, von dem sich ohne nähere Präzisierung sagen ließe, es sei als ein elementares Mikro-Ereignis auf der Definitionsebene *gegeben*. Was als Mikro- oder Makro-Ereignis verstanden wird, hängt in entscheidendem Maße davon ab, wie ein vorliegender Beobachtungsinhalt auf der Erklärungsebene *behandelt* wird. Das, was in der Physik im Rahmen der Jahrhunderte als elementarste Beobachtungseinheit angesehen wurde: von den vier Elementen bis hin zu subatomaren Teilchen, wandelte sich in der Weise, daß das meiste, was in einer bestimmten Periode als elementares Phänomen angesehen worden war, in der darauffolgenden

Ära als ein aggregiertes Subsystem aufgefaßt wurde. Bei aller historischen Relativität der als elementar angesehenen Sachverhalte ist es nichtsdestoweniger sinnvoll, die Beziehung zwischen Makro- und Mikro-Ereignissen so aufzufassen, daß ein Forscher interessiert sein kann, komplexere Phänomene auf der Definitionsebene unter Bezugnahme auf elementare Phänomene auf der Erklärungsebene zu rekonstruieren. Man spricht in diesem Zusammenhang von einer sogenannten *Mikro-Reduktion*; sie liegt im Falle (b) von *Figur 5* vor. Im Unterschied dazu spricht man von einer *Makro-Reduktion* dann, wenn ein vergleichsweise elementarer Sachverhalt unter Bezugnahme auf komplexere Faktoren im Rahmen sozialwissenschaftlicher Erklärungen rekonstruiert wird; eine solche liegt im Falle (c) vor.

Die im Rahmen von *Figur 5* erwähnten Interrelationen (a) bis (d) sind durch soziologische Lehrmeinungen sehr gut zu exemplifizieren: Mit Bezug auf Fall (a) wären lern- oder verhaltenspsychologische Hypothesen zu nennen, etwa diejenige, wonach die emotionalen Bindungen und Freundschaftsbeziehungen unter den Individuen um so intensiver und enger sind, je häufiger diese miteinander verkehren; bezüglich (b) wäre an Erklärungen von der Art zu erinnern, daß größere soziale Gebilde als Resultate der Interaktionen einer Vielzahl individueller Akteure anzusehen sind; Fall (c) wäre durch die Erklärung der Rolle des einzelnen unter Bezugnahme auf dessen Funktion im Sozialsystem zu illustrieren; schließlich Fall (d) durch die Proposition, wonach die Produktionsweise den allgemeinen Charakter der sozialen, politischen und spirituellen Lebensprozesse einer Klasse oder eines Volkes determiniert. Man könnte, wenn man die soeben charakterisierten Typen von Erklärungen (Erklärungsinhalten und Erklärungsformen) jeweils auf einen knappen Begriff bringen wollte, (a) der Individualpsychologie, (b) der psychologischen Soziologie (etwa dem symbolischen Interaktionismus), (c) der funktionalistischen Sozialpsychologie und (d) der Systemtheorie im engeren Sinne zuordnen; makrosoziologische Betrachtungen in jenem strengen Sinne von (d) lassen sich etwa durch Forschungen im Bereich der Demographie und Sozialökologie exemplifizieren, wo gewisse Makro-Phänomene (wie etwa Migration, Bevölkerungsdichte, Urbanisierungsgrad) als Elemente des Explanans in der Erklärung anderer Makro-Phänomene (etwa Arbeitsteilung, soziale Schichtung) aufscheinen.

## b. Heteronomie und Autonomie

In sozialwissenschaftlichen Darstellungen ist es mitunter wichtig herauszufinden, ob es sich bei den als Explanandum in Betracht stehenden gesellschaftlichen Phänomenen aus den Bereichen der Politik, Kultur, Wirtschaft usw. um spontane Reaktionen auf nicht durchschaute Zwänge und Anpassungserfordernisse handelt oder um Resultate von selbst hergestellten, also autonom gestalteten Verhältnissen. In der folgenden *Figur 6* werden der Heteronomie reaktive Tätigkeiten zugeordnet, während die Autonomie durch aktives und selbsttätiges Handeln charakterisiert wird. – Nicht allen Vertretern der Sozialwissenschaften erscheinen die in *Figur 6* angeführten vier Möglichkeitsräume (a) bis (d) erfüllbar. Vertetern bestimmter metaphysischer Positionen scheinen so im gesamten Sozialgeschehen entweder Beziehungen der strengen Heteronomie (etwa im Sinne der fatalistischen Ansichten des Historizismus) zu bestehen oder aber solche der absoluten Willensfreiheit (etwa im Sinne des Voluntarismus). Vertretern des Prinzips der Heteronomie wird von seiten der Voluntaristen der Vorwurf des Objektivismus gemacht, während andererseits die Vertreter des Heteronomieprinzips, welche sich oft als die wahren Anwälte des wissenschaftlichen Determinismus verstehen, gegenüber den Voluntaristen gerne von Subjektivismus und Utopismus sprechen; die wechselseitig erhobenen Vorwürfe der „Verdinglichung" bzw. des „Irrationalismus" betreffen eben diesen Sachverhalt.

*Figur 6*

| *Erklärende Phänomene* | *Definierende Phänomene* | |
|---|---|---|
| | Mikro | Makro |
| heteronom (nicht willentlich determinierbare Faktoren) | a | b |
| autonom (willentlich determinierbare Faktoren) | c | d |

Es sei darauf hingewiesen, daß die Charakterisierung von zu erklärenden Phänomenen als heteronomen und autonomen selbst nicht historisch invariant ist, da im Laufe der Geschichte ursprünglich als „naturwüchsig" und daher als heteronom erfahrene Verhältnisse – etwa die Eigentumsordnungen, die Lohnarbeit und die differentielle Assoziation zwischen den Klassen und innerhalb derselben – oftmals den Charakter autonom herstellbarer Beziehungen gewonnen haben. Was zunächst heteronom oder exogen auferlegt erschien, kann also im Laufe der Geschichte den Charakter eines autonom oder endogen generierbaren Ereignisses gewinnen. – Was an unterschiedlichen Elementen der natürlichen und sozialen Umwelt durch menschliche Aktivität gestaltbar und was nicht gestaltbar ist, ist eine Frage des Wissensstandes und des Aktivitätsniveaus, und sonach eine Frage der Empirie, und nicht irgendeiner Sozialaprioristik (vgl. dazu auch Teil F). Viel falscher Glaube leitet uns in unseren Annahmen bezüglich dessen, was an unserem Verhalten Handlungen und was bloße Reaktionen sind. Freud lehrte uns einiges darüber, wie schmal die Grenzlinie zwischen dem verläuft, was ein Mensch tut und dem, was mit ihm einfach geschieht.

### c. Einige Folgerungen für die Analyse von Strukturen und Prozessen

Aus den bisherigen Ausführungen dieses III. Kap. sollen einige Maximen bezüglich des methodischen Vorgehens im Rahmen einer Untersuchung gesellschaftlicher Strukturen und Prozesse abgeleitet werden. Im Falle von Analysen gesellschaftlicher Zustände und Ereignisse ist danach zu fragen,

1) in welchem Ausmaß dieser gesellschaftliche Prozeß aus objektiven oder subjektiven Verhaltensbeziehungen besteht;
2) in welchem Ausmaß es sich dabei um einen Mikro- oder Makroprozeß handelt;
3) ob im jeweiligen Fall die Anaskopie, also die vom gesellig lebenden Individuum ausgehende und seine Bindungen an gesellschaftliche Aggregate untersuchende Betrachtungsweise, fruchtbarer ist oder aber die Kataskopie, in welcher der Einfluß der gesellschaftlichen Aggregate auf die Individuen und Kleingruppen untersucht wird (vgl. Geiger *1962a*, 147–150);
4) in welchem Ausmaß die Genese, der Fortbestand oder die Transformation eines gesellschaftlichen Systems erklärt werden sollen, wenn von der Erklärung gesellschaftlicher Strukturen und Prozesse die Rede ist;

5) welche Gleichgewichtskonzeption im Hintergrund der Analyse steht, wenn es heißt, daß die Transformation eines gesellschaftlichen Systems mit dessen Ungleichgewicht oder Instabilität zu tun habe;
6) was die Kriterien der Adaption und Selektion sind, wenn gesagt wird, daß der Fortbestand oder der Wandel eines gesellschaftlichen Systems oder Subsystems eine erhöhte Anpassungskapazität anzeige.

Auf ein Erfordernis sei noch besonders hingewiesen: Jede Rede von gesellschaftlichen Entwicklungen, von Stabilität oder Wandel der Gesamtgesellschaft oder eines gesellschaftlichen Subsystems erfordert neben der genauen Festlegung der untersuchten *Zeitintervalle* auch die genaue *Definition der Struktur* des untersuchten Sachverhalts. Dazu noch einige Bemerkungen. – Die Formulierung von Strukturdefinitionen ist schon deshalb von Wichtigkeit, weil zwischen dem Wandel einer Struktur und dem Wandel innerhalb einer Struktur – der zuletzt genannte Entwicklungsprozeß vollzieht sich, ohne daß grundlegende Strukturvariablen verändert werden – unterschieden werden muß.[7] Bezüglich des Verhältnisses

---

[7] „Untersucht man die Gesellschaft Großbritanniens auf die Struktur ‚Industrialisierung‘ oder ‚Demokratie‘ hin, so hat zwischen 1850 und 1950 kein Wandel stattgefunden. Das heißt zwischen 1850 und 1950 hat sich die Tatsache nicht geändert, daß Großbritannien eine Industriegesellschaft mit demokratischer Regierungsform war. Innerhalb des allgemeinen Struktursachverhalts ‚Industrialisierung‘ oder ‚Demokratie‘ lassen sich jedoch bedeutende Veränderungen feststellen: technologischer Wandel, Wandel der Arbeitsorganisation, Wandel der Klassenverhältnisse, Wandel des Wahlrechts, Wandel des Parteiensystems, Wandel der Einkommensstruktur. Untersucht man z. B. den Anteil der wahlberechtigten Bevölkerung an der Gesamtbevölkerung, so bedeutet die Einführung des Frauenwahlrechts 1920 einen bedeutenden Wandel der Struktur des Wahlrechts, ohne daß die allgemeine Struktur ‚Demokratie‘ sich geändert hätte. Ebenso markiert die Einführung der Fließbandproduk-

von *Struktur* und *Prozeß* besagt dies, daß gesamtgesellschaftliche Systeme und gesellschaftliche Subsysteme niemals im strengen Sinne statisch sind: sie bestehen aus einer prozeßhaften Abfolge von Ereignissen, wobei die Aufeinanderfolge der Ereignisse als eine diachrone Struktur beschrieben werden kann, insofern sie wiederholbare Abläufe und Zusammenhänge aufweist. Diese Struktur erfaßt also die Regelmäßigkeiten der Aufeinanderfolge der Ereignisse eines dynamischen gesellschaftlichen Prozesses, wie umgekehrt als Prozeß jene Ereignisabfolgen verstanden werden können, die durch eine Strukturdefinition „erlaubt" sind (vgl. Giesen/Goetze/Schmid *1975*, 90). Wenn nun jedoch die Analyse der realen Ereignisabfolgen und der gesellschaftlichen Prozesse zeigt, daß die ursprüngliche Strukturdefinition gleichsam durch den Druck der Realität „gesprengt" wird und man von einem Wandel der ursprünglich konzipierten Struktur selbst sprechen kann, muß man sich als Gesellschaftsanalytiker entscheiden: ob man durch die Rücknahme einiger Merkmalsbestimmungen des ursprünglichen Strukturbegriffs und durch die Einführung allgemeinerer Charakteristika den in Betracht stehenden Prozeß als einen Prozeß innerhalb einer – nun allgemeiner gefaßten – Struktur aufzufassen gewillt ist oder ob man einen neuen Strukturbegriff formuliert, der es zulässig erscheinen läßt, von der Transformation der einen in die andere Struktur zu sprechen. Mit diesem Problem sind beispielsweise Historiker konfrontiert, welche es unternehmen, historische Periodisierungen auszuarbeiten, aber auch Vertreter der theoretischen Sozialwissenschaften, die sich etwa mit der Frage

---

tion einen technologischen Wandel mit tiefgreifenden Konsequenzen für die Arbeitsorganisation und die Klassenstruktur." (Giesen/Goetze/Schmid *1975*, 89)

beschäftigen, ob es sich im Falle keynesianischer Vollbe-schäftigungsprogramme bei einem hohen Staatsanteil an Produktionsbetrieben noch um eine innerkapitalistische Entwicklung oder schon um eine Transformation des kapitalistischen Grundplanes handelt.

Aus der Sicht der jüngeren theoretischen Sozialwissen-schaften darf jedenfalls festgehalten werden, daß die alte dichotomische Konzeption von sozialer Statik und sozia-ler Dynamik einer für die Analyse bestimmter gesell-schaftlicher Entwicklungen unfruchtbaren Sozialontolo-gie entsprungen ist, und daß Struktur und Prozeß in einer funktionalen – oder, wenn man so will, dialektischen – Beziehung zueinander stehen: „Struktur und Prozeß ste-hen in einer ähnlichen Beziehung wie die Regeln des Schachspiels und die Kombinationen möglicher Spiel-züge. Wenn man von sozialem Wandel spricht, so ist damit nicht die ständige *prozeß*hafte Veränderung und Aufeinanderfolge von Ereignissen in einer Gesellschaft gemeint, sondern der Wandel der *Struktur* von Gesell-schaften, Handlungsabfolgen, Organisationen, Konflikt-abläufen usw. Ein Wandel der Struktur bedingt natürlich auch einen Wandel des entsprechenden Prozesses, ähnlich wie der Wechsel vom Schach zum Damespiel andere Spielzugkombinationen mit sich bringt." (Ebd.)

## C. Gnoseologische Aspekte
der Sozialwissenschaften –
Verstehen, Relativität, Objektivität

Die Theologie und die Metaphysik kennen
das Absolute und ganz Präzise, die Erfah-
rungswissenschaft kennt nur das Relative und
Approximative. Von den konkreten Phänomenen kennen wir nur einen Teil, den die
Fortschritte der Wissenschaft immer größer
werden lassen..., die Maße kennen wir nur in
approximativer Form, die heute präziser
wird... Das Wenige ist mehr wert als gar
nichts... Die Präzision der Metaphysik ist
Illusion, die Approximation der Erfahrungs-
wissenschaft ist Realität.

*Vilfredo Pareto,* Epilog zu „Fatti e teorie"
(1920)

Die Erkenntnislehre – auch Gnoseologie oder Epistemologie genannt – kann nicht in ihrer ganzen thematischen
Vielfalt Gegenstand einer auf die Sozialwissenschaften
bezogenen Betrachtung sein. Aber es sollte doch möglich
sein, einige wesentliche Antworten auf die in diesem
Zusammenhang grundlegenden Fragen danach zu erörtern, wie sozialwissenschaftliche Sachverhalte zu verstehen sind und was es besagen kann, sie objektiv verstanden
zu haben.

# I. Das Verstehen und der Perspektivismus der Interpretationen

Der Begriff des Verstehens im weiteren Sinne ist mit dem Begriff des Erkennens bedeutungsgleich: er umfaßt das logische Begreifen, das hermeneutische Verstehen und das empirisch-nomologische Erklären. Eine Explikation dieses weiteren Verstehensbegriffs soll zunächst einmal erfolgen, um sodann besser die Konzeption einer verstehenden Sozialwissenschaft erfassen zu können.

## 1. Über Sinn, Bedeutung und Verstehen

Die Ausdrücke „Sinn" und „Bedeutung" haben, wie unter anderem May Brodbeck zeigte (vgl. Brodbeck *1963*), mehr als eine Bedeutung. So kann die Bedeutung (der Sinn) eines Ausdrucks eine Sache der Konvention sein, wenn wir etwa festlegen, worauf sich „Ehrgeiz" beziehen soll (Bedeutung als *Referenz*); die Bedeutung eines Ausdrucks kann aber auch eine Tatsachenfrage sein, wenn bekannt ist, daß Ehrgeiz gesetzmäßig mit anderen Dingen verknüpft ist (Bedeutung als *Signifikanz*). Der Ausdruck „Ehrgeiz" kann ferner bedeutungsmäßig entweder dadurch bestimmt werden, daß man untersucht, was durch die ihm entsprechenden mentalen Akte intendiert ist (Bedeutung als *Intention*) oder dadurch, daß man die für diesen mentalen Akt bestimmenden Gründe aufweist (Bedeutung als *Motivation*). Schließlich wäre noch daran zu erinnern, daß mit der Verwendung von Ausdrücken auch unterschiedliche psychologische Begleitvorstellungen einhergehen können; für den Ausdruck „Ehrgeiz" gilt dies bekanntlich in hohem Maße, da mit ihm positive, aber auch negative Vorstellungen verknüpft sind (Bedeutung als *Konnotation*).[8]

---

[8] Diese Einteilung von Dimensionen der Bedeutung oder des Sinnes entspricht in gewisser Weise den bei Felix Kaufmann erwähnten Ebenen der Zeichendeutung (vgl. Kaufmann *1936*, 162 f.). Wendet man sich der Deutung der Zeichen durch den Zeichenempfänger zu, so lassen sich nach Kaufmann fünf Stufen der Deutung unterscheiden:

1) Ein bestimmtes Phänomen wird vom Mitteilungsempfänger als Zeichen, als Ausdruck der Absicht einer Mitteilung eines zunächst noch unbekannten Sinnes, gedeutet. (Hier geht es um die Zeichenerfassung, also gewissermaßen um die Erfassung der Bedeutung eines Ausdrucks im Sinne der syntaktischen Referenz.)

2) Das Phänomen wird vom Mitteilungsempfänger als Zeichen für eine Mitteilung eines bestimmten – in der Interpretation erfaßten – Sinnes gedeutet. (Hier handelt es sich um die Erfassung des Mitteilungssinnes. Es wird dabei die Bedeutung im Sinne der semantischen Referenz verstanden.)

3) Aus dem Mitteilungssinn wird vom Mitteilungsempfänger auf den Mitteilungszweck geschlossen, d. h. es wird von dem, was der Zeichensetzende sagen wollte, darauf geschlossen, was er damit wollte, daß er es – bei dieser Gelegenheit – sagte. (Hier geht es um die Feststellung, in welcher Absicht die Zeichensetzung erfolgte. Dabei wird Bedeutung im Sinne der Intentionalität zu erfassen versucht.)

4) Der Mitteilungsempfänger kann aus dem von ihm erfaßten Mitteilungssinn und Mitteilungszweck – allenfalls in Verbindung mit anderen ihm bekannten Tatsachen – auf die Umstände schließen, die beim Zeichensetzenden zur Zeichensetzung geführt haben. (Hier kann es sich einmal um die Rekonstruktion der Bedeutung im Sinne der Motivation handeln, also um die Feststellung, aus welchen Gründen eine Zeichensetzung erfolgte; es kann aber auch um die Feststellung der Bedeutung im Sinne der Signifikanz von gesetzmäßigen Ursache-Wirkungs-Beziehungen gehen, wobei mentale und/oder nicht-mentale Faktoren in die Formulierung der Generalisierungen eingehen.)

5) Der Mitteilungsempfänger kann aus der Mitteilung auch Momente erschließen, z. B. Charakterzüge, die weder den Mitteilungssinn noch den Mitteilungszweck, noch auch – um mit Alfred Schütz zu sprechen (vgl. Schütz *1932*, 99 f.) – den „Weilmotiven" der Mitteilung zugehören. (In diesem Falle geht es um die Erfassung von Bedeutung im Sinne der Konnotation, also um die Analyse von emotiven, volitiven oder konativen Nebenbedeutungen.)

Es wäre nun ein Irrtum anzunehmen, daß nur sprachliche Ausdrücke eine Bedeutung oder einen Sinn hätten. Die verschiedenen Formen des Ausdrucksverstehens, wie es etwa für die Hermeneutik Diltheys, aber auch für die Verhaltensforschung charakteristisch ist, beziehen sich ja vor allem auf nicht-sprachliche Manifestationen, wie Kunstwerke oder Gebärden. Den menschlichen Objektivationen wie auch den menschlichen Verhaltensweisen lassen sich ganz unterschiedliche Bedeutungen zuordnen oder zum Zwecke der Verhaltensinterpretation unterlegen. Erinnert sei hier etwa an den von A. I. Melden gemachten Unterschied zwischen der Handlung, die im Heben eines Armes und der Bewegung, die im Hochgehen eines Armes besteht (vgl. Melden *1961*). Man kann die Hand heben, weil man etwas signalisieren will; man kann sie aber auch heben, nicht weil man selbst damit einen Zweck verfolgt, sondern weil andere dieses Verhalten erwarten. Ferner kann es sein, daß diese Handbewegung unbewußt erfolgt, da sie habitualisiert ist. Und schließlich kann sich eben herausstellen, daß es sich dabei gar nicht um Handlungen, sondern um Vorgänge an einem Organismus handelt, die man vielleicht als physiologische Reflexe ansprechen könnte. Die Bedeutung der bei Melden erörterten Ausdrücke „Heben des Armes" und „Hochgehen des Armes" unterscheiden sich dabei nicht hinsichtlich des Referenzaspektes, wohl aber bezüglich der anderen vier vorhin genannten Bedeutungsaspekte: bezüglich der Signifikanz, der Intention, der Motivation und der Konnotation.

Den verschiedenen Arten des „Sinnes" oder der „Bedeutung" lassen sich nun verschiedene Arten des „Verstehens" zuordnen (vgl. dazu Brodbeck *1963*, 66–68): der Bedeutung im Sinne der Referenz entspricht das linguistische Verstehen sowie das logische Begreifen;

der Bedeutung im Sinne von Signifikanz entspricht es, wenn jemand sagt, er habe die gesetzmäßigen Verknüpfungen eines Referenzobjekts mit anderen Dingen verstanden; im Falle des intentionalen Verstehens erfaßt man den Sinn einer Handlung dadurch, daß man die Ziele kennt, die jemand mit einer Handlung verknüpft; für das motivationale Verstehen hingegen gilt, daß nicht sosehr das Handlungsresultat, als vielmehr der Handlungsgrund von Belang ist; was schließlich jenen Typus des Verstehens anlangt, bei welchem es um die Erfassung der Bedeutung im Sinne der Konnotation geht, so handelt es sich um die Eingliederung eines Sachverhalts in einen bestimmten Zusammenhang von Werthaltungen oder auch von wertenden Beurteilungen. – Die verschiedenen Kontroversen in der Hermeneutik haben zumeist mit der Auszeichnung eines Typus des Verstehens und der Abwertung anderer, dazu alternativer Verstehensformen zu tun.

Wie Wilhelm Dilthey, Wilhelm Windelband und Heinrich Rickert, so war auch Max Weber bestrebt, eine verstehende Sozialwissenschaft zu entwickeln, obschon er gegenüber verschiedenen Einseitigkeiten einer intentionalen oder motivationalen Verstehenskonzeption im Sinne der hermeneutischen Strömung der Jahrhundertwende immer wieder klarstellte, daß die Erklärung eine unverzichtbare Ergänzung der Verstehensprozesse für die geistes- und sozialwissenschaftliche Erkenntnis wäre. Erst die Kenntnis der Vielfalt der kausalen Bedingungen lehre uns ja, die geistigen und seelischen Konstellationen, aus denen heraus kulturelle Objektivationen geboren wurden, und damit diese selbst erst wirklich zu „verstehen" (vgl. z. B. Weber *1906*, 250). Wie vor ihm Rickert, so machte Weber geltend, daß die Spezifik der verstehenden Sozialwissenschaft mit der *Wertbeziehung* verknüpft sei. Er wendet sich in diesem Zusammenhang gegen die

Annahme, man könne die Frage nach der Bedeutung eines kulturellen Sachverhalts einfach durch begriffslogische Subsumptionen erledigen. Wertgesichtspunkte seien ja nicht ein „Begriff", sondern ein durchaus konkretes, höchst individuell geartetes und zusammengesetztes „Fühlen" und „Wollen" oder aber, unter Umständen, das Bewußtsein eines bestimmten und wiederum konkret gearteten „Sollens" (vgl. ebd. 252). „Diese ‚Bedeutung' – der ‚Inhalt' des Objektes, etwa des ‚Faust', an möglichen Wertbeziehungen, oder anders gewendet, den *Inhalt* *unseres Interesses* am historischen Individuum – durch einen Gattungsbegriff ausdrückbar zu denken, ist ein offenbarer Widersinn: gerade die Unausschöpfbarkeit ihres ‚Inhalts' an möglichen Anknüpfungspunkten unseres Interesses ist das dem historischen Individuum ‚höchsten' Ranges Charakteristische. Daß wir gewisse ‚wichtige' Richtungen der historischen Wertbeziehung klassifizieren und diese Klassifikation dann der Arbeitsteilung der Kulturwissenschaften zur Grundlage dient, ändert natürlich daran nichts, daß der Gedanke: ein ‚Wert' von ‚allgemeiner (= universeller) *Bedeutung'* sei ein ‚allgemeiner' (= genereller) *Begriff*, ähnlich seltsam ist, wie etwa die Meinung, man könne ‚die Wahrheit' in *einem* Satz aussprechen, oder ‚das Sittliche' in *einer* Handlung vollbringen oder ‚das Schöne' in *einem* Kunstwerk verkörpern." (Ebd. 253 f.) – Wie bei Dilthey, so besteht bei Weber elementares Verstehen nicht einfach im logischen Begreifen, ist also nicht schon identisch mit der Erfassung der Bedeutung im Sinne der Referenz. Elementares Verstehen ist nämlich nach Weber ein „aktuelles Verstehen" (vgl. Weber *1921*, 546 f.), in dessen Verlauf bereits Bedeutung im Sinne der Intention und der Motivation erfaßt wird. Damit sieht man sich vor allem auf das Problem des Regelverstehens verwiesen (vgl. Weber *1907*, Kap. 4).

## 2. Sinn und Kausalität

Jene Sozialwissenschaftler, die überhaupt bereit sind, eine Bedeutsamkeit des „Verstehens" für die sozialwissenschaftliche Arbeit anzuerkennen, behaupten mehrheitlich, daß eine solche ausschließlich darin liege, eine Entdeckungsmethode oder ein Hypothesengenerator zu sein. Wie man zu Hypothesen gelangt, sei eine private Angelegenheit; lediglich wie man seine Hypothesen überprüft, sei eine Frage, die für die Wissenschaft als eine öffentliche Tätigkeit bedeutsam ist. Eine der bezeichnendsten Darstellungen dieser Auffassung bietet der mitunter geradezu als klassisch angesehene Aufsatz von Theodore Abel mit dem Titel „The Operation called *Verstehen*" (Abel *1948*).

Im Zusammenhang mit der von ihm exemplarisch erörterten Beziehung zwischen dem Sinken der Heiratsrate und dem Sinken der Produktionsrate an Feldfrüchten äußert Abel die Überzeugung, daß die Korrelation zwischen diesen Variablen durch verläßliche statistische Operationen hergestellt werde, und daß wir sie auch dann noch akzeptieren würden, wenn wir sie nicht verstünden. Eine solche Ansicht ist jedoch, wie – weitgehend im Sinne Max Webers – Diana Leat gezeigt hat, unsinnig (vgl. Leat *1972*). Es ist nämlich ein integrierender und notwendiger Teil des im Prozeß des Verstehens bewerkstelligten Aufweises sozialer Regelmäßigkeiten, daß es eine Beziehung zwischen „Heiratsrate" und „Mißernte" gibt. Die bloße Verträglichkeit einer Interpretation mit der Statistik beweist nicht schon deren Gültigkeit. Verstehen spielt in der Herstellung jeder soziologischen Generalisierung auf der Basis von Korrelationen eine notwendige Rolle. Solange nicht die richtigen Sinngehalte in der richtigen Weise einander zugeordnet worden sind, haben wir – mit Blick auf Abels Beispiel – überhaupt keine Verbindung zwischen „Heiratsrate" und „Mißernte" hergestellt. Max Weber machte im Hinblick auf ähnlich gelagerte Sachverhalte darauf aufmerksam, daß jede soziologische Generalisierung „auf der Sinnebene adäquat" und „kausal adäquat" sein muß (vgl. Weber *1921*, 550f.). Wenn die Adäquatheit mit Bezug auf den Sinn fehlt, handle es sich um eine unverständliche statistische Wahrscheinlichkeit, und zwar unabhängig davon, wie hoch der Uniformitätsgrad ist und wie präzise seine Wahrscheinlichkeit auch numerisch bestimmt werden kann, und unabhängig davon, ob man sich mit offen zutage liegenden oder mit sogenannten subjektiven Prozessen beschäftigt. – Statistik ist im Rahmen der sozialwissenschaftlichen Erkenntnis von eminenter Wichtigkeit, aber sie *allein* kann uns zum Beispiel keinen Beweis einer soziologischen Beziehung von der Art liefern, wie sie Abel vorschlägt. Man kann sich mit Leat die Frage stellen, was Abel eigentlich meint, wenn er die Feststellung trifft, daß wir die Korrelation zwischen Heiratsrate und Produktionsrate an Feldfrüchten auch dann noch akzeptieren würden, wenn wir sie nicht verstünden. Es ist in einem bestimmten Sinne richtig, daß wir die Korrelation „weiterhin akzeptieren" würden, auch wenn wir sie nicht verstünden.[9] Wir würden dies, wie Leat meint, in der Weise tun, wie wir die erwiesenermaßen hohe Korrelation zwischen der Mitgliederzahl der internationalen Maschinistenvereinigung und der Sterberate im Staat von Haidarabad akzeptieren können.

---

[9] Auch Emile Durkheim, der in seinen „Regeln der soziologischen Methode" (Durkheim *1976*) so dezidiert die Bezugnahme auf Absichten im Sinne intentionaler Erklärungen als methodologisch unzulässig ansieht, stellt im selben Werk unter Beweis, daß er selbst Korrelationen ablehnen würde, welche ihm – mit Max Weber gesprochen – „auf der Sinnebene nicht adäquat" erschienen (vgl. dazu Lessnoff *1974*, 96–98).

Zur Rolle des Verstehens läßt sich also sagen, daß wir Zusammenhänge als kausale nicht akzeptieren aus rein statistischen – und in diesem Sinne „objektiv gültigen" – Gründen, sondern daß wir auch immer Kriterien einer verstehenden Sozialwissenschaft im Sinne funktionierender sozialer Regeln voraussetzen. Die Wirkungsweise des Verstehens erfordert sonach vom Sozialwissenschaftler, daß er einen Prozeß der „Resozialisierung" in die soziale Welt der von ihm untersuchten handelnden Subjekte durchläuft. Die im Prozeß des Verstehens zugänglichen Systeme sozialer Regeln sind nicht Hypothesen oder Gesetze im strengen Sinn, sondern zumeist eine Form jener *„axiomata media"*, von denen in der Methodologie in verschiedenem Zusammenhang von Francis Bacon über John Stuart Mill bis Karl Mannheim die Rede war. Wie das Beispiel Durkheims zeigt, kommt dem Verstehen, wenn auch vielleicht in versteckter oder verschwiegener Weise, eine integrierende Funktion im „Beweis" sozialwissenschaftlicher Generalisierungen zu. Alle jene, die ihm einen Platz in der wissenschaftlichen Szene verweigern wollen und die es in den privaten Bereich des individuellen Beliebens von Wissenschaftlern verbannen wollen, mißdeuten die Rolle eines wichtigen Elements im Prozeß des sozialwissenschaftlichen Erkennens.

Und dennoch – so richtig es ist, daß ein Erklären ohne Verstehen leer ist, so ist es doch nicht minder von Wichtigkeit, daran zu erinnern, daß ein Verstehen ohne Erklären notwendig blind bleiben muß. Niemand hat dies klarer gesehen als Max Weber, der gegenüber bestimmten auf die Individualität ihrer Forschungsgegenstände in falscher Weise bedachten Idiographen geltend machte: „wo die Analyse im Stadium einer... ‚Deutung' des ‚Eigenwertes' des Objekts *bleibt*, die kausale Zurechnungsarbeit beiseite gelassen und das Objekt auch nicht der Fragestellung unterzogen wird: was es, mit Rücksicht auf andere, umfassendere, gegenwärtigere, Kulturobjekte, kausal ,bedeutet', – da ist die historische Arbeit nicht ins Rollen gekommen, und der Historiker kann hier nur Bausteine zu historischen *Problemen* sehen" (Weber *1906*, 263).

## II. Relativität und Relativismus

Mit der Praktizierung der sogenannten verstehenden Methode in den Sozialwissenschaften war von Beginn an eine Reihe von Problemen verbunden. Einige haben damit zu tun, daß vielen eine Tatsache bereits als verstanden galt, wenn unmittelbare Evidenz oder Einfühlung möglich erschien, wobei man es häufig unterließ, Erfüllungsbedingungen für das Vorliegen dieser psychischen Gegebenheiten zu formulieren. Die Psychologisierung der Erkenntnistheorie legte es dabei nahe, von der Relativität unseres Erkennens nach Maßgabe der subjektiven Wahrnehmungsdispositionen zu sprechen. In einem weiteren Schritt wurden diese subjektiven Dispositionen als etwas erkannt, was durch verschiedenartige gesellschaftliche Verhältnisse bedingt ist.

### 1. Zur Abhängigkeit der Erfahrungen vom Affektuellen

#### a. Über die heuristische Funktion von Gefühl und Stimmung

Das Problem der heuristischen Funktion von Gefühl und Stimmung erfuhr vor allem in der deutschen Lebensphilosophie eingehende Erörterung, hat aber seine Wurzeln bereits in den Kritiken an der cartesianischen Metaphysik und Psychologie aus dem 17. Jahrhundert. Namentlich

Pascal und Vico haben im Unterschied zu Descartes und zum Teil in ausdrücklichem Gegensatz zu ihm darauf aufmerksam gemacht, daß Stimmungen und Gefühle nicht bloß passive Affektionen seien, sondern daß durch diese psychischen Vermögen erst bestimmte Wirklichkeitsbereiche zugänglich werden. Später waren es vor allem die Vertreter der schottischen Aufklärungsphilosophie, die im Anschluß an Shaftesbury auf die heuristische Funktion von Gefühl und Stimmung für die Erkenntnis moralischer und ästhetischer Qualitäten aufmerksam gemacht haben. Im Anschluß an sie wiederum, namentlich im Sinne von Hutcheson, hat Kant in seinen früheren Werken vom „moralischen Gefühl" als allgemeinem Grund der Fähigkeit der Menschen zur Moralität gesprochen: „Man hat es nämlich in unseren Tagen allererst einzusehen angefangen: daß das Vermögen, das Wahre vorzustellen, die *Erkenntnis*, dasjenige aber, das Gute zu empfinden, das Gefühl sei, und daß beide ja nicht miteinander müssen verwechselt werden..." (Kant *1910ff.* II, 299) In seinen späteren Schriften hat Kant, worauf vor kurzem Martina Thom hingewiesen hat (vgl. Thom *1978*), einen „*sensus moralis*" als verbindendes Prinzip und als Grund der Verbindlichkeit in moralischen Belangen abgelehnt. Denn er fürchtete, daß ein Sittengesetz, welches auf Gefühl gebaut wird, das Gesetz eines zufällig urteilenden Geschmacks wäre, und er meinte, daß die Annahme einer kognitiven Funktion von Gefühl und Stimmung – im Sinne einer Überdehnung von deren heuristischer Funktion – schon deshalb abzulehnen sei, weil ja auch über die Qualität dieses Gefühls erkenntnismäßig befunden werden müsse: „Ich besorge sehr, daß man nur darum so gefühlvoll ist, weil man so gedankenlos ist." (Kant *1910ff.* XIX, 167)

Noch für Wilhelm Dilthey sind Stimmung, Gefühl und

Willenshaltung zwar Organe für die Erfahrung der Wirklichkeit, aber diese voranalytische Erfassung der Wirklichkeit, wie sie sich durch die genannten psychischen Vermögen vollzieht, ist für sich genommen noch kein Erkennen. Wir *erfassen* nach Dilthey alles, was sich überhaupt erfassen läßt, durch Aktualisierung derjenigen psychischen Anlagen, welche jeweils dafür in Frage kommen; wir *erkennen* jedoch stets und ausschließlich durch intellektuelle Prozesse. Dilthey, welcher den psychischen Dispositionen des Gefühls und der Stimmung eine Welterfassung im Sinne des „objektiven Idealismus", dem psychischen Vermögen des Wollens hingegen eine Welterfassung im Sinne des „Idealismus der Freiheit" zuordnete, war also davon überzeugt, daß bestimmte Erfahrungsinhalte erst durch die Aktualisierung bestimmter Emotionen oder Volitionen zugänglich seien. Diese Relativität der Erfahrungsinhalte zu bestimmten psychischen Vermögen hat aber, gemäß der Erkenntnistheorie Diltheys, nichts zu tun mit einem Relativismus der *Erkenntnismethode*. Ein solcher erkenntnistheoretischer Relativismus wäre dadurch zu charakterisieren, daß den erwähnten nonkognitiven psychischen Vermögen nicht nur eine erfahrungskonstitutive Rolle zugeschrieben wird, sondern eine erkenntniskonstitutive: die Bedingungen der Erfahrung von Gegenständen wären dann zugleich die Bedingungen der Erkenntnis von Gegenständen der Erfahrung.

b. Über Typen von Erwartungen und
   Typen von Aussagen

In der jüngeren Vergangenheit hat der Begriff des „Paradigmas", wie er anfänglich von Thomas S. Kuhn in die Diskussion eingeführt wurde, eine Denkweise in der

Wissenschaftstheorie, vor allem in der Theorie der Sozialwissenschaften, gefördert, die einer Konfundierung von Erleben und Erkennen durchaus dienlich war.[10] Für den Erfolg der wissenschaftshistorisch und wissenschaftssoziologisch gehaltenen Ausführungen von Kuhn war unter anderem auch bedeutsam, daß dieser dem Problem der Erwartungen von seiten der Wissenschaftlergemeinschaft bezüglich ihrer einzelnen Mitglieder Aufmerksamkeit geschenkt hat. Die Erwartungen von Gruppen und die Erwartungserwartungen von einzelnen Akteuren sind

---

[10] Kuhn verwendet den Begriff des Paradigmas in einer Vielzahl von Bedeutungen. Er charakterisiert ihn im Vorwort der Erstausgabe seines Buches über die Struktur wissenschaftlicher Revolutionen als eine in einer Gemeinschaft praktizierender Wissenschaftler allgemein akzeptierte Verfahrensweise, welche sowohl hinsichtlich der Problemexposition als auch hinsichtlich der Problemlösung Modellcharakter annehme (vgl. Kuhn *1962*, X); das Paradigma schließe, wie er ferner feststellt (vgl. ebd. 10), Gesetz, Theorie, Anwendungsformen und Apparaturen ein; schließlich sei es auch als Ursprung der Methoden und Lösungsstandards anzusehen (vgl. ebd. 102). – Es soll in diesem Zusammenhang keineswegs den unzähligen Arbeiten über Kuhn eine neue hinzugefügt werden. Es sei hier nur festgehalten, daß Kuhn mit seinen Beiträgen viele mittlerweile verschüttete Fragestellungen aus der Zeit der Jahrhundertwende wieder zu neuem Leben erweckt, zugleich damit aber auch einer Reihe von Mißverständnissen auf die Beine geholfen hat; denn vieles von dem, was er erkenntnispsychologisch meinte, wurde als erkenntnislogischer Hinweis verstanden. Ging es ihm vor allem darum, die *Rationalität der Akzeptierung von Theorien* als von sozialen oder gruppenspezifischen Interessen abhängig zu erweisen, so leitete man daraus ab, daß auch die *Rationalität von Theorien* durch soziale oder gruppenspezifische Determinanten im selben Sinne veränderlich und relativierbar sei. In der Folge wurde – weitgehend gegen Kuhns ursprüngliche Intentionen – der Begriff des Paradigmas nicht nur dazu benutzt, um die unterschiedliche erkenntnispsychologische Wertigkeit wissenschaftlicher Darstellungs- und Erklärungsverfahren und ihrer Resultate nachzuweisen, sondern es wurden mitunter auch die Kriterien der logischen und empirischen Kontrolle schicht- oder gruppenspezifisch relativiert, und damit wurde der kulturanthropologische Relativismus aus dem Bereich des Wertgeschehens in den Bereich der diskursiven Rationalität verpflanzt (vgl. dazu Phillips *1973a*).

zuvor schon Gegenstand zahlreicher Betrachtungen, vor allem im Bereich der sogenannten formalen und der interaktionistischen Soziologie (G. Simmel, C. H. Cooley, G. H. Mead, L. v. Wiese), aber auch der Volkswirtschaftslehre, gewesen. *Erwartungen* können von ganz verschiedenartiger Natur sein (vgl. Kreutz *1968*, vor allem 208 f.). Man kann darunter verstehen

1) *Vorausschätzungen* (kognitive Erwartungen), bei denen die Wahrscheinlichkeit künftiger Ereignisse maßgebend ist;
2) *Wünsche und Hoffnungen* (emotive Erwartungen), mit deren Formulierung sich jemand darüber äußert, welche möglichen bzw. künftigen Ereignisse für ihn positiv bewertete Güter darstellen; sind Vorausschätzungen, die auf Beschränkungen und knappe Güter Bezug nehmen, kostenorientiert, so sind Wünsche und Hoffnungen nutzenorientiert;
3) *Zielsetzungen* (volitive Erwartungen), die eine Kombination von kostenorientierten Wahrscheinlichkeits- und nutzenorientierten Wertaussagen darstellen;
4) *Pläne und Handlungsabsichten* (konative Erwartungen), die sich als direkte Entsprechungen des Verhaltens zu den Zielsetzungen ergeben und die man als Operationalisierungen gegebener Zielsetzungen bezeichnen kann.

Es wäre irrig, angesichts der Differenzierung der Bedeutungen des Erwartungsbegriffs und ihrer Zuordnung zu den psychischen Vermögen oder Grundfunktionen anzunehmen, daß *deskriptive Sätze* stets eine kognitive Funktion und daß *normative Sätze* stets eine emotive, volitive oder konative Funktion hätten. Dieser verbreiteten Ansicht entspricht die Annahme, daß allein Bewertungen emotive, volitive oder konative Stimulierungen zur Folge hätten. Dies war lange Zeit nicht nur die Auffassung bestimmter Vertreter der „Wertfreiheits"-Position, sondern auch verschiedener Vertreter der „wertenden Wissenschaft", wie sie etwa im naturrechtlichen und im neomarxistischen Lager anzutreffen sind. Sie ist jedoch ergänzungsbedürftig. Max Weber hat wiederholt auf die Möglichkeit einer suggestiven Erschleichung von Werthaltungen und Handlungsbereitschaften durch jene illoyale Art, „die Tatsachen sprechen" zu lassen, hingewiesen; er tat dies sowohl in seinem berühmten „Wertfreiheits"-Aufsatz als auch in seiner Rede über den Beruf zur Wissenschaft. Um nämlich ein bestimmtes Auditorium zur Aktion zu bringen, ist es nicht nötig, explizite Bewertungen einzuführen; ein solches mit sprachlichen Mitteln erfolgendes Unternehmen kann nämlich gelingen und dennoch völlig dem Postulat der Wertaussagenfreiheit in formaler Hinsicht genügen. Man sieht es ja einer deskriptiven Aussage nicht von vornherein an, ob sie nur kognitive Funktion hat.[11] – Umgekehrt kann es sein, daß Wertaussagen oder Werturteile, welche ja in aller Regel gemischte Aussagen insofern sind, als in ihnen der emotionale Gehalt verknüpft ist mit Informationsgehalt oder mit sogenanntem theoretischen Gehalt, deskriptive Funktion haben. Es mag nämlich sein, daß sie gar nicht irgendeine

---

[11] Wenn ich so etwa – dieses Beispiel ist einem der einschlägigen Thematik gewidmeten Aufsatz von Maria Ossowska entnommen (vgl. Ossowska *1968*, 29) – jemanden telefonisch davon verständige, daß die Zusammenkunft, zu welcher er eingeladen worden war, abgesagt wurde, so werde ich sicherlich sein Verhalten beeinflussen, obschon meine Mitteilung rein deskriptiver Art ist. Auch konnte die bloße Deskription des Leids, dem kleine Kinder in Fabriken ausgesetzt waren, wie sie etwa Karl Marx in seinem „Kapital" vorgelegt hat, so etwas wie revolutionären Geist zur Folge haben, allerdings unter der Voraussetzung, daß die Adressaten seiner Mitteilungen nicht indifferent gegenüber dem Elend von Kindern waren.

Werthaltung oder eine volitive oder konative Erwartung evozieren (weil diese schon besteht), daß sie aber unsere Kenntnis einer Tatsache erweitert oder vertieft, die wir bereits schätzen oder mißbilligen. Man kann also sagen: Es hängt von der Qualität und der Intensität der bereits latent vorhandenen Erwartungen auf seiten der Adressaten einer Mitteilung ab, ob ihnen diese Mitteilung in deskriptiver oder in normativer Hinsicht bedeutsam erscheint.

Das im Zusammenhang mit dem soeben Erwähnten formulierte Reflexionsgebot bezüglich der Berücksichtigung der jeweils eigenen emotiven und volitiven Erwartungshaltungen durch den sozialwissenschaftlich Tätigen hat mitunter zu einem eigentümlichen Explikationsritual geführt. Man war dabei zumeist bestrebt, durch reflexive Freilegung des „erkenntnisleitenden Interesses" den als falsch apostrophierten Schein der Wertneutralität von sich zu weisen. Es muß Alvin Gouldner zugestimmt werden, wenn er denen, die Konfessionsbereitschaft und Offenlegung emotiver und volitiver Erwartungen mit Objektivität verwechseln, vorwirft, daß sie oft nicht ganz frei sind von Selbstgefälligkeit und Naivität. Sie seien selbstgefällig, weil sie voraussetzen, daß die Werte, zu denen sie sich bekennen, gut genug seien; sie seien naiv, weil sie von der Annahme ausgehen, daß sie die Werte genau kennen, die sie zu vertreten vorgeben (vgl. Gouldner *1968*, 112). Konfession, so meint Gouldner, sei zwar gut für die Seele, aber kein Tonikum für den Geist.


## 2. Genese und Geltung

In besonders engem Zusammenhang mit dem Problem der Relativität unseres Erkennens steht die Frage nach der

Zeitabhängigkeit bzw. der Zeitunabhängigkeit der Erkenntnisinhalte. Für radikale eidetische Platoniker, denen die Idee des Wandels als ein Unding erscheint, wird ein Hinweis auf historisch variable Geltungsbedingungen wohl als ein relativistischer Erkenntnisdefaitismus erscheinen. Aber man muß kein Vertreter eines metaphysischen Invarianzprinzips sein, um eine bestimmte Historisierung des Geltungswerts von Aussagen, die unter Hinweis auf deren Entstehungsbedingungen erfolgt, mitunter als recht bedenklich zu empfinden.

a. Arten des genetischen Fehlschlusses

Die Problematik des Verhältnisses von Genese und Geltung und der größte Teil der erkenntnistheoretischen Voraussetzungen und Probleme der Historismus-Diskussion (vgl. dazu auch Teil E) lassen sich aus der alten aristotelischen Devise entwickeln, die besagt, daß man die Ursprünge der Dinge untersuchen möge, wolle man wissen, wie diese Dinge sind. Damit kann zweierlei gemeint sein: einmal die genetische Rekonstruktion des Erkenntnisobjekts, dann aber die genetische Rekonstruktion der Betrachtungsweise des Erkenntnissubjekts. Ehe im folgenden – unter 2 b und 2 d – auf diese beiden Aspekte des Problems von Genese und Geltung, den objektiven und den subjektiven, näher Bezug genommen wird, seien ein paar Vorbetrachtungen über Arten des genetischen Fehlschlusses angestellt. In einer sehr wertvollen Analyse dieses Problems, welche Norwood R. Hanson unter dem Titel „The Genetic Fallacy Revisited" (Hanson *1967*) vorgelegt hat, geht er von einer Definition des genetischen Fehlschlusses aus, die Ledger Wood formuliert hat. Wood beschreibt den genetischen Fehlschluß als eine „Anwendung der genetischen Methode, aus der sich eine abschätzige Beurteilung des Ergebnisses eines historischen oder evolutionären Prozesses aufgrund seines niedrigen Ursprungs ergibt" (ebd. 69). Die auf das Erkenntnisobjekt bezogene Auslegung des genetischen Fehlschlusses besteht nun darin, daß eine Erklärung des Zustandekommens eines Zustandes S mit einer Erklärung der hier und jetzt gegebenen strukturellen Beschaffenheit von S verwechselt wird. Diese Art des genetischen Fehlschlusses begegnet uns in derjenigen Diskurs-Strategie, die man als „Nichts-weiter-als-Argumentation" bezeichnen könnte. Dabei wird eine triviale notwendige Bedingung für einen hochkomplexen Sachverhalt so präsentiert, als ob sie eine hinreichende Bedingung dafür wäre. Einer solchen Nichts-weiter-als-Reduktion entspricht etwa, wie Hanson erwähnt, die parodistische Auffassung erwachsener Menschen als lediglich ausgewachsener Kleinkinder, die Deutung der symphonischen Musik als lediglich raffinierten und verfeinerten Hordengeschreis, der Liebesbeziehungen als bloßen Sublimats des Fortpflanzungstriebes, der karitativen Tätigkeit als versteckten Eigeninteresses, der wissenschaftlichen Diskussion als einer Dschungelschlacht auf Leben und Tod usw. (vgl. ebd. 71 f.).

Die zweite, zumeist grobschlächtige, weil *ad hominem* gerichtete Form des genetischen Fehlschlusses besteht in der Bewertung eines Arguments durch die entweder abschätzige oder lobende Bezugnahme auf den „psychologischen Typ" des Argumentierenden. Es handelt sich dabei um die auf das Erkenntnissubjekt bezogene Variante des genetischen Fehlschlusses. Dieser kann sich in zweifacher Weise auf Erkenntnissubjekte beziehen: Beim *intentionalen Fehlschluß* wird von der Gesinnung des Produzenten irgendeiner Information auf deren Qualität geschlossen; beim *effektorischen Fehlschluß* wird von der Wirkung einer Information auf den Empfänger oder

Rezipienten der in Betracht stehenden Information auf deren Qualität geschlossen. Würde etwa eine Beurteilung der ästhetischen Qualität eines Kunstwerkes durch die Information über die Absichten des Künstlers bei seiner schöpferischen Tätigkeit geformt werden, so wäre dies ein Beispiel für den intentionalen Fehlschluß. Würde eine Beurteilung der ästhetischen Qualität eines Kunstwerkes durch die Information über die Effekte, also die emotionale oder psychische Wirkung, die es bei seinen Betrachtern auslöst, geformt werden, so handelte es sich um einen effektorischen Fehlschluß. Im einen Fall wird die Intention des Produzenten einer Information (z. B. eines Kunstwerkes, eines Arguments), im anderen Fall die emotionale oder psychische Wirkung dieser Information auf bestimmte Rezipienten mit den objektiven Eigenschaften des Informationsinhaltes vermengt. Intentionen und Wirkungen erschließen aber in den erwähnten Fällen nicht Form und Stuktur des in Betracht stehenden Informationsinhaltes selbst. Den angeführten Formen des genetischen Fehlschlusses gemeinsam ist nach Hanson die Annahme, „daß eine Aufzählung von Tatsachen, die zu einer Argumentation, einem Begriff oder einer Konklusion hin (oder von ihnen weg) führen, für eine Beurteilung der Struktur einer solchen Argumentation, eines solchen Begriffes oder einer solchen Konklusion irrelevant ist" (ebd. 75).

Die Frage, die sich hier gleichwohl stellt, ist die, ob die Struktur von S und die Genese von S in keiner Weise zusammenhängen, und ob zwischen ihnen nicht auch ein logisch unanfechtbarer Zusammenhang bestehen kann.

## b. Zur genetischen Rekonstruktion
   des Erkenntnisobjekts

Um die Antwort auf die vorhin gestellte Frage gleich vorwegzunehmen, sei festgestellt: Für einige S gilt zweifellos, daß ein Wissen um die Entwicklung von S die Erkenntnis der Struktur des hier und jetzt gegebenen S ermöglichen kann. Dabei spielt es keine Rolle, ob der durch S bezeichnete Sachverhalt ein Forschungsobjekt der Naturwissenschaften oder auch der Sozialwissenschaften im weitesten Sinne ist. Ein Beispiel möge dies illustrieren, das einer Arbeit von Carl G. Hempel (Hempel *1966*) entnommen ist, auf die sich später auch Wolfgang Stegmüller in der Darstellung der historisch-genetischen Erklärung bezogen hat (vgl. Stegmüller *1969*, 352–358).

Hempel geht es darum, am Beispiel der Geschichte des Ablaßwesens die logische Struktur einer genetischen Erklärung, die zweifellos unser Verständnis eines historischen Phänomens vertiefen kann, zu erfassen. Hier ist jedoch nicht der logische Aspekt von Interesse, vielmehr der realgeschichtliche Prozeß selbst; das Wesen des Ablasses, so könnte man nämlich sagen, besteht im Bildungsgesetz oder in der Geschichte des Ablaßwesens. Unter Bezugnahme auf Arbeiten von H. Boehmer, A. Gottlob und E. G. Schwiebert zeigt Hempel, wie ursprünglich der sogenannte Kreuzablaß geschaffen wurde, der Erlaß der Bußstrafen als Belohnung für die Teilnahme an einem Religionskrieg; wie später (1199) der Almosenablaß geschaffen wurde: der Ablaß verwandelte sich von einem Truppenwerbemittel zu einem Mittel des Gelderwerbs, d. h. zu einer häufig geübten Form der Besteuerung der Gläubigen. Weitere Etappen des Ablaßwesens waren der Jubiläumsablaß (1300), der zunächst alle hundert Jahre wiederholt werden sollte, dessen Zeitintervalle jedoch immer geringer wurden. Die seit 853 belegbare Entwicklung des Ablaßwesens fand 1393 insofern einen gewissen Höhepunkt, als von da an der Ablaß nicht mehr nur in Rom, sondern überall in Europa über Priester erhältlich war. Im Jahre 1477 schließlich wurde der sogenannte Totenablaß eingeführt, wonach es möglich sein sollte, Ablaß auch für bereits Verstorbene, für die armen Seelen im Fegefeuer, zu erhalten. – Analoge Darstellungen genetischer Art finden sich auch in den Naturwissenschaften.[12] Dabei lassen auch hier die Geschichten von Strukturen diese häufig in neuem Licht erscheinen, was zu einer Änderung der ursprünglich konstatierten „Wesensmerkmale" führen kann.

---

[12] Wie die Genese jener Form des Ablasses, die im 15. Jahrhundert aufgetreten war, unserem Verständnis des Ablaßwesens im allgemeinen und der „Struktur" des Ablasses im 15. Jahrhundert im besonderen förderlich sein kann, so gilt das gleiche z. B. auch für die genetische Darstellung dessen, wie sich der bemerkenswerte Rüssel des Elefanten zu dem entwickelt hat, als was er uns heute bekannt ist. Hanson schreibt: „Eine frühe Elefantenart *(Moeritherium)* hatte z. B. keinen Rüssel, sondern vielmehr einen schweren Unterkiefer mit vorstehenden schaufelähnlichen Schneidezähnen. Diese Schneidezähne dienten wahrscheinlich dazu, im Boden verborgene Nahrung auszugraben. Diese Schneidezähne arbeiteten wiederum gegen ein Hornpolster, das einen fleischigen ‚cyranoiden' Auswuchs des Gesichtes bedeckte. Dies war der primitive Vorgänger des Rüssels. Die ausgeschaufelte Nahrung konnte nun aber nicht ohne Mühe mit den Lippen des Tieres in sein Maul befördert werden, diese Aufgabe wurde von dem genannten Gesichtsauswuchs, dem proboskoiden Polster, übernommen. Das (paläozoologisch) wahrscheinliche Ergebnis war, daß dieses neue Organ unabhängig vom Unterkiefer und den Schneidezähnen als Instrument der Nahrungssuche immer leistungsfähiger wurde. Bei manchen Arten folgten sowohl eine progressive Verkürzung des Unterkiefers wie auch eine Verkleinerung, wenn nicht sogar der Verlust der unteren Schneidezähne. Der Rüssel unseres neuzeitlichen Elefanten hat sich also schrittweise ausgebildet." (Hanson *1967*, 76)

c. Zur Historizität der Erkenntnismittel:
Begriffswandel

Jede Erörterung des historischen Momentes in den theoretischen Sozialwissenschaften ist unausweichlich mit einer Erörterung der Historizität der Begriffe verbunden. Ein wichtiges Problem beinhaltet die Frage nach der Operationalisierung sozialwissenschaftlicher Begriffe. Alle Vertreter der theoretischen Sozialwissenschaften sehen sich genötigt, die Frage zu beantworten, mit welchen Indikatoren man komplexe Sachverhalte, wie „Bürokratie", „Lebensqualität" oder „Freiheit", messen soll. Dabei sind die nötigen Rekonstruktionen der Bedeutungsverschiebung solcher Begriffe stets in Beziehung zu setzen zu bestimmten Interesselagen oder pragmatischen Einstellungen, welche eine ganz bestimmte instrumentelle Verwendung eines Begriffs im alltäglichen oder auch wissenschaftlichen Diskurs bedingen (vgl. dazu Acham *1979*, 181–190).

An dem für die soziologische Theorie zentralen *Klassenbegriff* läßt sich besonders anschaulich die Historizität von Begriffen darlegen, weil gerade daran die Variabilität von Bedeutungsinhalten beeindruckt, die ganz unmittelbar mit bestimmten realgeschichtlich nachweisbaren Interesselagen und weltanschaulichen Einstellungen verknüpft ist. Soziale Klassen gelten im allgemeinen nicht als „Kategorien" zur Erklärung sozialer Phänomene, sondern als wirklich vorhandene soziale Gruppierungen. Und doch ist nicht zu übersehen, daß das, was als wirklich vorhanden nachweisbar ist, dies erst unter Zugrundelegung spezifischer Kriterien werden kann. Dabei macht es einen großen Unterschied, ob man – im Sinne des dichotomischen Klassenbegriffs von Marx – als konstitutiv für Klassenverhältnisse den Besitz oder Nichtbesitz an den

111

Produktionsmitteln ansieht, oder ob man – wie etwa im Falle von William L. Warners *Index of Status Characteristics* – „Beruf", „Einkommen", „Haustyp" und „Wohngegend" nach einem Punktsystem miteinander korreliert, um dadurch die Klassenzugehörigkeit bestimmen zu können (vgl. Warner/Meeker/Eells *1960*, 47–117). Der erkenntnispragmatische Zugriff, der diese beiden Auffassungen charakterisiert, ist wiederum – je nach der damit verknüpften Sozialphilosophie – unterschiedlich. Auf einschlägige Zusammenhänge im Falle der marxistischen Klassentheorie einerseits, der sogenannten subjektivistischen Stratifikationstheorie andererseits hingewiesen zu haben, ist unter anderem das Verdienst von Stanislaw Ossowski (Ossowski *1962*) und Helga Recker (Recker *1974*). – Unter Zugrundelegung des klassischen marxistischen Klassenbegriffs sei es, wie Ossowski zeigt, in den fünfziger Jahren ein leichtes gewesen, die ökonomischen Privilegien und Diskriminierungen in der Sowjetunion und in Polen als durchaus vereinbar mit den dort verkündeten Doktrinen der Herbeiführung der klassenlosen Gesellschaft erscheinen zu lassen. Da nämlich das Privateigentum an den Produktionsmitteln abgeschafft worden ist, erschienen sogar große Einkommensunterschiede innerhalb einer Gesellschaft vertretbar; denn diese sei ja doch insofern eine klassenlose, als kein privater Besitz an Produktionsmitteln mehr vorliegt. Klassenlosigkeit ist in diesem Verständnis durchaus vereinbar mit einer großen Spannweite der Individualeinkommen, welche allerdings die ausgedehnte Skala der sozialen Positionen in eine Hierarchie der sozialen Schichten umwandeln könnte (vgl. Ossowski *1962*, 139–149). Will man nun aber die Frage der Bildung einer vertikalen Schichtung in sozialistischen Gesellschaften in Betracht ziehen, oder gar die Bildung einer neuen privilegierten Klasse infolge der wachsenden Spannweite der Einkommensskala, so wird der dichotomische Aspekt in der „klassenmäßigen Interpretation" den komplizierten historischen Prozessen und der Mannigfaltigkeit der gesellschaftlichen Erscheinungen nicht mehr angemessen sein. Ferner gilt: „Wenn alle politischen oder religiösen Kämpfe Klassenkämpfe sein sollen, wenn wir den heterogenen literarischen und künstlerischen Strömungen eine Klassenbasis zuordnen sollen, wenn wir in den Normen der Moral die Widerspiegelung der Klasseninteressen und Klassenvorurteile suchen sollen, so muß man sich auf eine größere Zahl der Klassen berufen als auf die zwei Hauptklassen des *Kommunistischen Manifests*." (Ebd. 113)

Andererseits zeigt es sich, daß auch Warners methodische Anliegen vor dem Hintergrund einer ganz spezifischen Sozialphilosophie entstanden und zu befriedigen sind, wobei seiner Konzeptualisierung des Klassenbegriffs eine ganz spezifische instrumentelle Funktion zukommt. Die funktionalistische Betrachtungsweise dieses Autors äußert sich darin, daß er jede Gesellschaft als eine funktionierende Ganzheit auffaßt, in welcher jedes Element zur Aufrechterhaltung des Systems beiträgt. Wie Talcott Parsons, Kingsley Davis und Wilbert E. Moore, so betrachtet auch W. L. Warner die soziale Schichtung oder die Existenz gesellschaftlicher Ungleichheit als einen notwendigen Bestandteil selbst demokratischer Gesellschaften. Denn durch das Vorhandensein von Aufstiegsmöglichkeiten, also in Anbetracht sozialer Ungleichheit oder „vertikaler Mobilität", sei erst „Gleichheit", eben in der Form der Chancengleichheit, möglich. Warner ist hierbei unmittelbar der sogenannten Philosophie des „American Dream" oder auch „American Creed" verpflichtet, wonach in einer demokratischen Gesellschaft die Möglichkeit bestehe, „to go ahead". In dieser Möglichkeit liege auch die Chance begründet, sozialen Konflikten vorzubeugen. Ganz in diesem Sinne war es, wie H. Recker bemerkt (vgl. Recker *1974*, 76 f.), Warners Anliegen, die offensichtlich starrer werdende Klassenstruktur der Vereinigten Staaten für vertikale Mobilitätsbewegungen durchlässig zu erhalten, um nicht durch Frustration der „lower class" eine explosive soziale Situation zu schaffen.

Im Fall beider angeführten Varianten der Klassenanalyse läßt sich die Einbettung zentraler Begriffe in eine Theorie und deren Penetration durch weltanschaulich-normative Einstellungen nachweisen. Ein angemessenes Verstehen eines zentralen theoretischen Begriffes in den Sozialwissenschaften verlangt sonach oftmals einen Rückbezug auf jene Lebenslage, die auf seiten des Forschers Fragen zur Folge hat, welche er durch die Entwicklung spezifischer Theorien und Begriffssysteme zu beantworten trachtet.[13] Dies besagt aber nichts zugunsten einer lebensweltlich induzierten Dynamisierung der sozialwissenschaftlichen Ordnungsbegriffe. Wie man weiß, ist die Spezifik der jeweiligen historischen Situation dadurch gegeben, daß bestimmte Elemente eines komplexeren Sachverhalts über den Zeitablauf hinweg sich verändern. Um aber das Identische im Wandel feststellen zu können, müßten bestimmte Elemente begrifflich konstant gehalten werden. „Komparative Konstellationsanalyse erfordert die Konstanthaltung eines Bezugsrahmens und der Kate-

---

[13] Das kann natürlich nicht besagen, daß ein Rückgang auf bestimmte lebensweltliche Vorbedingungen eines Begriffsapparats mit der Anweisung zu verknüpfen sei, die Begriffe an die Realität anzupassen, um auf diese Weise die konkrete historische Wirklichkeit „auf den Begriff zu bringen". Das wäre zwar vielleicht geschichtlich-dynamisch, aber doch auch schlampig gedacht. Der Funktion von Ordnungsbegriffen und Idealtypen im Verlauf der sozialwissenschaftlichen Rekonstruktion wird man jedenfalls dadurch nicht gerecht.

gorien der Analyse. Der Rückgriff auf die Chronologie bietet demgegenüber keinerlei Vorteile, auch nicht den der größeren Wirklichkeitsoffenheit. Die Beschreibung der jeweiligen Handlungssituationen bringt immer andere Aspekte ins Spiel, da der Kontext sich wandeln kann, die Wahrnehmung der Beteiligten oder die Absichten der in Quellen niedergelegten zeitgenössischen Dokumentationen sich verändert haben können. Durch eine solche Forschungsstrategie können dann historische Konstellationen unvergleichbar werden, ohne daß sich die analytischen Elemente der Konstellationen tatsächlich verändert zu haben brauchen. Hat man aber keine klare Exposition der theoretisch ausgewiesenen Indikatoren, so können auch nicht ihr Fehlen oder Vorhandensein festgestellt werden und damit die Vergleichbarkeit zweier Situationen." (Lepsius *1976*, 133) Kein Sozialwissenschaftler kann umhin, ein bestimmtes begriffliches Rahmenwerk zu konzipieren, das den allgemeinen Erklärungshintergrund für seine Rekonstruktionsbemühung abgibt.

d. Zur genetischen Rekonstruktion
   der Betrachtungsweise des Erkenntnissubjekts

Im vorangegangenen Abschnitt sollte exemplarisch gezeigt werden, wie auch Konzeptualisierungen ihre Geschichte haben, wobei die instrumentelle Funktion der Sprache schon rückbezogen erschien auf die subjektive oder kollektive Interessenlage in einer bestimmten lebensweltlichen Situation. Gewisse gesellschaftliche Sachverhalte, wie z. B. Klassen, erweisen sich so gleichsam als das Produkt aus Konzeptualisierung und Realität. Eine derartige Ansicht hat natürlich zur Voraussetzung, daß eine epistemologische Unabhängigkeit zwischen bestimmten Gegenständen der Außenwelt von den im Vollzug der

115

Konzeptualisierung vorausgesetzten Theorien besteht, welche letztlich die Tatsachen und die zwischen ihnen bestehenden Beziehungen deskriptiv erfassen sollen. Es ist aber eine zentrale Frage der sozialwissenschaftlichen Grundlagenforschung, ob in Anbetracht der unterschiedlichen Wertauffassungen auf seiten der Erkenntnissubjekte, die eine unterschiedliche Verwendung des Begriffsinstrumentariums bedingen (und damit auch die unterschiedliche Darstellung gesellschaftlicher Sachverhalte), Objektivität im Sinne einer intersubjektiven Geltung von Aussagen möglich ist.

Karl Mannheim hat versucht, wissenssoziologische Überlegungen in die von Heinrich Rickert (vgl. Rickert *1902*) und Max Weber (vgl. vor allem Weber *1904*) geprägte erkenntnistheoretische Diskussion hineinzutragen, nicht um die Erkenntnistheorie zu relativieren, sondern um jenem Relativismus zu begegnen, welcher namentlich der neukantianischen Lösung des humanwissenschaftlichen Perspektivismusproblems inhärent ist. Dieser Versuch geht von der Voraussetzung einer Revision des Allgemeinheitsanspruches der These aus, „daß die Genesis unter allen Umständen geltungsirrelevant sei" (vgl. Mannheim *1969*, 251). Die Vorstellung des Wissens als eines geistigen Aktes, der erst dann vollkommen sei, wenn er nicht mehr die Spuren menschlicher Herkunft zeigt, habe eine heuristische Fruchtbarkeit bei Denkweisen nach dem Paradigma $2 \times 2 = 4$, sie sei aber völlig irreführend und diene nur zur Verdeckung der Grundphänomene in jenem breiteren Gebiete des Wißbaren, bei dem das Wegdenken des Anthropologisch-Historischen das Denkergebnis denaturieren würde (vgl. ebd. 256f.). Mannheim unternimmt es, eine relationale Beziehung zwischen der Seinslage eines Erkenntnissubjektes, einer Fragestellung und den darauf bezüglichen Antworten herzustellen, wobei er die nachweisbaren perspektivischen Verschiebungen der Antworten systematisch in der Sozialstruktur zu lokalisieren bestrebt ist. So kommt er im Anschluß an Marx zu seiner bekannten These von der „Seinsverbundenheit des Wissens", der zufolge die „unvermeidlich verschieden geartete Bewußtseinsstruktur der verschieden gelagerten Subjekt-Typen im historisch-sozialen Raum" für die ebenso unvermeidlichen Unterschiede von humanwissenschaftlichen Perspektiven verantwortlich zu machen sei (vgl. ebd. 228).[14]

Wie schon für Diltheys Weltanschauungslehre, so bedeutet auch für Mannheim jeder Versuch, eine „totale Ideologie" als *die* Weltanschauung einzurichten, letztlich nur eine Verabsolutierung der eigenen Weltanschauung; denn das Denken der einzelnen Menschen sei „situsbedingt" und zeige bloß einen partikulären Aspekt der Welt. Folglich sei auch „Objektivität" nur auf Umwegen herstellbar, indem man nämlich das in verschiedenen Aspektstrukturen richtig, aber verschieden Gesehene „aus der Strukturdifferenz der beiden Sichtmodi zu verstehen bestrebt ist und sich um eine Formel der Umrechenbarkeit

---

[14] Daraus resultiert aber nach Mannheim nicht ein Relativismus im Sinne der Beliebigkeit jeder Behauptung. Der von ihm praktizierte „Relationismus" schlage nur dann in Relativismus um, wenn man ihn mit dem älteren statischen Ideal ewiger, desubjektivierter und unperspektivischer Wahrheit verbindet und an diesem Ideal mißt. „Bei dem visuellen Bilde eines Raumgegenstandes ist es ja ebensowenig eine Fehlerquelle, daß der Raumgegenstand wesensmäßig *nur* perspektivisch gegeben sein kann, und das Problem besteht nicht darin, wie man ein unperspektivisches Bild zustande bringen könnte, sondern wie man vielmehr durch das Gegeneinanderhalten der verschiedenen Sichten das Perspektivische als solches zu sehen bekommt und damit eine neuartige Objektivität erreichen könnte. So muß auch hier das falsche Ideal der absolut abgehobenen entmenschlichten Sicht durch das Ideal der konstitutiv-menschlichen, aber stets sich erweiternden menschlichen Sicht ersetzt werden." (Ebd. 255)

und Übersetzbarkeit dieser verschiedenen perspektivischen Sichten ineinander bemüht" (ebd. 258). Es gehe also, wie Mannheim bemerkt, nicht darum, daß man eine unperspektivische Sicht konstruiert, was nicht möglich sei, sondern daß man aus dem einen standortgebundenen Bilde heraus versteht, warum sich dem anderen dort von jenem Standort aus die Sache so und nicht anders darstellt. „Daß hierbei sofort das Problem entstehen wird, welche von den vorhandenen Sichten die optimale ist, ist selbstverständlich – aber auch dafür gibt es ein Kriterium – ganz wie bei der visuellen Perspektivität, wo auch bestimmte Aspekte den Vorzug haben können, die entscheidenden Zusammenhänge am Gegenstand sichtbar zu machen – eben: die größte Fassungskraft, die größte Fruchtbarkeit dem empirischen Material gegenüber." (Ebd. 259)

Die Art der Beleuchtung der Einzelheiten an einer Sache ändert so – etwas metaphorisch gesprochen – nach Mannheim nichts an ihrem Wesen. Dies hat aber zur Folge, daß die für die wissenssoziologische Problematik grundlegenden Fragen nur insoweit beantwortet werden können, als die *Wahrheitsbedingungen* für Behauptungen über die geschichtlich-gesellschaftliche Wirklichkeit angegeben werden. Ohne eine solche Angabe wäre nämlich gar nicht feststellbar, wie die Synthese der Partialansichten zu einer Totalauffassung aussehen soll, da man nicht wüßte, welche Elemente in den Bildern der Partialansichten als invariant zu setzen wären. Bei Mannheim erfährt dieses grundlegende Problem der Wissenssoziologie keine eingehendere Erörterung. Dennoch kann mit guten Gründen behauptet werden, daß im Sinne Mannheims die Berücksichtigung der Erkenntnisgenese keineswegs zu einer pauschalen Relativierung von Geltungsansprüchen führen soll, sondern lediglich zur Relativierung absoluter Geltungsansprüche dadurch, daß „in der Entdeckung der

Seins*verbundenheit* der vorhandenen Einsichten ein erster Schritt zur Lösung von der Seins*gebundenheit* gesehen wird. Indem ich den Sichtindex zu einer sich als absolut nehmenden Sicht hinzufüge, neutralisiere ich in einem bestimmten Sinne schon die Sichtpartikularität." (Ebd.)

Einige wichtige Aspekte des erkenntnistheoretischen Relativismus und Relationismus im Rahmen der sozialwissenschaftlichen Darstellungen sind bereits zur Sprache gekommen. Auf weitere Seiten dieses metatheoretischen Problems wird im folgenden Kapitel Bezug genommen werden.

# III. Neutralität – Parteilichkeit
– Objektivität


Unter dem Erfordernis, sich in der Welt zu orientieren, das heißt: nach bestimmten Gesichtspunkten der Zweckmäßigkeit eine Auslese des Wahrnehmbaren vorzunehmen, formiert sich das, was in der Philosophie und in der Methodologie der Kultur- und Sozialwissenschaften als Objektivitätsproblem bezeichnet und unter immer neuen Aspekten erörtert wurde. Dabei zeigte sich, erstens, daß die Frage nach der Objektivität sowohl auf Beschreibungen als auch auf Erklärungen anwendbar ist, weil davon zum einen das Prinzip der Repräsentativität und der adäquaten Beobachtungsschärfe, zum anderen das Prinzip des theoretischen Pluralismus und des zureichenden Grundes betroffen ist. – Zweitens wurde vor allem durch eine Reihe wissenschaftspsychologischer und wissenschaftssoziologischer Untersuchungen unter Beweis gestellt, daß die Bestimmung der Objektivität einer beschreibenden oder erklärenden Darstellung in den Kultur- und Sozialwissenschaften nicht auf die *Gesinnung* des Forschers reduzierbar ist. So ist nicht zu leugnen, daß beispielsweise bestimmte eingefahrene Erklärungsgewohnheiten, aber auch ein bestimmter Erkenntnisstand den Abbruchspunkt für kultur- und sozialwissenschaftliche Erklärungen mitunter entscheidend bestimmen können. Die Objektivität von Aussagen ausschließlich mit der sogenannten objektiven Gesinnung desjenigen zu verknüpfen, der diese Aussagen formuliert, wäre genauso irrig, wie wenn man die Wahrheit von Aussagen auf die subjektive Wahrhaftigkeit des sie Äußernden zurückzubinden versuchte.

Als eine Alternative zu bestimmten Formen der gnoseologischen Destabilisierung erschien nun gelegentlich eine Art von weltanschaulich-politischer Kohärenztheorie, derzufolge subjektive Meinungen ihre Geltung durch die Konformität mit den Meinungen derjenigen weltanschaulichen Formation zugesprochen erhalten, welcher sie entstammen. Derartige Versuche, durch eine Art von „social support" den Geltungswert von Aussagen sicherzustellen, gehen zweifellos auf Tendenzen einer ideologisierten Parteilichkeitsdoktrin zurück, die bestimmte empirische Erkenntnisse bezüglich einer faktischen gesellschaftlichen Determination von sozialwissenschaftlichen Aussagen in einen Sozialapriorismus umbog: Die *faktischen* Determinationsbeziehungen wurden als *logisch notwendige* angesehen, und damit die Wahrheitsfrage in den Sozialwissenschaften auf die Frage der Zugehörigkeit zur „richtigen" sozialen und weltanschaulich-politischen Fraktion reduziert (vgl. dazu Merton *1955*). Dieser Sachverhalt drückt sich vor allem in dem Bestreben aus, die verschiedensten Anwendungsformen eines parteilichen Interesses im Rahmen wissenschaftlicher Analysen dadurch der Kritik gegenüber zu immunisieren, daß auch die Standards der Kritik nur als Derivate eines alternativen parteilichen Interesses verstanden werden. Die nachweisbare Relativität von wissenschaftlichen Theorien und von Paradigmen der Forschungspraxis mit Rücksicht auf soziale Bedingungen besagt jedoch nichts über die Relativität derjenigen Standards, die uns erst den Nachweis solcher Relativitäten und temporärer Geltungsansprüche ermöglichen.

## 1. Über Reflektiertheit

Analysen der Objektivität beginnen im allgemeinen mit der Explikation des Begriffspaares „objektiv"-„subjektiv". Adam Schaff kommt im Verlauf einschlägiger Begriffsbestimmungen zu folgender Charakterisierung einer als „objektiv" qualifizierten Erkenntnis: „es handelt sich um eine Aussage, die das Objekt – einen Teil der Wirklichkeit – widerspiegelt und die für alle bedeutsam, weil frei von emotionaler Färbung und Parteilichkeit, ist" (Schaff *1980*, 460). Wenn man nun von der Prämisse einer Einheit des Objektiven und Subjektiven im Erkenntnisprozeß ausgehe, so sei es selbstverständlich, daß das erkennende Subjekt eine gewichtige Rolle beim Zustandekommen der Erkenntnis spiele. Da die objektive Erkenntnis stets Inhalte aufweise, die man nicht ausschließlich auf das Objekt reduzieren kann, die vielmehr mit der Qualität des gegebenen, historisch herausgebildeten Subjekts verbunden sind, bestehe die einzige Garantie gegenüber der Möglichkeit einer Deformation der Erkenntnis darin, sich der aktiven Rolle des Subjekts bewußt zu werden. Je genauer wir zu bestimmen vermögen, was das Subjekt in die Erkenntnis des Objekts einbringt, um so genauer wissen wir, wie das Objekt wirklich beschaffen ist (vgl. ebd. 462).

Im Zusammenhang mit derartigen Forderungen ist das zu sehen, was man als Neuauflage des Ideals der „absoluten Reflexion" im Sinne der Philosophie des Deutschen Idealismus in der zeitgenössischen Wissenschaftslehre der Sozialwissenschaften und in der Schule der sogenannten „reflexiven Soziologie" vorfinden kann. Seit Gunnar Myrdals bekannter Untersuchung zum Wertproblem in den Sozialwissenschaften herrscht verschiedentlich die Ansicht vor, daß es nicht nur gelte, sich so gut wie möglich der eigenen erkenntnisleitenden Interessen als Sozialwissenschaftler bewußt zu sein, sondern daß eine entsprechende Wertdeklaration sowie die Bekanntgabe des „politischen Standpunktes" die sich daran anschließenden Forschungen auf ein neues Niveau der wissenschaftlichen Redlichkeit und Objektivität bringe. Abgesehen davon, daß man Werte deklarieren kann, ohne sie entsprechend anzustreben, ist jedoch vielfach bereits der Glaube naiv, daß der einzelne Wissenschafter so ohne weiteres die ihn im Verlauf seiner Tätigkeit tatsächlich leitenden Wertauffassungen kenne (vgl. oben Kap. II, 1 b). Nichtsdestoweniger hat in der jüngeren Vergangenheit zum Beispiel Howard S. Becker in einem mittlerweile berühmten Aufsatz ähnliche Überzeugungen vertreten (vgl. Becker 1966).[15] Was hier allein, wenn auch notwendigerweise nur kurz, thematisiert sein soll, ist die mit Auffassungen von

---

[15] Hier soll es nicht darum gehen, die bei Becker vorliegende und vor allem von Alvin W. Gouldner (vgl. Gouldner 1968) und Gresham Riley (vgl. Riley 1971) kritisierte Behauptung ausführlicher zu erörtern, wonach die Arbeit eines Soziologen stets entweder vom Standpunkt der Untergebenen oder der Überlegenen geschrieben sei. Gewiß könnte mit den Kritikern Beckers auf die Gefahr hingewiesen werden, daß etwa die Identifikation mit „underdogs" mitunter zum stadtsoziologischen Äquivalent für den „edlen Willen" einer romantisierenden Völkerkunde wird (vgl. Gouldner 1968, 106); daß ferner die Kenntnis des Standpunktes der Vorgesetzten oder der herrschenden Schichten gerade auch im Hinblick auf eventuell leidende Untergebene oder Unterworfene unter anderem schon deshalb von Wichtigkeit ist, weil sich „underdogs" oftmals selbst vom Standpunkt der ehrenwerten Gesellschaft aus sehen und sich dieser in ihrem Verhalten anzugleichen bestrebt sind (vgl. ebd. 107 und Riley 1971, 10 f.); daß schließlich auch die herrschenden Schichten – und eine Reihe von Forschungsaufträgen scheint dies trefflich zu belegen – nicht unempfänglich für Befunde aus der Sicht der untergeordneten Schichten sind, und dies aus Gründen, die denjenigen von Kolonialregierungen nicht unähnlich sind, welche ethnologische und kulturanthropologische Forschungen über die Eingeborenen unterstützt haben (vgl. Gouldner 1968, 109).

der Art Howard S. Beckers verknüpfe Überzeugung, daß Ideale wie *Unparteilichkeit* und *Neutralität* in sozialwissenschaftlichen Untersuchungen überhaupt keinen Platz hätten, und daß es allein darum gehe, stets zu wissen, „auf wessen Seite" man stehe und von welchen Vorannahmen man ausgehe.

Die Vorstellung, daß alle in einer gesellschaftswissenschaftlichen Analyse am Werk befindlichen Vorannahmen so offengelegt werden könnten, wie man Karten offen auf den Tisch legt, ist irreführend. Sowohl die durch unsere Sprache vorgeformte Weltsicht als auch unsere affektiven Beziehungen, die durch unsere kulturelle Zugehörigkeit geformt sind, bleiben einer reflexiven Betrachtung in einem gewissen Maße verborgen; in dem Ausmaß, wie sie explizit gemacht werden, stellen sie Gegenstände der Weltanschauungsanalyse und der Ideologiekritik dar. Aber auch diese Entschlüsselung der Welterfahrung beruht auf Vorannahmen, welche ihrerseits wieder der Entschlüsselung bedürfen. – Die Auffassung, es gebe eine Totalität von Vorannahmen, die man nur explizit zu machen brauche, um durch eine Entschlüsselung der jeweiligen Welterfahrung die Objektivität der Gegenstände der Erfahrung ein für allemal sicherzustellen, ist nicht haltbar.

Gleiches gilt für eine andere mit dem Objektivitätspostulat verknüpfte Unterstellung, die besagt, daß die Vertreter des Prinzips der Wertfreiheit (Wertaussagenfreiheit) bestrebt seien, dem Forscher eine absolute Neutralität im Sinne einer Indifferenz in Ansehung aller möglichen konfligierenden Weltanschauungen und Werthaltungen abzuverlangen. Für den Nachweis der Unrichtigkeit dieser Behauptung leisten semantische Distinktionen wertvolle Hilfe. So hat vor kurzem Alan Montefiore darauf hingewiesen, daß es wichtige Unterschiede zwischen den mit dem Wertfreiheitsproblem verbundenen Begriffen gibt, und daß es weder etwas Derartiges wie eine absolute Neutralität noch eine zwingende bedeutungsmäßige Identität von „Objektivität" und „Neutralität" gebe (vgl. Montefiore *1975* und *1980*).

## 2. Neutralität und Parteilichkeit

Vor allem vier Begriffe sind es, die, wie Alan Montefiore feststellt, in der Wertfreiheitsdiskussion meistens nicht sorgfältig genug voneinander unterschieden werden: Neutralität, Unparteilichkeit, Objektivität und Uneigennützigkeit. *Neutralität* besteht im wesentlichen darin, sich angesichts eines Konfliktes zwischen mindestens zwei Parteien so zu verhalten, daß man keiner Seite hilft; *Unparteilichkeit* liegt vor, wenn man bestrebt ist, gleiche Fälle nach allgemein erkennbaren Regeln gleich zu beurteilen; *Objektivität* beruht im wesentlichen auf der Anstrengung, von einem Sachverhalt ein möglichst repräsentatives Bild hinsichtlich der Beschreibungs- und Erklärungskomponenten zu vermitteln und dabei so nah wie möglich an intersubjektiv nachprüfbaren Tatsachen zu bleiben; *Uneigennützigkeit* ist dadurch bestimmt, daß in jemandes Handlung keine persönlichen Interessen im Spiele sind.

Im Hinblick auf diese begrifflichen Differenzierungen gibt es aber nun durchaus keinen apriorischen Grund anzunehmen, daß beispielsweise Unparteilichkeit immer uneigennützig und Objektivität immer neutral sein müsse (vgl. Montefiore *1980*, 711). Und dennoch ist es für das Objektivitätsproblem charakteristisch, daß der Begriff „Objektivität" sehr häufig mit einem der soeben erwähnten Begriffe oder auch mit mehreren von ihnen identifiziert wird.[16] – Aus der Tatsache, daß es so etwas wie absolute Neutralität hinsichtlich aller Konflikte zugleich nicht geben kann, folgerte man nicht selten, daß auch keine Objektivität der sozialwissenschaftlichen Darstellung möglich sei. Dabei wurde „Objektivität" mit „Neutralität" bedeutungsmäßig identifiziert und daraus geschlossen, daß aus der Unmöglichkeit einer absoluten Neutralität in der Lebenspraxis die Parteilichkeit der Darstellung resultiere; auch eine noch so diskursiv-rationale Darstellung sei nur intellektuell hochstilisierte Lebenspraxis. Howard S. Becker behauptet so etwa, daß wir keine Beschreibung konstruieren könnten, die darauf hinausliefe, eine Realität darzustellen, welche für zwei miteinander in Konflikt befindliche Personen oder Personengruppen in gleicher Weise als sinnvoll erscheint (vgl. Becker *1966*, 246 f.). Es gibt jedoch, wie Gouldner gegen Becker geltend macht, Werke der Kunst, bezüglich derer mit Recht davon gesprochen werden kann, daß ihre Schöpfer einen Standpunkt jenseits derjenigen Standpunkte eingenommen haben, welche die miteinander in Konflikt befindlichen Kontrahenten bezogen haben. Die großen klassischen Tragödien seien dafür hervorragende Beispiele. Was sie als groß ausweist, sei ihre Objektivität. Erreicht wurde diese auf dem Wege der unparteiischen (unparteilichen) Darstellung im vorhin dargelegten Sinne.

---

[16] Das Streben nach objektiver Darstellung im vorhin genannten Sinne verpflichtet keineswegs zur Akzeptierung der Annahme, daß man Neutralität entweder immer billigen müsse oder nie billigen dürfe. So etwas wie absolute Neutralität, also einen Standpunkt, der hinsichtlich aller wirklichen und möglichen Konflikte gleichzeitig „neutral" wäre, kann es in der Tat nicht geben. Wie Montefiore bemerkt, mag die Entscheidung, hinsichtlich jedes beliebigen Konflikts neutral zu bleiben, immer hinsichtlich eines anderen Konflikts parteiisch sein (vgl. ebd. 711 f.).

Diese unparteiische Darstellung manifestiert sich im Vermögen der großen Dichter, sowohl die edle Gesinnung der persischen Feinde und die Würde der „barbarischen" Sklaven als auch die Schwächen und Fehler der dem eigenen Volk angehörigen sogenannten Weisen anzuerkennen. Die großen Tragödienschreiber der Antike bringen, wie Gouldner meint, tatsächlich in ihren Werken eine Einstellung zum Ausdruck, welche in gewissem Sinne die Standpunkte beider Seiten integriert. Wenn große Kunst dazu in der Lage sei, warum, so fragt er, sollte dies einer großen sozialwissenschaftlichen Darstellung versagt sein? (Vgl. Gouldner *1968*, 111.) Daß große Sozialwissenschaft selten ist, besagt in der Tat nicht, daß die mit ihr verknüpften Erwartungen unsinnig sind. Jedenfalls scheint es in der Kunst und in den Gesellschaftswissenschaften Situationen zu geben, in denen uns erst eine Position jenseits der miteinander in Konflikt Befindlichen in die Lage versetzt, den jeweiligen Standpunkt der Akteure wahrhaft kennenzulernen und diese selbst zu verstehen.[17]

Wie schon erwähnt wurde, ist Objektivität nicht nur mit Neutralität vereinbar, sondern in bestimmten Situationen auch mit Unparteilichkeit, welche aber nicht mit Neutralität bedeutungsmäßig identisch ist. Neutralität ist eine Handlungskategorie, Unparteilichkeit hingegen eine Beschreibungskategorie. Im vorhin gegebenen Beispiel bestand ja die Unparteilichkeit der antiken Tragödien-

---

[17] Gewiß ist das total Fremde, bei dem jede Gemeinsamkeit mit dem Eigenen fehlt, schwer erkennbar; andererseits ist der Versuch, das Fremde ins Eigene hineinzuziehen, es sich anzugleichen, häufig gerade eine Weise, es sich zu verstellen. So kann es der Fall sein, daß allein die Einnahme eines Standpunktes, der von demjenigen der Teilnehmer an einem gesellschaftlich-historischen Geschehen verschieden ist, die Möglichkeit eröffnet, diesen in ihrem Tun Gerechtigkeit widerfahren zu lassen.

schreiber nicht darin, daß sie es etwa in dem Konflikt zwischen Griechen und Persern abgelehnt hätten, für ihr Volk handelnd Partei zu ergreifen, daß sie also neutral geblieben wären. Wohl aber erreichten sie eine Objektivität der Darstellung durch eine unparteiliche Präsentation der Fakten, die darin bestand, gleiche Fälle in den Reihen der Griechen und der Perser nach allgemein erkennbaren Regeln gleich zu beurteilen.[18]

Es wurde bereits darauf hingewiesen, daß sogar ein bestimmter Begriff von Parteilichkeit mit dem Begriff der Objektivität vereinbar erscheint. Wenn Parteilichkeit im Sinne der Parteinahme für jemanden oder für eine Sache das Ergebnis einer unparteiischen Analyse und Rekonstruktion ist, so verliert sie zweifellos jenen abwertenden Beigeschmack, der mit ihr im allgemeinen verknüpft wird. Parteilichkeit oder Parteinahme als Handlungskategorie – und als solche erscheint sie vereinbar mit Objektivität – ist scharf zu unterscheiden von Parteilichkeit als einer Beschreibungskategorie. Hat man die erstgenannte Bedeutung im Blick, so kann man es mit dem Goethe der „Maximen und Reflexionen" halten: „Aufrichtig zu sein kann ich versprechen, unparteiisch zu sein aber nicht." In dem zweiten angeführten Sinne einer Einseitigkeit der

---

[18] An dieser Stelle scheint es nützlich, auf die Gemeinsamkeit zwischen historischer Darstellung, dramatischer Kunst und Judikatur hinzuweisen. Wie der Historiker und der Dramatiker, so hat auch der Richter unparteiisch zu sein, wobei diese Unparteilichkeit keineswegs damit zu tun hat, etwa Nutzen und Kosten gleichermaßen auf die involvierten Parteien zu verteilen. Die Allokation von Nutzen und Kosten geschieht entsprechend einem bestimmten normativen Standard, der es erlaubt, bestimmte Handlungsweisen gleich zu bewerten. Gerechtigkeit zu praktizieren kann so etwa besagen, all den Nutzen der einen und all die Kosten der anderen Partei aufzuladen. (Allerdings bequemt sich die Wirklichkeit nicht immer in dieser Form den häufig nachweisbaren bipolaren Wunschvorstellungen über den Aufbau der sozialen Welt an.)

wissenschaftlichen Analyse verdient Parteilichkeit auch weiterhin jene Geringschätzung, welche sie bisher zumeist erfahren hat. – Eine Parteilichkeit, die durch die Unparteilichkeit einer Situationsanalyse gleichsam hindurchgegangen ist und durch sie erhärtet wurde, begegnet uns in verschiedenen Bereichen der menschlichen Welt- und Selbsterfahrung: im Bereich des Rechts, im Bereich der Kunst und im Bereich der Wissenschaft. Die Erkenntnis, daß im Bereich des Handelns Neutralität eine nicht immer mögliche Einstellung ist, daß es also Situationen geben kann, in welchen eine Parteinahme gefordert ist, ist selbst das Resultat einer unparteiischen Erkenntnis. Man mag so etwa – Montefiore bringt dieses Beispiel – als „traditioneller Liberaler" die Entscheidung treffen, zu Hause zu bleiben und lieber nichts zu sagen, als an einer Bewegung für politische Veränderungen teilzunehmen oder sich am Widerstand gegen sie zu beteiligen; man mag sogar glauben, auf diese Weise neutral zu bleiben. „Aber was ist, wenn die Bewegung für die Veränderung genau die Bedingungen zerstören will, die es Leuten erlauben, in offenkundiger politischer Neutralität zu Hause zu bleiben? Wenn genau die Strukturen, die die Möglichkeit politischer Neutralität erlauben, angegriffen werden, dann gibt es kein Versteck mehr, in dem man eine neutrale Zuflucht vor dem entstehenden Konflikt finden könnte." (Montefiore *1980*, 712) Genauer besehen handelt es sich in solchen Fällen darum, daß die Haltung der Neutralität als etwas erkannt wird, was in bestimmten Situationen zum eigenen Schaden, vielleicht sogar zum Schaden der Allgemeinheit ausschlägt.

## 3. Explizite und implizite Wertungen

„Objektivität" hat sowohl mit Intersubjektivität als auch mit Repräsentativität von Darstellungen zu tun. Insofern ist die Identifizierung der „Objektivität" mit der „Richtigkeit" von Aussagen mindestens undifferenziert. So ist bekannt, daß auch aus richtigen Aussagen eine reichlich selektive Darstellung des mit ihnen gemeinten Sachverhalts gebildet werden kann, wie umgekehrt durchaus nicht fehlerfreie Darstellungen von großem Erkenntniswert sein können, da sie den in Betracht stehenden Sachverhalt auf völlig neue Weise sichtbar machen.[19] Ein Übersehen solcher Möglichkeiten geht im Effekt meist mit einem Begriff von „Objektivität" einher, der sich letztlich als technische Routinisierung auf der Basis expliziter und kodifizierter Forschungsverfahren bestimmen läßt. Wie es aber im Falle der künstlerischen Authentizität und der künstlerischen Werktreue, etwa bei der Frage nach der „objektiven" Wiedergabe eines musikalischen Werkes, nicht darum geht, festzustellen, ob der Interpret eine Partitur schreiben und lesen und ob er auch richtig sein Instrument spielen kann, so läßt sich das Problem der Objektivität einer wissenschaftlichen Untersuchung nicht durch eine Reduktion auf technische Fertigkeiten allein und auf die Wahrheitswertbelegungen der mit Hilfe dieser

---

[19] „Es kommt", so stellte in ähnlichem Zusammenhang Lester F. Ward fest, „mehr auf Wahrheit als auf Tatsächlichkeit an. In gewissem Sinne ist Dichtung zuverlässiger als Geschichte. Wenn der Verfasser eines Dichterwerkes ein wahrer Künstler ist, so sieht er gewisse große soziale Wahrheiten und geht daran, sie in möglichst starker Beleuchtung vorzuführen... Ich habe engherzige Menschen gekannt, die alle Dichtung als einen Haufen Lügen verdammten. Aber die Welt hat immer anerkannt, daß die genaue Schilderung des menschlichen Lebens und Charakters Wahrheit ist und daß Namen und Ereignisse belanglos sind." (Ward *1904*, 51)

Fertigkeiten gewonnenen Teilaussagen reduzieren. Auch Aussagen, welche den Blick auf das Ganze des mit ihnen Gemeinten verstellen, können richtig sein; Aussagen, welche uns einen ganz neuen Blick auf altbekannte Elemente unserer Wirklichkeit eröffnen, können unrichtig sein. Und doch plädieren wir gelegentlich für die Fruchtbarkeit einer neuen Wirklichkeitsbetrachtung und finden es nicht gerade besonders verdienstvoll, wenn ein Forscher, um nur ja nicht falsifiziert zu werden, uns mit großen Mengen ausnahmslos richtiger, aber kognitiv irrelevanter Aussagen überhäuft.

Objektivität hat sonach mit Ganzheit, mit Totalität zu tun, und Parteilichkeit nicht nur mit einer parteiischen, also „partikularistischen" Gesinnung, sondern oft auch mit der Einseitigkeit oder Partikularität der Darstellungsmethoden, durch welche der in Betracht stehende Sachverhalt erfaßt wird. Eine derart partikuläre Wirklichkeitsdarstellung kann auch mit Hilfe von Forschungsverfahren praktiziert werden, welche sich in andersartigen Zusammenhängen trefflich bewährt haben. Diese Forschungsverfahren können, müssen aber nicht Ausdruck einer wertenden Parteinahme des Forschers sein. Ferner können sie, müssen aber nicht Ausdruck kausaler Vorannahmen des Forschers sein. Oft handelt es sich einfach um eingeübte technische Routinehandlungen, die zwar hinsichtlich ihres *Effekts,* nicht jedoch hinsichtlich des *intentionalen* Aspekts parteilich sind. – John Seeley weist darauf hin, daß ein eigentümlicher Schlußlicht-Effekt etwa in der soziologischen Kausalerklärung unvermeidbar sei, in welchem sich – weitgehend sogar vom Forscher selbst unbemerkt – eine parteiliche Gesinnung ausdrücke. Denn dort, wo ein Forscher seine Suche nach „Ursachen" einer sozialen Erscheinung abbricht, lasse er immer – keineswegs stets willentlich – Verantwortliche und Schuldige zurück, wodurch er entweder Ansatzpunkte für gesellschaftliches Handeln markiert oder aber Hinweise auf die Vergeblichkeit einer Änderung von Zuständen oder Ereignissen liefert. So könne man, wie Seeley meint, in der Untersuchung, warum Kinder lügen, bei dem Hinweis auf deren Behandlung durch ihre Eltern haltmachen; wenn man das tue, so gebe man stillschweigend der Überzeugung Ausdruck, daß hinsichtlich einer Änderung des kindlichen Verhaltens bei den Eltern der Hebel anzusetzen wäre. Wenn man aber andererseits in der Erklärung „tiefer" gehe und nachweise, daß das moralisch abzulehnende Verhalten der Eltern aus ihrer ökonomischen Unsicherheit erklärbar sei, so lege man mit dieser Erklärung auch den Schluß nahe, daß der Grad der Wahrscheinlichkeit einer Verhaltensänderung der Kinder höher sei, wenn man an der Veränderung der ökonomischen Verhältnisse zu arbeiten beginnt und nicht an der Veränderung der Eltern. Der Gesellschaftswissenschaftler gebe also mit seinen Erklärungen nicht nur explizit die „Ursache" für bestimmte Verhaltensweisen an, sondern implizit Hinweise darauf, wo Schuld und Verantwortlichkeit liegen und was die geeigneten Mittel für bestimmte Situations- und Verhaltensänderungen wären (vgl. Seeley *1967*, 91). Deutlich wird mit dem soeben Erwähnten, daß Objektivität und Parteilichkeit keineswegs nur mit der moralisch-weltanschaulichen Gesinnung des Forschers zu tun haben müssen, sondern in entscheidendem Maße auch mit theoretischer Kompetenz zu tun haben können. Gewiß läßt sich oftmals nicht genau unterscheiden, was noch Erklärungsroutine und was schon mangelnde Bereitschaft ist, sich mit alternativen Erklärungsverfahren auseinanderzusetzen. Aber man kann sicherlich nicht in Abrede stellen, daß die Art, wie bestimmte wissenschaftliche Traditionen wirken, in entscheidendem Maße dafür bestimmend ist, auf welche Weise der einzelne Forscher dem erwähnten Prinzip der Normativität der letzten Ursache, und damit einer bestimmten Form von Parteilichkeit, in der Analyse Rechnung trägt.

In diesem Zusammenhang sind einige Hinweise auf die Abhängigkeit der Gegenstandskonstitution von der Forschungsmethode am Platz, welche Beziehung von den Vertretern des logischen Rekonstruktionismus im allgemeinen – weil in den Bereich des *„context of discovery"* fallend – nicht erörtert wird. Solche Probleme erscheinen ja in der Tat dort gar nicht bedeutsam, wo es üblich ist, Fragen nach der Objektivität durch die Frage nach der Überprüfbarkeit von Hypothesen zu ersetzen (vgl. z. B. Popper *1958* II, 267–273). Die dadurch des öfteren bewirkte Vernachlässigung der ontologischen Seite des Objektivitätsproblems gegenüber der forschungstechnisch-methodischen führte wiederum zu einer Segmentierung von Forschungsinhalten gemäß dem Postulat der exakten Operationalisierbarkeit. Der Präzisionismus feierte Triumphe, und jene seiner Vertreter, die nur sagen, was sich bereits klar sagen läßt, tauschen einen luziden Wissenschaftskonservativismus und die Gewißheit, nichts Ungewisses zu sagen, gegen das Risiko, Interessantes noch unklar formulieren zu müssen. Mit Rücksicht auf diese Sachlage im Bereich der sozialwissenschaftlichen Forschung kann festgestellt werden, daß „Objektivität... gelegentlich mit Exaktheit in dem Sinne gleichgesetzt [wird], daß die Benutzung quantitativer und quantifizierender Methoden (Mathematik, Statistik, Logik, Kybernetik) subjektiv verursachte Verzerrungen im Erkenntnis- und Erkenntnisdarstellungsprozeß ausschlössen" (Hartfiel *1972*, 478). Dabei gerät leicht außer acht, wie oftmals der methodische Primat den Objektbereich hinsichtlich seiner als relevant erachteten Merkmale *konstituiert*. In den Sozialwissenschaften hat die spät erfolgte Einsicht in diesen Sachverhalt die Forderung nach größerer Breite der wissenschaftlichen Beobachtung, vor allem in Anbetracht der Vorherrschaft der behavioristischen Methode, ausgelöst. Hinsichtlich der Soziologie formuliert Günter Hartfiel die Möglichkeit der methodisch präformierten Verkürzung wichtiger Probleme, wenn er zu bedenken gibt, daß durch die vorhin erwähnte Gleichsetzung von Objektivität mit Exaktheit „mehr Objektivität mit weniger Informationsgehalt und weniger wirklicher Problemlösung erkauft werden muß, weil sich der Forschungsprozeß auf die Analyse quantifizierbarer bzw. konventionalistisch-definitorisch... als quantifizierbar erklärter Phänomene beschränken müßte" (ebd. 478 f.). Es hat so fast den Anschein, als würden mitunter Wissenschaftssparten bereits durch die in ihnen praktizierten Forschungstechniken definiert. Bezüglich bestimmter einschlägiger Bestrebungen hat Peter L. Berger sein Fach, die Soziologie, gegen bestimmte Soziologen wortgewandt in Schutz genommen: „Statistische Daten allein sind keine Soziologie. Sie können Soziologie werden, wenn man sie soziologisch interpretiert und in einen theoretischen Zusammenhang bringt, der soziologisch ist... Soziologie ist so wenig Statistik wie klassische Philologie Konjugation unregelmäßiger Verben oder Chemie der Gestank im Reagenzglas." (Berger *1971*, 21)[20]

Es ist Zeit für eine Zwischenbetrachtung: Worin besteht also der Objektivitätsanspruch der Wissenschaften im

---

[20] Zu dem soeben angesprochenen Verhältnis von Problemkonstitution und spezifischen Zugangsweisen oder Forschungsansätzen, deren Bestand wiederum durch die im etablierten öffentlichen Bewußtsein anerkannten Vorstellungen von wissenschaftlicher Nutzbarkeit bedingt sein kann, trägt Hartwig Berger illustratives Material zusammen (vgl. Berger *1974*, Kap. III u. IV).

Lichte der Gnoseologie? Die Gnoseologie oder Erkenntnistheorie sucht den subjektiven Anteil an der Herstellung unseres Bildes von der objektiven Außenwelt zu bestimmen und gegebenenfalls auch seinen erkenntnisfördernden oder erkenntnishemmenden Charakter. (*Intersubjektivität* empirischer Aussagen wird dabei als notwendige Bedingung für objektive Erkenntnis dann erreicht, wenn verschiedene Beobachter unter vergleichbaren Beobachtungsbedingungen ihre persönlichen Sympathien, Idiosynkrasien und dergleichen nicht in Form von Tatsachenaussagen als angebliche Merkmale des in Betracht stehenden Sachverhalts präsentieren, sondern mittels überprüfbarer Verfahrensweisen zu Aussagen über diesen Sachverhalt gelangen, die in kognitiver Hinsicht prinzipiell gleichwertig sind.) Verfehlt wäre es, die Feststellung der „persönlichen Gleichung" (und gegebenenfalls ihrer sozialen Genese) zum Zwecke einer exakteren Erfassung der Bedingungen für die Beobachtung sozialer Sachverhalte als Relativismus anzusehen. Die Erkenntnis der Beziehungen oder „Relationalitäten" hat nichts mit gnoseologischem Relativismus zu tun: Aus dem Umstand, daß dem Gesunden derselbe Wein süß schmeckt, den der Kranke als bitter empfindet, resultiert kein Indifferentismus der Erkenntnis.

Daß mit dem Nachweis von „Relativitäten" im Bereich der Erkenntnistheorie der Eindruck des Relativismus verbunden werden kann, hat wohl damit zu tun, daß in vielen Fällen die Bezugnahme auf die „subjektiven" Voraussetzungen „objektiver" Erkenntnis einer ontologischen oder gegenstandstheoretischen Vorklärung ermangelt. Aus der Vielfalt subjektiver Meinungen über einen Sachverhalt resultiert nicht schon ein Wissen um dessen objektive Merkmale. Und noch so viele „reflexive Soziologen", die ihr subjektives Erkenntnisinteresse und das ihrer Kollegen „reflektieren", kommen damit allein noch nicht zur Erfassung jener Wirklichkeit, die eben in den verschiedenen Ansätzen unterschiedlich „abgebildet" wird.[21] Es genügt nicht, die subjektiven Voraussetzungen des Erkennens zu „reflektieren", ohne zu wissen, was die Gegenstände dieses Erkennens sind. Im Effekt würde man reflektieren, ohne genau zu wissen worüber. Will man nicht letztlich in einem unverbindlichen Relativismus verharren, demzufolge man alles so, aber auch anders sehen könne, stellt sich jeder tiefer dimensionierten Epistemologie seit alters her die Aufgabe, hinter die Oberfläche der unaufhebbaren Verschiedenheit von sensoriellen und evaluativen Reaktionsweisen vorzudringen. Damit dieser Abbau des relativistischen Mythos des Gegebenen erfolgreich sein kann, muß natürlich eine wesentliche Vorbedingung schon erfüllt sein, die es erst ermöglicht, von einer Kovarianz der Erscheinungsformen eines Gegenstandes mit bestimmten („subjektiven") dispositionellen Eigenschaften des Beobachters und bestimmten („objektiven") Beobachtungsbedingungen zu sprechen: Es müssen gewisse Konstruktionen vorliegen, welche die gegebenen Wahrnehmungsinhalte als „perspektivische" Partialansichten durch ein ganzheitliches System von

---

[21] An dieser Stelle sei abermals auf die vorhin bemühte antike Wein-Metaphorik zurückgegriffen. Man muß um einige „primäre Qualitäten" des Weins Bescheid wissen, von dem es heißt, daß ihm die „sekundären Qualitäten" der Süße und der Bitterkeit zugeschrieben werden. Wenn und weil man diese kennt, ferner auch die organischen Dispositionen von Gesunden und Kranken und bestimmte physiologische Gesetzmäßigkeiten anderer Art, kann man (sich) die genannten Zuschreibungen erklären und sie nicht bloß konstatieren. Das wäre nicht möglich, wenn man den Wein nur als das ansähe, wie er schmeckt. Analoges gilt für sozialwissenschaftliche Sachverhalte: auch sie sind nicht die Resultierenden der im Prozeß der erkenntnistheoretischen Reflexion aufgewiesenen subjektiven Meinungen.

Beziehungen hypothetisch ergänzen. Um überhaupt eine perspektivische Ansicht als solche erkennen zu können, muß also vorgängig das Wahrgenommene durch Unwahrgenommenes ergänzt werden; denn mit der Beschränkung auf das Wahrgenommene verlöre man die Möglichkeit, einen rationalen Zusammenhang zwischen Wahrnehmungen herzustellen (vgl. dazu Kraft *1960*, Kap. V u. VI; Acham *1974b*, vor allem 23–38).

## D. Rekonstruktionslogische Aspekte der Sozialwissenschaften – Gesetz, Theorie, Erklärung

> …ein empirisches Gesetz ist eine Verallgemeinerung, bei der wir uns nicht damit zufriedengeben können, sie wahr zu finden, sondern noch fragen müssen, warum sie wahr sei. Denn wir wissen, daß ihre Wahrheit nicht eine unbedingte, sondern von irgend welchen allgemeineren Bedingungen abhängige ist, und daß man sich nur insoweit auf sie verlassen kann, als man Grund hat, die Verwirklichung jener Bedingungen für gewiß zu halten… Die wahrhaft wissenschaftlichen Wahrheiten sind daher nicht diese empirischen, sondern die ursächlichen Gesetze, welche ihre Erklärung liefern.
>
> *John Stuart Mill,* System der deduktiven und induktiven Logik, Sechstes Buch (1843; dt. ²1886)

Wenn es den einzelnen Natur- und Sozialwissenschaften um die Erklärung von Explanandum-Ereignissen unter Zuhilfenahme von Gesetzen geht und in der Folge oft auch um eine Erklärung der Gesetze mit Hilfe von Theorien, so geht es der Rechtfertigungslogik um eine „Erklärung" der logischen Struktur solcher Erklärungen: um Explikationen oder Aufweisungsanalysen von logischen Beziehungen zwischen den verschiedenen Aussagentypen objekttheoretischer Erklärungen. Viele und mitunter gravierende Mißverständnisse sind mit dem objekttheoretischen Erklärungsbegriff in den metatheoretischen Erklärungen (Erklärungen zweiter Ordnung) verknüpft; deren Aufhellung hat schon viel Zeit und Papier in Anspruch genommen.

# I. Zur Einführung:
## Einige monistische Erklärungskonzepte

1) In den zeitgenössischen Geistes- und Sozialwissenschaften formiert sich mitunter ein *Narrativismus*, dessen Vertreter sozialwissenschaftliche Erklärungen durch die phänomenologische Beschreibung der in Betracht stehenden Sachverhalte ersetzen wollen. Hinter derartigen Auffassungen steht häufig eine sehr berechtigte Kritik an mystifizierten Elementen des Kausalbegriffs, die in mehrfacher Hinsicht an bestimmte Auffassungen in der physikalischen Grundlagendiskussion der Jahrhundertwende erinnert. Damals war es vor allem Gustav Robert Kirchhoff (vgl. Boltzmann *1905*, 51–75), der sich gegen eine substantialistische Auslegung des Kausalverhältnisses wandte, wonach die Ursache mit der Wirkung irgendwie durch treibende, stoßende oder ziehende Kräfte verbunden ist. Das Kausalverhältnis sei vielmehr aufzufassen als eine konstante Beziehung der Veränderungen in der Zeit, die womöglich auf einen mathematischen Ausdruck gebracht werden solle.

Während nun im Bereich der naturwissenschaftlichen Grundlagenforschung die kritische Beseitigung substanzmetaphysischer Elemente des Kausalbegriffs zu einer weiterführenden Analyse der funktionalen Verbundenheit von Phänomenen geführt hat, aber auch zur Kritik an damit verknüpften Einseitigkeiten (vgl. Cassirer *1910*), scheint man im Rahmen analoger Bestrebungen in der sozialwissenschaftlichen Grundlagenforschung gelegentlich einer sehr pauschalen Kausalitätskritik zugetan zu sein. So wird einerseits von verschiedenen Vertretern der funktionalistischen und der dialektischen Gesellschaftstheorie der Eindruck erweckt, die Begriffe von Ursache und Wirkung müßten durch den Begriff der Interdependenz der Erscheinungen voneinander ersetzt werden; andererseits kommt es, vor allem in verschiedenen Bereichen der historisch orientierten Sozialwissenschaften, zu einer keineswegs vorteilhaften Entgegensetzung von Theorie und Erzählung. Beides führt zu einem Nachlassen des Interesses, das „spezifische Gewicht" kausalrelevanter Faktoren für das Eintreten gesellschaftlicher Zustände und Ereignisse bestimmen zu wollen.

Ein mit der narrativistischen Position verknüpftes Mißverständnis besteht darin, den Begriff der theoretischen Erklärung mit der Subsumtion eines zu erklärenden Ereignisses unter einen Begriff zu identifizieren. Diese Vorstellung ist nicht unpopulär. Sowohl Isaiah Berlin (vgl. Berlin *1966*, 31) als auch William H. Dray (vgl. Dray *1957*, 47–50) sind beispielsweise der Ansicht, daß der Historiker nicht an der Französischen Revolution interessiert ist als an einer Instanz für das, was man eben eine Revolution nennt (also daran, daß die Französische Revolution bestimmte gemeinsame Charakteristika mit anderen Revolutionen aufweist), sondern daß er sie als ein einmaliges Phänomen zu deuten wünscht, einschließlich jener detailliert zu beschreibenden Vorkommnisse, die sie mit anderen Revolutionen nicht teilt. Diese Autoren meinen, daß es der Soziologe sei, der an der Französischen Revolution lediglich als einer Revolution interessiert sei, was sich darin ausdrücke, daß er Gesetze formuliere, die sich auf Revolutionen allgemein beziehen, und daß er im Anschluß daran die Französische Revolution (gleich wie jede andere) auf ihre Konformität mit dem solchermaßen bestimmten Revolutionsbegriff untersuche. – Man darf wohl sagen, daß sowohl die Rolle der Geschichtswissenschaft als auch die der Soziologie von Berlin und Dray prononciert vereinseitigt wird. Immerhin war es ein Soziologe, nämlich Max Weber, der diese Variante der begriffslogischen Subsumtion komplexer historischer Sachverhalte radikal in Frage stellte (vgl. Weber *1906*, 251–254); vor allem hat er auch einen damit verwandten *Monokausalismus* kritisiert. Scharf hat er Rudolf Stammlers Auffassung gerügt, wonach „alle Einzelbetrachtung, die unter dem Grundsatz des Kausalitätsgesetzes vollzogen wird, ... als grundlegende Bedingung die durchgängige Verbindung aller Sondererscheinungen nach einem (!) allgemeinen Gesetz annehmen muß, welches Gesetz dann im einzelnen aufzuweisen (?) ist" (Weber *1907*, 316).[22]

Die Geschichte der bisherigen Geschichts- und Gesellschaftswissenschaften ist eine Geschichte der – heuristisch mitunter durchaus fruchtbaren – Überschätzung der Bedeutung eines bestimmten Faktors der Erklärung sozialen Handelns. Am deutlichsten tritt dies im Rahmen von kontroversiellen Erörterungen hervor, bei denen es um die Ursachen von Erscheinungen geht, wobei die Kontrahenten versuchen, einen Faktor, dem man aus irgendwelchen Gründen besondere Bedeutsamkeit zuschreibt, so zu interpretieren, als sei er der einzige Faktor. Deshalb, so bemerkt Stanislaw Ossowski kritisch, waren auch die Auseinandersetzungen darüber möglich, ob religiöser Fanatismus oder die Erschließung zusätzli-

---

[22] Die Kritik Webers an Stammler fand in der jüngeren Zeit ihre Entsprechung in der Auseinandersetzung zwischen Carl G. Hempel (vgl. Hempel *1963 a*) und William H. Dray (vgl. Dray *1963*) – wenn man davon absieht, daß Dray nicht, wie Stammler, ein Vertreter des Geschichtsmaterialismus, und Hempel nicht, wie Max Weber, von zum Teil sarkastischer Schärfe in seiner Kritik ist.

cher Absatzmärkte das auslösende Moment der Kreuzzüge war: „Auf einen solchen Gegensatz stößt man sogar dort, wo beide Kontrahenten einen zweiten Faktor in der Situationsbeschreibung berücksichtigen und sich einigen könnten auf der Grundlage der Äquivalenz solcher Sätze wie: a) ‚In den Gesellschaften, die ein Bedürfnis nach neuen Absatzmärkten hatten, führte religiöser Fanatismus zu den Kreuzzügen‘; b) ‚In den Gesellschaften, die zum religiösen Fanatismus neigten, führte das Bedürfnis, neue Absatzmärkte zu erobern, zu den Feldzügen der Kreuzritter‘.“ (Ossowski *1973*, 109) In den Sozialwissenschaften begegnen wir häufig einer Erklärungspraxis, der die Annahme zugrunde liegt, daß derjenige, der bei bestimmten Gelegenheiten von der Wichtigkeit eines Faktors A spricht, damit schon die Wichtigkeit oder kausale Relevanz der Faktoren B, C... verwirft. „In der Polemik, die bis vor kurzem einige Leute betrieben, die sich für ‚Marxisten‘ ausgaben, stieß man besonders häufig auf Vorwürfe, die auf der Unterstellung beruhen, daß jemand, der einen Zusammenhang formuliert, damit andere Zusammenhänge leugnet. Die Kritik an den psychoanalytischen Theorien wurde so gefaßt, als bestünde ein Widerspruch zwischen dem prägenden Einfluß der Familiensituation und der frühen Kindheit auf die Entwicklung des Individuums und seiner Stellung im Klassensystem.“ (Ebd. 109 f.) Der Tendenz zu monokausalen Erklärungen – hier „materialistischen“, wie anderswo „idealistischen“ – wurde die Ehre eines methodischen Universalprinzips zuteil. Im Kategoriensystem des Gesellschaftswissenschaftlers müssen jedoch stets die verschiedensten Faktoren der konkreten historischen Tätigkeit der Menschen Platz finden, wenn auch unter bestimmten Bedingungen die einen, unter neuen Bedingungen die anderen als wesentlich hervortreten.

2) Ein weiteres Mißverständnis des Erklärungsbegriffs hat mit der *Vielzahl der Bedeutungen des Ausdrucks "erklären"* zu tun. Autoren wie Michael Scriven (vgl. Scriven *1959* und *1962*) und W. H. Dray (vgl. Dray *1957*) haben darauf aufmerksam gemacht, daß im Rahmen der Methodologie der Geistes- und Sozialwissenschaften ein sehr restriktiver Erklärungsbegriff in Verwendung sei. Wie C. G. Hempel (vgl. Hempel *1963 a*) geltend machte, haben diese Autoren zutreffende Beobachtungen bezüglich wesentlicher Aspekte der Erklärung gesammelt, es allerdings unterlassen, darauf hinzuweisen, daß sie den Erklärungsbegriff in einem pragmatischen oder praxeologischen Sinn aufgefaßt haben. Versteht man Erklärung auf diese Weise, so ist sie stets eine Erklärung für jemanden, so daß der Gebrauch des Ausdrucks "erklären" in dieser pragmatischen Verwendung stets den Bezug auf jemanden voraussetzt, dem etwas erklärt wird, oder für den dies oder jenes eine Erklärung von dem und dem ist. Aber daß es viele Verwendungsweisen des Ausdrucks "erklären" gibt und daß die Verschiedenartigkeit der Bedeutungen auf der pragmatischen Ebene groß ist, kann selbstverständlich keineswegs besagen, daß die nicht-pragmatischen Modelle der wissenschaftlichen Erklärung hoffnungslos inadäquat oder dogmatisch sind. In diesem Zusammenhang ist es zweckmäßig, kurz auf wichtige Unterschiede in der logischen Struktur von Erklärungen hinzuweisen.

Einige Erklärungen sind zu verstehen als die Erfassung der Bedeutung eines sprachlichen oder auch eines nicht-sprachlichen Zeichens; andere Erklärungen werden aufgefaßt als Demonstrationen eines Handlungsvollzugs, der entweder durch die Erfüllung bestimmter Regeln oder aber durch ein bestimmtes Handlungsresultat definiert wird; ein dritter Typus von Erklärungen mag darin bestehen, daß ein sprachlicher Sachverhalt verstanden wird, allerdings nicht ein Symbol (z. B. das Integralzeichen), sondern eine Aussage; schließlich können Erklärungen darin bestehen, daß durch sie Gründe und/oder Ursachen für das Eintreten oder das Bestehen eines Sachverhalts genannt werden: für eine mathematische Wahrheit, für ein einzelnes empirisches Ereignis, für eine empirische Gesetzmäßigkeit usw. Es macht also einen großen Unterschied, ob man von Erklärungen spricht,

1) wenn jemand die Bedeutung eines Zeichens $S$ weiß (oder in Erfahrung bringt);
2) wenn jemand weiß (oder in Erfahrung bringt), wie man der Handlungsregel $R$ genügt oder das Ziel $Z$ verwirklicht;
3) wenn jemand weiß (oder in Erfahrung bringt), daß $p$;
4) wenn jemand weiß (oder in Erfahrung bringt), warum $p$.

Den einleitend kurz dargestellten methodologischen Erklärungsbegriff in Anbetracht der soeben erwähnten Erklärungsformen als dogmatisch anzusehen, ist nun aber nach Hempel (vgl. ebd.) ebenso unsinnig wie es der Einwand gegenüber der Definition von „Beweis" in der metamathematischen Beweistheorie wäre, daß diese nicht dem Gebrauch des Ausdrucks „Beweis" in dem englischen Sprichwort gerecht würde, das da lautet: „Der Beweis für die Qualität des Puddings liegt im Essen". Was hat aber nun eigentlich jene ominöse Fähigkeit zur Erklärung? Es sind dies, wie man sagt, Gesetze, welche Tatsachen, aber auch Theorien, welche Gesetze erklären.

# II. Theorietypen

Theorien scheinen nach übereinstimmender Auffassung vor allem zwei Aufgaben zu erfüllen: eine ökonomische und eine integrative. Durch sie soll es einerseits zu einer Reduzierung der Zahl von Aussagen kommen, welche sich auf die gesetzmäßig auftretenden Relationen zwischen den Merkmalen eines Sachverhalts beziehen; andererseits sollen durch sie Konstrukte, welche zur Kennzeichnung einer Klasse von Gesetzen benützt werden, mit anderen Konstrukten, welche zur Kennzeichnung einer anderen Klasse von Gesetzen Verwendung finden, verknüpft werden. Theorien, so könnte man sagen, sind dazu dienlich, uns an einen komplexen Zusammenhang der durch die verschiedenen gesetzesartigen Aussagen erfaßten Erscheinungen glauben zu machen; sie sind das, was J. S. Mill die „ursächlichen Gesetze" der „empirischen Gesetze" nennt (vgl. Mill *1885*, 6. Buch, Kap. V, § 1).

Vor allem in den Sozialwissenschaften ist der Begriff der Theorie einer der am meisten amorphen Begriffe. „Theorie" erscheint als Name für ganz unterschiedliche Sachverhalte: von der reinsten Vermutung bis zur solidest konfirmierten Hypothese, vom unartikulierten Eindruck bis hin zum präzisen Modell. In das Dickicht der unterschiedlichen mit diesem Ausdruck verknüpften Bedeutungen versuchte unter anderem Calvin J. Larson (vgl. Larson *1973*, 4–39) einige Ordnung hineinzubringen und unterschied dabei fünf Bedeutungsfelder. „Theorie" kann bedeuten

a) Begriff, Konstrukt, Idealtypisierung;
b) Rahmenwerk, Begriffsschema;
c) Vermutung, Hypothese, Theorem, Lehrsatz;
d) Proposition, Axiom, Gesetz;
e) Modell, Paradigma.

Besonders klar läßt sich mit Bezug auf e) vor Augen führen, daß die erwähnten Arten von „Theorie" sich nicht auf disjunktive Bereiche beziehen, da ja sozialwissenschaftliche Paradigmen und Modelle außer den nomologischen Hypothesen über das Verhalten der Individuen – im Sinne von d) – noch spezielle Annahmen über die grundlegenden Merkmale des jeweiligen sozialen und natürlichen Milieus aufweisen, denen durchwegs idealtypischer Charakter – im Sinne von a) – zukommt (vgl. Albert *1976*, 151–155; Braithwaite *1970*).

Es herrscht heute weitgehend Übereinstimmung darüber, daß eine Theorie nicht einfach mit einem Gesetz identifiziert werden soll; eine Theorie kann nie, wie dies bei einem Gesetz der Fall sein mag, durch direkte Experimente überprüft werden. In diesem Sinne spricht man ja auch von umfassenden Theorien, das sind solche, welche der Organisation einer Anzahl von Gesetzen dienen und die einen großen Forschungsbereich einer einheitlichen Erfassung zugänglich machen. In den Geistes- und Sozialwissenschaften ist die mögliche vereinheitlichende Kraft von Theorien allerdings relativ gering, verglichen mit dem Entwicklungsstand der Theorien in den Naturwissenschaften. – Wie könnte aber nun eine positive formale *Definition von „Theorie"* lauten? Einen Versuch in dieser Richtung hat May Brodbeck unternommen. Ihr zufolge besteht eine Theorie aus einer Menge von Termini oder auch unbestimmten Begriffen sowie aus einer Menge von Aussagen, die man Generalisierungen oder Gesetze nennt, welche sich darauf beziehen, wie die Referenzobjekte einiger der in Betracht stehenden Termini aufeinander wirken. Um sonach eine Vorhersage über irgendein einzelnes System aus der Theorie, ihren Gesetzen und ihren Definitionen abzuleiten, ist es nötig, ihr eine Menge von Aussagen über den Zustand des in Betracht stehenden Systems zu einem bestimmten Zeitpunkt hinzuzufügen. Wir müssen also wissen, welche Begriffe durch das System zu diesem Zeitpunkt exemplifiziert und welche nicht exemplifiziert sind; mit anderen Worten: es ist nötig, daß wir – wie man im Fall von quantifizierten Theorien sagt – die Werte der relevanten Variablen kennen (vgl. Brodbeck *1958*, Abschn. 3).

Mit derartigen formalen Bestimmungen des Theoriebegriffs können nun sehr verschiedenartige Funktionen von Theorien verknüpft werden.

## 1. Funktionstypen

Drei Typen von Theorien sollen im folgenden unterschieden werden: ontologische Theorien, wissenschaftliche Theorien im engeren Sinne und rechtfertigungslogische Theorien. Sie seien nun kurz hinsichtlich ihrer Funktion im Forschungsgang charakterisiert.

## a. Theorien als Darstellungsmittel

Ontologische oder Gegenstands-Theorien zählen zu jenem Typus von Theorien, der durch den Ausdruck „Theorien als Darstellungsmittel" charakterisierbar ist. Sie dienen der Feststellung dessen, was „eigentlich" der Fall ist. (Für sie läßt sich eine Reihe von umschreibenden Bezeichnungen anführen: Interpretationsrahmen, Systematisierungsprinzip, Sichtfelddimensionierung.) So kann man beispielsweise historische Tatsachen dann als gegeben ansehen, wenn eine Interaktion von Individuen im Sinne der klassischen Ereignisgeschichte oder eine Interaktion von Staaten im Sinne Rankes oder eine Interaktion von Klassen im Sinne von Marx vorliegt. Es soll hier nicht über den Erkenntniswert des mit dem jeweiligen Konzept der historischen Tatsache verknüpften Musters der Historiographie gesprochen werden. Bemerkenswert ist in diesem Zusammenhang die Tatsache, daß die kategoriale Bestimmung des Forschungsobjekts nicht nur die Art der Verwendung deskriptiver Begriffe zum Zwecke der Darstellung, sondern auch die Auswahl der die Darstellungsinhalte erklärenden wissenschaftlichen Theorien determinieren kann.

## b. Theorien als Erklärungsmittel

Als zweiter Typus wären Theorien als Erklärungsmittel zu nennen, also die wissenschaftlichen Theorien in ihrer instrumentellen Funktion. Hier wird gefragt: Warum ist das eingetreten, was der Fall ist? Man kann in diesem Zusammenhang beispielsweise von „Theorien in der Geschichtswissenschaft" sprechen. Dabei geht es um Ensembles nomologischer Hypothesen aus einer Reihe von gesellschaftswissenschaftlichen Nachbardisziplinen der Historie: der Soziologie, der Ökonomie, der Kulturanthropologie, der Politikwissenschaft, der Anthropogeographie, der Ökologie usw. Nun läßt sich zeigen, daß – bei aller analytischen Unterscheidbarkeit – zwischen erklärenden Theorien und ontologischen Theorien ein gelegentlich sehr enger Zusammenhang besteht. Wie schon erwähnt, kann es sein, daß werthaft-normative Erwägungen hinsichtlich dessen, was etwa „Geschichte

im eigentlichen Sinne" oder eine „historische Tatsache"
ist, zur Auszeichnung des Erkenntniswertes einer ganz
bestimmten wissenschaftlichen Theorie in erklärender
Absicht führen; umgekehrt kann aber auch die Auszeichnung einer spezifischen wissenschaftlichen Theorie die
Bedeutung bzw. den Inhalt dessen, was im Rahmen
ontologischer Theorien der Geschichte als „historische
Tatsache" zum Gegenstand der Betrachtung gemacht
wird, in entscheidendem Maße präformieren. Hier gilt der
Satz Wittgensteins: „Sage mir, *wie* du suchst, und ich
werde dir sagen, *was* du suchst." (Wittgenstein *1964*, 66)

## c. Theorien als Validierungsmittel

Als letzter Typus von Theorien stehen hier rechtfertigungslogische Theorien bzw. Theorien als Validierungs-
mittel in Betracht. Hier wird gefragt: Warum gilt die
Erklärung dessen, was der Fall ist? Dies ist ein Frageber-
reich der Methodologie im engeren Sinn, und zwar der
Logik der Erklärung (bzw. Prognose) empirisch gehalt-
voller Aussagen. Rechtfertigungslogische Theorien stellen
Kriterien der Angemessenheit von Erklärungen bereit und
zeigen dabei vor allem auch den Unterschied von notwendigen und hinreichenden Bedingungen für zu erklärende
Zustände und Ereignisse auf. Durch derartige metatheoretische Erwägungen kann es zum Beispiel zu einer fruchtbaren Klärung der Fragen kommen, ob ein bestimmtes
historisches Ereignis im Sinne einer unilinearen Determination ein anderes Ereignis verursacht, ob es zu dessen
Verursachung beigetragen hat oder ob es dessen Eintreten
nur nicht unmöglich gemacht hat. – Fragen der Reliabilität
und der Validität von Methoden, also solche der forschungstechnischen Validierung, werden in der vorliegenden Arbeit nicht näher erörtert werden (vgl. dazu Brody

*1970*, Teil 3). Dabei geht es – nach Maßgabe einzelwissenschaftlicher Forschungsgegebenheiten – um den Gesichtspunkt der Meßgenauigkeit im Sinne der Genauigkeit der Reproduzierbarkeit des Meßergebnisses bei konstanten Bedingungen (Reliabilität) sowie um die Erörterung der inhaltlichen Zulänglichkeit eines Maßes (Validität). Zur empirischen Bestimmung der Reliabilität und der Validität gibt es in den verschiedenen einzelwissenschaftlichen Disziplinen verschiedene Zugänge. Bei der empirischen Bestimmung der Reliabilität – wie sie vor allem im Rahmen der experimentellen Psychologie in Betracht steht – bietet sich im einfachsten Fall die empirische Erhebung der Korrelation bei wiederholter Messung oder die Korrelation zu einem Paralleltest an (vgl. Lord/Novick *1968*).

„Theorie" leistet, wie hier kurz gezeigt werden sollte, einen dreifachen Beitrag: zur Erfassung eines Sachverhaltes, zur Erklärung dieses Sachverhaltes, zur logisch-strukturellen Analyse der Erklärung dieses Sachverhaltes. Alle drei Funktionen der theoretischen Erörterung: die explorative Funktion ontologischer Theorien, die explanative Funktion der erklärenden Theorien und die validierende Funktion von rechtfertigungslogischen Theorien, sind zwar begrifflich differenzierbar, stehen jedoch in der Forschungspraxis mitunter in engem Zusammenhang.

## 2. Zur Charakterisierung explanativer und ontologischer Theorien

Was bestimmte mit den validierenden Theorien verknüpfte Fragen anlangt, so werden diese noch eingehender in den Kap. III–V behandelt werden. Hier soll es um wissenschaftslogische Erörterungen von explanativen und ontologischen Theorien gehen sowie um die Analyse

150

dessen, was im Anschluß an William Skidmore „perspektivierende Theorien" bezeichnet wird; Skidmore unterscheidet drei Typen von Theorien: *„deductive theories"* (die den explanativen Theorien entsprechen), *„pattern theories"* (die den ontologischen Theorien entsprechen) und *„perspective theories"* (vgl. Skidmore *1979*, 51–64).

1) Was den Typ der *explanativen Theorien* anlangt, so soll vorläufig davon abgesehen werden, ob die in ihnen enthaltenen Gesetze strikt-deterministischer oder probabilistischer (statistischer) Natur sind. Herrscht nämlich in bezug auf deduktive Theorien, wie – im Anschluß an die auf J. S. Mill zurückreichende Tradition – explanative Theorien oft bezeichnet werden, auch mitunter Unsicherheit hinsichtlich der Erklärungskraft der in ihnen enthaltenen Gesetze (weil diese einmal das Eintreten des Explanandum-Ereignisses, dann aber nur die Wahrscheinlichkeit seines Eintretens erklären), so herrscht wesentlich weniger Unklarheit bezüglich der Funktion der deduktiven Theorien. Sie stellen die Aussagen auf dem höchsten Universalitätsniveau dar, haben also den weitesten Anwendungsbereich; aus ihnen werden sogenannte intermediäre Aussagen und Hypothesen abgeleitet. Ein bekannter Proponent einer deduktivistischen Erklärung in den zeitgenössischen Sozialwissenschaften ist George C. Homans (vgl. Homans *1969* und *1972*), der mitunter sehr nachdrücklich einer Reduktion soziologischer Gesetze auf psychologische Gesetze das Wort redet; und dies auf ähnliche Weise wie J. S. Mill, der die „empirischen Gesetze" der Gesellschaftswissenschaften aus den „ursächlichen" Gesetzen der Psychologie und der Ethologie abzuleiten suchte (vgl. Mill *1885*, 6. Buch Kap. IV–VI).

Wenn man sich in Erinnerung ruft, was Larson in seiner Aufstellung von fünf Theorietypen, die am Beginn dieses

Kap. wiedergegeben wurde, alles erwähnte, so wird man erkennen, daß sich aus dieser Auflistung unschwer eine Gruppe von Aussagen: Systeme logisch-analytischer Axiome sowie empirischer Gesetze, dem hier erörterten Typus deduktiver Theorien zuordnen lassen. – Wesentlich zahlreicher sind die Zuordnungsmöglichkeiten im Falle der ontologischen Theorien oder, wie sie Skidmore nennt, der „pattern theories".

2) Im Falle der *ontologischen Theorien* ist die vertikale Dimension, die für die sogenannten deduktiven Theorien charakteristisch ist, nicht primär von Bedeutung, sondern das, was man „laterale Logik" nennen könnte. Das Aussagensystem ontologischer Theorien vermittelt eine bestimmte Sicht der Dinge, und ihr „Sinn" ergibt sich aus der Konstellation der theoretischen Ausdrücke und der dadurch induzierten Neudimensionierung des Sichtfeldes.[23] Freuds Theorie von „Ich", „Es" und „Über-Ich" wäre hier exemplarisch zu nennen; ferner Talcott Parsons' fünf *„pattern variables"* (vgl. Parsons *1951*) oder auch die bei ihm genannten vier grundlegenden funktionalen Vorbedingungen für das Bestehen sozialer Systeme, als welche Parsons Anpassung, Zielrealisierung, Integration und Latenz anführt (vgl. Parsons/Smelser *1956*). Man hat derartigen ontologischen Theorien gegenüber den Vorwurf erhoben, daß mit ihrer Hilfe keine gehaltvollen theoretischen Erklärungen formulierbar seien, und daß dadurch nicht eine Analyse, sondern nur eine Beschrei-

---

[23] Anhand eines Katalogs möglicher Fragen bezüglich der Rekonstruktion sozialen Handelns habe ich in einer jüngeren Arbeit eine Art von konzeptueller Topologie sozialwissenschaftlicher Darstellungen entwickelt (vgl. Acham *1982*, Kap. IV). Dieser Begriffsrahmen wäre durchaus Skidmores *„pattern theories"* zuzuordnen.

bung der empirischen Realität möglich wäre. Aber ein großer Teil dieser Kritik geht einfach an der Sache vorbei. Viele Vertreter von explanativen Theorien ziehen ja gleichsam aus der Wirklichkeit nur diejenigen realen Datenzusammenhänge in Betracht, die sich in Gestalt nomologischer Hypothesen darstellen lassen, und glauben zudem noch, einem methodologischen Reduktionismus das Wort reden zu müssen, obschon zuvor noch gar nicht alle Dimensionen des in Betracht stehenden Sachverhalts hinreichend bekannt sind. Ontologische Theorien oder *„pattern theories"* konnten in solchem Zusammenhang dafür dienlich sein, den Spezialisten vor einer simplifizierenden Ignoranz zu bewahren: daß er nämlich darauf stolz ist, sich in einem Bereich auszukennen, ohne auch nur zu ahnen, was er – aus Gründen einer forschungstraditional gepflogenen methodischen Restriktion – alles nicht weiß.

Ontologische Theorien betreffen unter anderem das, was bei Larson als Begriffsschema und als Idealtypisierung aufscheint. Diese semantischen Theorien sind noch durch das zu ergänzen, was man als hermeneutische Theorien bezeichnet. Dazu einige kurze Bemerkungen.

a) Die Wichtigkeit von *semantischen Theorien* in den Sozialwissenschaften ist dadurch zu erklären, daß man sich verhältnismäßig leicht darüber einigen kann, welche Dinge Berge, Flüsse, Planeten, Wärmeleiter usw. genannt werden sollen, daß man sich aber wesentlich schwerer über eine Klasse von Ereignissen einigen kann, die unter den Begriffen „Demokratie", „Macht", „Wohlfahrt", „Fortschritt" und dergleichen zusammengefaßt werden sollen. Definitionen eines Begriffs dienen dazu, unsere Aufmerksamkeit auf bestimmte Komponenten jener Klasse von Sachverhalten zu lenken, welche den Umfang des in Betracht stehenden Begriffs bildet. So wird in den

Sozialwissenschaften das Problem der Definition ein „theoretisches" Problem – eine für viele Naturwissenschaftler oft schwer verständliche Angelegenheit. Die Fruchtbarkeit oder Unfruchtbarkeit einer Definition hat dabei mit der Tatsache zu tun, ob sie unsere Aufmerksamkeit so strukturiert, daß eine repräsentative Darstellung (oder sogar eine adäquate Erklärung) des in Betracht stehenden Gegenstandes in der Folge möglich wird oder nicht.

b) Was die *hermeneutischen Theorien* anlangt, so wäre es unrichtig anzunehmen, als würde ein „Verständnis" in jenem Sinne der Vertrautheit mit dem Gegenstand der Betrachtung schon genügen, der sich etwa darin äußert, daß wir „wissen", wie Fische riechen, wie sich Zahnbürsten verwenden lassen oder wie man müde wird. Der Hermeneutik geht es in der Mehrzahl ihrer nicht allein um das Verstehen linguistischer Inhalte bemühten Vertreter keineswegs darum, eine Tätigkeit „Wissenschaft" zu nennen, die nur nach subjektivem Verständnis dieser Art strebt.

Alan Ryan illustriert das Erfordernis einer hermeneutischen Betrachtungsweise, die sich, im Unterschied zur Vorgehensweise einer nicht-mentalistischen Deutung des Naturgeschehens, auf soziale Regeln und darauf bezügliche individuelle Motive bezieht, folgendermaßen: Da es sich bei den Forschungsobjekten des Sozialwissenschaftlers um vergesellschaftete Wesen handle, haben diese bereits eine Erklärung für ihr Tun sowie eine Begründung dafür und ein kompliziertes, wenn auch nicht immer klares System von Annahmen über den Sinn ihres Tuns. Um diese zu verstehen, müsse der Sozialwissenschaftler zunächst den äußeren und inneren Aspekt des Handelns nach Regeln erörtern. In dieser Hinsicht bestehen gewisse gravierende Unterschiede zur Situation etwa des Physi-

154

kers. Dessen Aufgabe mag beim Versuch der Berechnung der Richtung, in der sich ein Körper unter dem Einfluß von zwei schräg zueinander einwirkenden Kräften bewegt, darin bestehen, die Größen zu berechnen, die in diesem Kräfteparallelogramm wirken. „Und wenn die von uns gefundene Lösung nicht mit den Tatsachen übereinstimmt, dann steht eines fest: wir haben uns eben verrechnet. Das ist nur *unser* Fehler, da ja nicht die Rede davon sein kann, daß der betreffende Körper etwas richtig oder falsch macht. Aber in dem Fall des Verkehrs an den Verkehrsampeln liegt die Sache ganz anders, wenn einmal ein nicht vorherzusehendes Verhalten eines Fahrers, der bei Rotlicht über die Kreuzung fährt, unsere Vorhersage als irrig erweist. Zwar stimmt es, daß wir eine falsche Vorhersage machten, aber *unser* Irrtum beruht auf *seinem* falschen Verhalten." (Ryan *1973 a*, 183 f.) Ryan betont, daß es dem Vertreter der verstehenden Sozialwissenschaft darum geht, zu einer angemessenen Erfassung der Sachverhalte durch Anerkennung der Tatsache zu gelangen, daß das richtige Erfassen der zu verstehenden Ereignisse mit Notwendigkeit vom Verständnis der Regeln abhängt, die sie erst zu Ereignissen auf dem betreffenden Gebiet machen. Daher müsse sich der Sozialwissenschaftler mit den Regeln der Gruppe von Menschen vertraut machen, die er untersucht, um Verhalten nicht nur beschreiben, sondern gegebenenfalls auch als Handlungen interpretieren zu können (vgl. ebd. 186 f.). – Hermeneutische Theorien erfahren, wie es scheint, ihre Rechtfertigung vor allem als oft berechtigte Negation von immer wieder auftretenden Universalitätsansprüchen von Vertretern eines rigiden Behaviorismus in den Sozialwissenschaften.

c) Als letzte Art ontologischer Theorien seien hier *normative Theorien*, als Idealisierungen *in theoretischer Absicht*, erwähnt. Theoretische Idealisierungen sind uns aus ganz verschiedenartigen Wissenschaftsgebieten bekannt. Galileis Theorie ist etwa eine solche normative Theorie. Sie beschreibt nicht, wie Körper fallen, sondern wie sie unter idealisierten Bedingungen fallen müssen. Ohne solche, wie sie Anatol Rapoport bezeichnet, „im Geiste wahren und tatsächlich falschen Gesetze" (Rapoport *1967*, 321) hätte sich weder in der mathematischen Physik noch auch in anderen wissenschaftlichen Disziplinen ein Erkenntnisfortschritt eingestellt.

Aus den Sozialwissenschaften kennt man eine Reihe normativer Idealisierungen. Sie reichen von den typisierenden Signaturen historischer Epochenbezeichnungen über die Konstruktionen des „homo oeconomicus" und „homo sociologicus" bis zu den mathematischen Modellen der theoretischen Nationalökonomie, durch die Handlungsweisen auf der Grundlage eines gegebenen Erfordernisses und unter gewissen idealen Bedingungen – etwa den Bedingungen vollständiger Konkurrenz und vollständiger Information – beschreibbar gemacht werden sollen. Derartige normative Theorien müssen keinen unmittelbar „praktischen Wert" haben, weil möglicherweise die Experimentalbedingungen in der Wirklichkeit niemals auftreten, aber es kann ihnen – wegen der nun exakteren Bestimmbarkeit sogenannter „Störvariablen" – ein außerordentlich großer heuristischer Wert zukommen. – Deutlich von normativen Theorien im Sinne theoretischer Idealisierungen sind jene normativen Theorien zu unterscheiden, in welchen es um den Entwurf von idealen Zuständen im Sinne ethischer oder ästhetischer Normierungen geht.

3) Was die *perspektivierenden Theorien* – Skidmores „perspective theories" (vgl. Skidmore *1979*, 59f.) – anlangt, so sind sie von den ontologischen nicht immer kategorial verschieden. Perspektiven sind Ideengebilde,

156

welche die wichtige Funktion haben, uns für bestimmte zwischen den Elementen der Wirklichkeit bestehende Beziehungen und Zusammenhänge zu „sensibilisieren". Eine Perspektive dieser Art stellt zum Beispiel der „symbolische Interaktionismus" dar, der gesellschaftliche Beziehungen unter Hinweis auf die Art und Weise der individuellen Identitätsbildung erörtert; bei Charles H. Cooley, George H. Mead und im sogenannten „dramaturgischen Ansatz" Erving Goffmans wird so besonderes Augenmerk auf die Ausbildung, den Wandel und die Stabilisierung der Individualität im Rahmen sozialer Interaktion gelegt, wobei den Problemen von Konformität und Abweichung besondere Wichtigkeit zukommt.

Perspektivierende Theorien sind im wesentlichen mit dem identisch, was George C. Homans als „orientierende Feststellungen" bezeichnet hat. Aus ihnen besteht ein großer Teil der sozialwissenschaftlichen Literatur. Dabei handelt es sich nicht um qualifizierte Lehrsätze, sondern, wie Homans ausführt, um „Imperative..., die uns sagen, was wir untersuchen müssen, um weiterzukommen, und wie wir dabei vorgehen müssen... Untersuchen Sie die Beziehungen zwischen den Produktionsmitteln und den übrigen gesellschaftlichen Merkmalen, denn wenn Sie suchen, werden Sie bestimmt auch finden! Betrachten Sie das soziale Verhalten als einen Tauschhandel, denn dann werden Sie anfangen, weiterzukommen! Und – weiß Gott – zum mindesten mit Hilfe von Marx sind viele Forscher weitergekommen." (Homans *1969*, 29) Homans ergänzt diese Feststellung durch die Bemerkung, daß zahlreiche Forscher sich das angesehen hätten, worauf sie Marx hingewiesen hat, und daß sie dann zu Feststellungen gekommen seien, die zwar eine geringere Reichweite haben als die von Marx, die jedoch in einem höheren Grad den Charakter wirklicher Lehrsätze hätten.

Perspektivierende Theorien von der Art der orientierenden Feststellungen sind den regulativen Prinzipien in der Wissenschaft ähnlich, welche man häufig auch „metaphysische Theorien" nennt. Einige metaphysische Theorien haben, wie Percy S. Cohen feststellt, wenig oder gar nichts mit Wissenschaft zu tun, andere wiederum fallen eindeutig in den Bereich der Wissenschaften: „Sie beinhalten brauchbare Annahmen, die programmatischen oder heuristischen Wert haben. Sie können ein weites Feld abstecken, innerhalb dessen dann präzisere Formulierungen möglich sind; sie können Möglichkeiten der Interpretation von Beweisen für die Überprüfung präziserer Theorien aufzeigen; oder sie können die Sensibilität eines Beobachters für jene Faktoren erhöhen, die für die Erklärung eines bestimmten Phänomens relevant sind." (Cohen *1972*, 15) Wie das Beispiel der Evolutionstheorie zeige, sei es unrichtig anzunehmen, daß nur die Sozialwissenschaften mit Theorien zu tun hätten, die nicht im strengen Sinne überprüfbar sind (vgl. ebd. 15 f.). In der Tat enthalten auf dem höchsten Abstraktionsniveau sowohl die Natur- als auch die Sozialwissenschaften Theorien, die eher Erfahrungen strukturieren als daß Erfahrungen dazu beitragen, sie im strengen Sinne zu überprüfen. Man kann sich das Verhältnis zwischen orientierenden Feststellungen oder metaphysischen Theorien und explanativen Theorien mit guten Gründen durch die Beziehung verständlich machen, die zwischen dem Kausalprinzip und einem konkreten Kausalgesetz besteht.

# III. Begreifen – Erklären – Vorhersagen

## 1. Beschreibung und sozialwissenschaftliche Begriffsbildung

Der grundlegende Gegenstandsbereich der Sozialwissenschaften: „Gesellschaft", ist ein Konstrukt und kein Terminus der Beobachtungssprache; es ist dieses Konstrukt und einige damit verwandte, mit welchen sich beispielsweise die soziologische Theorie beschäftigt. Konstrukten und Analogien wird daher auch in der jüngeren Methodologie der Sozialwissenschaften in steigendem Maße Aufmerksamkeit geschenkt (vgl. etwa Nowak *1977*, Kap. I–III; Skidmore *1979*, 41–51).

Lange Zeit meinte man, das konstruktivistische Element nur im Rahmen von sozialwissenschaftlichen Modellvorstellungen in Rechnung stellen zu müssen. Es zeigt sich jedoch, daß im Falle der allermeisten Erklärungen in den Gesellschaftswissenschaften bereits so etwas wie eine Modellierung des Gegenstandes nach Maßgabe bestimmter explanativer Vorerwartungen gegeben ist. Einige Fragen der Konstituierung des sozialwissenschaftlichen Gegenstandes im Rahmen von Beschreibung und Begriffsbildung sollen nun erörtert werden.

### a. Über explanative Vorerwartungen

„Sofern das Prinzip der Kausalität", so führt Durkheim in den „Regeln der soziologischen Methode" aus, „nicht ein leeres Wort ist, kann man versichert sein, daß die äußeren

Merkmale mit der Natur der Erscheinungen eng verknüpft sind und ihnen wesentlich anhaften, da sie sich in gleicher Weise ausnahmslos bei allen Erscheinungen einer bestimmten Gattung vorfinden. Wenn eine gegebene Gruppe von Handlungen gleichmäßig die Besonderheit aufweist, daß mit ihr eine Strafsanktion verbunden ist, so liegt der Grund darin, daß eine Verbindung zwischen der Strafe und den konstitutiven Eigenschaften dieser Handlungen besteht. Folglich weisen diese Eigentümlichkeiten, so oberflächlich sie auch sein mögen, dem Forscher den Weg, den er einschlagen muß, um tiefer in das Wesen der Dinge einzudringen..." (Durkheim *1976*, 137) Hat man im Sinne des Durkheimschen Beschreibungspostulates – er spricht von der „Definition" eines Sachverhaltes – eine bestimmte Kategorie von Tatbeständen dargestellt, so wendet man angeblich ein Kausalprinzip an und gelangt zur Einsicht, daß alle Tatbestände der betreffenden Kategorie auf eine einzige Art von Ursachen zurückgehen. Eine bestimmte Wirkung beruhe stets auf derselben Ursache. Wenn wir – dies ist der Schluß – mehrere Ursachen der Selbstmorde und Verbrechen kennen, so deshalb, weil es mehrere Typen des Selbstmordes und des Verbrechens gibt. – Oft scheint es nun allerdings bei Erklärungen dieser Art so zu sein, daß man eine einzige Erklärung dadurch aus der Beschreibung der sozialen Tatsachen „abzuleiten" imstande ist, daß man schon zuvor die Darstellung dieser sozialen Sachverhalte aufgrund einer ganz bestimmten explanativen Vorerwartung vorgenommen hat.[24] Und da

---

[24] Eben dieser Typus von Darstellungen ist es, welchen Walter Benjamin in seinem Essay „Kunst zu erzählen" einer kritischen Betrachtung unterzogen hat (Benjamin *1974*). Benjamin macht an einem Beispiel aus Herodots „Geschichten" klar, daß Erzählungen im Unterschied zu Erklärungen offene Texte sind, wie man heute sagen würde. Die

zwischen den begrifflichen Charakteristiken des Explanandum-Bereichs und dem Explanans-Bereich (der die Hypothesen einschließt) eine gewisse Entsprechung besteht, formt umgekehrt auch unser Wissen bezüglich bewährter Hypothesen zur Erklärung von sozialen Tatsachen die Gestaltung des Klassifikationsschemas sowie die Explikation der Begriffe. Hier begegnet uns also so etwas wie der deskriptiv-explanative Zirkel, der wohl ein Bruder des hermeneutischen Zirkels ist.

---

eigentliche Kraft einer Erzählung besteht nicht darin, daß sie schon von vornherein nur eine bestimmte Art von Erklärungen evoziert. Ihren besonderen Wert – und zwar sowohl in heuristischer als auch in ästhetischer Hinsicht – erlangt sie dadurch, daß sie verschiedenen Deutungen zugänglich ist und sich verschiedenen, vielleicht erst später einmal realisierbaren Erklärungen offenhält. So kann es sein, daß, wie Walter Benjamin mit Bezug auf die von ihm und schon von Montaigne erörterte Geschichte aus dem alten Ägypten bemerkt, eine Erzählung nach Jahrtausenden noch imstande sein kann, Staunen und Nachdenken zu erregen. „Sie ähnelt den Samenkörnern, die Jahrtausende lang luftdicht verschlossen in den Kammern der Pyramiden gelegen und ihre Keimkraft bis auf den heutigen Tag bewahrt haben." (Ebd. 138)

Im 14. Kapitel des dritten Buches seiner „Geschichten" findet sich bei Herodot die Erzählung von Psammenit, jenem von dem Perserkönig Kambyses geschlagenen und gefangengenommenen König der Ägypter, der von Kambyses dadurch gedemütigt wurde, daß man ihn zwang, den persischen Triumphzug mitansehen zu müssen; Kambyses richtete es auch so ein, daß der Gefangene seine Tochter als Dienstmagd vorbeikommen sehen mußte, wie sie mit dem Krug zum Brunnen ging. Als alle Ägypter über dieses Schauspiel klagten, stand allein Psammenit wortlos und unbeweglich, die Augen auf den Boden geheftet; auch als er bald darauf seinen Sohn sah, der zur Hinrichtung im Zuge mitgeführt wurde, blieb er unbewegt. Als er aber danach einen seiner Diener, einen alten verarmten Mann, in den Reihen der Gefangenen erkannte, da schlug er mit den Fäusten auf seinen Kopf und gab alle Zeichen der tiefen Trauer. – Aus dieser Geschichte, so meint Benjamin, sei zu ersehen, wie es mit der wahren Erzählung bestellt ist. Montaigne habe sich gefragt: Warum klagt Psammenit erst beim Anblick des Dieners und nicht vorher? Und er antwortete darauf: „Da er von Trauer schon übervoll war, brauchte es nur den kleinsten Zuwachs, und sie brach ihre Dämme nieder." So kann

## b. Aspekte sozialwissenschaftlicher Begriffsbildung

Daß die Vorgänge der sogenannten elementaren Prozesse der Begriffsbildung ganz eng zusammenhängen mit kognitiven Antizipationen, die sich auf die Fruchtbarkeit von Hypothesen beziehen, läßt sich anhand der von Paul Lazarsfeld vorgenommenen begriffslogischen Untersuchung des Beitrags der Übersichts- oder Survey-Analyse

---

man, bemerkt Benjamin, die Geschichte verstehen, sie hat aber auch für andere Erklärungen Raum. Etwa für diejenige: „Den König rührt nicht das Schicksal der Königlichen; denn das ist sein eigenes." Oder: „Großer Schmerz staut sich und kommt erst mit der Entspannung zum Durchbruch. Der Anblick dieses Dieners war die Entspannung." Seine eigene Mutmaßung, wonach, hätte sich diese Geschichte heute ereignet, wohl in allen Blättern stünde, Psammenit habe seinen Diener lieber als seine Kinder, relativiert Benjamin abschließend durch den Hinweis, daß jeder zeitgenössische Reporter diese Geschichte wenn schon nicht so, so doch irgendwie im Handumdrehen erklären würde (vgl. ebd. 137 f.). Die Darstellung selbst stünde wohl, wie man Benjamin ergänzen darf, derart unter Erklärungsdruck, daß sie selbst geradezu schon als Beleg für die auf sie bezügliche Hypothese deskriptiv aufbereitet würde. Walter Benjamin möge hier aber noch einmal selbst zu Wort kommen: „Jeder Morgen unterrichtet uns über die Neuigkeiten des Erdkreises. Und doch sind wir an merkwürdigen Geschichten arm. Woher kommt das? Das kommt, weil keine Begebenheit uns mehr erreicht, die nicht schon mit Erklärungen durchsetzt ist. Mit anderen Worten: beinah nichts mehr, was geschieht, kommt der Erzählung, beinah alles der Information zugute... Die Information hat ihren Lohn mit dem Augenblick dahin, in dem sie neu war. Sie lebt nur in diesem Augenblick. Sie muß sich gänzlich an ihn ausliefern und ohne Zeit zu verlieren, sich ihm erklären. Anders die Erzählung: sie verausgabt sich nicht. Sie bewahrt ihre Kraft gesammelt im Innern und ist nach langer Zeit der Entfaltung fähig." (Ebd. 136 f.)

In dem Essay „Kunst zu erzählen", auf den soeben Bezug genommen wurde, macht Benjamin auf vergleichbar kleinem Raum das Prinzip der Offenheit von Erzählungen gegenüber den Ansprüchen monistischer Erklärungsversuche geltend. Er verweist damit unter anderem auch auf die Möglichkeit einer erst in der Zukunft liegenden zutreffenden Interpretation von Erzählungsinhalten, für welche derzeit, etwa aufgrund von noch nicht wieder aktualisierten Lebensumständen und damit verknüpften Lebenserfahrungen, die Voraussetzungen fehlen mögen.

zur allgemeinen Soziologie unter Beweis stellen (vgl. Lazarsfeld *1973*, 17–37). Wie Lazarsfeld ausführt, beginnt der Prozeß der Begriffsbildung in den Sozialwissenschaften mit vagen *bildlichen Vorstellungen,* wodurch bestimmten beobachteten Relationen Sinn verliehen wird. Diese ursprünglichen bildlichen Vorstellungen werden im Prozeß der *Begriffsbestimmung* zunehmend bestimmtere Begriffe. Dabei zerlegt man die bildlichen Vorstellungen in Komponenten, der Begriff wird durch „Aspekte", „Dimensionen" usw. spezifiziert. Der Begriff besteht nun aus einer komplexen Kombination von Phänomenen statt aus einer einzelnen direkten Beobachtung.[25] Es ist nicht zu übersehen, daß sich bereits in diesem Vorgang der Begriffsbestimmung ein Wissen um ganz bestimmte kausale Zusammenhänge niederschlägt. Mit anderen Worten: Hypothetische Vorerwartungen über kausale Zusammenhänge, also kognitive Antizipationen, bedingen die

---

[25] Lazarsfeld wählt zur Illustration der insgesamt vier Schritte, die am Anfang sozialwissenschaftlicher Untersuchungen stehen, das Beispiel „Integration". Auf der Ebene der bildlichen Vorstellungen könnte man, so meint er, an Menschen denken, die sich gegenseitig mögen, die zur Verbesserung ihrer Stadt zusammenarbeiten, die in Frieden leben und höchst ungern woanders leben möchten. Auf der zweiten Ebene, der Ebene der Begriffsbestimmung, wird Integration laut Lazarsfeld (vgl. ebd. 22) – gemäß den Grundeinheiten sozialer Gruppen: Normen und Menschen – durch zwei Dimensionen bestimmbar, nämlich durch eine kulturelle und eine persönliche. Die *kulturelle* Dimension erfordere die Bezugnahme auf mehrheitlich akzeptierte Normen, im Falle der *persönlichen* Dimension kommen die zwischen den Menschen bestehenden Beziehungen in den Blick. Diese letztgenannte Dimension wiederum erfordere die Berücksichtigung einerseits *kommunikativer,* andererseits *funktionaler* Aspekte des menschlichen Handelns, wobei der Kommunikationsaspekt den Austausch von Symbolen betreffe, während sich der funktionale Aspekt auf den Austausch von Gütern und Dienstleistungen beziehe. Schließlich wird nach Lazarsfeld eine *normative* Dimension der Integration dadurch hervorgebracht, daß die Menschen den vorherrschenden Normen gehorchen.

begriffliche Struktur oder den konzeptuellen Rahmen
möglicher sozialwissenschaftlicher Darstellungen.

## α. Über Indikatoren und Variaten

Die beiden nächsten hier in Betracht zu ziehenden und bei
Lazarsfeld untersuchten Schritte der sozialwissenschaftlichen Begriffsbildung beziehen sich einmal auf die *Auswahl der Indikatoren,* dann aber auf die *Bildung von
Variaten.* Die Frage, wie einem denn Indikatoren einfallen, ist bereits alt. Irgendwie hängt dieses Problem mit der
Bestimmung der wesentlichen Merkmale einer Sache
zusammen, und damit auch zugleich mit dem altehrwür-
digen, aber immer wieder Konfusion auslösenden Problem der Abgrenzung von „Substanz" und „Akzidenz".[26]
Wie man weiß, können die angemessenen Indikatoren für
eine bestimmte Qualität des menschlichen Handelns –
exemplarisch sichtbar an den Indikatoren für „rationales
Handeln" – beträchtlich variieren, und dies in zweifacher
Hinsicht: einmal bedingt durch die soziale und natürliche
Umwelt (z. B. die Konventionen und die Güterversor-
gung) der einzelnen in Betracht stehenden Person, also des
Objekts sozialwissenschaftlicher Untersuchungen; dann
aber auch je nach der sozialen Umwelt des einzelnen

---

[26] Um zum Beispiel für die Integrationsidee Indikatoren zu finden,
liefert, wie Lazarsfeld bemerkt, die Dimensionsanalyse gute Beispiele:
„Welche Normenkonflikte – liebe deinen Nächsten, aber maximiere den
Gewinn – finden in der Belletristik, in Gerichtsentscheidungen statt?
Wieviel Kommunikation gibt es zwischen den Menschen, wieviel Vorur-
teile zwischen Gruppen? In welchem Ausmaß hängt das tägliche Leben
jedes einzelnen vom anderen ab, wie oft und wie leicht wird der Kreislauf
dieser Dienstleistungen unterbrochen? Wie hoch ist die Verbrechensrate,
... wie großzügig beteiligen sich die Menschen an der öffentlichen
Wohlfahrt?" (Ebd. 22f.)

Forschers, mithin des Subjekts sozialwissenschaftlicher Untersuchungen.

Nachdem also für jede Dimension Indikatoren ausgewählt worden sind, müssen diese neu geordnet werden, denn man kann nicht mit all diesen Dimensionen und allen mit ihnen korrelierbaren Indikatoren fruchtbar operieren. Man muß hier eine Auswahl treffen. Die Variaten bilden dabei nach Lazarsfeld in den Sozialwissenschaften das Material, auf welches feste Ergebnisse gegründet werden. Wie wir Wörter zueinander in eine bestimmte Beziehung bringen und so Sätze formen, genauso haben wir Variaten (also je mindestens eine Dimension und bestimmte sie charakterisierende Indikatoren), die miteinander kombiniert werden. Die „Sätze" sind, wie Lazarsfeld bemerkt (ebd. 24), notwendigerweise die tabellarischen Querverbindungen zwischen Variaten. Ein Variaten-Raum sieht unterschiedlich aus, je nachdem ob man eine Typologie oder einen Prozeß im Blick hat.[27]

Ganz wichtige Vorentscheidungen für mögliche spätere Erklärungen fallen schon bei der Auswahl von Dimensionen für einen sozialwissenschaftlichen Begriff, dann bei

---

[27] Unternimmt man beispielsweise den Versuch, eine *Typologie* von Familienbeziehungen darzustellen, so kann man zunächst ganz unterschiedliche Dimensionen von „Familienbeziehungen" formulieren. Beschränkt man sich dann auf die Dimension „Autoritätsbeziehung in einer Familie", so hat man wiederum die Wahl unter mehreren Indikatoren für diese. Exemplarisch sei auf die Möglichkeit hingewiesen, die Autoritätsbeziehung in einer Familie nach der Art zu klassifizieren, in der die Eltern ihre Autorität ausüben, und nach der Art, in der die Kinder dies anerkennen. Durch Fragebogen sei ferner die elterliche Autoritätsausübung entweder als stark, mäßig oder schwach eingestuft; gleichermaßen sei die *Anerkennung* der Autorität der Kinder als hoch, mittel oder niedrig eingestuft. In diesem bei Lazarsfeld erwähnten Beispiel sind logischerweise dadurch neun Kombinationen möglich. Das besagt, daß der Variaten-Raum, der für eine Typologie von Familienbeziehungen aufgebaut wurde, neun Kombinationsmöglichkeiten umfaßt.

der Auswahl von Indikatoren für eine Dimension und schließlich bei der Bildung von Variaten, also der Zusammenstellung von Dimensionen und Indikatoren eines Begriffs. Umgekehrt legen nicht nur die deskriptiven Termini den Raum für mögliche Erklärungen (durch bestimmte Explanandum-Charakteristiken) fest, sondern es steuern auch bestimmte Erwartungen bezüglich der für Erklärungen fruchtbaren Hypothesen (als zentralen Elementen des Explanans) die Auswahl „signifikanter" deskriptiver Termini. Die damit zusammenhängenden Entscheidungsprobleme werden dabei häufig auf der Ebene der Indikatoren besonders akut. So gibt es beispielsweise für die Güte von Familienbeziehungen, für die Güte von Städten, oder auch für das Maß der sozialen Integration viele Indikatoren; einige sind eindimensional, einige multidimensional und wieder andere beziehen sich lediglich auf eine ganz bestimmte Dimension.

Das durch jede konkrete Analyse erzwungene Entscheidungsproblem stellt sich für den Sozialwissenschaftler, wie schon gesagt, nicht nur bei der Formulierung von sozialen Typologien, sondern auch bei der Analyse von sozialen *Prozessen* in der Variaten-Sprache. Die Variaten-Sprache geht davon aus, daß man beim Studium von sozialen Prozessen nicht einfach von *einem* verursachenden Faktor sprechen kann, der einen anderen Faktor determiniert, und sie lehnt daher einfache Modelle von Ursache und Wirkung ab. Es ist ferner eine der Darstellung sozialer Prozesse in der Variaten-Sprache zugrundeliegende Auffassung, daß jeder institutionelle Wandel Folgen für die Einstellungen der Menschen hat, und daß diese veränderten Einstellungen wiederum das Bedürfnis für weitere institutionelle Veränderungen schaffen. Das Bild eines solchen Prozesses kann nun, wie Lazarsfeld zeigt, am besten in einem Diagramm (*Figur 7*) erfaßt werden, das ursprünglich von dem niederländischen Wirtschaftswissenschaftler Tinbergen benutzt wurde, um die moderne Analyse von Wirtschaftszyklen zu erklären, und welches später Lazarsfeld auf soziologische und Hovland auf psychologische Probleme angewendet haben. Auf der horizontalen Achse des Diagramms sind die aufeinander-

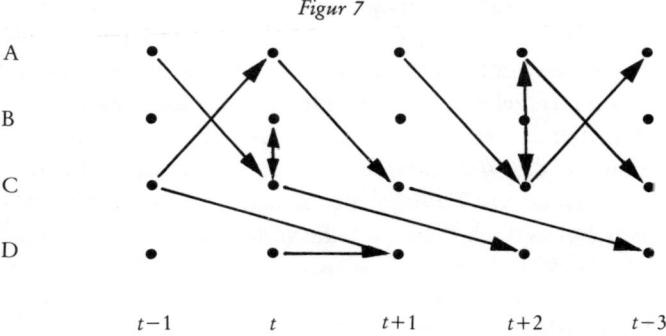

*Figur 7*

folgenden Zeitperioden eingetragen, in denen Beobachtungen gemacht werden. Auf der vertikalen Achse sind Buchstaben, die die beobachteten Begriffsmerkmale (Dimensionen, Indikatoren) bezeichnen. Es soll nun etwa jenes sozialwissenschaftlich belangvolle Phänomen untersucht werden, für welches der Begriff „Wahlverhalten" steht. Bei diachronischen politischen Untersuchungen des Wahlverhaltens können Wahlabsichten, Einstellungen zu verschiedenen Wahlkampfthemen, die Meinungen der Familienmitglieder usw. die zu erforschenden Merkmale des Wahlverhaltens sein. Die Pfeile des Schemas stellen die Beziehungen zwischen diesen Merkmalen dar, welche sonach Variablen einer explanativen kausalen oder funktionalen und nicht – wie etwa im Falle von Typologien – Merkmale einer deskriptiven Darstellung sind. Einige

167

dieser Pfeile weisen jene für bestimmte Stränge in historischen oder gesellschaftlichen Prozessen übliche „zeitliche Phasenverschiebung" auf und signalisieren damit so etwas wie die ungleichzeitige Entwicklung von bestimmten Einheiten oder Elementen im Rahmen eines komplexeren gesellschaftlichen Systems; andere Pfeile wiederum durchkreuzen mehrere Zeiträume und mehrere Variablen. Mit Bezug auf den erstgenannten Fall könnten wir zum Beispiel wissen wollen, ob die Wahlabsicht einer Einzelperson davon beeinflußt wird, was sie zu einem früheren Zeitpunkt gelesen hat; im anderen Fall kann dem Einfluß der Meinung eines Freundes zur Zeit $t$ eine neue Betrachtungsart des Wahlkampfes zur Zeit $t + 1$, und schließlich eine veränderte Wahlabsicht zur Zeit $t + 2$ folgen. Schließlich gibt es noch Pfeile, welche verschiedene Variablen im gleichen Zeitraum verbinden; so könnten wir z. B. feststellen wollen, ob jemand die Meinung seiner Freunde teilt oder nicht (vgl. ebd. 26 f.).

β. Über subjektive und objektive Bedeutsamkeit

Für einen anderen Aspekt der angestellten Überlegungen ist nun von Wichtigkeit, daß die endgültigen Vorteile von Variaten, also der nach bestimmten Gesichtspunkten in der konkreten Forschungssituation als zielführend angesehenen Indikatoren und Dimensionen, oft erst beurteilt werden können, wenn sie über einen langen Zeitraum hinweg gebraucht worden sind. Lazarsfeld stellt in diesem Zusammenhang unzweideutig fest: „alles hängt von dem Wert der Urteile ab, zu denen sie führen, und davon, wie gut sie sich umgekehrt zu größeren Systemen kombinieren lassen. Oft hört man, daß eine bestimmte Variate nicht ‚wirklich' die beabsichtigten Begriffe wiedergibt. Dies ist oft für die Suche nach überzeugenderen Dimensionen oder zusätzlichen Indikatoren hilfreich." (Ebd. 23) Auch der Vertreter der sogenannten theoretischen Sozialforschung ist also in keiner anderen Situation als der Historiker, von dem bekanntlich schon Jacob Burckhardt sagte, er müsse „das Verhältnis der beiden Pole Erkenntnis und Absichten bedenken" (Burckhardt *o. J.*, 32).

Was in dieser Feststellung Jacob Burckhardts zum Ausdruck gebracht wird, ist zunächst einmal jene Spannung zwischen den Gesichtspunkten einer bloß *subjektiven Bedeutsamkeit* auf der einen, den Gesichtspunkten einer *objektiven Bedeutsamkeit* auf der anderen Seite, welche man in der Regel mit den Ausdrücken „subjektive" bzw. „objektive Relevanz" verknüpft. Aber man soll sich doch davor hüten, vorschnelle Dichotomisierungen des Begriffspaares „subjektiv" – „objektiv" vorzunehmen. Denn zum einen sind nicht alle Wertungen, welche die bei Burckhardt angesprochene „proportionale Wichtigkeit" der Inhalte historischer oder sozialwissenschaftlicher Darstellungen bedingen, im Effekt „subjektiv"; die Subjektivität der im Verlauf der Darstellung gegenwärtigen Haltungen schließt keineswegs die Korrektheit der Darstellung aus. Zum anderen besteht zwischen den „subjektiven" Erwartungen des Sozialwissenschaftlers, die sich bekanntlich auch in seiner Konzeptualisierung niederschlagen und der subjekt- und sprachunabhängig bestehenden „objektiven" Welt ein durchaus dialektisches Verhältnis. Auch für die Naturwissenschaften ist diese Einsicht nicht gerade brandneu: Vor allem seit den einschlägigen Analysen in der „Mechanik" von Heinrich Hertz gilt auch für die Methodologie der Naturwissenschaften eine Grundannahme, welche der große englische Physiker Eddington in eine treffliche metaphorische Wendung kleidete: Welche Fische man fängt, hängt davon ab, welche Netze man auswirft.[28] – Gleichzeitig mit der Anerkennung der Rolle, die der Sprache bei der Herstellung unseres Bildes von der Wirklichkeit zukommt, muß der vielleicht naheliegende Verdacht abgewehrt werden, als sollte durch unsere Sprache die Wirklichkeit und nicht unser sprachliches Bild von der Wirklichkeit durch diese geformt werden. Um noch einmal Eddingtons Metapher zu benutzen: Die Netze bestimmen zwar die Größe der Fische, welche gefangen werden, aber das heißt nicht, daß sich die Fische – je nach Knüpfung der Netze – verändern. Insofern ist auch der heute so leichtfertig vorgetragenen Rede von der „sprachlichen Konstruktion der Wirklichkeit", vor allem in ihrer ethnomethodologischen Variante, mit den entsprechenden Mentalreservationen zu begegnen.

## 2. Erklärung und Vorhersage

Wie aus den Ausführungen zu den ontologischen Theorien in Kap. II, 2, aber auch aus dem vorangegangenen Abschnitt ersichtlich sein dürfte, kann man durchaus von einer *explikativen Funktion* von Theorien sprechen. Man hat dann die verschiedenen konzeptuellen Elemente einer Theorie: Beobachtungsbegriffe, Analogien, Konstrukte, erklärende Termini usw., im Blick, wobei die zwischen den Begriffen bestehende Ordnung Entscheidungen darüber einschließt, welche Elemente der Erfahrungswirk-

---

[28] Vgl. dazu die auf dieses Diktum aus Arthur Eddingtons: The Nature of the Physical World, Cambridge 1928, bezogenen Ausführungen von Stephen E. Toulmin: Einführung in die Philosophie der Wissenschaft (The Philosophy of Science. An Introduction, London 1953), dt.: Göttingen o. J., 128–130.

lichkeit „zusammengehören" und welche nicht. Die explikative Funktion sozialwissenschaftlicher Theorien gegenüber den anderen Funktionen gering zu schätzen, ist verfehlt; vielmehr ist stets daran zu erinnern, daß keine Wissenschaft ohne ein sorgfältig konstruiertes und ständig „gewartetes" Begriffssystem auskommen kann. Um einen möglichst hohen Grad an Realitätsbezogenheit zu gewährleisten, erscheint es zweckmäßig, Begriffe ähnlich wie Hypothesen zu behandeln und ihre Bedeutung vor dem Hintergrund neugewonnener Erkenntnisse ständig zu reformulieren. – Im folgenden werden allerdings die sozialwissenschaftlichen Theorien in anderer Hinsicht zum Gegenstand von Betrachtungen.

## a. Die explanative und die prognostische Funktion von Theorien

Im Rahmen der zeitgenössischen Methodologie wurde der *explanativen* und der *prognostischen* Funktion wissenschaftlicher Theorien besondere Aufmerksamkeit zuteil. Die Leistungsfähigkeit einer wissenschaftlichen Theorie hängt in hohem Maße davon ab, wie sie diese beiden Funktionen zu erfüllen vermag, also einerseits die Erklärung bestimmter Zusammenhänge, andererseits die Vorhersage bisher unbekannter Sachverhalte innerhalb ihres Objektbereichs.

Eine theoretische *Erklärung* ist ein Prozeß des logischen Schließens, mit dessen Hilfe eine Aussage über einen empirischen – durch Beobachtung oder Experiment festgestellten – oder einen gesetzmäßigen Sachverhalt (das sogenannte Explanandum) aus anderen, in der Theorie bereits enthaltenen Aussagen (dem sogenannten Explanans) hergeleitet werden kann. Zu den Aussagen des Explanans gehören sowohl allgemeine nomologische

171

Hypothesen $G_1$, ..., $G_n$ als auch Aussagen über die Realisierung bestimmter Bedingungen (Randbedingungen) $R_1$, ..., $R_k$. – Ähnliches gilt für wissenschaftliche Voraussagen oder *Prognosen*, nur daß es sich dabei um Aussagen über einen bisher unbekannten, real möglichen Sachverhalt handelt, die in einem logischen Schluß den Platz der Conclusio einnehmen. So haben auch Erklärung und Prognose, da es sich um logisch äquivalente Prozesse handelt, dieselbe Struktur. Für beide ergibt sich folgendes Schema:

*Figur 8*

$$\begin{array}{l} G_1, ..., G_n \\ R_1, ..., R_k \end{array} \Big\} \quad \text{Explanans}$$

$$\overline{\qquad C \qquad} \qquad \text{Explanandum/Prognoscendum}$$

Bei der Erklärung ist das Explanandum gegeben und gesucht sind allgemeine Aussagen $G_1$, ..., $G_n$, die in Verbindung mit den Aussagen über die Randbedingungen $R_1$, ..., $R_k$ das Explanandum logisch zu rekonstruieren gestatten. Bei der Prognose andererseits sind die nomologischen Hypothesen $G_1$, ..., $G_n$ und die Randbedingungen $R_1$, ..., $R_k$ gegeben und gesucht ist das Prognoscendum, also eine Aussage, die sich auf einen bisher nicht bekannten Sachverhalt bezieht.

Als Conclusio eines logischen Schlusses hängt, worauf Günter Kröber hingewiesen hat (vgl. Kröber *1968 a*, 180), der Charakter und der Wert einer Prognose – und Analoges gilt für die Erklärung – vor allem davon ab, wie die Prämissen des Schlusses beschaffen sind und von welcher Art die Conclusio (als Schlußresultat) selbst ist. Prognosen können demnach unterschieden werden

1) nach der Art der nomologischen Hypothesen ($G_1$, ..., $G_n$);

2) nach den Besonderheiten der Randbedingungen ($R_1$, ..., $R_k$);
3) nach der Art des Schlußresultates (C).

Im ersten Fall wäre zu unterscheiden, ob die nomologischen Hypothesen Aussagen über geschlossene oder offene Klassen von Erscheinungen sind (vgl. dazu Kap. III, 2b). Ferner wäre zu beachten, daß Prognosen auch danach zu unterscheiden sind, ob das prognostizierte Ereignis (das Schlußresultat) aus strikt deterministischen Gesetzen oder aus probabilistischen (statistischen, stochastischen oder Wahrscheinlichkeits-)Gesetzen gewonnen wurde. Aus dem Charakter der generalisierenden Aussagen im Explanans ergibt sich demnach die Art des Schlusses: Prognosen werden danach unterscheidbar, ob das vorhergesagte Ereignis von den Prämissen gewissermaßen deduktive Gewißheit oder aber induktive Wahrscheinlichkeit zugesprochen erhält, ob also das Eintreten von C vorhergesagt wird oder lediglich die Wahrscheinlichkeit des Eintretens von C. – Im zweiten Fall ergäben sich verschiedene Arten von Prognosen, je nachdem, ob die Randbedingungen vollständig oder unvollständig bekannt sind, und je nachdem, ob sie vom Handeln der Menschen beeinflußt werden können oder nicht. – Im dritten Fall lassen sich Prognosen beispielsweise nach dem Objekt unterscheiden, über welches die Vorhersage getroffen werden soll, ferner nach dem Zeitraum, über den sie sich erstrecken soll, nach dem Zweck, der mit der Prognose verfolgt wird usw.

b. Faktenverallgemeinerung und Gesetz

Unter einem objektiven gesetzmäßigen Zusammenhang versteht man einen Konnex von Erscheinungen des

Natur- oder Sozialgeschehens, während man unter einem wissenschaftlichen Gesetz eine *Allaussage* versteht, in der dieser Zusammenhang abgebildet wird. Symbolisch hat eine solche Aussage die Form

$$(x) [A (x) \rightarrow B (x)]$$

Durch diese logische Form können allerdings zwei grundsätzlich verschiedene Arten von Allaussagen charakterisiert sein. Der symbolische Ausdruck kann zunächst eine Aussage bezeichnen, in welcher von einer endlichen Klasse aktual existierender Objekte behauptet wird, daß ihnen eine Eigenschaft gemeinsam zukommt, z. B. daß alle Personen in einem bestimmten Raum älter als 20 Jahre sind, daß alle Planeten unseres Sonnensystems lateinische Namen haben usw. Da die Eigenschaft, die in diesem Falle jeweils hervorgehoben wird, zwar allen Objekten der betreffenden Klasse zukommt, aber nicht notwendig aus der Zugehörigkeit eines gegebenen Objekts zu dieser Klasse folgen muß, ist es durchaus möglich, daß bei einer Erweiterung der betreffenden Klasse um neue Objekte diese die jeweilige Eigenschaft nicht mehr aufweisen. Allaussagen des erwähnten Typs werden in der Literatur als Faktenverallgemeinerungen, als numerisch-allgemeine Aussagen oder als empirische Generalisierungen bezeichnet.

Der vorhin erwähnte symbolische Ausdruck einer Allaussage kann ferner die von Faktenverallgemeinerungen grundsätzlich zu unterscheidenden Gesetzesaussagen oder theoretischen Generalisierungen bezeichnen. Während sich Faktenverallgemeinerungen auf eine bestimmte Klasse *aktual* existierender Objekte beziehen, die bestimmten Bedingungen genügen, beziehen sich Gesetzesaussagen auf die Klasse *aller möglichen* Objekte, die bestimmten Bedingungen genügen. „Während eine Faktenverallgemeinerung sich auf eine *endliche* Klasse von Objekten bezieht, gilt eine Gesetzesaussage für eine *potentiell unendliche* Klasse von (wirklichen und möglichen, aktualen und potentiellen) Objekten; aus diesem Grunde bezeichnet man erstere auch zuweilen als *registrierende* Aussagen und letztere als *nichtregistrierende.*" (Kröber *1968a*, 182) – Gesetzesaussagen bilden also einen sogenannten notwendigen Zusammenhang ab (der sich auf Eigenschaften bezieht, die notwendig aus der Zugehörigkeit eines gegebenen Objekts zu dieser Klasse folgen) und nicht einen zufälligen Zusammenhang, wie er im Fall von Faktenverallgemeinerungen besteht; geht es im einen Fall um sogenannte wesentliche, so geht es im anderen Fall um kontingente Merkmale, zwischen denen ein Zusammenhang aufgewiesen wird.[29]

Zahlreiche Wissenschaftstheoretiker meinen, daß der

---

[29] Verschiedene Autoren weisen darauf hin, daß eine Aussage eine Gesetzesaussage, und das heißt eine notwendige Aussage dann sei, wenn man sie in der Form eines irrealen Konditionalsatzes darstellen kann: „Wenn x A wäre, so wäre x auch B." Allaussagen, die einen zufälligen Zusammenhang abbilden, lassen sich nicht in diese Form bringen. So ist die Aussage: „Wenn sich in diesem Raum ein Mensch befände, so wäre er über 20 Jahre alt" offensichtlich falsch, da auch ein Kind den Raum betreten kann (vgl. z. B. Goodman *1954*, Kap. 1; Chisholm *1955*). – Eine Reihe von Methodologen spricht in diesem Sinne davon, daß wissenschaftliche Gesetze sich auf offene, potentiell unendliche Klassen von Erscheinungen beziehen müßten. Aussagen, die sich auf geschlossene, endliche Klassen beziehen, die also nicht wahrhaft universell anwendbar sind, könnten nur historische Verallgemeinerungen sein, so etwa die Aussage: „Jeder Soldat der napoleonischen Armee erhielt Sold." Derartige gesetzesförmige Aussagen werden häufig als „Quasi-Gesetze" bezeichnet, womit ihnen allerdings nicht ein Erkenntniswert pauschal abgesprochen werden sollte. Immerhin seien zahlreiche Wissenschaftler, wie Robert K. Merton jedenfalls für die Soziologen geltend macht, ja schon glücklich zu preisen, wenn sie wenigstens sogenannte „Theorien mittlerer Reichweite" in ihrem gesicherten Erkenntnisbestand haben (vgl. Merton *1957*, 5f.).

Ausdruck „Gesetz" sehr restriktiv zu verwenden sei. Sie sprechen davon, daß selbst Allaussagen, die sich auf offene Klassen beziehen, nicht immer den Anforderungen genügen, welche von Gesetzesaussagen im strengen Sinne zu erfüllen seien. Nur solche Aussagen sollten als Gesetze bezeichnet werden, welche aus einer Theorie ableitbar sind, während Aussagen, die nicht aus einer Theorie deduzierbar erscheinen (etwa die Aussage: „Alle Wiederkäuer sind Paarhufer") nur den Rang einer hochkonfirmierten Korrelation hätten. Es darf aber in diesem Zusammenhang vermutet werden, daß eine übermäßige Strapazierung des Theoretizitäts-Postulats nicht gerade fruchtbar ist, wenn dies dazu führt, nicht nur „empirische" Gesetze den „theoretischen" in wissenschaftslogischer Hinsicht gegenüberzustellen, sondern auch die ersteren gegenüber den letzteren hinsichtlich ihrer praktischen Bedeutung abzuwerten. Beide Typen von Aussagen sind wissenschaftliche Gesetze, nur ist ein Gesetz, das deduktiv aus einer Theorie (d. h. unter anderem aus anderen Gesetzen) abgeleitet worden ist, besser begründet als eines, das auf induktivem Wege aus der Erfahrung gewonnen wurde. Der Unterschied zwischen „empirischen" und „theoretischen" Gesetzen ist nur ein quantitativer, er bezieht sich allein auf den Grad ihrer Begründung (vgl. Krajewski *1968*, 101 f.).

c. Wirkungsbedingungen und Typen der Vorhersage

Eine Gesetzesaussage beschreibt immer ein Feld von Möglichkeiten, welche bei Realisierung der Wirkungsbedingungen des Gesetzes zur Wirklichkeit werden. „Wenn das objektive Gesetz also bekannt ist und zudem Aussagen über die Realisierung seiner Wirkungsbedingungen an einem bestimmten Ort und zu einem bestimmten Zeitpunkt getroffen werden können, so lassen sich insbesondere künftige Situationen, die in das durch das Gesetz erfaßte Feld von Möglichkeiten fallen, voraussagen." (Kröber *1968 a*, 183) Die Möglichkeit wissenschaftlicher Voraussagen auf der Grundlage von nomologischen Hypothesen (Gesetzesaussagen) beruht sonach in entscheidendem Maße darauf, daß der Wirkungsbereich eines objektiven Gesetzes intensional, also durch Angabe eines gewissen Bedingungskomplexes, bestimmt ist.[30] Eine Prognose, die aufgrund einer bestimmten Gesetzesaussage formuliert wird, gilt grundsätzlich nur für jenen Objektbereich, in dem die spezifischen Wirkungsbedingungen des entsprechenden objektiven Gesetzes verwirklicht sind. Eine solche spezifische Wirkungsbedingung, die den Inhalt und die Struktur des jeweiligen Gesetzeszusammenhangs entscheidend bestimmt, ist beispielsweise für den zweiten Hauptsatz der Thermodynamik, daß ein abgeschlossenes System vorliegt, bei dem ein Energieaustausch mit der Umgebung ausgeschlossen ist; für das von Marx formulierte Mehrwertgesetz ist eine solche Bedingung die Existenz kapitalistischer Produktionsverhältnisse. Als notwendige Wirkungsbedingungen bestimmen sie die Tatsache, *ob* bzw. *daß* das betreffende Gesetz wirkt.[31]

---

[30] Die Unterscheidung der Wirkungsbedingungen in spezifische und nichtspezifische sowie eine Unterscheidung der spezifischen Wirkungsbedingungen in konstituierende und nichtkonstituierende hat sich bezüglich der Analyse des Geltungsbereichs von Gesetzen als sehr fruchtbar erwiesen (vgl. ebd. 184–187).

[31] Einen speziellen Zusammenhang von gesellschaftlichen Objektbereichen und darauf bezüglichen Prognosen untersucht Stanislaw Ossowski. Ihn interessieren die unterschiedlichen Typen der Vorhersage im Lichte der verschiedenen Konzeptionen der sozialen Ordnung (vgl. Ossowski *1973*, 64–88). Je nach den bei ihm idealtypisch charakterisierten Formen kollektiven Verhaltens gestalten sich die Erfordernisse der prognostischen Verfahren.

# IV. Gesetzestypen

Von der formalen Struktur nomologischer Hypothesen
war bereits in Kap. III, 2 die Rede. Als nomologische
Hypothese oder wissenschaftliches Gesetz wird, wie
bereits ausgeführt, eine allgemeine, empirische Feststellung über den Zusammenhang zwischen zwei oder mehreren Typen von Ereignissen angesehen. In seiner einfachsten Form lautet ein solches Gesetz: „Immer wenn A
auftritt, tritt auch B auf." Auch statistische Gesetze bilden
in dieser Hinsicht keine Ausnahme. Eine Aussage, wie:
„In 80 Prozent der Fälle des Auftretens von A tritt auch B
auf", bringt ja in Wirklichkeit die Proposition zum Ausdruck, daß *immer dann, wenn* jemand ein genügend
großes Sample zieht, in dem A auftritt, auch gleichzeitig B
in 80 Prozent der Fälle vorkommt. Ein statistisches Gesetz
stellt also durchaus auch eine allgemeine Aussage dar. In
ihr wird nicht die Anzahl der Fälle pro 100 Fällen festgestellt, für die gilt, daß A die Bedingung für das Auftreten
von B ist; sie stellt vielmehr fest, daß es eine bestimmte
*invariante* Wahrscheinlichkeit dafür gibt, daß A die
Bedingung für das Auftreten von B ist. Diese Invarianz
gilt für die *unbegrenzte* Möglichkeit, Samples zu ziehen,
in denen die erwähnte Art von Beziehungen auftritt.

Weder Theorien noch Gesetze sind, da ihnen Universalität (generelle Anwendbarkeit) als Eigenschaft zukommt,
bloße Aussagen über Einzelergebnisse. Sie sind in dem
Sinn empirisch, daß aus ihnen Aussagen abgeleitet werden
können, die sich auf Einzelereignisse beziehen, welche

durch Beobachtung kontrolliert werden können; eine nomologische Hypothese gilt dann im strengen Sinne als empirisch, wenn sie *prinzipiell* aufgrund empirischer Beobachtungen *verworfen* werden kann. Im Falle von Theorien, welche mitunter auch ganze Ensembles von nomologischen Hypothesen enthalten, kann sich der Prozeß der Überprüfung sehr schwierig gestalten, da die Ableitung einer unrichtigen Aussage noch nicht zur Verwerfung der Theorie insgesamt führen muß. – Ehe in Kap. V auf die verschiedenen Typen der wissenschaftlichen Erklärung eingehender Bezug genommen wird, soll von den Gesetzen die Rede sein, die einer als erklärungskräftig angesehenen Rekonstruktion gesellschaftlicher Sachverhalte zugrunde liegen können. Man unterscheidet in der Methodologie verschiedene Typen von Gesetzesaussagen, wobei die Terminologie gleichermaßen variantenreich wie uneindeutig ist. Sechs Paare von Gesetzestypen seien hier unterschieden, auf welche im folgenden etwas eingehender Bezug genommen werden wird. Gesetzesaussagen lassen sich unterscheiden

1) bezogen auf ihren *Gegenstandsbereich* in:
   Naturgesetze und Sozialgesetze;
2) bezogen auf ihre *temporale Struktur* in:
   Koexistenzgesetze und Sukzessionsgesetze,
   Strukturgesetze und Bewegungsgesetze,
   funktionale Gesetze und kausale Gesetze;
3) bezogen auf ihren *Komplexitätsgrad* in:
   „abstrahierende" und „globale" Gesetze;
4) bezogen auf ihre *Begrifflichkeit* in:
   quantitative und qualitative (inkl. komparative oder topologische) Gesetze;
5) bezogen auf ihren *Allgemeinheitsgrad* (Generalität) in:
   deterministische (dynamische) und statistische (pro-

babilistische, stochastische, Wahrscheinlichkeits-)Gesetze;

6) bezogen auf ihre *Anwendbarkeit* oder Reichweite (Universalität) in:
universelle Gesetze und Quasi-Gesetze.


## 1. *Natur- und Sozialgesetze*

Die gesetzmäßigen Zusammenhänge des Naturgeschehens existieren außerhalb des menschlichen Bewußtseins und unabhängig von ihm. Indem der Mensch Einfluß auf die Randbedingungen sowie auf die Wirkungs- oder Begleitbedingungen eines Naturgesetzes nimmt, kann er sich dieses zunutze machen oder dessen Wirkungsweise modifizieren. – Gesetze des Sozialgeschehens tragen, wie Naturgesetze, insofern objektiven Charakter, als sie von Menschen nicht willkürlich geschaffen oder abgeschafft werden können. Gesellschaftliche Gesetze sind jedoch dadurch bestimmt, daß eine ihrer spezifischen Wirkungsbedingungen die bewußte, auf die Verfolgung bestimmter Zwecke gerichtete Tätigkeit des Menschen ist. Während sich so eine Prognose von Naturereignissen auf Objekte, Prozesse usw. bezieht, für deren Eintreten und Ablauf die bewußte menschliche Tätigkeit keine notwendige Bedingung ist, gilt für gesellschaftliche Prognosen, daß die bewußte menschliche Tätigkeit selbst zu einer notwendigen Bedingung für deren Realisierung wird. Da gesellschaftliche Prognosen sich auf Ereignisse, Prozesse usw. beziehen, die Resultat bewußter menschlicher Tätigkeit sind, kann der vor allem von R. K. Merton ausführlich analysierte und bereits in Teil A erwähnte Fall eintreten, daß die Randbedingungen, das heißt die auf ein bestimmtes Resultat gerichteten Tätigkeiten der Menschen, sich im

Prognosezeitraum ändern: daß diese sich entweder auf ein anderes Ziel richten oder daß die Prognose das Handeln der Menschen in einer bestimmten Richtung beeinflußt.

## 2. Koexistenz- und Sukzessionsgesetze, kausale und funktionale Gesetze

Wenn hier von Koexistenz- und Sukzessionsgesetzen die Rede ist, so sind dies nur andere Bezeichnungen für das, was man auch Strukturgesetze und Bewegungsgesetze nennt. Unter der Struktur eines Systems versteht man die Art der Anordnung der zwischen seinen Elementen bestehenden Verknüpfungen. Zwei Systeme haben die gleiche Struktur, wenn zwischen ihren Elementen und den sie verknüpfenden Beziehungen jeweils eine eindeutige Zuordnung besteht. Strukturgesetze beziehen sich auf Klassen von Systemen mit gleicher Struktur. In diesem Sinne hat etwa die jüngere Stadtsoziologie Zusammenhänge innerhalb bestimmter urbaner Strukturen aufgewiesen. Wie etwa Noel P. Gist und L. A. Halbert zeigen, ist die Bevölkerungsdichte am größten in der Nachbarschaft der großen Geschäftsviertel und entlang der großen Ausfallstraßen. Diese Generalisierung wird aber durch einen historischen Hinweis ergänzt: Das Aufkommen des Automobils hat diese Konzentrationsgebiete in größerem Ausmaß aufgelockert (vgl. Gist/Halbert 1956, 119–123).

Zur Gesamtheit der Gesetzmäßigkeiten eines Objekts oder eines Prozesses gehören in der Regel – wie auch aus der soeben erwähnten empirischen Generalisierung ersichtlich ist – Strukturgesetze, dann aber auch solche Gesetze, die sich auf die Veränderung, Bewegung oder Entwicklung dieses Objekts oder Prozesses beziehen. Diese Gesetze müssen nicht unbedingt etwas mit der

Struktur der jeweiligen Objekte zu tun haben; dies gilt z. B. für diejenigen, in denen etwas über Entwicklungstempi ausgesagt wird (vgl. Kröber *1968 a*, 188 f.). Die zuletzt erwähnte Teilklasse von Gesetzen bezeichnet man häufig als „Bewegungsgesetze" oder „Sukzessionsgesetze". Bewegungsgesetze beziehen sich auf Zusammenhänge zwischen einzelnen Bewegungszuständen oder Entwicklungsetappen von natürlichen oder gesellschaftlichen Systemen. Um abermals ein Beispiel aus der Stadtsoziologie zu bringen, sei auf ein Resultat der vergleichenden Untersuchung von Verstädterungsprozessen hingewiesen. Demnach nimmt die Verstädterung proportional zur Industrialisierung zu (vgl. Davis/Golden *1954*, 8).

Struktur- und Bewegungsgesetze, Koexistenz- und Sukzessionsgesetze stehen durchaus nicht notwendig in einem Verhältnis des ausschließenden „Oder" zueinander. Vielmehr kann ein Strukturgesetz, wie Kröber ausführt, in gewissem Sinne als Bewegungsgesetz (und umgekehrt) bezeichnet werden, wenn nämlich die Struktur des jeweiligen Systems durch die besondere Art und Weise der Bewegung seiner Elemente bestimmt wird.[32] Der Doppel-

---

[32] Exemplarisch sei dies an der schon auf einen Pionier der soziologischen Raumplanung, auf Friedrich von Thünen zurückgehenden konzentrischen Zonentheorie vorgeführt. Ihr zufolge nimmt vom Zentrum zur Peripherie der Stadt der Anteil von Hauseigentümern zu, der Prozentsatz der Gruppen mit niederem Status ab. Wie nun Leonard Broom und Philip Selznick (vgl. Broom/Selznick *1957*, 451) bezüglich bestimmter Gegebenheiten der nordamerikanischen Stadtentwicklung gezeigt haben, läßt sich dieses strukturelle Gesetz konzentrischer Zonen erfolgreich zur *genetischen* Erklärung von Daten heranziehen, die sich auf große Städte von eher schnellem Wachstum beziehen (und zwar auf solche Städte, die nicht in größerem Maße in der regulären Ausbreitung durch bergiges Gelände oder andere Besonderheiten der Topographie behindert wurden, die nicht in größerem Ausmaß durch das Automobil beeinflußt wurden und die sich schließlich während der Periode der Masseneinwanderung aus Europa entwickelt haben).

charakter bestimmter Koexistenz- oder Strukturgesetze wird verständlich, wenn man bedenkt, daß Strukturen nichts Starres sind, sondern ihrerseits eine Dynamik aufweisen. Charakteristisch für Strukturgesetze ist, daß in ihnen – im Unterschied zu Bewegungs- oder Sukzessionsgesetzen – keine expliziten Zeitabhängigkeiten aufscheinen.[33]

Wenn es soeben als ein Charakteristikum von Struktur- oder Koexistenzgesetzen bezeichnet wurde, daß in ihnen im Unterschied zu Bewegungs- oder Sukzessionsgesetzen keine expliziten Zeitabhängigkeiten auftauchen, so ist damit auch das grundlegende Merkmal der sogenannten funktionalen Gesetze genannt. – Die im folgenden in Betracht stehenden *funktionalen* und *kausalen Gesetze* wurden unter verschiedenen Namen hinsichtlich ihrer temporalen Struktur erörtert. So sprach beispielsweise Edgar Zilsel von „Simultaneitätsgesetzen" und „temporalen Gesetzen" (vgl. Zilsel *1941*), und Maurice Mandelbaum unterschied zwischen einem „Gesetz der funktionalen Beziehung" und einem „Gesetz des gerichteten Wandels" (vgl. Mandelbaum *1957*).

Die Unterscheidung zwischen diesen beiden Typen von Gesetzen, welche manchmal auch als „synchronische" und „diachronische Gesetze" bezeichnet werden (vgl. Goldstein *1956*), läßt sich in den Naturwissenschaften beispielsweise einerseits an Newtons Gravitationsgesetz

---

[33] Aber dies besagt weder, daß sie keine Retrodiktionen, noch auch, daß sie keine Prognosen zulassen. Eben weil in Strukturgesetze keine expliziten Zeitabhängigkeiten eingehen, können auf ihrer Grundlage Aussagen formuliert werden, die sich sowohl auf vergangene und gegenwärtige als auch auf zukünftige Sachverhalte beziehen. Die Zeitbezogenheit sowohl der Retrodiktion als auch der Prognose ergibt sich in diesen Fällen aus der Fragestellung dessen, der die entsprechenden Aussagen formuliert, also letztlich aus pragmatischen Gründen.

oder am Boyleschen Gesetz, andererseits am zweiten Gesetz der Thermodynamik illustrieren. Ein funktionales Gesetz bezieht sich also nicht auf sukzessiv auftretende Ereignisse, während ein Kausalgesetz eine Beziehung der regelmäßigen Sukzession zwischen Ereignissen (d. h. Zustandsänderungen) einer bestimmten Art formuliert. Die Aussage: „Wenn ein Gegenstand erhitzt wird, dehnt er sich aus", ist dafür ein Beispiel. Ein anderes Beispiel für denselben Sachverhalt wäre die Aussage: „Die Erhitzung eines Gegenstandes *verursacht* dessen Ausdehnung."[34]

Auch in der jüngeren Methodologie (vgl. Lessnoff *1974*, 13 f.) wird zur Beziehung von funktionalen und kausalen Gesetzen eine Auffassung vertreten, wie sie beispielsweise schon von Felix Kaufmann (vgl. Kaufmann *1936*) und noch früher von Bernhard Bavink (vgl. Bavink *1933*) formuliert wurde. Irgendwelche Erscheinungen kausal zu erklären heißt demnach, sie mit anderen Erscheinungen in gesetzmäßige Zusammenhänge zu bringen, deren Geltung als irgendwie logisch begründbar vorgestellt wird, auch wenn sie tatsächlich noch nicht begründbar sind. Der Richtungssinn des Kausalitätsverhältnisses fällt dieser Auffassung zufolge in gewisser Weise mit dem Sinn der logischen Beziehung von Grund und Folge zusammen. Daß aber sowohl bei Wissenschaftlern als auch bei Philosophen immer wieder die Zeitord-

---

[34] Aus Gesetzen der funktionalen Abhängigkeit, in welche keine expliziten Zeitabhängigkeiten eingehen, lassen sich, wie schon erwähnt wurde, durchaus Kausalgesetze ableiten. In bezug auf das Newtonsche Gesetz können dies beispielsweise die Aussagen sein: „Wenn sich zwei Körper voneinander weg bewegen, so reduziert sich die zwischen ihnen bestehende Anziehungskraft"; „Wenn ein Körper Masse verliert, vermindert sich die Anziehung, die er auf andere Körper ausübt" usw. Ein Gesetz der funktionalen Abhängigkeit ist also oft so etwas wie ein Futteral, das eine große Anzahl kausaler Gesetze beinhaltet.

nung als maßgebend für den Richtungssinn angegeben worden ist und noch wird, kommt nach der bei Felix Kaufmann zitierten Ansicht Bavinks daher, „daß in der Tat in den weitaus meisten und gerade den praktisch wichtigsten Fällen die in Frage kommenden allgemeinen Obersätze von der Art sind, daß durch sie die Momentanwerte gewisser Größen mit ihren zeitlichen Änderungen verknüpft erscheinen, wie dies am deutlichsten die Grundgesetze der Mechanik zeigen. Hierdurch gelangt die Zeit tatsächlich in den Inhalt fast aller, zum wenigsten der wichtigsten und häufigsten Kausalurteile hinein, und das hat zu dem Irrtum Anlaß gegeben, sie anstatt in den Inhalt in die Form, die Struktur des Kausalverhältnisses selbst, einzubeziehen. Es liegt uns weitaus am meisten an denjenigen kausalen Urteilen, welche uns erlauben, einen bestimmten Ablauf im voraus zu prophezeien, viel seltener an solchen, welche uns erlauben, aus einem hier oder dort vorhandenen Tatbestande, einen an anderer Stelle gleichzeitig vorhandenen zu erschließen. Im Prinzip jedoch haben diese beiden Fälle der ‚dynamischen‘ und der ‚statischen‘ Kausalität, wie wir sie nennen können, gar nichts voreinander voraus. Das Wesentliche, der Schluß vom gesetzten A auf das mitgesetzte B, ist in beiden Fällen ganz der gleiche, nur kommt das einemal unter den benötigten Variablen die Zeit t mit vor, das anderemal nicht." (Kaufmann *1936*, 68 f.) – Wenn es also auch gute Gründe dafür geben mag, *Kausalgesetze* dadurch zu charakterisieren, daß in ihnen Quotienten nach der Zeit auftreten (während in funktionale Gesetze keine expliziten Zeitabhängigkeiten eingehen), so wäre es ein Fehlschluß anzunehmen, *kausale Erklärungen* oder Kausalurteile, für die ebenfalls ein zeitlicher Richtungssinn charakteristisch ist, seien nur aus Kausalgesetzen abzuleiten. Das Gegenteil ist, worauf schon hingewiesen wurde, richtig.

So sind etwa in der Psychologie Kausalurteile oder Kausalerklärungen keineswegs nur aus „diachron" verstandenen Kausalgesetzen von der Art der „Frustrations-Aggressions-Hypothese" (vgl. Dollard u. a. *1939*) deduzierbar, sondern durchaus auch aus „synchron" verstandenen funktionalen Gesetzen von der Art des Weberschen Gesetzes, welches der Wahrnehmungspsychologie entstammt (vgl. dazu Kap. IV, 4).

### 3. „Abstrahierende" und „globale" Gesetze

Die hier in Betracht stehende Etikettierung von sozialwissenschaftlichen Gesetzmäßigkeiten nach dem Gesichtspunkt des Komplexitäts- oder Abstraktionsgrades der durch das wissenschaftliche Gesetz dargestellten objektiven Vorgänge stammt von Maurice Mandelbaum (vgl. Mandelbaum *1957*). Bei der Formulierung abstrahierender Gesetze, so meint der Autor, wird versucht, Beziehungen zwischen spezifischen Aspekten oder Komponenten eines vorliegenden Zustandes oder Ereignisses zu formulieren. Im Falle von globalen Gesetzen würden hingegen bestimmte Sachverhalte als ganzheitliche Systeme aufgefaßt, wobei die auf sie bezüglichen generalisierenden Aussagen in den Termini der „Globalmerkmale" dieser Sachverhalte formuliert werden. Globale Gesetze, so meint Mandelbaum, könnten entweder den Wandel solcher Globalmerkmale betreffen, andererseits aber auch Beziehungen, welche zwischen dem in Betracht stehenden System als ganzem bestehen und der Art, in der sich die dieses System bildenden Teile verhalten. Im Falle von abstrahierenden Gesetzen gehe es sonach um spezifische Beziehungen, welche zwischen Elementen des Systems bestehen; im Falle von globalen Gesetzen jedoch gehe es einerseits um Verlaufsstrukturen des Systems selbst, andererseits um funktionale Beziehungen zwischen dem Systemganzen und den Systemelementen.[35] Die Analyse der beiden in Betracht stehenden Gesetzestypen ergibt sich gleichsam aus dem Erfordernis der sozialwissenschaftlichen Analyse von Mikro-, Meso- und Makrostrukturen und aus der Einsicht in den unterschiedlichen Kompetenzgrad sozialwissenschaftlicher Gesetze.[36]

### 4. Qualitative, topologische und quantitative Gesetze

Diese Unterscheidung von Gesetzestypen findet sich bei Wolfgang Stegmüller (vgl. Stegmüller *1960*, 180 f.). Es handelt sich dabei um eine Einteilung der Gesetze je nach der Form der in ihnen auftretenden Begriffe. Als einfachste Begriffsform, wie sie vor allem in der Alltagssprache anzutreffen ist, sind die qualitativen oder klassifikatori-

---

[35] Eine gewisse Illustration erfahren die Ausführungen Mandelbaums durch eine Arbeit von John C. Harsanyi (vgl. Harsanyi *1960*). Harsanyi meint, daß im Falle von vergleichenden dynamischen Analysen gesellschaftlicher Systeme und Subsysteme auf drei Typen von Variablen Bezug genommen werden müsse, deren angemessene Analyse häufig unterbleibe: zunächst auf sogenannte strukturelle Variablen, welche die Werte, Interessen und psychologischen Bedürfnisse der Gesellschaftsmitglieder determinieren und durch welche weitgehend die Stabilität anderer gesellschaftlicher Variablen bedingt ist; dann auf sogenannte akkumulative Variablen, die mit den grundlegenden langfristigen Veränderungen einer Gesellschaft verknüpft sind; schließlich auf jene Variablen, die die Wachstumsrate der akkumulativen Variablen determinieren.

[36] In diesem Zusammenhang sei zunächst auf Abschnitt 5 unten, dann aber vor allem auf die Ausführungen in Kap. VI, 2 dieses Teils hingewiesen, wo verschiedene sogenannte „Geschichtstheorien" analysiert werden, welche dem entsprechen, was Mandelbaum als „globale Gesetze" bezeichnet.

schen Begriffe zu nennen. Gesetze, die mit Hilfe solcher Begriffe gebildet werden, sind etwa: „Reibung erzeugt Wärme" und die schon von Pawlow formulierte und von Daniel E. Berlyne modifizierte Erkenntnis: „Komplexe, vielgestaltete Reize ziehen mehr Aufmerksamkeit auf sich als einfache." (Vgl. Berlyne *1958*, 316.) Die zweite Aussage ist auch als topologisches Gesetz formulierbar. – Topologische Gesetze nennt Stegmüller solche, in die sogenannte komparative oder topologische Begriffe eingehen. Beispiele dafür sind etwa die Aussagen: „Je größer der Abstand zwischen zwei Massen, desto geringer die wechselseitige Anziehung", ferner die Hypothese von Seymour M. Lipset und Juan L. Linz: „Je mehr die Wertvorstellungen einer Gesellschaft auf der Möglichkeit des sozialen Aufstiegs basieren, um so weniger radikal im Sinne eines Strebens nach größeren Umwälzungen in der sozialen Schichtung sind die unteren Klassen." (Zit. nach Berelson/Steiner *1972*, 271.) – Quantitative Gesetze sind schließlich dadurch charakterisiert, daß in sie metrische oder quantitative Begriffe eingehen, für die exemplarisch die Begriffe der Zeitdauer, der Temperatur, der Länge, der Geschwindigkeit, des Volumens usw. zu nennen wären. Beispiele für diese Art von Gesetzen sind die allermeisten physikalischen Gesetze, aber auch einige Gesetze der Ökonomie und der Psychologie. Exemplarisch sei in diesem Zusammenhang auf das schon kurz erwähnte Webersche Gesetz hingewiesen. Ihm zufolge ist der Umfang der kleinsten eben noch merklichen Veränderung einer Reizintensität eine Funktion der entsprechenden Anfangsintensität: Je stärker der Anfangsreiz war, um so größer muß der Unterschied sein, um bemerkt zu werden. Spezifischer ausgedrückt besagt dies: $\triangle I : I = k$. I steht dabei für die Intensität des Reizes, $\triangle I$ für den kleinsten eben noch merklichen Unterschied, und k bedeutet eine

Konstante im Hinblick auf die jeweilige Reizart (vgl. dazu Berelson/Steiner *1969*, 67 f.).

Ausdrücklich sei festgestellt, daß die wachsende Präzision der begrifflichen Fassung von Gesetzen in der Reihe „qualitativ – topologisch – quantitativ" nicht schon mit einem Anwachsen des Erkenntniswertes oder auch des praktischen Wertes der jeweiligen Gesetze (bzw. der daraus ableitbaren Prognosen) identisch ist (vgl. Kröber *1968 a*, 201 f.).


## 5. Deterministische und statistische Gesetze

Ein deterministisches (auch: dynamisches oder Nahwirkungs-)Gesetz liegt dann vor, wenn aufgrund des Anfangszustandes und der äußeren Bedingungen des einzelnen Objektes die Folgezustände desselben eindeutig und vollständig bestimmt und damit prinzipiell auch in derselben Weise prognostizierbar sind. Deterministische Gesetze beziehen sich auf Klassen von Einzelobjekten bzw. Einzelvorgängen. Als Musterfälle von deterministischen Gesetzen können die Bewegungsgleichungen der klassischen Mechanik angesehen werden; in den Sozialwissenschaften hingegen gibt es nur wenige Gesetze von der Struktur „Immer wenn A eintritt, tritt auch B ein". Eines der wenigen nicht-trivialen sozialwissenschaftlichen Gesetze deterministischer Natur ist das vorhin erwähnte Webersche Gesetz.

Statistische (auch: probabilistische, stochastische oder Wahrscheinlichkeits-)Gesetze gelten hingegen nur für Gesamtheiten von Einzelobjekten. „Sie beschreiben das Verhalten der Gesamtheit als Ganzes, der gegenüber das Verhalten ihrer einzelnen Elemente zufällig ist und durch das Gesetz nur mit einem bestimmten Grad von Wahr-

189

scheinlichkeit bestimmt wird. Infolgedessen gestattet ein statistisches Gesetz zuverlässige Prognosen auch nur für die Gesamtheit der Objekte, während das Verhalten der Einzelobjekte nur mit einer gewissen Wahrscheinlichkeit vorausgesagt werden kann." (Kröber *1968 a*, 198)[37] Als Beispiel aus den Sozialwissenschaften sei hier die Hypothese von Morris Janowitz herangezogen, wonach eine Organisation mit größerer Wahrscheinlichkeit beim Auftreten äußerer Krisen als während normaler Perioden straff zentralisiert ist (vgl. Janowitz *1959*, 83).

Noch eine kurze Bemerkung zum Status kausaler

---

[37] Innerhalb der allgemeinen Charakteristik, die für alle statistischen Gesetze gilt, können zwei Typen unterschieden werden, die unter anderem einen interessanten Beleg dafür darstellen, was Mandelbaum – wie in Abschnitt 3 oben erörtert – „globale" und „abstrahierende Gesetze" in den Sozialwissenschaften nennt. Der eine Typ von statistischen Gesetzen bezieht sich auf Eigenschaften, die ausschließlich Gesamtheiten von Objekten charakterisieren und die den einzelnen Objekten der Gesamtheit nicht zugeschrieben werden können, da eine solche Zuschreibung sinnlos wäre. Eine solche Eigenschaft ist zum Beispiel in der Physik die Temperatur, in der Soziologie die „soziale Kohäsion", in der Demographie die Bevölkerungsdichte. Wie ein einzelnes Molekül nicht eine Temperatur hat, so weist z. B. auch ein einzelner Mensch nicht soziale Kohäsion oder Bevölkerungsdichte als Eigenschaften auf. Dieser Typ von statistischen Gesetzen faßt gewissermaßen eine Summe von Einzelvorgängen zusammen und stellt einen Zusammenhang zwischen Eigenschaften her, der nur für die Gesamtheit der Objekte sinnvoll ist. – Der andere Typ statistischer Gesetze hat es mit Eigenschaften zu tun, die den Einzelobjekten in unterschiedlicher Weise zukommen und die für die Gesamtheit einen Mittelwert annehmen. Von dieser Art sind z. B. die aus den demographischen Statistiken abzulesenden Gesetzmäßigkeiten für die mittlere Lebenserwartung der Menschen unter bestimmten natürlichen und sozialen Bedingungen, ferner etwa die gesetzmäßige Häufigkeitsverteilung der Geschlechter, wie sie uns von Geburtsstatistiken bekannt ist. In den exemplarisch angeführten Fällen ist zwar das Einzelgeschehen eindeutig determiniert, doch ist die Gesamtheit der Kausalfaktoren so umfangreich, daß sie faktisch nicht überschaubar ist und daher für das Einzelobjekt nur Wahrscheinlichkeitsprognosen möglich sind.

Gesetze im Zusammenhang mit dem Problem der statistischen Wahrscheinlichkeit sei hier vorgebracht. Manche Methodologen erklären, daß kausale Gesetze – außer durch die spezifische temporale Beziehung, in der die in ihnen auftretenden Variablen zueinander stehen – vor allem durch ihre strikt deterministische Natur charakterisiert seien. Sie argumentieren, daß A *immer* in der Begleitung von B auftreten müsse, wenn eine Aussage statuiere, daß A die Ursache von B sei; wenn A nur *mit einer gewissen Wahrscheinlichkeit* zusammen mit B auftrete, so könne A nicht die wahre Ursache für B sein. Dieses Argument ist jedoch in dieser uneingeschränkten Formulierung, worauf etwa Percy Cohen hinweist, unhaltbar (vgl. Cohen *1972*, 14). Wenn nämlich jemand beobachtet, daß A nur manchmal zusammen mit B auftritt und dennoch annimmt, daß A und B nicht nur zufällig miteinander verbunden sind, so mag er einfach der Ansicht sein, daß noch andere Bedingungen erfüllt sein müssen, damit A in der Tat B bewirkt. Wenn man diese anderen Bedingungen nicht kennt oder auch in gewissen Fällen nicht kennen kann, so bleibt das eine Kausalbeziehung zwischen A und B formulierende Gesetz unvollständig. Aus der Anerkennung der Unvollständigkeit folgt jedoch nicht, daß die Beziehung zwischen A und B nicht-kausaler Art wäre. Und es folgt daraus auch nicht, daß Ereignisse vom Typ B auftreten können, ohne kausal verursacht worden zu sein. Unabhängig von der Frage nach der Zweckmäßigkeit, den Kausalitätsbegriff mit dem Begriff der strikten Determination zu koppeln, wäre in diesem Zusammenhang daran zu erinnern, daß prinzipiell nichts gegen die Möglichkeit spricht, Wahrscheinlichkeitsgesetze als unvollständige Kausalgesetze zu interpretieren.

## 6. Universelle Gesetze und Quasi-Gesetze

Was die Reichweite oder Anwendbarkeit von nomologischen Hypothesen anlangt, so ist nicht zu leugnen, daß Universalität gleichsam eine Tugend von Gesetzen darstellt, denn Universalität markiert den Unterschied zu bloß numerischen Generalisierungen. Aber natürlich ist auch Allgemeinheit, wie im vorausgegangenen Abschnitt gezeigt wurde, so etwas wie ein Qualitätsmerkmal von Gesetzen. Nun läßt sich zeigen, daß diese beiden Vorzüge eines Gesetzes sogar miteinander in Konflikt geraten können. Ein ursprünglich als universell verstandenes Gesetz mag sich so etwa im Verlauf von Erklärungen und Prognosen, die auf seiner Grundlage formuliert wurden, als nicht-universell erweisen, wobei aber die nachträglich erfolgte Einschränkung des Anwendungsbereichs den Grad der Allgemeinheit des Gesetzes steigert. Zwischen Universalität und Allgemeinheit kann sonach eine inverse Beziehung bestehen.

Was macht man nun aber mit gesetzesförmigen Aussagen, von denen man weiß, daß sie nicht universeller Natur sind? Nach Hans Albert besteht das einfachste Verfahren darin, sie historisch zu relativieren, das heißt sie explizit auf ihren historischen Geltungsbereich zu beziehen. Fruchtbarer sei es allerdings, „Bedingungen zu eruieren, die dafür verantwortlich sind, daß die betreffenden Muster des Funktionierens gerade in dem betreffenden Raum-Zeit-Gebiet aufzutauchen pflegen, und sie auf diese relativ invarianten Bedingungen zu beziehen. Eine derartige *strukturelle Relativierung* führt zur Eliminierung des Raum-Zeit-Bezuges der in Frage kommenden Aussage, ohne daß ihr Informationsgehalt dadurch verschwinden muß... Allerdings muß hier gleich darauf aufmerksam gemacht werden, daß eine Erklärung solcher Gesetzmäßigkeiten auf der Grundlage von Theorien höheren Niveaus keineswegs ausgeschlossen ist, von Theorien nämlich, aus denen sich für *verschiedene* relativ invariante Bedingungskonstellationen *verschiedene* Muster des Funktionierens ergeben." (Albert *1976*, 142 f.) Gerade wenn man von der Veränderbarkeit der natürlichen und gesellschaftlichen Umstände ausgeht, erscheint es in der Tat besonders naheliegend, nicht nur nach Möglichkeiten einer strukturellen Relativierung von Quasi-Gesetzen, sondern nach ihrer Erklärung durch Rekurs auf tiefere Theorien zu suchen. – Auf Fragen und Probleme der soeben besprochenen Art wird in Teil F dieses Buches noch einmal Bezug genommen werden.

# V. Erklärungstypen

Häufig werden beschreibende und erklärende Aussagen nicht nur begrifflich voneinander unterschieden, sondern auch so aufgefaßt, als wären Beschreibungen dessen, *was* der Fall ist, unabhängig von Annahmen und Hypothesen darüber, *warum* dies der Fall ist. Einleitend zu diesem Kapitel erscheint es nützlich, wieder darauf hinzuweisen, daß eine Unabhängigkeit der beschreibenden und erklärenden Aussagen voneinander im konkreten Forschungsprozeß zumeist nicht besteht. Denn zum einen bedingt die Art der Beschreibung, was Gegenstand von Erklärungen wird und was nicht; zum anderen bedingen theoretische Vormeinungen über die Entstehung und Verursachung von Tatbeständen in entscheidendem Maße auch Inhalt und Struktur der Beschreibung von Tatbeständen. So spielt es für den „Charakter" einer historischen Schilderung eine große Rolle, wie man etwa die in ihr enthaltenen Greueltaten vorweg interpretiert hat: als isolierte Ausschreitungen oder aber als revanchistische Aktionen im Anschluß an vorher begangene Übergriffe des Feindes.[38]

Das soeben erörterte Problem macht auch auf den Zusammenhang von Beschreibung und Verantwortung

---

[38] In diesem Zusammenhang wären exemplarisch zwei sehr instruktive Arbeiten aus jüngster Zeit zu nennen; einerseits Alfred M. de Zayas: Die Wehrmacht-Untersuchungsstelle. Unveröffentlichte Akten über alliierte Völkerrechts-Verletzungen im Zweiten Weltkrieg, München 1979, andererseits Christian Streit: Keine Kameraden. Die Wehrmacht und die sowjetischen Kriegsgefangenen 1941–1945, Stuttgart 1978.

194

aufmerksam. Handlungen können so beschrieben werden, daß sie völlig aus der Matrix legaler oder moralischer Richtigkeit bzw. Falschheit herausfallen. Sie können aber auch so beschrieben werden, daß die Zurechnung von Lob oder Tadel möglich ist. Unsere Aufmerksamkeit wird damit auf folgendes gelenkt: Einerseits ist nicht zu übersehen, daß die Art der Beschreibung einer Handlung diese erst als ein in legaler oder moralischer Hinsicht belangvolles oder belangloses Phänomen ausweist; andererseits ist nicht zu leugnen, daß bereits hinter der Art der phänomenologischen Explikation eines Sachverhalts ganz bestimmte normative Vorerwartungen hinsichtlich der Motive eines Täters oder hinsichtlich seiner Zurechnungsfähigkeit bezüglich der Folgen seiner Handlung zu liegen kommen können. Daß derartige normative Annahmen nicht nur hinter der phänomenologischen Beschreibung von Sachverhalten, sondern auch hinter der Ortung der etwa für eine Handlung bestimmenden Ursachen, und damit hinter Erklärungen, liegen können, sei hier ausdrücklich festgehalten.[39]

---

[39] John Seeley hat darauf hingewiesen, daß der Sozialwissenschaftler immer dort, wo er seine Suche nach den „Ursachen" einer sozialen Erscheinung abbricht, unausgesprochen Verantwortliche und Schuldige zurückläßt (vgl. Seeley *1967*, 91 f.). Er macht damit unter geänderten Gesichtspunkten auf erkenntnispsychologische Tatbestände aufmerksam, denen sich schon früher Hans Kelsen in seiner Arbeit „Vergeltung und Kausalität" zugewandt hat (vgl. Kelsen *1982*). – Ulrich Beck hat diesen eigentümlichen „Schlußlicht-Effekt" sozialwissenschaftlicher Kausalerklärungen im Anschluß an die Ausführungen von Seeley das „Prinzip der Normativität der letzten Ursache" genannt. Ihm erscheint es verlockend, der Frage nachzugehen, ob nicht ein Teil der methodologischen Streitigkeiten innerhalb der modernen Soziologie, etwa um das Problem der Total- oder Partialanalysen, unter dem Gesichtspunkt einer unvermeidbaren Normativitätswirkung eines Abbruchspunktes soziologischer Erklärungen in einem neuen Licht erscheinen (vgl. Beck *1972*, 217).

## 1. Über praxeologische Erklärungen und verschiedene Arten von Ursachen

Sogenannte pragmatische Erwägungen beeinflussen, wie aus dem soeben Erwähnten gefolgert werden kann, sowohl die Wahl der deskriptiven Begriffe als auch der erklärenden Hypothesen in sozialwissenschaftlichen Darstellungen. Die bei Kontroversen über sozialwissenschaftliche Erklärungen häufig vertretenen „monistischen" Positionen, deren Anwälte von der „wahren" oder „eigentlichen" oder ganz einfach von „der" Ursache eines Phänomens sprechen, entbehren in diesem Zusammenhang – werden sie uneingeschränkt formuliert – des logischen Gehalts. Denn man geht bei solchen Formulierungen nicht davon aus, daß es sich dabei um eine Verkürzung handelt, sondern in der uneingeschränkten Formulierung kausaler Abhängigkeiten wird ein praxeologischer Standpunkt unterstellt, der dann in seiner theoretischen Verkleidung unerkannt bleibt. In einer praxeologischen Interpretation bedeutet sonach etwa die These, für Veränderungen der Kultur seien „in letzter Instanz" oder auch „in Wirklichkeit" ökonomische Faktoren entscheidend und nicht erzieherische Maßnahmen, daß man angesichts ganz konkreter bestehender Möglichkeiten kulturelle Veränderungen schneller oder wirksamer durch wirtschaftliche Reformen als durch Erziehungsmaßnahmen hervorrufen zu können glaubt. Derartige „monistische" Kausalerklärungen sind sonach keine theoretischen Erklärungen im eigentlichen Sinne, sondern sie setzen bereits ganz bestimmte Applikationsmöglichkeiten voraus, etwa einen ganz bestimmten sozialtechnologischen Verwertungszusammenhang. Im eigentlichen Sinne unrichtig werden derartige Erklärungen erst, wenn man sie von ihrem konkreten Anwendungshintergrund loslöst und vorgibt, daß es sich um sogenannte „rein theoretische" Erklärungen handelt, in denen *die* Ursache eines Zustandes oder eines Ereignisses im Sinne einer notwendigen *und* hinreichenden Bedingung formuliert würde (vgl. dazu Ossowski *1973*, 113f.).

Über notwendige und hinreichende Bedingungen in kausalen Erklärungen wird in Abschnitt 4 noch einiges gesagt werden. Hier soll der Frage nachgegangen werden, was – nun nicht unter formalen, sondern unter inhaltlichen Gesichtspunkten betrachtet – unter „Ursache" im weiteren Sinne zu verstehen ist. Es erscheint als nützlich, diese Frage in einer gewissen Anlehnung an eines der klassischen und grundlegenden Werke der Philosophie der Wissenschaften zu erörtern.

Im 11. Kapitel des zweiten Buches der „Analytica Posteriora" seines „Organon" analysiert Aristoteles den Ursachebegriff. Er zeigt, daß „Ursache" im allgemeinen eine der nachstehend angeführten vier Bedeutungen hat, mitunter auch mehrere von ihnen gleichzeitig. Aristoteles unterscheidet – wenn auch in anderer Terminologie und Reihenfolge – vier Typen von Ursachen: die *teleologische* Ursache, welche sich auf (intentionale) Zwecksetzungen bezieht, wobei die Ursache das ist, *worumwillen* ein Zustand oder ein Ereignis bewußt herbeigeführt wird (a); die *logische* Ursache, welche sich auf Annahmen, Begriffe und Rechtfertigungszusammenhänge bezieht, wobei die Ursache das ist, *worin* der zureichende Grund für die Geltung eines analytischen Urteils besteht (b); die *instrumentelle* Ursache, welche sich auf die Herstellung eines Sachverhalts bezieht, wobei die Ursache das ist, *wodurch* ein späterer Zustand oder ein späteres Ereignis (kausal) bewirkt wird (c); schließlich die *emergente* Ursache, welche sich auf einen materiellen Kontext oder auch einen „Stoff" bezieht, aus welchem eine Wirkung entspringt,

197

wobei die Ursache das ist, *woraus* ein Zustand oder ein Ereignis im Sinne eines naturgemäßen (nicht-intentionalen) Verlaufs hervorgeht (d).

## a. Teleologische Ursachen

Wenn wir den ersten Typ von Ursachen im Blick haben, so meinen wir, daß ein bestimmtes Ziel oder irgendein Endzustand von Ereignissen das gegenwärtige Verhalten leite. Dabei erscheint es wichtig, zwei Arten der teleologischen Erklärung besonders herauszustellen: eine, die von einer bewußt erfolgten Zielsetzung und Zielrealisierung ausgeht, und eine andere, in welcher von einer den einzelnen oder auch ein Kollektiv steuernden, aber unbewußt wirkenden Tendenz der Zielrealisierung ausgegangen wird. Sozialwissenschaftler, welche Erklärungen der erstgenannten Art zu liefern bestrebt sind, verwenden den Begriff der Ursache zumeist synonym mit dem der Absicht. Eine derartige Erklärungsweise enthält mentalistische Annahmen und eine kognitivistische Handlungstheorie. Wird hingegen ein Zusammenhang der zweitgenannten Art vorausgesetzt, so schließen die entsprechenden Erklärungen häufig einen mit dem „Unbewußten" weitgehend bedeutungsgleichen Ursachebegriff ein und darüberhinaus eine nonkognitivistische Handlungstheorie.

## b. Logische Ursachen

Der zweite Typ von Ursachen hat mit der logischen Notwendigkeit zu tun, mit welcher gewisse Schlüsse aus bestimmten gegebenen Prämissen gezogen werden. Aristoteles hat bei der Schilderung dieser Art von Ursachen das Problem vor Augen, daß ein Prinzip oder ein

„Gesetz" gesucht wird, welches einen bestimmten Schluß logisch notwendig bewirkt. Gegeben sei exemplarisch eine Addition von drei und vier; in diesem Falle könnte man sagen, daß sieben das „Resultat" jener Logik sei, die in „drei", „plus" und „vier" involviert ist. Das Resultat sieben ist in diesem Verständnis „verursacht" durch die Addition von drei und vier. Nicht zufällig nannte man jene Erklärungsformen früher „logizistisch", in denen versucht wurde, analoge Prinzipien oder Gesetze der Geschichte zugrunde zu legen.

## c. Instrumentelle Ursachen

Der dritte Typ von Ursachen betrifft die Mittel-Zweck-Beziehung: Als Ursache gilt das Mittel, welches einen vorgegebenen Zweck realisieren hilft. Dadurch, daß es in bestimmten Zusammenhängen möglich ist, die Frage „Was war die Ursache von B?" so zu beantworten, daß man auf die Techniken und Fertigkeiten verweist, mit deren Hilfe B herbeigeführt wurde, schließt man jedoch mitunter auf die universelle Anwendbarkeit des Erklärungsprinzips der sogenannten instrumentellen Vernunft. Daß die Möglichkeit einer Hypostasierung dieses Erklärungsprinzips keineswegs auf die Gegenwart beschränkt ist, zeigen exemplarisch die Untersuchungen von Ernst Topitsch über bestimmte Formen der „technomorphen Modellvorstellungen" in unserem Selbst- und Weltverständnis (vgl. Topitsch *1958*, 5–32). Besonderes Interesse verdienen in diesem Zusammenhang zweifellos auch die verschiedenen Aspekte der Tatsache, daß zunehmend „Rationalität" mit „Zweckrationalität" identifiziert wird (vgl. dazu Horkheimer *1974*; Benn/Mortimore *1976*).

## d. Emergente Ursachen

Der letzte der hier erörterten Ursachentypen bezieht sich auf den „Stoff" oder den materiellen Kontext, aus dem ein zu erklärendes Ereignis hervorgeht. Das zu erklärende Ereignis ist dabei die Funktion von bestimmten materiellen Gegebenheiten, die als Ursache angesehen werden. – Wenn man den Schematismus der Erklärung zur Illustration heranzieht, wie er in *Figur 8* dargestellt wurde, so kommt die Ursache, nach welcher hier gefragt wird, in den Bereich der Randbedingungen zu liegen, während die im Erklärungsschema als Oberprämissen figurierenden nomologischen Aussagen – ob nun bekannt oder nicht – für die Fragestellung nicht von Interesse sind. Gleiches gilt bereits für die teleologischen und für die instrumentellen Ursachen. Im Falle der logischen Ursachen verhält es sich naturgemäß anders. Hier sind nicht die Randbedingungen unbekannt, sondern die Prinzipien, Gesetze oder Regeln (als Oberprämissen). Das Unklare oder Unbekannte, wonach gefragt wird, gilt jeweils als die Ursache.

Aus den soeben angestellten Betrachtungen sollte ersichtlich werden, daß verschiedene Menschen, welche z. B. „die" Ursache eines sozialen Tatbestandes zu finden bestrebt sind, nicht notwendig die sie bewegende Frage im selben Sinne auffassen. Die Entscheidung eines Sozialwissenschaftlers, wo und wie er seine Ursachen sucht, hat eben wesentlich damit zu tun, was in der Fragesituation schon bekannt ist und was noch nicht. – Auf einige Erklärungstypen, mit welchen oft ganz bestimmte Ursachenbegriffe verknüpft sind, soll in den folgenden Ausführungen Bezug genommen werden.

## 2. Mentalistische und nicht-mentalistische Erklärungen

Von vielen Anhängern des logischen Empirismus wurde die Auffassung vertreten, daß kausale Erklärungen von menschlichen Handlungen mit Hilfe von Termini geleistet werden müßten, die, wie jene der Physik, sich nur auf „objektiv" beobachtbare Eigenschaften von materiellen Objekten beziehen. Daß die wenigen Vertreter dieser wissenschaftstheoretischen Richtung, die sich mit methodologischen Problemen der Sozialwissenschaften beschäftigten, wie etwa Felix Kaufmann, grundlegende Zweifel an der Sinnhaftigkeit dieses Programms anmeldeten, hatte auf den wissenschaftstheoretischen Rigorismus der mehrheitlich an naturwissenschaftlichen Fragestellungen interessierten Wissenschaftsphilosophen keinen Einfluß.

Seitdem das Reduktionspostulat und die mit ihm verknüpfte Atomsatztheorie als undurchführbar erkannt wurde, gibt man sich auch auf seiten der Methodologie der Sozialwissenschaften gelassener. Zwar weiß man, daß nur das sogenannte manifeste Verhalten beobachtbar ist, wie etwa das Hochgehen einer Hand oder das Drücken eines Hebels, und nicht der sogenannte innere Handlungssinn, der im Falle der erwähnten Verhaltensweisen einerseits in einer Abstimmung, andererseits in einer Fahrerflucht bestehen könnte. Aber aus dem Umstand, daß die Freilegung dieses Handlungssinnes schwierig sein mag, folgt nicht, daß soziale Begriffe wie „Abstimmungsverhalten", „Mitleid" oder „Unrecht" einer wissenschaftlichen Behandlung nur in „neutraler", nicht-mentalistischer Sprache zugänglich werden könnten.

Max Adler hat im Zusammenhang einschlägiger Überlegungen und im Anschluß an neukantianische Auffassungen 1930 auf die konstitutive Funktion des Bewußtseins bzw. der mentalistischen Sprache für die Form der sozialen Kausalität hingewiesen (vgl. Adler *1964*, 143–150). Der Unterschied in der Kausalität, wie sie im Sozialgeschehen verläuft, und jener in der physischen Natur, liege in der Art der Beziehung der Wirkung auf die Ursache.[40] Auf den Gebieten des menschlichen Handelns und des geschichtlichen Lebens haben wir es also nach Adler mit einer Form der Kausalität zu tun, in welcher die Wirkung nur bestehen kann, wenn sie vorher im Bewußtsein des Menschen irgendwie erfaßt wurde, und in der die Ursache gar nicht wirken kann, wenn sie nicht irgendwie ins Bewußtsein des Menschen aufgenommen wurde. „Diese Bewußtseinsform der menschlichen Kausalität ist der Wille. Es kann auf dem Gebiete menschlichen Handelns gar keine kausale Verbindung erfolgen, die nicht durch den Willen erfolgte. Was kausal notwendig ist, wird es nur, indem es von einem Menschen gewollt wird oder vom Standpunkt der objektiven Betrachtung gewollt werden muß." (Ebd. 148) Die Wirkung werde immer zugleich als Zweck erlebt und vollziehe sich nur in den Formen des Wollens, also als Wunsch, Vorsatz, Kollision der Neigun-

---

[40] In dieser Hinsicht lassen sich, wie Adler meint, drei verschiedene Formen der Kausalität feststellen, was er folgendermaßen veranschaulicht: „Stellen wir uns einen Menschen vor, der auf einem Stuhl sitzt. Auf welche Weise kann bewirkt werden, diesen Menschen von seinem Stuhle zu entfernen? Das ist auf dreifache Weise möglich: erstens, indem man ihm einen so starken Stoß versetzt, daß er vom Stuhl herunterfällt; zweitens, indem man ihm etwa durch den Sitzpolster einen Stich versetzt, so daß er mit einem Schrei aufspringt; endlich drittens, indem man ihn beim Namen ruft und er diesem Ruf folgt. Hier sehen wir drei Vorgangsreihen ablaufen, die alle die gleiche Wirkung haben, daß ein Mensch den Stuhl, auf dem er bis dahin gesessen hatte, verläßt... Im ersten Fall verläuft der kausale Vorgang ohne Bewußtsein, im zweiten Fall in einem Bewußtsein, im dritten Fall vermittels des Bewußtseins." (Ebd. 146 f.)

gen und Überlegungen, als Entschluß oder auch als Verzicht. Bei diesem eigenartigen Sachverhalt sei es daher zum Verständnis desselben als eines Kausalvorgangs unbedingt notwendig, daß man seine subjektive Erlebnisseite von seiner objektiven Geschehensseite unterscheidet. – Ergänzend dazu stellt Adler fest, daß die Charakterisierung der Motivation durch Schopenhauer, wonach diese als die durch das Erkennen verlaufende Kausalität zu bezeichnen sei, noch deutlicher dahin zu vervollständigen wäre, daß psychische Kausalität stets durch Wertungen verlaufende Kausalität ist, womit die ganze Bezogenheit menschlichen Handelns auf Zwecke, Wertungen und Ideale zu einem immanenten Element des geistigen Kausalzusammenhanges werde (vgl. ebd. 149).[41]

Die Berechtigung verschiedener Einwände gegen den Naturalismus von seiten gewisser Vertreter der Phänomenologie und der Hermeneutik ist besonders in heuristischer Hinsicht kaum in Abrede zu stellen, vor allem wenn man an die Einlösbarkeit des radikalen Universalitätsanspruchs von extremen Vertretern eines reduktionistischen Erklärungsprogramms im physikalistischen Sinne denkt. Und doch gibt es – im Bereich der Philosophie der

---

[41] Verschiedene philosophisch-methodologische Strömungen – vor allem solche aus dem Umkreis der hermeneutischen Tradition und der Phänomenologie – führten dazu, daß mentalistischen Erklärungen – im Gegensatz zu den Auffasssungen des radikalen Behaviorismus – immerhin Platz in sozialwissenschaftlichen Rekonstruktionen eingeräumt wurde. Exemplarisch sei hier auf R. M. MacIver (vgl. MacIver *1942*, vor allem 292–301), Robin G. Collingwood (vgl. Collingwood *1946*), R. S. Peters und H. Tajfel (vgl. Peters/Tajfel *1957*) und Leon Goldstein (vgl. Goldstein *1961*) hingewiesen. Für alle genannten Autoren gilt, daß sie den von Vertretern der mechanischen Kausalität und der physikalistischen Einheitswissenschaft vollzogenen Analogieschluß von Bewegungen auf menschliche Handlungen als illegitim ansehen. Zielgerichtetes und regelgeleitetes Handeln ist ihrer Ansicht nach in logischer Hinsicht klar von mechanischen Bewegungsabläufen unterscheidbar.

Sozialwissenschaften ist dafür Peter Winch (vgl. Winch *1958*) ein markantes Beispiel – so etwas wie methodologischen Imperialismus auch auf der anderen Seite. Für einige Geistes- und Sozialwissenschaftler sowie für die deren Vorgehen wissenschaftstheoretisch legitimierenden Methodologen erscheint es geradezu als überflüssig, andere als letztlich mentalistische Faktoren für Erklärungen des Sozialgeschehens als relevant anzusehen. Eine sogenannte „Intention" zu haben, nämlich ein Ziel Z aus dem Grund G anzustreben, ist nun aber eine Sache, Z zu tun, eine andere; und dieses Tun muß von der in Betracht stehenden Intention unterschieden werden. Der erstgenannte Sachverhalt, die Intention, mag unter gewissen Umständen den zuletzt genannten, die Realisierung von Z, verursachen; aber es ist nicht ausgemacht, daß er eine hinreichende Bedingung darstellt, und noch weniger, daß er eine notwendige und hinreichende Bedingung für das Eintreten von Z bildet. Absichten und Motive können also durchaus ursächliche Bedingungen für Zielrealisierungen sein, aber es ist zweifelsfrei der Fall, daß andere Ursachen im Verlauf derartiger Prozesse ebenso am Werke sind.

### 3. Ganzheitliche und partikuläre Erklärungen

Die Sozialwissenschaften analysieren sowohl die verschiedenartigen Interaktionen zwischen Individuen und Gruppen als auch deren Ergebnisse nicht als unabhängige Einzelheiten, sondern als Elemente eines vielfältigen Systems, als Teile einer Wechselwirkungssituation. Wie Delbert Barley in diesem Zusammenhang bemerkt, ergeben sich die Formen menschlicher Wechselbeziehungen nicht aus irgendwelchen ursprünglichen Eigenschaften der Individuen; denn auch die vermeintlich fundamentalen individuellen Eigenschaften seien das Ergebnis einer Totalsituation. „Wir werden... solche Behauptungen mit Vorsicht betrachten, die beispielsweise konstatieren, daß es eine ‚Eigenschaft' oder ‚die Natur' des Deutschen sei, fleißig zu sein, daß Faulheit eine typische Eigenschaft des Polen, Respektlosigkeit eine solche des Amerikaners sei, und daß der Orientale ‚von Natur' verräterisch sei... Jegliches Verhalten kann nur gedeutet werden unter Berücksichtigung der komplexen Faktoren einer Totalsituation... Wollte man für menschliches Verhalten eine ‚einfache' Erklärung finden, würde das zu ebensolchen Trugschlüssen führen, als wollte man das Fallen des Steines erklären mit der Feststellung... ‚weil ein Stein eben fällt'. Im Merkur jedoch würde ein Stein nicht fallen, sondern steigen." (Barley *1975*, 10)

Nun hält uns natürlich weder in den Natur-, noch in den Sozialwissenschaften irgend etwas davon ab, im Rahmen von Erklärungen ganzheitliche Zusammenhänge, sogenannte Totalsituationen selbst als Explanandum anzusehen, und nicht nur sogenannte molare oder auch atomare Zustände oder Ereignisse. Im ersten Falle ist man bestrebt, ganzheitliche Systeme unter Bezugnahme auf molare oder atomare (Meso- bzw. Mikro-)Ereignisse zu erklären. (Diese Ereignisse können entweder Elemente des Systems selbst sein – dann sprechen wir von einer Erklärung durch endogene Faktoren; diese Elemente können aber auch systemtranszendente Faktoren sein – dann sprechen wir von einer Erklärung durch exogene Faktoren.) Es handelt sich dabei deshalb um eine *partikuläre* Erklärung, weil der erklärende Sachverhalt – angesichts der Größenordnung des Explanandum-Ereignisses – ein partikulärer ist. – Im umgekehrten Fall, wenn nämlich ein systemendogenes oder systemexogenes Ereignis A durch Bezugnahme auf ein System B zu erklären versucht wird, sprechen wir von einer *ganzheitlichen* Erklärung, weil eine Erklärung von A (als einem Mikro- oder Meso-Ereignis) durch die Bezugnahme auf das Makro-Ereignis B versucht wird.[42]

Die Erörterung des Problems der Ganzheitlichkeit und des Atomismus, des Holismus und des Individualismus erfolgt in den Grundlagendiskussionen der Sozialwissenschaften in verschiedenen Zusammenhängen, wobei nicht selten der Eindruck entsteht, als handle es sich um die Hochstilisierung von Scheinproblemen. Dieser Eindruck stellt sich zumeist deshalb ein, weil zueinander komplementäre Positionen als dichotome aufgefaßt werden. Während sich die Individualisten in der Regel zum Anwalt der kausalen Erklärung machen (vgl. unten Abschnitt 4), befürworten die Holisten Erklärungen im Sinne des sozialwissenschaftlichen Funktionalismus (vgl. unten Abschnitt 5 b) und teleologische Erklärungen im weiteren Sinne (vgl. unten Abschnitt 6 a).

Die dualistische Fixierung dieser als unvereinbar betrachteten Erklärungsformen erwies sich in der Forschungspraxis als nicht fruchtbar, zumal der mit den beiden Positionen oftmals verknüpfte unterschiedliche erkenntnispragmatische Bezug in der Kontroverse meist völlig außer acht geblieben ist. In Wirklichkeit läßt sich jedoch zeigen, daß wir über die gleichsam mechanischen Kausalverknüpfungen zwischen den einzelnen Teilen irgendeines Systems genausogut sprechen können, wie über das zweckmäßige Funktionieren des Systems als

---

[42] Diese Kennzeichnung von Erklärungen bezieht sich nicht auf die Definitionsebene gesellschaftlicher Phänomene, betrifft also nicht – wie etwa im Falle der landläufigen Kennzeichnung sozialwissenschaftlicher Disziplinen (z. B. Mikro- und Makrosoziologie, Mikro- und Makroökonomie) die Größenordnung des Explanandum-Ereignisses.

Ganzen. So können wir die Merkmale und die Zielfunktion eines Systems aus der Größe und der Richtung seiner „Vektoren" kausal erklären; andererseits sind uns funktional-teleologische Erklärungen dienlich, das ganze System im Falle seines einwandfreien Funktionierens am einfachsten in seiner Wirkungsweise darzustellen. Wenn wir so etwa die sogenannte Zielfunktion oder den Endzustand eines geschlossenen Systems nach dem Muster eines Regelkreismechanismus verändern, so modifizieren wir durch die Veränderung des Ziels auch das Verhalten der Systemelemente. Wenn also der Faktor A den Systemzustand B bewirkt, so können wir funktional-teleologisch das Eintreten von A erklären, während wir in der Lage sind, kausal das Eintreten von B zu erklären. Wie es müßig wäre, die Frage zu stellen, was wichtiger ist: das Ganze oder der Teil, so ist es auch müßig, sich zu fragen, was an und für sich fruchtbarer ist: die funktional-teleologische oder die kausale Erklärung. Fragen dieser Art sind so lange unfruchtbar, als nicht der Kontext der Frage hinreichend präzisiert ist, und das heißt: solange nicht geklärt ist, welches Problem überhaupt gelöst werden soll, wie die Problemexposition, und damit der zu erklärende Sachverhalt, gestaltet ist, und welche Erkenntnismittel zur Problemlösung verfügbar sind. Beide vorhin geschilderten methodologischen Positionen des Holismus und des Individualismus, des Funktionalismus und des Kausalismus werden sich stets in bestimmten Grenzen als richtige und wichtige Positionen nachweisen lassen. Erst mit ihrer Verabsolutierung erstarrt jede der angeführten Konzeptionen zu unfruchtbarem Dogmatismus.

## 4. Kausale Erklärungen

Die Auffassungen über die Eigenart von Kausalerklärungen sind keineswegs einheitlich. Idealtypisierend lassen sich ein „harter" und ein „weicher" Definitionsversuch unterscheiden. Die harte Definition bestimmt kausale Erklärungen durch die deterministische (nicht-statistische) Natur der ihnen zugrunde liegenden Gesetze, welche zudem in quantitativer (und letztlich in physikalischer) Sprache formulierbar sein sollen. Eine im Unterschied dazu weiche Bestimmung kausaler Erklärungen läuft darauf hinaus, jede genetische Darstellung eines Zustandes oder Ereignisses, welche einen Zusammenhang zu früher bestehenden Zuständen oder Ereignissen herstellt, als Erklärung im Sinne der „historischen Kausalität" gelten zu lassen, wenn nur irgendwelchen Prinzipien der Verursachung Rechnung getragen wird. Derartige Darstellungen von Ursache-Wirkungs-Beziehungen sind aber zumeist weniger Erklärungen, als vielmehr Beschreibungen von irgendwie zusammenhängenden Sachverhalten; meistens werden mit ihnen sogenannte „Erklärungsskizzen" formuliert, die, um erklärende Plausibilität zu erlangen, jeweils noch der nomologischen Unterstützung bedürfen.

Worin bestehen nun eigentlich kausale Beziehungen? Wie ist die logische Struktur der sie bestimmenden Variablen geartet? Gegeben sei eine Variable B und irgendeine vorhergehende Bedingung A, welche angeblich B bewirkt. In jeder Kausalerklärung muß nun die Beziehung zwischen den sogenannten Antecedens- und den Consequens-Bedingungen einem und nur einem von drei einander wechselseitig ausschließenden logischen Mustern genügen, welche sich hinsichtlich der Tatsache voneinander unterscheiden, ob das Antecedens A als eine notwendige, als eine hinreichende oder als eine notwendige und hinreichende Bedingung für B aufgefaßt wird.

Da jeder Typus von Antecedens-Bedingungen eine klar unterscheidbare Menge von logisch zulässigen Vorhersagen und/oder erklärenden Deduktionen umfaßt, erscheint es zweckmäßig, diese Muster oder Paradigmen in *Figur 9* kurz darzustellen. Dabei soll A für eine Antecedens-Bedingung stehen und B für eine Consequens-Bedingung; ferner soll „→" für eine logisch zulässige Vorhersage verwendet werden, welche, auf der rechten Seite stehend, aus dem Ausdruck von der linken Seite abgeleitet wird, und „↛" soll für eine nicht zulässige Vorhersage stehen; schließlich soll das Negationszeichen über einem Ausdruck (z. B. „Ā") besagen, daß die mit dem Ausdruck gemeinte Bedingung (z. B. A) nicht gegeben ist. Unter Zugrundelegung der soeben vorgeschlagenen Notation ergeben sich folgende *logische Paradigmen für kausale Erklärungen:*

*Figur 9*

| A ist *notwendig* für B: | A ist *hinreichend* für B: | A ist *notwendig und hinreichend* für B: |
|---|---|---|
| A ↛ B | A → B | A → B |
| Ā → B̄ | Ā ↛ B̄ | Ā → B̄ |
| B → A | B ↛ A | B → A |
| B̄ ↛ Ā | B̄ → Ā | B̄ → Ā |

a. Notwendige Bedingungen

Gesetze, welche eine Antecedens-Bedingung A als eine notwendige, aber nicht hinreichende Bedingung für eine Consequens-Bedingung B voraussetzen, müssen bezüglich der aus ihnen abgeleiteten Vorhersagen und Erklärungen folgenden Voraussetzungen Rechnung tragen: Die Absenz von A schließt die Absenz von B ein, und die Präsenz von B schließt die Präsenz von A ein. Wenn allerdings A vorliegt, so ist darin nicht schon die Präsenz von B eingeschlossen, und wenn B absent ist, so ist in diesem Umstand nicht die Absenz von A eingeschlossen. Mit anderen Worten: Das erste Paradigma drückt aus, daß A eine notwendige, aber nicht hinreichende Bedingung von B dann, und nur dann ist, wenn A eine Bedingung darstellt, ohne welche B nicht eingetreten wäre. Es bringt nicht zum Ausdruck, daß A eine Bedingung darstellt, in dessen Gegenwart B stets eintritt. – Illustriert sei der Fall, daß A eine notwendige Bedingung für das Eintreten von B darstellt, folgendermaßen: Gegeben sei ein ökonomischer Konflikt A, ein religiöser Konflikt Z sowie ein Bürgerkrieg B, wobei man sich angewöhnt hat, die notwendigen Bedingungen als „Voraussetzungen", die hinreichenden Bedingungen jedoch als „Anlässe" für zu erklärende gesellschaftliche Ereignisse der Art B zu bezeichnen. Wenn nun gelten soll, daß immer, wenn B eintritt, A vorliegen muß, so wird damit nicht das Vorliegen einer hinreichenden Bedingung Z als des „Anlasses" des Bürgerkriegs geleugnet; es wird hier nur die strenge Verknüpfung von zu erklärenden Ereignissen vom Typ B mit „Voraussetzungen" vom Typ A statuiert.[43]

---

[43] Es wäre nun falsch, so zu tun, als seien die notwendigen Bedingungen gegenüber den hinreichenden in jeder Hinsicht grundlegender. Eine solche Ansicht ist irreführend, weil in ihr ontologische und erkenntnislogische Argumente nicht sorgfältig unterschieden werden. Denn obschon es stimmt, daß im „Aufbau des Seins" den notwendigen Bedingungen ein höheres Gewicht zukommt – nicht zufällig werden daher die notwendigen und hinreichenden Bedingungen nach Analogie der Beziehung von „Basis" und „Überbau" gedeutet –, so sagt es über die Erklärungskraft

## b. Hinreichende Bedingungen

Wenn andererseits A als eine hinreichende, aber nicht notwendige Bedingung für B angesehen wird, so zeigt das entsprechende Paradigma der Kausalerklärung folgendes: Die Präsenz von A schließt die Präsenz von B ein, und die Absenz von B die Absenz von A. Allerdings schließt die Absenz von A nicht die Absenz von B ein, und die Präsenz von B nicht die Präsenz von A. Mit anderen Worten: A ist eine hinreichende, aber nicht notwendige Ursache von B dann und nur dann, wenn A eine Bedingung darstellt, bei deren Präsenz B stets eintritt. Es handelt sich dabei nicht um eine Bedingung, ohne deren Präsenz B nicht eingetreten wäre.

## c. Notwendige und hinreichende Bedingungen

Das Paradigma für kausale Erklärungen, welches A als eine notwendige und hinreichende Bedingung für B voraussetzt, ist symmetrisch: Die Präsenz von einer der beiden Bedingungen schließt die Präsenz der jeweils anderen ein, und die Absenz von einer der beiden Bedingungen die Absenz der jeweils anderen. Das heißt also, daß A eine notwendige und hinreichende Ursache von B dann und nur dann ist, wenn A eine Bedingung darstellt, ohne welche B nicht eingetreten wäre, und wenn darüber hinaus immer dann, wenn A vorliegt, B eintritt. A hat also eine Doppelfunktion: A ist eine notwendige Bedingung für B,

---

einer sozialwissenschaftlichen Rekonstruktion weder positiv noch negativ etwas aus, wenn in ihr dem einen oder dem anderen Faktor erhöhte Aufmerksamkeit geschenkt wird. Die Richtung der Aufmerksamkeit hängt ja zumeist davon ab, welche für eine Erklärung bedeutsamen Faktoren bereits bekannt sind und welche nicht. (Die erfragten unbekannten Bedingungen oder Faktoren nennt man landläufig „Ursachen".)

da A notwendig der Fall ist, wenn B gegeben ist, *und* A ist eine hinreichende Bedingung für B, weil das Vorliegen von A hinreicht, um sicherzustellen, daß B der Fall ist.

Dieser letzte Typ der Kausalerklärung bringt damit die „Verursachung" im klassischen Sinn dieses Wortes zum Ausdruck, wobei A nicht bloß eine Determinante von B ist, sondern *die* Determinante von B. Am deutlichsten tritt der Versuch eines Nachweises von notwendigen und hinreichenden Bedingungen, wie Ossowski zeigt, bei Diskussionen hervor, in denen die Gegner versuchen, ohne Rücksicht auf die mögliche Relativierung der Ursachen von Erscheinungen eine monistische Kausalerklärung zu geben. „Einen Faktor, dem man aus irgendwelchen Gründen besondere Beachtung schenkt, pflegt man dann so zu interpretieren, als sei er der einzige Faktor. Daher rührt der verbreitete ‚Psychologismus' und ‚Soziologismus' bei der Erklärung kultureller Phänomene, der in einer Weise formuliert wird, als müsse man sich entscheiden, ob beispielsweise die künstlerische Produktion oder die ästhetischen Erfahrungen entweder durch subjektive Dispositionen oder durch gesellschaftliche Bedingungen und die Kultur des jeweiligen Milieus determiniert seien. Deshalb auch waren die historischen Auseinandersetzungen darüber möglich, ob religiöser Fanatismus oder die Erschließung zusätzlicher Absatzmärkte das auslösende Moment der Kreuzzüge war." (Ossowski *1973*, 109)

Obwohl der Nachweis derartiger notwendiger *und* hinreichender Ursachen in den Sozialwissenschaften so gut wie nie möglich ist, ist es nichtsdestoweniger wichtig, diesen Erklärungstyp zu beschreiben, da häufig Kausalerklärungen der beiden anderen erörterten Arten unter Hinweis darauf „widerlegt" werden sollen, daß sie nicht die für dieses Paradigma kausaler Erklärungen geltenden Bedingungen erfüllen (vgl. Spiro *1968*, 107f.).

## 5. Funktionale Erklärungen

Funktionale Erklärungen können von sehr unterschiedlicher Art sein, was damit zu tun hat, daß der Funktionsbegriff eine Vielzahl von Bedeutungen hat (vgl. dazu Nagel *1961*, 520–535). So spricht man etwa von „Funktionen *von*" und „Funktionen *für*" etwas – und zwar vor allem im Sinne von systemabhängigen Wirkungen bzw. von systemerhaltenden Ursachen – sowohl bei simultan als auch bei sukzessiv gegebenen Bedingungen.

Funktionale Erklärungen im engeren Sinne beziehen sich auf synchron geordnete Funktionsbeziehungen, funktionale Erklärungen im weiteren Sinne auch (und vor allem) auf diachron geordnete. Mit Bezug auf die zweite Art von funktionaler Erklärung sei darauf hingewiesen, daß diese häufig – so etwa bei Alan Ryan – mit der teleologischen Erklärung im weiteren Sinne (vgl. Abschnitt 6 a) identifiziert wird.

### a. Funktionale Erklärungen im engeren Sinne

Funktionale Erklärungen sehen nach einer verbreiteten Auffassung gerade von dem ab, was für das Kausalverhältnis wesentlich ist: von der Abfolge der als „Ursache" und als „Wirkung" bezeichneten Variablen in der Zeit (vgl. dazu Adler *1964*, 141). – Ein zweites wichtiges Merkmal von funktionalen Erklärungen hat nach verbreiteter Auffassung damit zu tun, daß für das Bestehen eines Funktionszusammenhanges die gedankliche Voraussetzung eines Ganzen unerläßlich erscheint. Funktionale Abhängigkeit, so stellt Max Adler bei der Erörterung einschlägiger Sachfragen fest, bestehe in der „Aufzeigung der notwendigen Veränderungen, wie sie nur aus der Bezogenheit auf dieses Ganze sich erst ergeben. Dagegen ist für die

213

Feststellung von Kausalzusammenhängen als solchen die Voraussetzung eines Ganzen keine Denknotwendigkeit." (Ebd. 142)[44]

Die Formulierung von Funktionszusammenhängen läßt die Frage nach dem Richtungssinn der Verursachung offen, und damit schließlich auch die Frage, ob es tatsächlich eine deterministische Beziehung zwischen den beiden in Betracht stehenden Variablen gibt oder einfach eine bestimmte Kovarianz. Eine solche Darstellung von Funktionsbeziehungen ermöglicht es allerdings, den Ausdruck „Funktion" in mathematischem Sinne zu verwenden; und doch ist dies nicht gerade die bevorzugte Verwendungsweise des Funktionsbegriffes in den Sozialwissenschaften. Wenn ein Mathematiker behauptet, daß B eine Funktion von A sei, so meint er einfach, daß eine regelmäßige Beziehung zwischen A und B vorliege. Im folgenden soll kurz gezeigt werden, daß in den Sozialwissenschaften besonders häufig mit einem aus den biologischen Wissenschaften entlehnten Funktionsbegriff operiert wird, der allgemeiner ist als der mathematische, bei dem die Bezugnahme auf zwei Variablen nicht ausreicht und der sich nicht nur auf simultan gegebene Variablen bezieht.

---

[44] Um für den bei Adler kurz angesprochenen Sachverhalt ein Beispiel zu bringen, sei auf den Zusammenhang zwischen dem Faktum, daß eine Frau arbeitet und dem Faktum, daß sie durch ihren Ehemann beherrscht wird, Bezug genommen. Wir könnten nun sagen, daß die Beschäftigung dieser Frau, wie Frauenarbeit allgemein, eine *Ursache* ihrer Emanzipation von der Beherrschung durch den Mann darstellt; aber gleich gut könnten wir feststellen, daß es ihre Emanzipation von der Beherrschung durch den Mann sei, welche als *Ursache* dafür anzusehen sei, daß Frauen berufstätig werden. Ein Ausweg aus derartigen Schwierigkeiten besteht darin, sich unverbindlich auf „funktionale Beziehungen" zwischen Frauenarbeit und Männerherrschaft zu beziehen.

## b. Funktionale Erklärungen im weiteren Sinne: Probleme des Funktionalismus

Im Unterschied zu kausalen Erklärungen, die sich auf irgendeine strukturelle Einheit B beziehen, welche unter Hinweis auf eine Antecedens-Bedingung A erklärt werden soll, beziehen sich funktionale Erklärungen – in jenem weiteren, für die Sozialwissenschaften charakteristischen Sinn – auf B, welches unter Bezugnahme auf irgendeine Consequens-Bedingung C Gegenstand der Erklärung wird; dabei bestimmt C den Beitrag von B zur Erhaltung irgendeines Systems, das entweder ganzheitlich verstanden oder aber durch die verschiedenen einzeln betrachteten Mitglieder, aus welchen es besteht, explizit definiert wird. Wenn also A eine Ursache für B ist, so ist die Erfüllung von C eine Funktion von B. Sowohl in der kausalen als auch in der funktionalen Erklärung ist B das Explanandum. Aber in der kausalen Erklärung ist eine Antecedens-Bedingung A das Explanans, während im Falle der funktionalen Erklärung eine Consequens-Bedingung C das Explanans darstellt. Funktionale Erklärungen im weiteren Sinne (= „funktionalistische Erklärungen") haben daher die Form: Wenn B, dann C, wobei B – verstanden als eine strukturelle Einheit – eine hinreichende Bedingung für die Erfüllung oder Befriedigung von C darstellt, wobei ferner die Befriedigung von C die Funktion von B ist, und wobei schließlich C eine funktionale Voraussetzung irgendeines in Betracht stehenden (sei es gesellschaftlichen, sei es biologischen) Systems ist.[45]

---

[45] Es soll festgehalten werden, daß „Funktion" sich nicht ausschließlich auf jene Beiträge bezieht, welche eine strukturelle Einheit hinsichtlich der Erhaltung eines Gesellschaftssystems erbringt, sondern auch auf den Beitrag, den diese für die Persistenz der verschiedenen individuell aufgefaßten Gruppenmitglieder leistet. Bezüglich des zuerst erwähnten

Funktionen sind notwendige, aber nicht hinreichende Bedingungen für die Erhaltung eines sozialen Systems. Daher umfaßt ein vollständiges Inventar von sogenannten sozialen Funktionen eine Menge von Bedingungen, welche jeweils für sich genommen notwendig, zusammengenommen jedoch hinreichend sind. Was die strukturellen Einheiten anlangt – die Institutionen und Organisationen –, durch welche die funktionalen Erfordernisse erfüllt werden, so spielen diese wegen der großen Verschiedenartigkeit der Gesellschaftssysteme keineswegs immer dieselbe Rolle. So können verschiedene strukturelle Einheiten, wie sich in interkulturellen Vergleichen zeigt, dieselbe Funktion haben, umgekehrt kann dieselbe strukturelle Einheit ganz verschiedene Funktionen annehmen. Selten stellt eine einzige strukturelle Einheit die hinreichende Bedingung für die Befriedigung eines funktionalen Erfordernisses dar, da häufig, wie Melford E. Spiro ausführt, in einer bestimmten Gesellschaft mehrere solcher Einheiten gemeinsam diese Funktion erfüllen (vgl. Spiro *1968*, 108). – Eine Analyse der Rolle von strukturellen Einheiten legt die Ansicht nahe, daß die Vertreter der sogenannten funktionalistischen Erklärungen im Rahmen der Ethnologie sowie der Soziologie eher eine bestimmte Betrachtungsweise inauguriert haben als eine von Kausalerklärungen streng zu unterscheidende Form der sozialwissenschaftlichen Rekonstruktion. In diesem Sinne argumentiert etwa Melford E. Spiro gegenüber Rodney Needham (vgl. ebd. 108–111). Dieser vertrat in seinem 1962 erschienenen Buch „Structure and Sentiment" die Ansicht, daß ein bestimmtes Heirats- und Verwandtschaftssystem das funktionale Erfordernis der sozialen Solidarität

---

Falles spricht man von „sozialen Funktionen", bezüglich des zuletzt erwähnten von „individuellen Funktionen".

sichere, so daß sich sagen lasse, daß die Befriedigung der Solidarität die Funktion dieses Verwandtschaftssystems sei. Eine solche funktionalistische Aussage kann nun aber durchaus in eine kausale Aussage transformiert werden, indem man einfach das Explanans und das Explanandum austauscht. Anstatt nämlich einen Brauch in Begriffen seiner funktionalen Folgewirkung zu erklären (also im Sinne einer funktionalen Erklärung, in welcher die Funktion das Explanans ist), kann die funktionale Folgewirkung in Begriffen des Brauches erklärt werden, durch welchen sie verursacht wurde (also im Sinne einer kausalen Erklärung, in welcher die Funktion das Explanandum ist). Kurz gesagt: Viele funktionale Erklärungen sind im wesentlichen kausaler Art.

Häufig werden auch die teleologischen Erklärungen zu den funktionalen Erklärungen gezählt. Diesen ist im folgenden ein eigener Abschnitt gewidmet.


## 6. Teleologische Erklärungen

Teleologische Aussagen sind dann von Nutzen, wenn Systeme (gesellschaftliche, biologische usw.) zur Diskussion stehen, von welchen angenommen wird, daß sie in einer gerichteten Weise organisiert sind. Diese Gerichtetheit kann, wie noch gezeigt werden soll, sowohl in nicht-mentaler als auch in mentaler Sprache ausgedrückt werden.

Was früher mit Bezug auf das Verhältnis von funktionalen und kausalen Erklärungen festgestellt wurde: daß sich nämlich funktionale Erklärungen in solche kausaler Art transformieren lassen, gilt auch für die Beziehung zwischen teleologischen und nicht-teleologischen Erklärungen (vgl. Nagel *1953*). Im Falle von teleologischen Erklä-

217

rungen richtet man seine Aufmerksamkeit auf die Höhepunkte und Resultate bestimmter Prozesse, im Falle von kausalen Erklärungen hingegen auf bestimmte Bedingungen, unter denen diese Prozesse in Gang gesetzt und aufrechterhalten werden; das eine Mal wird also die Aufmerksamkeit auf Consequens-Bedingungen eines Systems gelenkt, das andere Mal auf dessen Antecedens-Bedingungen. Eine teleologische Betrachtungsweise erscheint dann als zweckmäßig, wenn man unterschiedliche Antecedens-Bedingungen dadurch zueinander in Beziehung setzt, daß man ihre (in bestimmter Hinsicht) gleichartigen Wirkungen in Betracht zieht. Die Analyse derartiger „funktionaler Äquivalente" erweist eine teleologische Betrachtungsweise als ebenso fruchtbar, wie dies etwa der vor allem in der Biologie, aber auch in den Sozialwissenschaften praktizierte Nachweis von Analogien oder Homologien bezüglich bestimmter Körperorgane bzw. Institutionen und Verhaltensweisen ist (vgl. auch Kap. VI, 2).

a. Teleologische Erklärungen im weiteren Sinne

Teleologische Erklärungen im engeren Sinne beziehen sich auf intentionale Handlungen, teleologische Erklärungen im weiteren Sinne umfassen auch die vielfältigen gerichteten Prozesse im Naturgeschehen, welchen kein absichtsgeleitetes Handeln zugrunde liegt. So wird etwa der Blutkreislauf teleologisch erklärt unter Bezugnahme auf die Anreicherung des Blutes mit Sauerstoff, wodurch der Fortbestand des Organismus gesichert ist. Sonach wird etwas in dem weiteren Sinne dieses Wortes „teleologisch" erklärt, wenn sich zeigen läßt, wie dieses Etwas zur Realisierung oder zur Aufrechterhaltung des Systemzieles beiträgt.

## b. Teleologische Erklärungen im engeren Sinne

Der Begriff der teleologischen Erklärung bezieht sich in seiner eingeschränkten Bedeutung darauf, daß das Ziel eines Prozesses von jemandem als irgendwie vorhersehbar gedacht wird, wobei das Explanandum dann als erklärt gilt, wenn es von jemandem als etwas erkannt wird, das im Hinblick auf dieses Ziel als passend erscheint. Teleologische Erklärungen im engeren Sinne sind also funktionale Erklärungen im weiteren Sinne, die mentale Ausdrücke enthalten. In ihnen wird die funktionale Konsequenz durch die handelnden Individuen intendiert oder als intendiert aufgefaßt. In diesem Fall ist die sogenannte soziale Funktion internalisiert als ein persönliches Bedürfnis von Individuen, welches in der Folge beispielsweise die Ausübung eines Brauchs oder einer Sitte veranlaßt.[46]

Hier schließt sich der Kreis der Betrachtungen über die verschiedenen Erklärungstypen. Begonnen wurde mit

---

[46] Von besonderem Interesse sind in diesem Zusammenhang jene teleologischen Erklärungen, welche in eine Kausalerklärung eingebettet sind. In Betracht steht dabei die schon vorgängig bekannte Wechselwirkung zwischen einem Systemelement A und einem Systemzustand B, wobei es die Kenntnis des zwischen A und B bestehenden Wirkungszusammenhanges erlaubt, B durch zielgerichtetes Handeln zu beeinflussen. Der Zweck oder das Ziel B ist in diesem Falle bewußt gesetzt und vollzieht sich nicht im Sinne eines spontanen Prozeßablaufs. Keinesfalls wird dabei – wie man den Vertretern teleologischer Erklärungen häufig unterstellt – eine Weisheit des Ganzen eines gesellschaftlichen Systems vorausgesetzt, die nicht auf irgendeines seiner Glieder oder Systemelemente zurückzuführen sein soll. Die Anerkennung der Intelligenz eines Kollektivbewußtseins oder eines gesellschaftlichen Gesamtsystems ist keineswegs eine Vorbedingung für die Akzeptierung von teleologischen Erklärungen im engeren Sinne. Allerdings reichen diese nicht hin, gerade jene Phänomene zu erklären, welche für die Sozialwissenschaften von größtem Interesse sind und die – man denke etwa an die soziale Solidarität oder die soziale Integration – weitgehend nicht-intendierte Konsequenzen absichtsgeleiteten Handelns sind.

einer Unterscheidung von mentalistischen und nicht-mentalistischen Erklärungen, abgeschlossen wurde dieses Kapitel mit Bemerkungen zu teleologischen Erklärungen im engeren Sinn, also zu einem Typ der mentalistischen Erklärungen. – Nun aber zu einem anderen grundlegenden Problem der Philosophie der Sozialwissenschaften, das in anderem Zusammenhang noch einmal in Teil F zur Sprache kommen wird.

# VI. Historizität und Generalisierung

Wie die Wissenschaftslehre des logischen Empirismus zu zeigen versuchte, besteht eine formale Identität von Theorien, Gesetzen und logischen Rechtfertigungsverfahren in den Natur- und Sozialwissenschaften. Aber gerade auf der Basis dieser formalen Identität erscheint es erforderlich, auf die bestehenden substantiellen Differenzen näher hinzuweisen. Wenn nämlich gilt, daß der Mensch seine eigene Geschichte machen kann, dann lassen sich soziale Gesetze, so scheint es, nicht auf die gleiche Weise charakterisieren wie die Gesetze im Rahmen der anwendungsorientierten Naturwissenschaften. Denn gerade jene Korrelationen, aus denen solche Gesetze bestehen, können durch menschliche Entscheidungen geändert werden, so daß gesagt werden kann, daß Menschen soziale Gesetze schaffen, insofern soziale Gesetze sich aus den freien Entscheidungen der Menschen ergeben.

Allerdings bedarf die Feststellung, daß Menschen neue soziale Gesetze schaffen können, einer näheren Spezifizierung. Denn dies kann nicht besagen, daß die Möglichkeiten einer solchen kreativen Tätigkeit unbegrenzt sind. Es darf nicht übersehen werden, daß die Formulierung der Zielsetzungen, welche für die in Betracht stehenden Entscheidungen konstitutiv sind, vor allem aber die Durchsetzung der in Betracht stehenden freien Entscheidungen in einem bestimmten sozialen Verband, ganz bestimmte reale Wirkungsbedingungen voraussetzen. So gibt es Limitationen, welche das Feld der freien Entscheidungsmöglichkeiten von vornherein einschränken: solche der natürlichen Umwelt, der biologischen Ausstattung des Menschen, solche der politisch und ökonomisch geprägten Verhaltensgewohnheiten sozialer Gruppen usw. Grundlegende Ursachen für die Verschiedenartigkeit menschlicher Handlungen und für die unterschiedlichen in ihnen nachweisbaren Freiheitsgrade herauszufinden, war das prätentiöse, aber wegweisende Programm von John Stuart Mills Ethologie. Man könnte nun meinen, daß mit Hilfe des deterministischen Programms einer empiristisch orientierten Sozialwissenschaft der Unterschied zwischen Naturgesetzen und Sozialgesetzen völlig zum Schwinden zu bringen sei. In formallogischer Hinsicht ist dies, wie schon erwähnt, auch durchaus der Fall. In substantieller Hinsicht bestehen allerdings einige gravierende Unterschiede zwischen diesen beiden Gesetzesarten. Dies hat namentlich die Erörterung des Problems der Reflexivität sozialwissenschaftlicher Prognosen klargemacht, indem darauf hingewiesen wurde, daß es sich im Falle der sozialwissenschaftlichen Erklärungen und Prognosen um Tatbestände handelt, welche lernfähige Subjekte betreffen, im Falle der naturwissenschaftlichen Erklärungen und Prognosen jedoch nicht.[47] Diese Einsicht hat wichtige Konsequenzen für den Begriff der Ursache in den Sozialwissenschaften. Landläufig wird nämlich für Erklärungen und Prognosen in den Natur- und Sozialwissenschaften vorausgesetzt, daß aus genau der gleichen Bedingung oder Ursache stets genau die gleiche Wirkung folgt. Betrachtet man nun aber den

---

[47] Vgl. dazu die einschlägigen Bemerkungen bei Merton *1957*, Kap. XIII sowie die Diskussion über „reflexive predictions" zwischen Roger C. Buck und Adolf Grünbaum, in: Philosophy of Science 30 (1963).

sozialen Bereich in diachroner Perspektive, so zeigt sich, daß es darin nie genau „die gleiche Ursache" gibt, da die Geschichte des Menschen im wesentlichen eine Geschichte seines Lernens aus der Vergangenheit darstellt. Dies bedeutet natürlich nicht, wie radikale Vertreter des Freiheitspostulates gelegentlich anzunehmen scheinen, daß Gesetze der Sozialwissenschaft unmöglich seien. Solche Gesetze könnten uns durchaus dazu verhelfen, zu erklären, wie sich unterschiedliche charakterliche Dispositionen gebildet haben. Auf der Ebene der charakterlichen Dispositionen selbst ist es jedoch durchaus möglich, daß der Mensch neue – theoretisch sekundäre – Gesetze der Sozialwissenschaft schaffen kann. Und er kann dies, wie Alan Gewirth bemerkt, dadurch, „daß er Ursachen feststellt, die insofern neu sind, als sie das verkörpern, was er aus der Vergangenheit gelernt hat"; daher könne er „nunmehr kontrollieren..., wie diese Ursachen sich auswirken werden – d. h. welche Auswirkungen sie erzeugen werden. Wir können daher nicht sagen, daß er einfach einen bereits präexistierenden Nexus von Ursache und Wirkung durch einen anderen ersetzt, da gerade das, was der Nexus sein wird, selbst durch das Wissen und das Wollen des Menschen determiniert sein kann." (Gewirth 1954, 458)

Zwar werden im Hinblick auf das Verhältnis von Freiheit und Notwendigkeit noch in Teil F ausführlichere Erörterungen zu dem hier besprochenen Thema folgen. Aber eine Frage, die sich im Zusammenhang damit stellt, soll gleich hier behandelt werden: ob es überhaupt – und wenn ja, in welcher Form – Gesetze der Geschichte gibt.

## 1. Gesetze und Theorien der Geschichte

Mit dem Titel dieses Abschnitts kann zweierlei assoziiert werden: einmal Gesetze *der* Geschichte, dann aber Gesetze *in der* Geschichte als der Geschichtswissenschaft, welche, zumeist aus sozialwissenschaftlichen Nachbarfächern stammend, vom Historiker instrumentell verwendet werden.

1) Die erste Gruppe von Theorien der Geschichte enthält Gesetze, die, wie dies für die „allgemeinen soziologischen Gesetze" des Historischen Materialismus gelten soll, während der ganzen Geschichte der Menschheit wirken: das Gesetz von der Übereinstimmung der Produktionsverhältnisse mit dem Charakter der Produktivkräfte; das Gesetz von der bestimmenden Rolle des gesellschaftlichen Seins gegenüber dem gesellschaftlichen Bewußtsein; das Gesetz von der Abhängigkeit des Überbaus von der Basis der Gesellschaft.

2) Eine weitere Gruppe bilden die Theorien der einzelnen historischen Epochen und Formationen: des Kapitalismus, des Sozialismus, des Altertums, des Mittelalters, der Neuzeit usw. Es macht keinen prinzipiellen Unterschied, ob man – wie dies etwa bei Hans Freyers „Theorie des gegenwärtigen Zeitalters" und bei Jürgen Habermas' „Legitimationsprobleme im Spätkapitalismus" der Fall ist – gegenwärtige Verhältnisse im Blick hat oder aber Verhältnisse von bereits vergangenen Epochen.

3) Als dritte hier in Betracht stehende Gruppe von Theorien der Geschichte seien die verschiedenen Formen der Rekonstruktion eines zeitlichen Gesamtzusammenhangs vergangener Weltveränderung angeführt. Derartige Theorien bedienen sich zumeist eines evolutionstheoretischen Kategoriensystems. Exemplarisch dafür wären die Auffassungen von Herbert Spencer von der zunehmenden

Differenzierung der sozialen Verbände sowie die Auffassung des Historischen Materialismus vom zunehmenden Gewicht der bewußten und zielgerichteten menschlichen Tätigkeit bzw. von der progressiven Rolle des subjektiven Faktors, vor allem in Gestalt der wissenschaftlichen Ideen. Zu nennen wäre hier vor allem auch Max Webers These von der zunehmenden Rationalisierung und Entzauberung aller Lebensbereiche.

4) Als vierter Typus von Theorien der Geschichte seien jene Darstellungen des Übergangs von einer historischen Formation zur anderen erwähnt, die sich auf Gesetze des sozialen Wandels, vor allem auf die der Intergenerationen-Mobilität in bestimmten sozialen Einheiten und ethnischen Verbänden, beziehen.

Für die Geschichtstheorien der Arten 3) und 4) scheint charakteristisch zu sein, daß deren Vertreter vor allem einer analogisierend-teleologischen Erklärung zuneigen, wie sie etwa auch in den auf lange Zeiträume bezogenen naturgeschichtlichen Darstellungen von Wichtigkeit ist. Dabei ist man bestrebt, die Rolle von Elementen eines Systems durch Verfolgung ihrer Wandlungen zu erfassen. (Dies geschieht retrospektiv von einem bestimmten Phänomenbefund her, und nur scheinbar im teleologischen Vorgriff auf ihn.) Eine analogisierend-teleologische Erklärung in diesem Sinne will nicht, wie die genetisch-kausale, nachweisen, daß B von A kommt, sondern zeigen, daß etwa Z dort ein B hier bedeutet; ihr geht es um den Nachweis der Beziehung funktionaler Äquivalenzen zwischen bestimmten Prozeßelementen und Elementen in früheren Phasen eines sich evolutionär entwickelnden Systems.

Die Abwertung vor allem der diachronischen Geschichtstheorien als „metaphysischer" Restbestände der Gesellschaftswissenschaften ist häufig ungerecht oder aber einfach kurzsichtig. Ein Geschichtstheoretiker in diesem Verständnis arbeitet nicht der empirischen Wissenschaft entgegen, obschon er nicht einfach vorliegende Daten in chronologischer Reihenfolge aggregiert. Gewiß muß er ein empiristisches Credo desjenigen Wissenschaftlers zur Kenntnis nehmen, bei dem er Anleihen macht: daß er nichts glaube, ehe er nichts sehe. Umgekehrt wird der Geschichtstheoretiker zeigen können, daß sich – was nur scheinbar eine Paradoxie ist – in gewisser Weise ebenso die Devise vertreten läßt: daß man nichts sehe, ehe man nicht schon glaube. In der Tat muß man eine Idee von der Verlaufsstruktur der geschichtlichen Realitäten schon *haben*, ehe man sich an deren Narration macht; andererseits *findet* man die Idee erst in den geschichtlichen Realitäten, – sei es, daß diese unsere ursprüngliche Annahme konfirmieren, sei es, daß wir durch sie zu einer Revision und Neuformulierung des ursprünglichen regulativen Prinzips der historischen Betrachtung angeleitet werden.


## 2. Zur Geschichtlichkeit von sozialwissenschaftlichen Gesetzen

Das Problem der Historizität von sozialwissenschaftlichen Gesetzen ist mit der Frage nach dem Geltungsbereich dieser Gesetze verknüpft. Man weiß, so meint G. C. Homans, daß die generellen Hypothesen der Sozialwissenschaften „nur innerhalb ziemlich enger Grenzen gültig sind, beispielsweise nur im Bereich der westlichen Industriegesellschaften. Und wenn man die Grenzen nicht kennt, tut man gut daran, doch immer damit zu rechnen, daß sie eng sind." (Homans *1969*, 30 f.) In Anbetracht des rigiden forschungslogischen Prinzips, wonach keine

Gesetzesartigkeit vorliege, wenn in gesetzesförmigen Aussagen Prädikate enthalten sind, die unter Bezugnahme auf bestimmte Individuen oder Raum-Zeit-Stellen definiert sind, stellt sich die Frage: Gibt es in den Sozialwissenschaften überhaupt universelle Gesetze? Sind nicht die gefundenen Zusammenhänge stets nur für ein bestimmtes Raum-Zeit-Gebiet und damit in einer ganz bestimmten historischen Situation in Geltung?[48] – Diese Fragen gewinnen besonderes Gewicht, wenn man dabei an Aussagen denkt, welche einen mittleren Zusammenhang zwischen Bildungsniveau und Sozialstatus, zwischen ökonomischer Ungleichverteilung und Bürgerkriegsgefahr, zwischen dem Anwachsen des Bruttosozialprodukts und der individuellen Bedürfnisbefriedigung behaupten. Die gelegentlich vollzogene unbegrenzte Verallgemeinerung derartiger gesetzesförmiger Aussagen erschien dabei des öftern als anachronistische Projektion des Geltungswertes der in Betracht stehenden Korrelation in einen ganz anders strukturierten Geltungsbereich. Bei Korrelationen der angeführten Art erscheint es adäquater, den zunächst gefundenen Zusammenhang als singuläres Ereignis aufzufassen, dessen Auftretensbedingungen erst einmal zu untersuchen sind, ehe eine Generalisierung vorgenommen wird. [49]

---

[48] Man könnte versuchen, die hier in Betracht gezogenen Schwierigkeiten dadurch zu beseitigen, daß man empirisch gefundene Zusammenhänge einfach als universell gültige Gesetze auffaßt und dann falsifiziert oder konfirmiert. Jedoch erschiene es nach allgemein üblichen wissenschaftlichen Standards zumindest als frivol, Zusammenhänge, die an einer unter bestimmten geographischen und historischen Bedingungen lebenden Population gefunden wurden, „bis auf Erweis des Gegenteils" – unter Vernachlässigung der eben erwähnten geographischen und historischen Bedingungen – unbegrenzt zu verallgemeinern und möglicherweise noch praktische Konsequenzen selbst unter geänderten Wirkungsbedingungen daraus herzuleiten (vgl. Stelzl 1976, 88).

[49] Eine Erklärung der Auftretensbedingungen eines in einer bestimmten

Zweifellos ist es richtig, daß die Gesetze und Theorien der Sozialwissenschaften nicht jenen Grad der Allgemeinheit aufweisen, den etwa jene der klassischen Mechanik haben. Aber viele Generalisierungen in der statistischen Physik teilen mit der Mehrzahl der nomologischen Hypothesen in den Sozialwissenschaften den Charakter der Quasi-Allgemeinheit. Unabhängig davon erscheint es nicht sehr sinnvoll, das Unternehmen der Sozialwissenschaften immer nur gemäß dem Paradigma der Physik zu beurteilen. Geschieht dies, so ist es nicht verwunderlich, daß man die spezifische ontologische Differenz zwischen Natur- und Sozialwissenschaften permanent in Zweifel zieht. Ihr zufolge zeichnet den Gegenstand der Sozialwissenschaften aus, daß dessen Elemente, die menschlichen Individuen, ihr Verhalten unter dem Eindruck von Erfahrungen ändern können, die sie (mit sich) selbst gemacht

---

geographischen und historischen Situation als wahr erkannten Zusammenhangs, der etwa in dem Satz „Zwischen Schulleistung und Intelligenz besteht ein mittlerer Zusammenhang" seinen Ausdruck findet, könnte, wie Ingeborg Stelzl in ähnlichem Zusammenhang ausführt, aus einer Theorie der Intelligenz und Intelligenzmessung einerseits, einer Analyse der Schulsituation andererseits versucht werden. Dies sollte dann auch Prognosen über die Höhe des zu erwartenden Zusammenhangs bei modifizierten Schulbedingungen ermöglichen. „Dabei können auch die nun zur Erklärung herangezogenen Allgemeinaussagen eine ‚Ceterisparibus-Klausel' enthalten, indem z. B. die herangezogene Theorie der Intelligenzentwicklung zunächst unter ‚unserer Kultur vergleichbaren Bedingungen' Gültigkeit beansprucht. Daß hier eine Fülle von Bedingungen nicht näher expliziert, sondern pauschal zusammengefaßt wird, deutet zwar an, daß die in der angegebenen Intelligenztheorie vorkommenden Allaussagen ihrerseits erklärungsbedürftig sind und sich vielleicht später, beim Vorliegen einer umfassenderen Theorie, als durch das Zusammentreffen bestimmter spezieller Bedingungen ergebender Spezialfall erklären lassen, tut aber der Gesetzesartigkeit als solcher keinen Abbruch: Die Gültigkeit wird für ‚unserer Kultur analoge Bedingungen' beansprucht, wann und wo immer es sie geben mag, der Anwendungsbereich ist nicht per definitionem endlich." (Ebd. 88 f.)

haben. In der Tat ist in den meisten Sozialwissenschaften diese Art von Geschichtsbedingtheit ein grundlegendes Problem. Gerade im Hinblick darauf kann man sich, wie Homans bemerkt, manchmal nicht des Eindrucks erwehren, „daß man sie als Wissenschaften kritisiert, weil ihnen etwas nicht gelingt, was eine respektable Naturwissenschaft nicht einmal zu tun versuchen würde" (Homans *1969*, 86).

# E. Axiologische Aspekte der Sozialwissenschaften – Wertrelativismus, Wertdiskurs, wissenschaftliches Ethos

Wenn Du an eine bestimmte letzte Wertordnung glaubst, wird Dir Gerechtigkeit nach dieser Ordnung unveränderlich und „standardisiert" erscheinen. Für einen anderen aber, der an eine andere Ordnung glaubt, wird Gerechtigkeit anders aussehen. Triff Deine Wahl. Sage mir, aber sage mir aufrichtig und ehrlich, wie Deine höchsten Werte aussehen, und ich will Dir sagen, was für Dich Gerechtigkeit ist. Ehe Du mir nicht das eine sagst, kann ich Dir das andere nicht sagen. Aber wenn Du es mir sagst, kann ich Dir vielleicht auch sagen, welche Konsequenzen Deine Wahl haben wird, welche Risiken Du eingehst; *und dann wirst Du vielleicht Deine Wahl ändern.* Auch kann es sich für Dich selbst herausstellen, daß Du Dich in Deiner Ansicht darüber, welches Deine höchsten Werte sind, geirrt hast.

*Arnold Brecht*, Politische Theorie (1961)

Obschon sie nicht in der vollen ihr gebührenden Breite erörtert werden kann, soll in diesem Teil der Frage nach dem Verhältnis von Sozialwissenschaften und Wertgeschehen nachgegangen werden.

Ausgehend von einer noch zu präzisierenden, zunächst intuitiv vorausgesetzten Bedeutung des Wertbegriffs, welcher Güter, Normen und Standards umfaßt (vgl. unten Kap. II, 1), sei zunächst die mögliche Position von Werten im Rahmen sozialwissenschaftlicher Erörterungen angegeben. Es lassen sich in dieser Hinsicht unterscheiden

– *Werte in der Wissenschaft*, das sind (positive oder negative) wertende Stellungnahmen des Forschers zum Objekt seiner Untersuchung, die zum einen die Problemauswahl und die Schlußfolgerungen aus seiner Analyse bestimmen, die zum anderen aber mitunter auch in Gestalt von expliziten (positiven oder negativen) Wertungen den theoretisch gemeinten Gehalt der Analyse selbst beeinträchtigen;

– *Werte als Objekt der Wissenschaft*, das sind materielle und ideelle Güter sowie Normen und Standards, die ethisch oder ästhetisch bedeutsam sind;

– *Werte für die Wissenschaft*, das sind einmal endogene Werte: die Wissenschaftskriterien und die von der Forschergemeinschaft approbierten Forschungstechniken und Rechtfertigungsmethoden; das sind aber auch exogene Werte: jene Umstände, unter denen eine optimale Entfaltung der Möglichkeiten von Wissenschaft gegeben ist;

– *der Wert der Wissenschaft*, das ist die Funktion der Wissenschaft bezüglich gewisser Interessenziele außerwissenschaftlicher Art.

Ein altes, wenn auch heute immer wieder aktuelles Mißverständnis besteht nun in der Annahme, daß sich das sogenannte Wertproblem in den Gesellschaftswissenschaften nur auf explizite Wertungen beziehe. Mit Bezug darauf nimmt sich daher auch eine Variante des sogenannten Werturteilsstreits für den Betrachter recht sonderbar aus. Denn wenn man dabei lediglich die *wertaussagenfreie* Erscheinungsform einer Information zu prämiieren bestrebt ist, weil diese angeblich nicht bestimmte Werthaltungen oder Handlungsweisen ausdrücke oder auslöse, so muß eine derartige bloß an der syntaktischen Aussageform orientierte Erörterung des Problems der Wertfreiheit als in bestimmten Zusammenhängen banal oder biedersinnig bezeichnet werden. Erst wenn man den Bezug emotiver Erwartungen zu rein beschreibenden Tatsachenaussagen herausgearbeitet und somit einen Sinn für die Relativität entwickelt hat, welche zwischen dem Faktischen und dem Normativen besteht, wird man sehen, daß in Sachaussagen praktische Wertungen und Handlungsbezüge konserviert sein können, selbst wenn von der Aussageform eine Beeinflussung des effektiven Handelns dadurch keineswegs nahegelegt wird. Besonders eindringlich läßt sich, worauf Ulrich Beck hingewiesen hat (vgl. Beck *1972*, vor allem 211–217), das Problem der „Sachaussagen-Wertung" durch die methodisch schwer faßbare Schwierigkeit illustrieren, das in der Sozialforschung anfallende Datenmaterial angesichts der ihm im gesellschaftlichen Verwertungszusammenhang faktisch zukommenden normierenden Funktion notwendig selektiv zu handhaben. „Der Soziologe trifft hier... nicht Wertungen in Form von Wertaussagen, sondern bei der Auswahl von Daten und der Aufbereitung von Sachinformationen, die bestimmte kalkulierbare Reaktionen erwarten lassen, wenn sie bei den für die Ausübung seiner Tätigkeit relevanten Gesellschaftsgruppen publik werden." (Ebd. 217) Hinzu komme, wie Beck meint, daß die Wertaussage und die offene Parteinahme unter Umständen auch nicht einmal besonders taugliche Mittel soziologischer Normativitätskontrolle sind: „Denn die politisch-ökonomischen Entscheidungsinstanzen und Machtzentren der Gesellschaft kommen gewiß ohne die handlungsanweisenden Ratschläge des Soziologen aus, immer mehr sind sie dagegen auf soziologische Daten, Theorien und Technologien angewiesen. Das wohlgemeinte Werturteil *nach getaner* Arbeit dürfte daher lange nicht so effektiv sein wie die in die Arbeit *selbst* investierten Sachaussagen-Wertungen, z. B. die sachliche Erforschung moralischpolitisch bedeutsamer Themen oder die stereotype Wahl handlungsunzugänglicher, zur Hinnahme stimulierender Erklärungsendpunkte." (Ebd. 225) Wenn man also der Relativität von Sachaussagen und Wertungen Rechnung trägt, wird man mit Blick auf die gesellschaftlichen Vorerwartungen auch zeigen können, daß weder die Zustimmung zum Prinzip der Wertfreiheit (im Sinne der Wertaussagenfreiheit) noch dessen Ablehnung eine Gewähr dafür bietet, daß das wirklich bedeutsame Normativitätsinstrumentarium in der Methodologie der sozialwissenschaftlichen Forschung angemessen in Rechnung gestellt würde. Man muß ferner einiges über kollektive Werthaltungen schon wissen, um über das spezifische Gewicht kognitiver Informationen näher Bescheid zu wissen. Insofern sind werthafte oder kulturelle Phänomene auch für die kognitive Dimension des Wissenschaftsbetriebs von großer Wichtigkeit. So wird man etwa in einem ideologiekritischen Zeitalter, wie einmal Renate Mayntz bemerkte, dessen „Tatsachen" eher glauben, der nicht explizit Partei nimmt (vgl. Mayntz *1961*).

# I. Historismus und ethischer Soziologismus

Zu Beginn unseres Jahrhunderts betrachtete man es als einen für die Erörterung von Grundlagenproblemen der Kulturwissenschaften zentralen Tatbestand, daß jede in diesem Bereich gewonnene Einsicht durch ein charakteristisches, durch subjektive und epochale Erkenntnis- und Wertstandards bedingtes Auffassen gekennzeichnet sei. Welchen Rang demnach etwa ein Historiker geschichtlichen Tatsachen verleiht, hänge von den gegenwärtigen Interessen und Einstellungen des Historikers ab, welche wiederum weitgehend durch die jeweils gegebenen gesellschaftlichen Bedürfnisse mitbestimmt werden – sei es, daß sich der Historiker zu ihrem Anwalt macht, sei es, daß er gegen sie Stellung bezieht. Daher erschien es als evident, daß der Wandel der Kultur- und Sozialwissenschaften nicht nur darin bestehen könne, daß uns die fortschreitende Kumulation von Fakten veränderliche Wissensinhalte vermittelt, sondern daß dieser Wandel im wesentlichen auf eine Veränderung der Wertgesichtspunkte zurückzuführen ist. Die Erörterung vieler darauf bezüglicher Fragen stand bereits im Zentrum der geistesgeschichtlichen Bewegung des Historismus im 19. Jahrhundert. Dessen Grundpositionen sollen im folgenden kurz dargestellt werden.

## 1. Varianten des Historismus

Die Einheitlichkeit des Sinnes, der mit Novalis' Feststellung verbunden worden war, daß sich Geschichte aus Ehemaligem und Künftigem, aus Hoffnung und Erinnerung zusammensetze, wurde schon in der ersten Hälfte des 19. Jahrhunderts, wie Reinhart Koselleck zeigte, brüchig (vgl. Koselleck *1975*, 705f.). Jede inhaltliche Festlegung der Elemente dieser Gleichung wurde durch die Bewußtseinsänderungen, welche sich auf seiten der Historiker und der Geschichtstheoretiker seit der Französischen Revolution ereignet hatten, zum allgemein bezeugten Problem. Das Ziel der Beschäftigung mit Geschichte ermangelte seither der eindeutigen Bestimmbarkeit: Erschien Geschichte das eine Mal als Unternehmen der Wiedergewinnung einer zunehmend verlorengehenden Vergangenheit, so wurde sie das andere Mal verstanden als Hinwendung zu einer zu schaffenden Zukunft und als Richtungsanzeige für den einzuschlagenden Weg.

Symptomatisch für das Auseinandertreten der geschichtsphilosophischen Blickrichtungen und für die ihnen inhärenten Erwartungen bezüglich der Wirksamkeit einer Beschäftigung mit der Realgeschichte ist der polyvalente Gebrauch des Ausdrucks „Historismus", welcher erstmals im Vormärz in die Wissenschaftssprache Eingang gefunden hat (zum folgenden vgl. Scholtz *1974*). Im Laufe der Zeit wurden die zunächst idealtypisch unterscheidbaren Grundpositionen: ein um die Rekonstruktion der historischen Singularitäten bemühter ästhetisierender Antiquarianismus (a) auf der einen, ein nach Transformation der Gegenwart strebender Voluntarismus (b) auf der anderen Seite, um zwei weitere Varianten des geschichtsphilosophischen Historismus erweitert; und zwar um eine Geschichtstheorie, welche die Teleologie realhistorischer Entwicklungen herauszuarbeiten bemüht war (c) und um eine reflexive „Philosophie der Philosophie" im Sinne Diltheys, welche die historische Varietät empirisch nachweisbarer Denk-, Gefühls- und Willenshaltungen im Rahmen einer neu zu entwickelnden historischen Anthropologie verstehend zu rekonstruieren suchte (d).

### a. Antiquarianismus

Ludwig Feuerbach bezeichnete mit „Historismus" ein durch ein falsches Geschichtsverhältnis deformiertes Bewußtsein und unterzog dabei das einer Kritik, was später Friedrich Nietzsche im zweiten Stück seiner „Unzeitgemäßen Betrachtungen" an negativen Aspekten der antiquarischen Historie herausstellte. Wie Feuerbach, so wußte auch er um die Gefahr einer zum Selbstzweck gewordenen Historisierung, welche darin besteht, mit der Erinnerung an die Vergangenheit auch die Last der Vergangenheit zu bewahren und sich damit zu begnügen, die Tatsachen wiederzugeben, ohne sie auch zu beurteilen.

### b. Voluntarismus

Hatte Feuerbach im Historismus den Versuch kritisiert, die Geschichte von ihrem Bezug zum Leben abzutrennen und die Beurteilung des Wahrheitsanspruches vergangener Auffassungen in den Bereichen der theoretischen und der praktischen Vernunft zu suspendieren, so konnte zur selben Zeit Christlieb Julius Braniß mit „Historismus" noch eine zukunftsgerichtete Geschichtsphilosophie bezeichnen: Im Gegensatz zum „Naturismus" begründe der Historismus „die große Zeit der sich selbstbewußt vollbringenden Weltgeschichte", die schon angebrochen sei (Braniß *1848*, 106–108; dazu Scholtz *1973*). Später hat Wilhelm Dilthey den „Naturalismus" als einen Typus möglicher Weltauffassungen neben dem „objektiven Idealismus" und dem „Idealismus der Freiheit" betrachtet (vgl. Dilthey *1914 ff*. VIII) und jeden Ausschließlichkeitsanspruch des Naturalismus als eine Erscheinungsform des „Dogmatismus" gekennzeichnet. Dem, was Braniß als „Historismus" bezeichnet, entspricht bei Dilthey der „Idealismus der Freiheit".

c. „Historizismus"

Eine dritte Konzeption des Historismus, welche bereits im 19. Jahrhundert formuliert worden war und die von großer wirkungsgeschichtlicher Bedeutung wurde, sei hier kurz in Betracht gezogen. Felix Dahn zufolge gründe „der wahre Historismus" auf den Lehren Lessings und Kants und fasse „die Weltgeschichte im weitesten Sinne als ein Ganzes, als die einheitliche, nach Vernunftgesetzen notwendige Entwicklung eines Prozesses" (vgl. Dahn *1883*, 95–98). Der hier mit dem Ausdruck „Historismus" verbundene Sinn trat in den Darstellungen von ganz unterschiedlich gesonnenen Philosophen, Historikern und Vertretern der theoretischen Sozialwissenschaften in Erscheinung: etwa bei Hegel und Marx, bei Buckle, Comte und Spencer, bei Breysig, Lamprecht und Spengler sowie bei verschiedenen ökonomistischen und biologistischen Theoretikern des 19. und 20. Jahrhunderts. Bei Croce, wie später bei Karl R. Popper, wurde diese Variante des Historismus kritisch unter dem Etikett „Historizismus" (vgl. Croce *1944*, z. B. 75) in Betracht gezogen.

## d. Systematologie

Sowohl gegenüber der teleologischen Geschichtstheorie als auch gegenüber dem Antiquarianismus und der dadurch bewirkten Gegenwartsflucht versuchten Ernst Troeltsch, Friedrich Meinecke und Erich Rothacker – in unmittelbarem Anschluß an das Werk Wilhelm Diltheys – die unverzichtbare Erfahrung geschichtlicher Relativität und das Streben nach wissenschaftlicher Überprüfbarkeit im Rahmen einer reflexiven Betrachtung zu vermitteln. Das historische Bewußtsein sollte es nach Dilthey sein, das die kognitive Dissonanz zwischen dem Anspruch jedes Systems auf Allgemeingültigkeit und der historischen Anarchie der Systeme aufheben könnte. Die Fülle der Einzelerscheinungen der Geschichte als Gestaltungen und Ausdrucksformen menschlichen Wesens aufzufassen und dabei Gültiges im Relativen zu bestimmen, war Diltheys eigentliches Anliegen, das sein ganzes Werk bestimmt hat. Der Wert der Geschichtsschreibung sollte folglich darin bestehen, daß sie uns lehrt, was der Mensch bisher getan hat, und damit auch, was er ist. Denn das Wesen des Menschen erschließe sich uns nur in der Darstellung und Analyse seiner bisher verwirklichten Möglichkeiten. – Und doch sind die Gefahren nicht zu übersehen, welche mit einer derartigen Betrachtung des historischen Geschehens einhergehen. In ihr macht sich oftmals ein Wohlgefallen an der unerschöpflichen, sich beständig wandelnden Fülle der Individualitäten, Kräfte und Begebenheiten geltend, was geradezu den Vorwurf des impressionistischen Lebensgenusses provozieren konnte. Er wurde meist dort laut, wo man sich in der Darstellung der Mannigfaltigkeit des geschichtlichen Lebens ergeht, wo die Historie im Rahmen der bloßen Schau gehalten, die Varietäten bestenfalls klassifiziert und typisiert werden und das Potential der historischen Erfahrung jeder Wirkung auf die Gestaltung der eigenen Zeit beraubt wird.

Unter „Historismus" wird also sehr Verschiedenes verstanden, auch wenn zumeist die erste der genannten Varianten mit diesem Ausdruck assoziiert wird. Der faktographische Historismus im Sinne des vorhin skizzierten Typs (a), „der theorielose und praxisabgewandte geisteswissenschaftliche Betrieb der unendlichen Stoffhuberei, der seine Unfähigkeit, Prioritäten begründet zu setzen und Wichtiges von Unwichtigem zu unterscheiden, als Objektivität auszugeben pflegt", gehört, Herbert Schnädelbach zufolge, „sicher zu den Untugenden, in deren Verdammung alle Wissenschaftstheoretiker einzustimmen bereit sind, ohne daß dies an ihrer Existenz etwas änderte" (Schnädelbach *1974*, 16). Er soll im weiteren Verlauf dieser Untersuchungen keine besondere Aufmerksamkeit erfahren, obwohl die ihm zugrunde liegende Anerkennung des Faktischen auch für den Soziologismus der Werte charakteristisch ist. Um diesen soll es nun gehen.


## 2. Zur Identifikation von Normalität und Allgemeinheit

Charakteristisch für den Wertsoziologismus ist die Überzeugung, daß als Sollens-Norm gelten soll, was als statistische Norm gegeben ist. In einem Zeitalter des ethischen Utilitarismus ist dies eine zwar konsequente, aber dennoch nicht unproblematische Auffassung. – Die soeben erwähnte, durchaus handlungsrelevante Konfundierung der Normbegriffe läßt sich auch im Sprachlichen nachweisen.[50] Sie hat zu einem Austausch der Bedeutungen von „Anomalie" und „Anormalität" („Abnormität") geführt: dieses ist zu einem deskriptiven und jenes zu einem normativen Begriff geworden.[51] Es wäre jedoch darauf zu achten, daß der Terminus Anomalie strikt in der Bedeutung von „unüblich", „ungewohnt" verwendet wird, so daß „anomal sein" besagt: seiner Organisation nach von der großen Mehrheit jener Lebewesen verschieden sein, mit denen ein Organismus oder ein Individuum verglichen werden muß. „Anomalie" ist somit ein Relationsbegriff im Verhältnis zu einer statistischen Norm, während „Anormalität" („Abnormität") einen Relationsbegriff hinsichtlich einer Sollens-Norm darstellt.

Die dazu kontroverse Identifikation von Normalität und Allgemeinheit, die dadurch vollzogen wird, daß eine Norm durch ihre statistische Häufigkeit definiert wird, prägte das soziologische Denken von Adolphe Quételet über Emile Durkheim bis zu den demoskopischen Soziologisten der Gegenwart. Es manifestiert sich darin die normative Intention einer Gesellschaft, die einen Bezugsrahmen für Normalisierungsbestrebungen entwickelt, der

---

[50] Es mag sogar sein, daß eine gewisse Verunklärung etymologischer Tatsachen der falschen Ansicht förderlich war, daß zwar *normales* Verhalten determiniert und daher erklärbar sei, daß aber *Anomalien* des Verhaltens aus dem deterministischen Zusammenhang fallen. Denn man hat die Etymologie des Wortes Anomalie häufig dadurch verfälscht, daß man es nicht von *omalos* über die Zusammensetzung *an-omalos* (uneben, ungleichmäßig, rauh), sondern von *nomos* (Gesetz) über die Zusammensetzung *a-nomos* ableitete. Nun hat aber das griechische Wort *nomos* eine ähnliche Bedeutung wie das lateinische *norma*: Gesetz und Regel sind nahezu identisch.

[51] Georges Canguilhem macht in diesem Zusammenhang darauf aufmerksam, daß „Anomalie" streng semantisch eine Tatsache bezeichnet, mithin ein deskriptiver Terminus ist, während „anormal" den Bezug auf einen Wert enthält und sonach ein Terminus des Beurteilens, ein evaluativer Ausdruck ist (vgl. Canguilhem *1977*, 86 f.).

es erlaubt, bereits hergestellte numerisch dominante Qualitäten des Seienden auch als das Seinsollende zu erweisen. Zutreffend läßt sich diese auch für die zeitgenössische Sozialwissenschaft oft charakteristische Argumentationsfigur als demokratische Ideologie bezeichnen. Die hier in Betracht stehende Auffassung hat bereits in den Anfängen der empirischen Sozialforschung ihre Wurzeln, eben bei Quételet, der aus der wertfreien statistischen Präsentation von individuellen Eigenschaften Normen deshalb ableiten zu können meinte, weil er zuvor in seinem Begriff des wahren Durchschnitts die statistische Häufigkeit und die Norm gleichgesetzt hatte (vgl. Canguilhem *1977*, 100–121). Max Weber stand in Gegnerschaft zu derartigen Auffassungen, wie seine Kennzeichnung des „optimistischen Synkretismus" bezeugt, welchen er in seinem berühmten Aufsatz über die „Objektivität" sozialwissenschaftlicher und sozialpolitischer Erkenntnis als einen vergeblichen Versuch betrachtet, „durch Synthese von mehreren oder auf der Diagonale zwischen mehreren Parteiansichten praktische Normen" zu gewinnen (vgl. Weber *1904*, 155). Er wandte sich damit unter anderem gegen die Gewohnheit, den Anspruch auf die Geltung von praktischen Normen dadurch sozialwissenschaftlich abzusichern, daß sie sozialstatistisch als die dominanten erwiesen werden.[52]

---

[52] Es wäre zu fragen, warum derartige schon von Max Weber kritisierte Varianten der Normenbegründung nach wie vor, etwa im Rahmen soziologischer Ordnungskonzeptionen, kultiviert werden, in den Naturwissenschaften aber schon lange als dubios erscheinen. So belehrt uns etwa die Biologie, daß sich derjenige die Einsicht in die biologische Bedeutung jener Anomalien verbaut, welche die Genetiker als Mutationen bezeichnen, der das Normale als größte Häufigkeit definiert (vgl. Canguilhem *1977*, 178–191). Hier wird gerade deutlich, daß eine Anomalie nicht von vornherein schon pathologisch ist, bloß weil sie eine

241

Die soeben vorgetragenen Überlegungen sollen keineswegs dem Zwecke dienen, demokratische Praktiken methodologisch zu dequalifizieren. Im Gegenteil – dadurch soll vielmehr ein Prinzip sichergestellt werden, welches mit dem Namen der Demokratie unauslöschlich verbunden ist: der Minderheitenschutz. Mehrheit und Konsens sind noch nicht in sich selbst wertvoll, und dies genausowenig wie Verschiedenheit oder Devianz notwendig wertlos sind. Seit vor allem die politische Geschichte des 20. Jahrhunderts in ausreichendem Maße Belege dafür geliefert hat, wie man selbst für kognitiv unhaltbare Auffassungen demokratische Mehrheiten gewinnen kann, ist wohl das Sensorium dafür geweckt worden, daß und wie man verschiedenste Formen des Soziopathologischen für normal erklären kann, und umgekehrt. Dies geschieht im besonderen dadurch, daß man Normales und Anormales unter Hinweis auf relative, statistische Häufigkeit definiert.[53]

---

Abweichung von jenem artspezifischen Typus ist, der als Komplex der statistisch häufigsten Merkmale verstanden wird. Anomalien oder Mutationen zeugen vielmehr von der Möglichkeit anderer und – gemessen an der Stabilität, an der Reproduktions- und Wandlungsfähigkeit des Lebens – höherwertiger artspezifischer Normen. Verschiedenheit bedeutet also nicht Krankheit, das Anomale ist nicht schon das Pathologische. Es gilt also in der Biologie, was in der Sozialforschung oftmals ignoriert wird: die logische Unabhängigkeit der Begriffe Norm und Durchschnitt voneinander. Das heißt also, daß ein objektiv berechneter Durchschnittswert nicht ohne jede Prüfung als volles Äquivalent des (anatomisch oder physiologisch) Normalen gelten kann.

[53] Von derartigen Prämissen ausgehend könnte man aber etwa auch sagen, daß andauernd volle Gesundheit anormal ist, oder daß selbstlose Nächstenliebe anormal ist. Andererseits können wir etwa Auffassungen des Geozentrismus oder des Rassismus zu bestimmten Zeiten als – in diesem Sinne! – normal nachweisen, und dies selbst unter der Voraussetzung, daß gleichzeitig mit diesen Auffassungen bereits eine Reihe von Tatsachen bekannt war, welche diese sozial wirksamen astronomischen und biopolitischen Überzeugungen erschüttern hätten können.

Noch einige Worte zur fehlenden bzw. schwindenden Normalität im Falle der Festschreibung gewisser Adaptionsgewohnheiten. Es wäre falsch, die mit Extrapolationen auf die Zukunft hin verbundenen Anpassungsmechanismen von vornherein als ungesund zu bezeichnen, etwa weil sie nicht hinreichend spontaner Natur seien. Gesundheit ist ja ein Komplex von (weitgehend latenten) Sicherungen, von Absicherungen in der Gegenwart gegenüber der Zukunft. Es gibt nun aber solche Sicherungsverfahren, die auf eine unüberlegte Routine hinauslaufen und die als undifferenzierte Eingewöhnung an Anpassungsleistungen schon ins Vorfeld der Krankheit rücken. Diese besteht ja in einer Reduktion der Toleranzbreite gegenüber der Unverläßlichkeit der Umwelt. Dabei wäre jenem Zusammenhang Aufmerksamkeit zu schenken, wonach einerseits unsere eingeübten Anpassungsmechanismen auf die Gestaltung einer ganz spezifischen Umwelt hinauslaufen, wonach aber auch umgekehrt die Ausgestaltung einer neuen, aber monotonen Umwelt eine Verminderung gewisser menschlicher Aktivitäten zur Folge hat. In einer nicht streng geschützten Umgebung würde dieser neue Typus des vor lauter ritualisierter „Normalität" langsam krank Gewordenen nur Katastrophenreaktionen an den Tag legen. Ähnliches zeigt sich gelegentlich in der Störanfälligkeit der überroutinisierten funktionellen Aktivitäten und Prozeduren in vielen hochtechnisierten Ballungsräumen.[54] Gewiß stellt auch das hier in Betracht gezogene

---

[54] Was Canguilhem mit Bezug auf bestimmte Erkenntnisse und Grundsätze der neurologischen Krankheitslehre formuliert, gilt auch für den hier in Betracht stehenden Tatbestand. Canguilhem weist hin auf den „Ordnungswahn von Kranken, die peinliche Sorgfalt, die Vorliebe für Monotonie, die Fixierung an eine Situation, von der sie wissen, daß sie sie bewältigen können. Der Kranke ist krank, weil er nur *eine* Norm zulassen kann. Unter Rückgriff auf einen Terminus, der sich bereits

Verhalten, das sich ein wenig verkürzt als Verhalten der induktionistischen Anpassung charakterisieren ließe, eine Reaktionsleistung dar. Kaum wird man hier jedoch von Gesundheit im emphatischen Sinne sprechen können. Denn Gesundheit ist eine Sicherheitsreserve an Reaktionsmöglichkeiten. Dies hätte auch eine philosophische Wertlehre in hochentwickelten wissenschaftlich-technischen Zivilisationen gebührend in Rechnung zu stellen, die sich ja von der Kenntnisnahme anderer humanwissenschaftlicher Einsichten nicht dispensieren soll. Sie wird nicht ignorieren können, daß der individuelle oder soziale Organismus nicht bloß Unterwerfung unter die vorgegebene Umwelt praktiziert, sondern eine ihm spezifische Umwelt zu schaffen in der Lage ist. Er stiftet nicht nur „objektive" Werte in der Außenwelt, sondern auch „subjektive" Werte dadurch, daß spezifische, der geänderten Umwelt korrelierende Bedürfnislagen und Einstellungen geweckt werden. Der pathologische Zustand hingegen zeugt von der Reduktion der vom Lebewesen noch geduldeten Lebensnormen; die pathologischen Konstanten sind in diesem Sinne regressiv und streng auf Selbsterhaltung gerichtet. Individuen in diesem Zustand sind nur mehr Funktionen des Umweltsystems und nicht mehr von sich aus in der Lage, jene Verhältnisse, die ihr eigenes Verhalten bedingen, zu ändern.

---

bewährt hat, könnten wir sagen: der Kranke ist nicht anormal, weil ihm eine Norm fehlt, sondern weil er nicht normativ zu sein vermag." (Ebd. 124)

## II. Okkasioneller und axiologischer Relativismus

Es ist für gewisse Positionen des Historismus charakteristisch gewesen, in Abwehr von oft unangemessenen Formen der historischen Vereinheitlichung – insbesondere der Subsumtion unter ein singuläres „Gesetz" – „Epochen" oder „Lebensformen" aus sich selbst heraus zu verstehen. Diese innerhalb der Hermeneutik fruchtbare Einstellung auf den Bereich der praktischen Philosophie zu übertragen, ist ein nicht immer unproblematisches Unterfangen. Denn hinter der so beharrlich vorgetragenen These der Neutralität gegenüber Weltanschauungen und Moralsystemen kann auch der Wunsch stehen, die jeweils gegenwärtige eigene „Lebensform" unter allen Umständen unverändert zu lassen; dies soll dadurch bewerkstelligt werden, daß von vornherein vermieden wird, die Vergleichbarkeit der eigenen Lebensform mit anderen Lebensformen bewußt zu machen. Dabei wird – im Sinne der Ausführungen des vorausgegangenen Abschnittes – häufig gefolgert, daß den jeweils dominanten Interessen und Werthaltungen innerhalb einer „Kultur" oder einer „Lebensform" eben deshalb intersubjektive Geltung zukomme, weil sie von allen oder von der Mehrheit vertreten werden, und zwar unabhängig davon, ob ihre kognitiven Gehalte in Betracht gezogen und deren potentielle Deformationen genetisch rekonstruiert worden sind. So wird übersehen, daß sich ja werthafte Interessen zumeist auf faktische Annahmen gründen, deren Richtigkeit nicht dadurch erwiesen werden kann, daß diese Annahmen von allen (oder von den meisten) für wahr gehalten werden. Derartige Common-sense-Einstellungen nicht von vornherein hoch zu bewerten, hat mit Elite-Bewußtsein nichts zu tun, wohl jedoch unter anderem mit dem Bewußtsein davon, in welchem Umfang die heutige Produktion neue Wünsche, Bedürfnisse und Interessen weckt und „in welchem Maß Bedürfnisse von dem Prozeß abhängig sind, der sie befriedigt" (Galbraith *1963*, 143).

Es wäre verfehlt, in der weitgehenden Akzeptierung einer derartigen „Lebensform" als etwas, das eben nach allgemeiner Meinung doch „natürlich" und „selbstverständlich" sei, einen Indikator für ethische Intersubjektivität zu sehen, ohne auf die Umstände zu achten, in denen sich diese Meinungskonformität ausbildete.

Man hat vielfach im Namen des Kulturrelativismus den Standpunkt der Indifferenz gegenüber den verschiedenen Lebensformen *und* deren gelegentliche Dogmatisierung zu rechtfertigen versucht. In diesem Kapitel soll es darum gehen, die wichtigsten Aspekte des Kulturrelativismus zu erörtern, der oftmals auch als „sozialkultureller ethischer Relativismus" bezeichnet wird. Unter diese Bezeichnung sollen alle jene Auffassungen fallen, welche den Wert einer Handlung, deren Richtigkeit und Falschheit, deren Lob- und Strafwürdigkeit als relativ zu einem sozialkulturellen System betrachten. Zum Zwecke der Möglichkeit einer klareren Erfassung der Ansprüche, aber auch der Grenzen des Kulturrelativismus scheint es nützlich, kurz einige terminologische Fragen im Zusammenhang mit dem Wertbegriff zu erörtern.

## 1. Zum Begriff des Wertes

Zunächst sei darauf hingewiesen, daß der Begriff des Wertes drei differenzierbare, wenn auch häufig nicht sorgfältig unterschiedene Bedeutungen hat: *„Wert"* kann einmal ein bestimmtes *Gut* bezeichnen, dann aber auch eine *Norm* und schließlich einen *Standard* der Beurteilung von Gütern. (Ausdrücklich sei darauf hingewiesen, daß sich in bestimmten Zusammenhängen auch Normen als immaterielle Güter verstehen lassen, welche im Hinblick auf einen Standard der Beurteilung von Gütern selbst bewertet werden.)

1) „Wert" kann zunächst verstanden werden als ein *Gut* („Wert$_1$"). Ein Gut kann nun entweder ein amentaler oder nicht-psychischer Sachverhalt sein, es kann aber auch ein mentaler oder psychischer Sachverhalt sein. Bei komplexeren Gütern, etwa bei Handlungen, kann es sich um Kombinationen von amentalen und mentalen Sachverhalten handeln. (Was die mentalen oder psychischen Sachverhalte anlangt, so können diese wiederum in eigenpsychische und fremdpsychische Gegenstände untergliedert werden.) Im Falle von Handlungen kommen – gemäß den Dimensionen des Handlungsbegriffs – drei Wertbereiche in Betracht, in denen Güter von amentaler oder mentaler Art nachweisbar sind. Die drei Dimensionen von Handlungen sind a) die Gesinnung oder die Einstellung (auch „Werthaltung" genannt), b) der Handlungsvorgang oder Akt, c) das Handlungsresultat oder der Effekt. In den einzelnen Handlungsphasen sind also – in unterschiedlichem „Reinheitsgrad" – mentale und amentale Sachverhalte anzutreffen.

2) „Wert" kann in einer zweiten fundamentalen Bedeutung dieses Ausdrucks verstanden werden als *Norm* („Wert$_2$"). Normen lassen sich vor allem unterscheiden

hinsichtlich des Charakters der durch sie bewirkten Akte oder der durch sie bewirkten Effekte. Denn der Akt (Handlungsvorgang) oder der Effekt (Handlungsresultat) kann – als „Wert$_1$" – entweder einen Wert in sich darstellen, also einen sogenannten intrinsischen Wert, oder aber einen instrumentellen oder „abgeleiteten" Wert, welcher seine Beurteilung im Hinblick auf einen außer ihm liegenden Standard der Evaluation von Gütern erfährt. Im Hinblick darauf lassen sich zwei Typen von Normsetzungen unterscheiden, denen zwei altbekannte Typen von Imperativen entsprechen: a) eine wertrationale Normsetzung, der die Figur des kategorischen Imperativs zuzuordnen ist, b) eine zweckrationale Normsetzung, der die Figur des hypothetischen Imperativs entspricht.[55] Wenn von Normen die Rede ist, so versteht man darunter im allgemeinen die Inhalte *zweckrationaler Normsetzungen.*

3) „Wert" besagt gemäß der dritten fundamentalen Bedeutung dieses Begriffs einen *Standard der Beurteilung*

---

[55] Eine wertrationale Normsetzung, welcher der kategorische Imperativ: „Tu X!" entspricht, bezieht sich auf ein X, das seinen Wert in sich selbst hat. Dieses X kann auf ein Handlungsresultat (Effekt) bezogen sein und/oder auf einen Handlungsvorgang (Akt), der mit der Realisierung von X verbunden ist. Die Vervollständigung des vorhin genannten kategorischen Imperativs könnte im Sinne einer prätendierten Handlungsbegründung folgendermaßen lauten: „Tu X, denn X ist gut (denn X soll sein)"; oder aber: „Tu X, denn der Handlungsvorgang, der zu X führt, ist gut (soll sein)." – Anders geartet ist die zweckrationale Normssetzung, welcher der hypothetische Imperativ „Wenn du X willst, tu Y!" entspricht. Dem Wert Y kommt dabei ein abgeleiteter Charakter im Hinblick auf den superponierten (eventuell sogar intrinsischen) Wert X zu, von welchem schon in der Formulierung des kategorischen Imperativs die Rede war. Eine Vervollständigung des hypothetischen Imperativs im Sinne einer Begründung der durch ihn geforderten Handlung könnte folgendermaßen lauten: „Tu Y, denn Y führt zu X, und X ist gut (soll sein)."

von Gütern („Wert₃"). Dieser Standard kann einmal ein höherrangiger instrumenteller Wert angesichts eines untergeordneten instrumentellen Wertes sein (wobei es von sekundärer Wichtigkeit ist, ob nun der untergeordnete Wert vom Typus „Wert$_1$" oder „Wert$_2$" ist), dann aber auch ein intrinsischer Wert. Wenn von evaluativen Standards die Rede ist, so versteht man darunter im allgemeinen *Paradigmen* für *wertrationale Normsetzungen*. Diese zumeist als unmittelbar evident angesehenen Grundstrukturen intrinsischer Werte werden häufig als ein transkulturell und/oder transhistorisch geltendes Sein-Sollendes aufgefaßt.

Was nun dieses transkulturell und transhistorisch Sein-Sollende anlangt, welches, wie es heißt, sowohl den Nährboden jeder Wertlehre im Laufe der Geschichte der Menschheit als auch die Basis dafür abgebe, daß uns andere Kulturen und Zeiten überhaupt verständlich werden können, so kann man darin positive Gegenbilder zu den grundlegenden menschlichen Kontingenzerfahrungen erblicken. Sachlich gehen dabei privative Bestimmungen der Formulierung positiver Ideale voraus. Man negiert zunächst bestimmte Gegebenheiten und deklariert so etwa die Freiheit *von* Furcht und Angst, Leid und Not, Schuld und Willkür, Egoismus und Einsamkeit. Erst vor dem Hintergrund solcher negativer Bestimmungen werden die positiven und programmatischen Wertbegriffe sinnvoll, wie etwa Freiheit (im Sinne der Freiheit *für* bestimmte Arten des Handelns), oder auch Gleichheit, Brüderlichkeit, Gerechtigkeit. Die negativ empfundenen Lebensbefindlichkeiten, welche zum Stimulus eines privativ formulierten Wertekanons werden, stellen empirische Erfahrungen dar; die Bestimmungen „des Guten" etwa, wie sie im positiv formulierten Wertekanon aufscheinen, stellen dagegen transempirische oder ideale Bestimmungen dar, welche nie vollständig realisierbar sind. Sie zeigen gewissermaßen an, im Hinblick worauf das erfolgt, was man ethische Approximation nennen kann.

## 2. Grundformen des sozialkulturellen ethischen Relativismus

Die soeben durchgeführten Explikationen des Wertbegriffs erleichtern es, zwei verschiedene Arten des Wertrelativismus, wie sie häufig mit ethnologischen oder kulturanthropologischen Forschungen verknüpft sind, zu charakterisieren. Die Schlüsselrolle kommt dabei jenen zuletzt besprochenen Standards der Beurteilung von Gütern ("Werte$_3$") zu, wobei es für den Zusammenhang der nunmehr anzustellenden Betrachtungen unwesentlich ist, ob diese Standards negativ oder positiv formuliert werden. Zu unterscheiden sind zunächst der *okkasionelle Relativismus* und der *axiologische Relativismus*. Die Unterscheidung ist vor allem deshalb von Bedeutsamkeit, weil im Begriff des Kulturrelativismus beide angeführten Bedeutungen des Relativismus enthalten sind.

Divergente Bewertungen von Dingen und Handlungen sind es, wovon die beiden Formen des Relativismus, der okkasionelle und der axiologische Relativismus, ihren Ausgang nehmen. Die Erklärung, die sie jeweils für diese Bewertungen geben, sind jedoch voneinander höchst verschieden. Der okkasionelle Relativismus (mitunter heute auch als "deontologischer Relativismus" bezeichnet) behauptet das Bestehen transkulturell gültiger Wertstandards (im Sinne der "Werte$_3$"); der axiologische Relativismus behauptet dagegen die kulturelle Variabilität dieser Wertstandards. Gemäß dem okkasionellen Relativismus ergibt sich die Verschiedenheit von Bewertungen als logi-

sche Folgerung (Explanandum) aus folgenden Gründen:
Die Wertstandards sind nicht verschieden; die Randbedingungen, unter denen sich das individuelle und kollektive Handeln ereignet, das zum Gegenstand der Bewertung im Hinblick auf die unveränderlichen Wertstandards
wird, seien jedoch außerordentlich verschieden. Ganz
anders ist die Sachlage im Falle des axiologischen Relativismus. Hier wird die prinzipielle Veränderlichkeit der
Wertstandards als Prämisse angesetzt, wodurch auch bei
Bestehen von im Prinzip als identisch behaupteten Randbedingungen, unter denen sich individuelle und kollektive
Handlungen ereignen, deren Inhalte notwendig variieren.

Bei vielen Vertretern des sogenannten Kulturrelativismus zeigt sich aufgrund der nicht entsprechend durchgeführten Klärung seiner werttheoretischen Voraussetzungen eine bezeichnende Ambiguität, und zwar bezüglich
der deskriptiven und der evaluativen Funktion der sogenannten kulturrelativistischen Befunde. Beide Funktionen sind mit der Formel verknüpfbar, welche gleichsam
als grundlegende Arbeitsmaxime für Ethnologen und
Kulturanthropologen angesehen wird: daß nämlich eine
Handlung H, die im sozialkulturellen System $S_a$ den Wert
$W_a$ hat, im sozialkulturellen System $S_b$ den Wert $W_b$ habe.
Unter Zugrundelegung einer solchen Forschungsmaxime
wird zwar jeder banale Wertabsolutismus abgewehrt, es
bleibt allerdings unklar, ob der sogenannte Kulturrelati-
vist im weiteren Verlauf seiner Studien bloß beabsichtigt,
die Variabilität z. B. moralischer Überzeugungen und
Bewertungen *zu beschreiben,* oder ob damit der Wert der
in Betracht stehenden Handlungen und die Geltung der
für Bewertungen vorausgesetzten moralischen Wertstandards als von dem zugehörigen sozialkulturellen System
abhängig *behauptet* wird. Shia Moser hat in einer vorzüg-
lichen Analyse des sozialkulturellen ethischen Relativis-

mus (vgl. Moser *1962*) darauf hingewiesen, daß eine Reihe von Kulturanthropologen, besonders exemplarisch William G. Sumner in seinem bekannten Buch „Folkways" aus dem Jahre 1906, zwischen einer bloßen Deskription der Wirkungen von Bräuchen, Sitten und Gewohnheiten und der evaluativen Behauptung, daß es keine universellen ethischen Wertstandards und Prinzipien gebe (auf deren Grundlage dann die Bräuche, Sitten und Gewohnheiten der verschiedenen Gesellschaften wertend beurteilt werden könnten), hin und her zu schwanken scheinen. Mit anderen Worten: Es bleibt in vielen Fällen unklar, ob eine gewisse Handlungsweise in der Tat *verschiedenen Wert* in verschiedenen Gesellschaften *hat* oder ob sie in diesen Gesellschaften – aus noch näher zu präzisierenden Gründen – nur *verschieden bewertet* wird.

Der strikte Kulturrelativismus ist identisch mit dem axiologischen Relativismus und nicht zu verwechseln mit der Überzeugung von der Relativität der Werthaltungen und Bewertungen je nach Situationskontext, wie sie für den okkasionellen Relativismus charakteristisch ist. Ein Vertreter dieses radikalen Relativismus schreibt einer bestimmten Handlungsweise eine intrinsische Wertqualität zu, wenn sich die in Betracht stehende Handlung in der einen Gesellschaft ereignet, eine andere intrinsische Wertqualität, wenn sie in der anderen Gesellschaft erfolgt. Die meisten Varianten des Kulturrelativismus sind aber nicht im Sinne eines axiologischen, sondern eines okkasionellen Relativismus zu deuten.[56]

---

[56] Shia Moser analysierte einige Fälle, an denen sich zwar eine Relativität bestimmter instrumentaler Werte nachweisen läßt, nicht aber – wie oft aufgrund des ersten Augenscheins vermutet – eine Variabilität der intrinsischen Werte oder der Wertstandards. – Die Polygamie hat, wie Moser bemerkt, in unserer Gesellschaft einen negativen Wert, aber einen positiven unter den Dahomey. Vorausgesetzt nun, daß ein Angehöriger

Wertpräferenzen werden stets situationsspezifisch, und daher auch je nach dem Gewicht der jeweils unbefriedigten Bedürfnisse formuliert. Man fokussiert nur bestimmte Elemente innerhalb des Gesamtbereichs menschlicher Grundbefindlichkeiten. Doch die Unterschiede in der Fokussierung von Elementen des genannten Bereichs besagen nicht eine prinzipielle Differenz der Wertstandards selbst. Es darf vermutet werden, daß einige Behauptungen von sogenannten Kulturrelativisten auf Mißverständnissen beruhen. Wer allein bei jenen nominalistisch aufgefaßten Befunden der verschiedenen Evaluationen stehen bleibt, der wird nichts von den Gesetzen in Erfahrung bringen, welche zwischen ihnen, den Handlungsprinzipien sowie der Umwelt bestehen. Auch hier gilt es, die Tatsachen der reinen Erfahrung zunächst einmal zu suchen, sie aber durch das Denken zu ergänzen, um sie zu verstehen. Nichtverstehen und Relativismus gehören meist so zusammen wie Verstehen und Relationalität.

---

dieses ethnischen Verbandes seine Auffassung durch eine Argumentation rechtfertigt, wonach das Kriterium der Qualität einer Heiratsform darin besteht, in welchem Ausmaße sie der Funktion der Erziehung der Nachkommen Genüge tut, und vorausgesetzt ferner, daß diese Funktion bei den Dahomey am besten durch die Polygamie erfüllt wird, – so ergibt sich daraus mit Bezug auf die vielleicht anfänglich vertretene Überzeugung des Wertrelativismus von Heiratsformen folgendes Bild: Der behauptete Relativismus von Heiratsformen, welcher mit der anfänglichen Konstatierung verknüpft wird, daß Polygamie in unserer Gesellschaft einen negativen Wert, bei den Dahomey aber einen positiven Wert darstellt, besteht gar nicht. Denn die Heiratsform selbst ist im Falle des analysierten Beispiels ausdrücklich als ein *ethisch neutrales Faktum* angesehen worden. Hingegen ist das als intrinsisch positiv angesehene Gut, nämlich die in bestimmter Weise charakterisierte Erziehung der Nachkommen, überhaupt nicht als ein durch das sozialkulturelle System relativierbarer Sachverhalt bestimmt worden. – Nehmen wir nun andererseits den Fall an, daß eine Person folgende Aussage formuliert: Parrizid (Verwandtenmord) hat einen negativen Wert in unserer Gesellschaft, hatte aber einen positiven Wert unter einigen nomadisierenden

Indianerstämmen. Vergegenwärtigen wir uns aber nun, was dazu von einer Reihe von Ethnologen vorgebracht wird: Die Alten konnten dem Stamm bei seiner ständig mit großen Strapazen verbundenen Nahrungssuche nicht folgen, abgesehen davon, daß ein Stamm oft durch wilde Tiere oder auch durch feindliche Stämme in arge Bedrängnis gekommen ist; in solchen Fällen wäre es nötig gewesen, die Alten und Gebrechlichen zurückzulassen, und ein grausamer Tod wäre ihnen sicher gewesen. Unter solchen Bedingungen ist die Tötung der Alten gerade nicht mit der Absicht verknüpft, ihnen Leid zuzufügen oder sie einfach aus dem Weg zu räumen; es ist vielmehr darum gegangen, ihnen einen schrecklichen Tod zu ersparen. – Angesichts der Hinweise von seiten der Ethnologen darf man wohl behaupten, daß es sich bei dem soeben geschilderten Fall um eine Art der Relativität der Werte handelt, die von anderer Art ist als jene im Zusammenhang mit der Polygamie erwähnte. Zwar handelt es sich sowohl bei der Heiratsform der Polygamie als auch beim Parrizid um Güter oder Normen (um Werte im Sinne von „Wert$_1$" oder „Wert$_2$"), denen instrumenteller Charakter zukommt. Aber während die Heiratsformen als ethisch neutrale Sachverhalte angesehen werden, wird Parrizid *an sich* als *negativer Wert* angesehen, und zwar unabhängig davon, in welchem sozialkulturellen System sich die Verwandtentötung ereignet. Es wird durch das zweite Beispiel lediglich unterstrichen, daß bestimmte Lebensbedingungen diese Tötung zu einem *malum necessarium* machen.

# III. Wertdiskurs und wissenschaftliches Ethos

Die Ausführungen dieses Kapitels stehen gelegentlich in engem Zusammenhang mit den Betrachtungen zur Beziehung von Neutralität, Parteilichkeit und Objektivität in Kap. III von Teil C. Nur wird hier der Akzent mehr auf Fragen des Ethos der Sozialwissenschaften gelegt werden.

## 1. Zur Kritik von Wertaxiomen und moralischen Einstellungen

Die erkenntnissoziologische Rolle des sogenannten Wertrelativismus ist ambivalenter Natur. Kritisiert man nämlich die Vertreter des Wertrelativismus mitunter als Entwerter aller Werte und als Wegbereiter geistiger Krisen, so verstehen sich Wertrelativisten selbst seit Montaigne häufig nur als Kritiker von dogmatisch vertretenen axiologischen Erkenntnisansprüchen, insofern sie die spezifischen Wirkungsbedingungen für die Anerkennung von Normen, und damit deren relative Geltung, darzustellen bemüht sind. In Anbetracht derartiger Kontroversen wird man wohl des öfteren Howard Becker zustimmen, daß man in vielen Situationen zögern würde zu sagen, daß die Gefahren des Wert-Polytheismus größer sind als die Gefahren des Wert-Monotheismus (vgl. Becker *1968*, 302). Denn sicherlich verhilft uns ein bestimmter Sinn für die Relativität von Wertauffassungen mit Bezug auf die dafür konstitutive Lebenslage von einzelnen oder von

Gruppen zu einer liberalen Einstellung in der Weise, daß wir ungewohnte Werthaltungen verstehen, gelegentlich vielleicht sogar rechtfertigen können.

Und doch scheint es nützlich, diese Feststellungen durch den Hinweis auf eine gewisse Spielart eines Pluralismus der Werthaltungen zu ergänzen. Die Beschwörung dieses „Pluralismus" von gleichermaßen „gültigen" Wertauffassungen hat oft den Effekt, eine vorsätzlich erfolgte Sistierung des jedenfalls in Grenzen durchaus möglichen rationalen Diskurses über alternative Wertauffassungen abzusichern. Gegenüber der allzu raschen Proklamation von Rationalitätsschranken in Wertdiskussionen vertrat bereits Max Weber in seiner klassischen Abhandlung über den „Sinn der ‚Wertfreiheit' der soziologischen und ökonomischen Wissenschaften" aus dem Jahre 1917 die Ansicht, daß es mehrere Möglichkeiten gebe, einen Diskurs über Werthaltungen zu führen, auch wenn die Anwälte des axiologischen Subjektivismus schon lange dem Geschmack und dem entschlossenen subjektiven Wertbekenntnis das Wort reden (vgl. Weber *1917*). So ist für ihn, wie er ausführt, „ohne die Möglichkeit eines Zweifels feststellbar: daß auf dem Gebiet der praktisch-politischen (speziell also auch der wirtschafts- und sozial-politischen) Wertungen, sobald daraus Direktiven für ein wertvolles Handeln abgeleitet werden sollen: 1. die unvermeidlichen Mittel und 2. die unvermeidlichen Nebenerfolge, 3. die dadurch bedingte Konkurrenz mehrerer *möglicher* Wertungen miteinander in ihren *praktischen* Konsequenzen das einzige sind, was eine *empirische* Disziplin mit ihren Mitteln aufzeigen kann. *Philosophische* Disziplinen können darüber hinaus mit ihren Denkmitteln den ‚Sinn' der Wertungen, also ihre letzte sinnhafte Struktur und ihre *sinnhaften* Konsequenzen ermitteln, ihnen also den ‚Ort' innerhalb der Gesamtheit der überhaupt möglichen ‚letzten' Werte anweisen und ihre sinnhaften Geltungssphären abgrenzen." (Ebd. 508) Gerade die Ermittlung der „wirklichen gegenseitigen Wertungsstandpunkte" erschien Weber als der eigentliche Sinn einer Wertdiskussion. Ziel einer solchen sei es, „das, was der Gegner (oder auch: man selbst) wirklich meint, d. h. den Wert, auf den es jedem der beiden Teile wirklich und nicht nur scheinbar ankommt, zu erfassen und so zu diesem Wert eine Stellungnahme überhaupt erst zu ermöglichen" (ebd. 503). Und Weber setzt an dieser Stelle – in Abwehr von auch heute noch gängigen Einwänden gegenüber dem Wertfreiheitsprinzip, wonach dieses mit einer Abstinenz in Wertdiskussionen zu identifizieren sei – fort: „Weit entfernt also, daß vom Standpunkt der Forderung der ‚Wertfreiheit' empirischer Erörterungen aus Diskussionen von Wertungen steril oder gar sinnlos wären, ist gerade die Erkenntnis dieses ihres Sinnes Voraussetzung aller nützlichen Erörterungen dieser Art. Sie setzen einfach das Verständnis für die Möglichkeit prinzipiell und unüberbrückbar *abweichender* letzter Wertungen voraus. Denn weder bedeutet ‚alles verstehen' auch ‚alles verzeihen', noch führt überhaupt vom bloßen Verstehen des fremden Standpunktes an sich ein Weg zu dessen Billigung. Sondern mindestens ebenso leicht, oft mit weit höherer Wahrscheinlichkeit, zu der Erkenntnis: daß, warum und worüber, man sich *nicht* einigen könne. Gerade diese Erkenntnis *ist* aber eine Wahrheitserkenntnis und gerade *ihr* dienen ‚Wertungsdiskussionen'." (Ebd.) – Die Annahme, daß Werturteile gewissermaßen in den Bereich des Geschmäcklerischen zu verweisen seien, und daß daher Wertkritik in den Sozialwissenschaften zu suspendieren sei, lehnt Weber entschieden ab.

Natürlich muß man sich – und zwar sowohl mit Weber als auch etwa mit Vertretern der jüngeren psychologischen

Einstellungsanalyse – darüber im klaren sein, daß die Begründbarkeit von Einstellungen nicht notwendig selbst als Wert anerkannt wird. Daher ist es nützlich, sich im Verlauf der Analyse einer Werthaltung, etwa einer moralischen Einstellung, zu fragen, ob diese etwas darstellt, wovon der Befragte sagen kann: „Ich halte sie für richtig, weil...", oder ob sie für ihn etwas wie eine endgültige Verbindlichkeit bedeutet. Ist sie für ihn also ein bedingter oder ein unbedingter Wert? „Es muß wahrscheinlich", so meint Melvin M. Tumin, „ein wichtiger Unterschied gemacht werden zwischen Menschen, die ihre Einstellungen modifizieren, wenn man sie drängt, sie rational zu begründen und solchen, die sie auch bei rationalen Beweisen für das Gegenteil beibehalten oder sich überhaupt nicht um Beweise kümmern." (Tumin *1964*, 75)

Warum aber eine solche begründungsmoralische Fragehaltung? Warum überhaupt rational sein? Solche globalen, auf die Rationalität schlechthin bezogenen Fragen haben nun allerdings etwas Selbstzerstörerisches an sich. Sie scheinen fehl am Platz, da ja, sobald nach einem „Warum" gefragt wird, vom Opponenten Gründe verlangt werden, und damit Rationalität als arbiträres Prinzip vorausgesetzt wird, obschon der Proponent mit dieser Frage den Sinn der rationalen Argumentation für die Lebenspraxis vorsätzlich in Frage stellen möchte. So zu fragen heißt der Erwartung Ausdruck geben, daß nur eine rationale Antwort darauf annehmbar sein kann (vgl. dazu Taylor *1961*, Kap. 6). – Damit ist allerdings nichts gegen die Kritik jener Konzeption des rationalen Diskurses gesagt, die die argumentative Rationalität auf Erwägungen hinsichtlich der Effizienz von Mitteln bei undiskutiert gegebenen Zielen beschränkt. Häufig resultiert nun jedoch aus solchen Kritiken einer partikulären Form von Rationalität – und auch die jüngere Vergangenheit lieferte dafür Beispiele (vgl. Habermas *1969*, 244) – ein pauschaler Anti-Rationalismus. Dieses Phänomen ist uns aus der Geschichte hinreichend bekannt, wenn sich auch die Prämissen ändern, aus denen solche Ansichten abgeleitet werden.

Vertreter einer solchen Rationalitätskritik suchten dabei nicht selten in der Bezweiflung der elementaren Regeln der deduktiven und induktiven Logik selbst einen Ausweg, statt diese in der Analyse von Scheinbeweisen anzuwenden. Im Jahre 1935 schrieb der berühmte holländische Historiker Johan Huizinga in seinem Buch „Im Schatten von morgen", welches viele aus dem deutschen Irrationalismus dieser Zeit entstandene Ereignisse der Folgezeit hellsichtig antizipierte, folgende Sätze, die unter anderen politischen Voraussetzungen auch in der Gegenwart nichts von ihrer Aussagekraft eingebüßt haben: „Das Bedürfnis, über verstandesmäßig erfaßbare Dinge so exakt und objektiv als möglich zu denken und dieses Denken selbst kritisch zu prüfen, wird schwächer. Eine weitgehende Trübung des Denkvermögens hat sich vieler Geister bemächtigt. Jede Abgrenzung zwischen den logischen, den ästhetischen und den affektiven Funktionen wird absichtlich vernachlässigt. Das Gefühl wird, ohne kritischen Widerspruch des Verstandes, ja bewußt im Gegensatz zu ihm, in die Urteilsfällung gemengt, gleichgültig welcher Art das Objekt des Urteils auch sei. Man proklamiert als Intuition, was in Wahrheit nur absichtliche Wahl auf Grund von Affekt ist. Man vermengt Interesse und Wunsch mit dem Grundstoff der Überzeugung. Und um dies alles zu rechtfertigen, erklärt man als notwendigen Widerstand gegen die Vorherrschaft der Vernunft, was in Wahrheit eine Preisgabe des logischen Prinzips selbst ist." (Huizinga *1935*, 65f.) – Wer sagt uns, daß sich nicht ähnliche Einstellungen zur diskursiven Rationalität samt einigen ihrer hinreichend bekannten Folgen wieder einmal breitmachen können?

## 2. Über ethische Voraussetzungen
   der wissenschaftlichen Tätigkeit

Wissenschaft lebt, wie man weiß, von Kritik, da ihr Fortschritt eben darin besteht, daß das als unrichtig Erkannte ausgeschieden wird. Wissenschaft nähert sich also durch Eliminierung des Unrichtigen schrittweise der Richtigkeit. Wie man aber ebenfalls weiß, kann das kritische Vermögen voreilig und selbstherrlich sein, so daß es das Schöpferische, welches immer – jedenfalls zu Anfang – einer gewissen Schonung bedarf, schon im Keim umbringt.

Wissenschaftliche Kritik ist auch in einer anderen Hinsicht von sehr ambivalenter Art, und das Bekenntnis zum Kritizismus erfordert Einsicht in diesen Sachverhalt. Die Kritik der Irrtümer ist nämlich oftmals wesentlich einfacher zu bewerkstelligen als das Auffinden der sogenannten Wahrheiten; jene liegen gewissermaßen auf der Oberfläche, diese aber bedürfen – metaphorisch gesprochen – der Entwicklung von Konstruktionen, die in die Tiefe gehen, wo sie auffindbar sind. Entsprechend ist jener Falsifikationismus zu beurteilen, der unter Vernachlässigung des Momentes der wissenschaftlichen Konstruktion das Moment der Kritik an der wissenschaftlichen Tätigkeit übermäßig positiv bewertet. Rigoroser Falsifikationismus ist – psychologisch und wissenschaftspolitisch – von Schaden: einerseits bildet er eine falsche Ansicht von wissenschaftlicher Aktivität aus, indem Prämien auf Widerlegungsversuche gesetzt werden, welche ohne eigene Neuansätze zur Fortentwicklung der Wissenschaft unternommen werden; andererseits bewirkt er so etwas wie mangelnde Risikobereitschaft und einen Wissenschaftskonservativismus dadurch, daß man es bereits als wissenschaftlichen Fortschritt ansieht, nichts Unrichtiges gesagt und sich dabei auf die von der Gemeinschaft der Wissenschaftler anerkannten Methoden verlassen zu haben. Die Auswirkungen einer solchen Denkform hat schon Goethe in seinen „Maximen und Reflexionen" lapidar aufgezeigt: „Es gibt Menschen, die gar nicht irren, weil sie sich nichts Vernünftiges vorsetzen."

Wie man sieht, hat die wissenschaftliche Tätigkeit eine ethische Komponente, wie dies ja auch für andere Aktivitäten charakteristisch ist. Gewisse interne Werte für die Wissenschaft hängen eng mit der Bereitschaft zur Akzeptierung von Kritik und zur Ablehnung von Dogmatismus zusammen. Im Bereich der Wissenschaft kommt, wie kaum in einem anderen, der Verallgemeinerungsfähigkeit und der Ablehnung von egozentrischen und ethnozentrischen Auffassungen eine besondere funktionale Stellung zu (vgl. Merton *1957*, Kap. XVIII). Die Betonung der Konditionalität und Relativität unseres beschränkten Wissens angesichts von Dogmatismen schließt dabei die Anerkennung bislang nicht widerlegter Wissensinhalte, wie überhaupt die Betonung des Wißbaren gegenüber verschiedenen Formen des Sophismus und des epistemologischen Nihilismus ausdrücklich ein. Zusätzlich wären sicherlich noch eine Reihe von Maximen zu nennen, welche ihren Ursprung in allgemeineren Erfahrungen haben, durch welche der Beruf der Wissenschaft im selben Maße charakterisiert ist wie andere Berufe, in denen eine eigentümliche Mischung von individualistischer Produktionsform, großer Versuchs- und geringer Trefferquote und relativ geringer Originalitätschance nachweisbar ist: menschliches Verstehen im Sinne des Mitfühlens mit den

Erfolgen und Niederlagen, mit Glück und Leid anderer; Rücksicht im Sinne der Respektierung der Selbstachtung des anderen; ein Erkennen der eigenen Möglichkeiten und Grenzen – und als Resultat dieses Prozesses: eine Distanz zur Realität und zu sich selbst, ohne das Miterleben und die Spontaneität zu beschränken.

Rationalität ist also nicht abtrennbar von einer bestimmten Minimalmoral, Rationalität als Kultur daher auch keineswegs identisch mit dem jeweiligen Bestand an Verstandesoperationen. Die Akzeptierung von rationalen Argumenten erfolgt nicht nur durch die Mittel des Verstandes, sondern sie ist selbst maßgeblich durch eine Art von solidarisch-egalitärer Moralität bewirkt. Zwischen Rationalität und Gleichheit besteht ein enger Zusammenhang im Sinn einer wechselseitigen Unterstützung: Wie die Akzeptierung rationaler Argumentation selbst mit der Ablehnung einer elitären Erkenntnistheorie sozial privilegierter Schichten zu tun hat, so die Demokratie mit dem Prinzip der rationalen Kritik. – Was für die Beziehung von Rationalität und Moralität gilt, gilt auch für das Verhältnis von Theorie und Praxis. Und doch sind mit dieser vor allem in den Sozialwissenschaften oft emphatisch beschworenen Beziehung nicht gerade belanglose Mißverständnisse bezüglich des behaupteten Primats der Praxis (der Veränderung der gesellschaftlichen Verhältnisse) gegenüber der Theorie (als Interpretation derselben) verknüpft. Das, was im gesellschaftlichen Bereich getan werden kann, ist bekanntlich nicht unabhängig davon, was darüber auf theoretischer Ebene gewußt wird. Dies muß man gerade dann zur Kenntnis nehmen, wenn man davon überzeugt ist, daß Veränderungen im Bereich des gesellschaftlichen Handelns wichtig wären. Denn derartige Veränderungen erfolgen nie unabhängig von den verschiedenen Interpretationen der Welt, sondern sind immer schon einer ganz bestimmten Interpretation verpflichtet. Und wenn man meint, daß es darauf ankomme, die Welt zu *verändern* und sie nicht immer nur verschieden zu *interpretieren*, so muß erst einmal in Erinnerung gerufen werden, daß eine richtige Art von Interpretationen verschiedene andere überflüssig machen kann. Daraus folgt: Man soll durchaus interpretieren, nur nicht immer *verschieden*, zumal die besten Chancen auf eine konstruktive Veränderung der Praxis von der richtigen Interpretation zu erwarten sind. Daß sich gleichwohl das, was als richtige Interpretation anzusehen ist, selbst mit dem Erkenntnisfortschritt erweitert und vertieft, mithin verändert, ist natürlich unumgänglich und Ausdruck der Kontingenz im Erkenntnisbereich.

# F. Metaphysische Aspekte
## der Sozialwissenschaften –
## Dialektische Anthropologie,
## Freiheit, Notwendigkeit

> Es stände übel auch um die empirische Wissenschaft, wenn jene höchsten Probleme, auf welche sie keine Antwort gibt, niemals aufgeworfen worden wären.
>
> *Max Weber*, Kritische Studien auf dem Gebiet der kulturwissenschaftlichen Logik (1906)

Die Vertreter der generalisierenden Metaphysik fragen in Anbetracht verschiedener Differenzierungen von Begriffen und von ihnen entsprechenden Sachverhalten nach dem Grund dieser Differenzierungen, und damit auch nach der Möglichkeit ihrer Zurückführung auf einen einheitlichen Ursprung, das *„Sein"*; von den Vertretern der spezifizierenden Metaphysik hingegen wird die Ausdifferenzierung eines als einheitlich verstandenen Seins in die verschiedenen Arten des *„Seienden"* und in die ihnen entsprechenden Begriffe als die vorrangige Aufgabe angesehen. Ist also das eine Mal der Blick ausgerichtet auf die Erschließung der *„Substanz"*, so das andere Mal auf die Erschließung der *„Akzidentien"*.

Daß mitunter eine Verabsolutierung der beiden Betrachtungsweisen und Fragestellungen erfolgte, bezeugt die Herausbildung einerseits der Substanz-Metaphysik, andererseits des radikalen Nominalismus und Phänomenalismus. Es macht in diesem Zusammenhang das Verdienst der dialektischen Betrachtungsweise aus, daß sie, im Sinne einer Integration beider metaphysischer

Fragehaltungen: der „monistischen" und der „pluralistischen", einer Kritik an dogmatischen Einseitigkeiten dienlich war. So hat sie das eine Mal dazu verholfen, auf den ersten Blick heterogen oder gegensätzlich erscheinende Begriffe, Methoden oder Sachverhalte zueinander in eine Beziehung der Komplementarität oder Implikation zu bringen, das andere Mal hingegen dazu, daß dem ersten Anschein nach homogene Begriffe, Methoden oder Sachverhalte durch Polarisierung oder Perspektivierung differenziert wurden.

Vereinseitigungen im Sinne einer dogmatischen Metaphysik begegnet man in den Sozialwissenschaften vor allem im Zusammenhang mit Erörterungen der Probleme von Freiheit und Zwang, Geist und Natur, Wandel und Dauer. Daß die Berücksichtigung derartiger Grundbestimmungen des Sozialgeschehens auch in der zeitgenössischen sozialwissenschaftlichen Theorie nichts an Wichtigkeit eingebüßt hat, möge exemplarisch ein Hinweis auf Walter L. Wallace und dessen Einführung in eine Textsammlung zur zeitgenössischen soziologischen Theorie belegen. Wallace unterscheidet die grundlegenden Phänomene des Sozialgeschehens danach, ob sie dem als das Soziale Definierten auferlegt oder aber durch das Soziale generiert sind, mit anderen Worten: ob sie Zwangscharakter tragen oder ob sie voluntaristischer Natur sind (vgl. Wallace *1969*, 13). In einer Erweiterung seines Schematismus trägt er auch dem Problem von Dauer und Wandel ausführlich Rechnung (vgl. ebd. 54—58). Wallace bedient sich somit eines Einteilungsprinzips, welches unter anderem bereits für die philosophische Anthropologie der Jahrhundertwende von großer Wichtigkeit war.

# I. Hermeneutischer Historismus und philosophische Anthropologie

Die Vertreter der philosophischen Systematologie und der Weltanschauungsanalyse – so etwa Wilhelm Dilthey, Max Frischeisen-Köhler und Heinrich Gomperz – sahen sich konfrontiert mit zwei grundlegenden Positionen der Darstellung und Erklärung menschlichen Handelns: entweder wurde dieses essentialistisch festgemacht an den Begriffen Freiheit, Geist und Wandel oder aber an den Begriffen Zwang, Natur und Dauer. Im Gegensatz zu diesen verabsolutierten Grundannahmen, die der Präsentation der Bilder von individuellem und gesellschaftlichem Handeln zugrunde lagen, war man gelegentlich – exemplarisch sei hier hingewiesen auf Diltheys „Weltanschauungslehre" – im Rahmen einer Metaphilosophie bestrebt, diese Positionen als vereinseitigte Metaphysiken in ihrer nur relativen Geltung darzustellen.

## 1. Der Historismus in der Selbstanwendung

Im besonderen ist für die Philosophie des 19. und des beginnenden 20. Jahrhunderts das Bild von der Einheit der menschlichen Gattung durch den historischen Relativismus erschüttert worden. Ein Neo-Eleatismus erschien aber diesem gegenüber als Gegenposition nicht vertretbar. Vielmehr sollte, wie Dilthey meinte, das „Messer des historischen Relativismus, welches alle Metaphysik und Religion gleichsam zerschnitten hat, ... auch die Heilung herbeiführen"; zu diesem Zweck sei eine „Weltanschauungslehre" als eine „Philosophie der Philosophie" vonnöten, „welche durch entwicklungsgeschichtliche Begriffe und vergleichendes Verfahren die Systeme selbst zum Gegenstande hat" (Dilthey *1914ff.* VIII, 232; vgl. auch 222).

Der Hinweis auf Dilthey erfolgt nicht von ungefähr. Vielmehr wird gerade bei ihm Metaphysik als Vereinseitigung eines Bildes vom Menschen und seiner Welt zum Gegenstand einer hermeneutisch und komparatistisch vorgehenden Kritik. Will man sich die historischen Ursprünge der philosophischen Anthropologie vergegenwärtigen, wie sie im deutschen Sprachraum aufgetreten ist, so ist es also nötig, noch hinter Max Scheler, mit dessen Namen der Beginn dieser philosophischen Disziplin landläufig assoziiert wird, zu Wilhelm Dilthey zurückzugehen. Dilthey hat nicht nur in den Werken von philosophischen Anthropologen wie Bernard Groethuysen, Erich Rothacker, Helmuth Plessner und Otto Friedrich Bollnow nachgewirkt, seine Erörterungen von Grundlagenproblemen der Geistes- und Kulturwissenschaften enthielten auch für eine Vielzahl sozialwissenschaftlicher Forschungen außerordentlich fruchtbare Anregungen (vgl. Johach *1974*). Diese Behauptung läßt sich vor allem unter Hinweis auf den nachhaltigen Einfluß erhärten, den Diltheys Methodologie und Weltanschauungslehre auf Max Webers verstehende Soziologie und Karl Mannheims Wissenssoziologie ausgeübt hat.

Wenn man sich die Frage stellt, was denn nun das Spezifische von Diltheys Anthropologie ausmacht, so ist es zunächst nötig, sich zu vergegenwärtigen, daß die „Philosophie der Philosophie", wie er seine Weltanschauungslehre bezeichnet, Kritik der Metaphysik im Lichte der Analyse der „Mehrseitigkeit der Lebendigkeit", also

267

der jeweils aktualisierten unterschiedlichen Wertbeziehungen ist. Metaphysikkritik besteht bei Dilthey im Aufweis dieses Prozesses der Verselbständigung von Systemen des menschlichen Selbst- und Weltverständnisses: „Die Widersprüche entstehen… durch die Verselbständigung der objektiven Weltbilder im wissenschaftlichen Bewußtsein. Diese Verselbständigung ist es, was ein System zur Metaphysik macht." (Dilthey *1914 ff.* VIII, 8) Und an anderer Stelle stellt er fest: „Dieselbe Analysis, welche sich die Vergangenheit des menschlichen Gedankens zum Gegenstand macht, zeigt die Relativität jedes einzelnen Systems, sogleich aber macht sie diese Systeme verständlich aus der Natur des Menschen und der Dinge, sie erforscht die Gesetze, nach welchen sie sich bilden, die Struktur, die ihnen gemeinsam ist, ihre Hauptgestalten und deren Bildungsgesetz und innere Form." (Ebd. 12) Diltheys Antwort auf die Frage nach der Auflösung der Antinomie von historisierendem Skeptizismus und Metaphysik ist positiv: sie besteht darin, daß die Philosophie sich den Zusammenhang der Mannigfaltigkeit metaphysischer Systeme mit den für die Formen der Erfahrung wesentlichen Leistungen der Subjektivität zum Bewußtsein bringt.

Dilthey ist bei seinen Analysen monistischer Positionen einer Betrachtungsweise verpflichtet, wie sie Hegel schon in seiner „Differenz"-Schrift aus dem Jahre 1801 folgendermaßen charakterisiert hat: „…festgewordene Gegensätze aufzuheben, ist das einzige Interesse der Vernunft. Dies ihr Interesse hat nicht den Sinn, als ob sie sich gegen die Entgegensetzung und Beschränkung überhaupt setze; denn die notwendige Entzweiung ist *ein* Faktor des Lebens, das ewig entgegensetzend sich bildet, und die Totalität ist in der höchsten Lebendigkeit nur durch Wiederherstellung aus der höchsten Trennung möglich.

Sondern die Vernunft setzt sich gegen das absolute Fixieren der Entzweiung durch den Verstand..." (Hegel *1970*, 21 f.) Dilthey hat es, wie noch kurz gezeigt werden wird, nicht verabsäumt, dieses dialektische Prinzip bei Bedarf auch gegen Hegel selbst anzuwenden.

## 2. Dialektische Verfahren in heuristischer Absicht

Der Dialektik wird im Rahmen der folgenden Ausführungen eine *heuristische* Rolle zugeschrieben, und zwar im Sinne von Verfahren, mit deren Hilfe angemessene Konzeptualisierungen in den Wissenschaften vom menschlichen Handeln, den Geistes- und Sozialwissenschaften, entwickelt werden sollen.

Nicht daß Dilthey der Dialektik dem Namen nach ausführlich Rechnung getragen hätte, – aber der Methode nach ist er ein Dialektiker par excellence, und zwar in jenem einleitend charakterisierten Sinne. So betont er einerseits die *Totalität* des „psychischen Strukturzusammenhangs" (vgl. Dilthey *1914 ff.* V) gegenüber dem exzessiv praktizierten Prinzip der Diversifikation der verschiedenen Komponenten des Psychischen sowie der ihnen entsprechenden Lebens- und Denkformen; andererseits ist er überall dort, wo eine Facette der menschlichen Möglichkeiten zum „Wesen" des Menschen hochstilisiert wird, zu zeigen bestrebt, daß *Differenzierung* die Form ist, in der sich das Leben und die Erscheinungen des Geistes entwickeln. So ist Dilthey auch gegenüber dem relativierenden Historismus bestrebt, einen Sinn für das den menschlichen Ausdrucksformen *Allgemeine* zu entwickeln, gegenüber der dogmatischen Metaphysik hingegen akzentuiert er deren *Besonderheiten*.

Versucht man, jenes dialektische Vorgehen zu rekonstruieren, das einer angemessenen Erfassung geistes- und sozialwissenschaftlicher Phänomene dienen kann, so kommt man vor allem auf fünf operative Verfahren einer dialektischen Heuristik. Bei deren Darstellung wird im folgenden auf die von Georges Gurvitch herrührende Namengebung zurückgegriffen werden (vgl. Gurvitch *1965*, 230–266), obschon hier von den bei Gurvitch entwickelten Bedeutungsinhalten mitunter ein wenig abgewichen wird. – Es wäre natürlich irrig anzunehmen, daß sich solche Verfahren lediglich auf den Bereich der Hermeneutik und der philosophischen Anthropologie beschränken müßten; vielmehr bezeugt gerade das Beispiel von Gurvitch, daß seine im Rückgriff auf philosophische Traditionen formulierten operativen Verfahren der Dialektik auch im Bereich der empirischen Sozialforschung Anerkennung gefunden haben, was durch Paul F. Lazarsfelds darauf bezügliche Feststellungen unter Beweis gestellt wird (vgl. Lazarsfeld *1973*, 116–119).

Die nun erörterten dialektischen Operationen stellen Verfahren dar, mit deren Hilfe das Arrangement empirischer Untersuchungen ganz verschiedener Art im Rahmen der geistes- und sozialwissenschaftlichen Forschung besorgt wird. Ihre Ursprünge reichen natürlich weit hinter die hier exemplarisch erörterten Ansichten von Wilhelm Dilthey zurück. „Die Dialektik", so meinte etwa Goethe in den „Maximen und Reflexionen", „ist die Ausbildung des Widersprechungsgeistes, welcher dem Menschen gegeben, damit er den Unterschied der Dinge erkennen lerne."

## a. Die dialektische Komplementarität

Bei diesem Verfahren handelt es sich darum, den Anschein einer gegenseitigen Ausschließung von Begriffen oder Phänomenen auszuräumen; diese werden vielmehr gleichsam als „Zwillinge" erkannt, die sich jeweils als Funktion der Gegenposition bestätigen und dadurch in einen ganzheitlich verstandenen Zusammenhang einrücken. Gurvitch führt – ganz im Sinne etwa von Max Weber – als Beispiel für die dialektische Komplementarität die Beziehung von Verstehen und Erklären an. „Um etwas zu ‚erklären', muß man die einzelnen Tatsachen in ein mehr oder weniger kohärentes Ganze einfügen, von dem sie dann Manifestationen wären. Um das aber zu tun, muß man dieses Ganze und die Kennzeichen seiner Kohärenz ‚verstehen'. Man kann also weder erklären ohne zu verstehen, noch verstehen ohne zu einer Erklärung zu gelangen, da diese beiden Begriffe sich als Momente eines und desselben Vorganges erweisen." (Gurvitch 1965, 235) Zu denken wäre in diesem Zusammenhang auch an die häufig thematisierte Beziehung von Beschreibung und Theorie, von Individuum und Gemeinschaft, aber insbesondere an die teilweise auch von Dilthey in seiner Darstellung des hermeneutischen Zirkels analysierten Begriffspaare „Besonderes – Allgemeines", „Teil – Ganzes" sowie „Individuum – objektiver Geist".


## b. Die wechselseitige dialektische Implikation

Dieses Verfahren besteht darin, in auf den ersten Blick heterogen oder gegensätzlich erscheinenden Elementen oder Begriffen sozusagen sich überschneidende Sektoren zu finden. Man könnte dabei auf interferierende Lebensformen verweisen, etwa auf das Phänomen der „Überfor-

271

mung" einer Kultur, die sich als Resultat einer gewaltsam oder auch friedlich erfolgten Anpassung von Traditionen an kulturelle Importe ergibt. Man könnte aber auch an die sich teilweise überschneidenden Umfänge der Begriffe „Kunst", „Religion", „Wissenschaft" und „Politik" denken. Dilthey hat beispielsweise im Zusammenhang mit seinen Untersuchungen zur Weltanschauungslehre auf den spezifischen Charakter und das unterschiedliche Ausmaß derartiger Konvergenzen und Überlappungen von verschiedenen Arten des menschlichen Selbst- und Weltverständnisses in verschiedenen historischen Epochen hingewiesen.

## c. Die dialektische Ambiguität

Dieses Verfahren besteht im Aufweis der möglichen Mehrzahl von Funktionen, die ein Ereignis oder ein Zustand bzw. der dafür stehende Begriff haben kann (vgl. dazu allg. Merton *1976*, vor allem Kap. 1). Zu denken wäre in diesem Zusammenhang beispielsweise an Rollenkonflikte; so haben Individuen oder Gruppen, die im Überlappungsbereich von zwei oder mehreren sozialen Systemen leben, oft beträchtliche Schwierigkeiten, die eigene soziale Identität zu finden. Zu denken wäre ferner an die in sozialpsychologischen und mikrosoziologischen Studien aufgezeigten Phänomene der Gleichzeitigkeit von Beziehungen der Attraktion und Repulsion, welche Haltungen sich auf seiten eines Individuums oder einer Gruppe etwa in Anbetracht eines und desselben Individuums oder Sachverhalts bemerkbar machen. Schließlich wäre auch noch an die wichtige Unterscheidung von Robert K. Merton bezüglich der manifesten und der latenten Funktion gewisser Handlungen und Handlungsresultate zu denken, durch die ja der alte Gedanke der

Heterogenität der Zwecke eine neue Fassung erfahren hat. Das Phänomen der Ambiguität ist auch an der eigentümlichen Ambivalenz der Begriffe „Natur" und „Kultur" nachweisbar, wobei sich zeigt, daß der Mensch einerseits Natur schon jeweils kulturell vermittelt erlebt, daß sich aber andererseits in den verschiedenen Kulturgebilden jene „kernhaften Elemente" geltend machen, welche das Gerüst des geistigen Geschehens darstellen: „Wille, Kampf, Arbeit, Bedürfnis, Befriedigung" (vgl. Dilthey *1914 ff.* V, 131).

### d. Die dialektische Polarisierung

Dieses Verfahren der operationalen Dialektik ist das symmetrische Gegenstück zu dem der dialektischen Komplementarität. Durch die Polarisation von Elementen eines Zusammenhangs soll ein als identisch erscheinender Sachverhalt besser erfaßt werden. Es handelt sich somit um das Aufsuchen von konträren Begriffen beziehungsweise von den durch sie repräsentierten Sachverhalten zur besseren Erfassung einer ganzheitlichen Struktur oder eines ganzheitlichen Prozesses. Man denke so etwa an die Differenzierung der „Gesellschaft" in verschiedene Klassen, an die Differenzierung des Begriffs des menschlichen „Wesens" in verschiedene Charaktertypen im Rahmen der Ethologie, schließlich an die Momente der Beschleunigung und der Verzögerung von politisch-sozialen Prozessen im Rahmen von bloß chronologisch verstandener Geschichtsabläufen. Bei Wilhelm Dilthey begegnet uns ganz im Sinne des soeben Gesagten eine Differenzierung des historischen Prozeßbegriffes in die Komponenten Wandel und Dauer, aber vor allem auch eine Ausdifferenzierung des Erkennens in „Verstehen" und „Erklären". (Mit Bezug auf den zuletzt angesprochenen Sachverhalt ließe sich in einer etwas paradox anmutenden Formulierung sagen, daß das Erkennen sowohl in einem Verstehen besteht, in welchem Handlungsvollzüge unter Hinweis auf Motive und Gründe erklärt werden, als auch in einem Erklären, in welchem unter Hinweis auf beobachtbare extramentale Ursachen verstanden wird.)

### e. Die Reziprozität der Perspektiven

Auch diese dialektische Operation hat in einer der bereits genannten Operationen, und zwar in der wechselseitigen dialektischen Implikation, ihr symmetrisches Gegenstück. Wird im Fall der wechselseitigen dialektischen Implikation versucht, einander überschneidende Sektoren von heterogen erscheinenden Elementen oder Begriffen ausfindig zu machen, so geht es nun um den Aufweis von möglichen Darstellungsdifferenzen in Anbetracht von homogen erscheinenden Sachverhalten, denen mitunter der Charakter einer unbefragten „Gegebenheit" zugesprochen wird. Für diese Darstellungsdifferenzen sind, wie etwa Gurvitch bemerkt (vgl. Gurvitch *1965*, 261), unterschiedliche Interessengesichtspunkte oder Wertbeziehungen konstitutiv, wie sie jeweils mit einer „intellektuellen", einer „affektiven" oder einer „voluntativen" Einstellung verknüpft sind. Vor Gurvitch hat bereits – wenn auch mit andersartigen inhaltlichen Vorannahmen – Karl Mannheim in „Ideologie und Utopie" das Moment der Perspektivierung unserer sozialen Welt erörtert und in diesem Zusammenhang die „Umrechnung der Perspektiven" als Erkenntnisprogramm formuliert (vgl. Mannheim *1969*, 258). Beide Autoren stehen mit ihren Auffassungen in unmittelbarer Nachfolge der weltanschauungsanalytischen Bestrebungen Diltheys. Dieser hat bekanntlich in seiner „Weltanschauungslehre" drei idealtypische Formen des Weltverständnisses unterschieden, je nachdem, ob dabei hauptsächlich das Denken, das Fühlen oder das Wollen im Prozeß der Welterfahrung involviert ist.[57]

Das kann natürlich nicht besagen, daß alle möglichen Perspektivierungen in gleicher Weise fruchtbar sind, aber man muß die Möglichkeit der verschiedenartigen Perspektivierungen offenhalten, um nach erfolgter Präzisierung des Fragesinnes und der entsprechenden Problemexposition die unterschiedliche Fruchtbarkeit der verschiedenen Darstellungsformen sowie der auf die Inhalte von Darstellungen bezogenen Erklärungen hinsichtlich ihres Erkenntniswertes gewichten zu können.

Das Verfahren des Nachweises einer Reziprozität der Perspektiven ist als *eine* Form der operativen Dialektik genausowenig universell anwendbar oder allgemein wie alle anderen erwähnten dialektischen Operationen für sich genommen. Man sollte sich dessen bewußt sein, daß die erwähnten fünf dialektischen Verfahren, welche sich unter

---

[57] Demgemäß unterscheidet Dilthey den „Naturalismus", den „objektiven Idealismus" und den „Idealismus der Freiheit". Jede Verabsolutierung einer dieser Formen unserer Selbst- und Welterfahrung wird von Dilthey als metaphysische Vereinseitigung kritisiert. Monistische Fixierungen im Sinne der Auszeichnung einer bestimmten Art der Wirklichkeitserfahrung lehnt er ab. Um ein Beispiel zu nennen, sei darauf hingewiesen, daß natürlich jede Antwort auf die Frage, was man unter „Renaissance" zu verstehen habe, davon abhängt, was damit eigentlich „erfragt" werden soll, und was die Fragenden von dem erwähnten Sachverhalt bereits wissen. Ohne daß eine nähere Spezifizierung des Sinnes der Frage erfolgt wäre und ohne genauere Kenntnis dessen, was bereits als Informationsbestand auf seiten der Fragesteller vorausgesetzt werden darf, wäre es nichts anderes als dogmatisch, würde man eine der möglichen Perspektivierungen gegenüber einer anderen auszeichnen; *a priori* gibt es keinen Grund, die Perspektivierung, welche die Renaissance durch den Historiker der politischen Geschichte erfährt, auszuzeichnen gegenüber derjenigen des Kunsthistorikers oder des Wissenschaftshistorikers.

anderem auch in Diltheys hermeneutischer Anthropologie nachweisen lassen, in verschiedenen Kombinationen ein nützlicher Ausgangspunkt für sozialwissenschaftliche Arbeiten sein können. Die Metaphysikkritik Diltheys erweist sich als ein Versuch, jede Einseitigkeit – auch die des unbedingten Pluralismus – mit Hilfe der erwähnten dialektischen Verfahren als Dogmatisierung erkennen zu helfen. Dadurch soll jede der Realität unangemessene Einseitigkeit einer Situationsdeutung, auch jede willkürliche Isolierung von Strukturen und Strukturelementen sowie jedes Anhalten der Bewegung der gesellschaftlichen Realität, verhindert werden. Nicht geht es darum, uns ein definitives und für jeden geistes- oder sozialwissenschaftlich bedeutsamen Handlungszusammenhang erklärungskräftiges Erklärungsschema vorzugeben, sondern es soll ein Sinn für die Vielfalt möglicher Darstellungen und darauf bezüglicher Erklärungen vermittelt werden.

Dialektisches Denken in dem hier dargestellten Sinne ist natürlich in jenem ursprünglichen und auch etymologisch gerechtfertigten Sinne selbst insofern „meta-physisch", als es uns zwar an die Schwelle der empirischen Erklärung in den Sozialwissenschaften führt, sie aber niemals überschreitet. Georges Gurvitch hat diesen nicht-empirischen Charakter des dialektischen Denkens im Dienste einer angemesseneren empirischen Darstellung und Erklärung der gesellschaftlichen Verhältnisse trefflich dargestellt, wenn er sagt: *Die Dialektik bereitet nur die Rahmen der Erklärung vor.* Diese letztere aber bleibt jedesmal neu zu finden für jeden besonderen gesellschaftlichen Rahmen, für jede Struktur und selbst für jede konkrete Konstellation... Tatsächlich setzen die eigentlich erklärenden Verfahren, wie die funktionalen Korrelationen, die tendenziellen Regelmäßigkeiten, die Wahrscheinlichkeitskalküle, die singulare Kausalität bis hin zur direkten Integration in Ganzheiten sämtlich konkrete Totalitäten voraus, deren Wendungen kontingent und deren Zusammenhangsgrade wesentlich variabel sind. Keinerlei Dialektisierung kann also die Erklärung ersetzen, und wenn sie vorgibt es doch zu tun, so unterliegt sie nur einer Täuschung." (Gurvitch *1965*, 265 f.)

Exemplarisch sei nun an Wilhelm Diltheys einschlägigen Ansichten gezeigt, wo im Sinne der vorhin erörterten Verfahren der dialektischen Polarisierung und der Reziprozität der Perspektiven die Grenzen einer materialistischen und einer spiritualistischen Metaphysik nachweisbar sind.

## 3. Jenseits von Materialismus und Spiritualismus

Gewiß sei alles Handeln, wie Dilthey den Vertretern des Behaviorismus seiner Zeit gegenüber konzediert, Handeln in einer Lage, auf die reagiert werde. Aber dieses Reagieren sei nicht einfach im Sinne eines Reflexes zu deuten; denn Handeln ist im eigentlichen Sinne durch die Art und Weise, wie der jeweilige Mensch sich in seiner jeweiligen Lage *versteht*, bedingt, so daß es nicht Reflex auf eine bestimmte Lage, sondern Antwort auf die Herausforderung einer bestimmten Situation sei. Der Wert der konventionell als materialistisch bezeichneten Weltbetrachtung des „Naturalismus" (vgl. Dilthey *1914 ff.* VIII, 100–104) hinsichtlich des Selbst- und Weltverständnisses wird von Dilthey keineswegs in Abrede gestellt; nur sei sie eben eine von mehreren möglichen Weisen, sich ein Bild vom Menschen und seiner Welt zu machen, wie Dilthey mit seiner „Philosophie der Philosophie" zeigen wollte. Jede Aussage über den Menschen und seine Welt, selbst die vermeintlich rein wissenschaftliche im Sinne des Positivismus, schließe bereits eine metaphysische Grundhaltung in sich, was dem Positivismus verborgen geblieben sei. Denn je nach dem dominierenden Seelenvermögen innerhalb des psychischen Strukturzusammenhangs, also je nachdem, ob eine kognitive, eine emotive oder eine volitive Beziehung zu den Inhalten der Erfahrung hergestellt wird, gestalten sich auch die Formen unserer Wirklichkeitserkenntnis (vgl. ebd. V, 403).

Wie zu den Einseitigkeiten des Naturalismus, so nimmt Dilthey auch Stellung zu den Einseitigkeiten und Illusionen einer spiritualistischen Metaphysik. Wo die Einbettung des Geistes und seiner Objektivationen in reale Lebenszusammenhänge außer acht bleibe, sei eine idealistische Metaphysik die Folge, die, wie im Falle Hegels, den objektiven Geist ins Schweben bringe und ihn schließlich in den Weltgeist auflöse. Dilthey bejaht zwar, daß jedes Zeitalter einen Zusammenhang verwandter Ideen enthält, aber, so stellt er fest, es „muß... anerkannt werden, daß der Hintergrund dieser Ideen die Gewalt ist, welche nicht durch diese höhere Welt überwunden werden kann. Und dies ist überall so. Faktizität der Rasse, des Raumes, des Verhältnisses der Gewalten, bilden überall die nie zu vergeistigende Grundlage. Es ist ein Traum Hegels, daß die Zeitalter eine Stufe der Vernunftentwicklung repräsentieren." (Ebd. VII, 287 f.) – Durch die Betonung der Tatsache, daß konkrete Menschen und Menschengruppen immer geographisch, biologisch, politisch, kulturell und sozial bestimmt sind, steht Dilthey in der Tradition der empiristischen Philosophie; seine Lebensphilosophie stellt – ähnlich wie bereits Ludwig Feuerbachs Anthropologie – eine Herausforderung des klassischen Begriffs des allgemeinen Menschen „an sich" dar, der auch für große Teile der neuzeitlichen Philosophie charakteristisch war.

Die Tatsache, daß sich der Mensch immer wieder anders darstellt, widerspricht nach Dilthey nicht dem Konzept eines Wesens des Menschen, sondern weist gerade auf dieses als den unentbehrlichen Grund einer erkenntnismäßigen Ordnung der phänomenalen Vielfalt hin: „Die allgemeine Menschennatur realisiert gleichsam die Möglichkeiten eines Tonsystems und die Individualität eine in ihm geschaffene Melodie." (Ebd. V, 425) – In seinen vielfach ineinander verschlungenen Abhandlungen zur Anthropologie und Hermeneutik hat Dilthey versucht, die Bedingungen der Möglichkeit jener relativen Stabilität zu finden, die sich in den verschiedenen Formen des menschlichen Ausdrucksverhaltens kundgeben. Es mag schwer sein zu erfassen, wie – im Sinne Diltheys – etwas „zeitlich" und doch „substantiell" sein kann. Aber es ist, wie Helmuth Plessner einmal bemerkte, gerade „das Neue der von Dilthey ausgehenden Richtung, daß sie nicht ins Unbedingte weist und keine unbedingte Verankerung zu haben behauptet" – auch nicht die der „absoluten Relativität und des ewigen Wechsels" (Plessner *1953*, 301).

Es wäre sicher lohnend, noch zu Diltheys Kritik an anderen Positionen einer dogmatischen Metaphysik einiges zu sagen. Dies muß hier unterbleiben. Im folgenden sollen gleichwohl *im Sinne* von Diltheys Kritik an dogmatischen Einseitigkeiten einige einschlägige Grundlagenfragen der Sozialwissenschaften exemplarisch erörtert werden. Dabei wird sich zeigen, daß der durch ihn repräsentierten Tradition des hermeneutischen Historismus für die Erörterung von Grundlagenproblemen der jüngeren Sozialwissenschaften gelegentlich sehr nützliche Anregungen zu entnehmen sind. Oft findet man aber auch in einzelnen sozialwissenschaftlichen Grundlagendiskussionen der Gegenwart interessante Entsprechungen zu gewissen Partien dieser Tradition.

## II. Zur Dichotomie von individueller Innenlenkung und gesellschaftlicher Verhaltenssteuerung: Individuum und Institutionen

Häufig wird individuelle Innensteuerung nicht nur subjektiv erstrebt, sondern auch – als nichtopportunistisches Verhalten in Phasen eines unheilvollen Konformismus – moralisch geachtet. Wenn man nun „Innensteuerung" abstrakt, ohne auf den geschichtlichen Kontext Bezug zu nehmen, erörtert, so läuft man Gefahr, die Rolle von Institutionen zu verkennen, da man sie einfach den Elementen der externen Verhaltenssteuerung und dem Bereich der *Heteronomie* zurechnet. Im besonderen gilt dies für Vertreter einer Zivilisation, in der die universelle Hinterfragung zur Lebenform stilisiert wird. Für sie sind Institutionen odiös. Und doch scheinen sich diese Anwälte der permanenten Reflexion in gewisser Weise über kurz oder lang um einen gewissen Teil ihrer Gefolgschaft zu bringen. Sie übersehen nämlich, daß das Prinzip der „Hinterfragung" aller Traditionen keineswegs auf Dauer zu stellen ist, sondern daß – von der Einzelperson her gesehen – die durch Institutionen garantierte wohltätige Fraglosigkeit oder Sicherheit eine lebenswichtige psychische Entlastung bedeuten kann. Die Anerkennung des Bewährten als einer Tradition, die sich nicht erklärt, sondern kraft Geltung respektiert wird, macht eine längere Problemlösungsperspektive möglich, die den Zeithorizont von Aktualitätsbewältigungen überschreitet. „In Traditionen des Verhaltens, des Wertens und Geltenlassens werden doch, in langen Zeiten herausexperimentiert, Fundamente gelegt, die man nicht dauernd in Frage stellen muß, die keine Entscheidungszumutungen stellen, weil sie habitualisiert sind... Das ist eine ungeheure Entlastung, die wir für eine ewige Belastung mit dem ‚*discriminative strain*‘, dem Unterscheidungs- und Entscheidungsdruck, preisgegeben haben." (Gehlen *1961*, 64)

Zwei Sachverhalte sind es, die in diesem Zusammenhang eines besonderen Hinweises bedürfen. Der eine betrifft einen Umkehreffekt, den man mit guten Gründen als ein Phänomen dialektischer Ambivalenz ansprechen kann; ein solches ist in dieser Eindringlichkeit im Bereich der sozialen Beziehungen nicht häufig nachweisbar. Gemeint ist das gleichermaßen paradoxe wie unvermeidliche Ergebnis der Befreiung von institutionellen Regelungen und Traditionen, deren Berechtigung auf radikale Weise in Frage gestellt wurde. Es besteht nämlich, wie David Riesman in seinem verdienstvollen Werk „The Lonely Crowd", aber auch Peter R. Hofstätter in einer Analyse von Aspekten der Außenlenkung (vgl. Hofstätter *1973*, vor allem 9–26, 150–162) gezeigt haben, in einer Regression der Richtlinien des Verhaltens auf das Niveau einer unmittelbaren Abhängigkeit des Individuums vom Dafürhalten seiner jeweiligen Partner. Der Wegfall von Institutionen wird durch eine neue Form der Außensteuerung von seiten der jeweiligen Bezugsgruppe kompensiert. Der mitunter respektable, mitunter aber nur krampfhafte Ausbruchsversuch aus den Zwängen der Fremdsteuerung im Namen der Innenlenkung findet somit sein Ziel auf der anderen Seite jener Welt, der man zu entfliehen versuchte. – Der zweite Sachverhalt, der hier zur Sprache kommen soll, betrifft die von den Vertretern idealistischer Ideologien ignorierte Verzahnung von Ideen und Institutionen. Wie Max Weber mit seiner These von der „Wahlverwandtschaft" von Ideen und Institutionen, so vertritt auch Arnold Gehlen die Ansicht, „daß Ideensysteme jeder Art ihre Stabilität, ihren zeitüberdauernden Geltungsdrang, ja ihre Überlebenschance den Institutionen verdanken, in denen sie inkorporiert sind" (Gehlen *1961*, 76). Auf religiösem Gebiet erteile ja die Geschichte der Sekten eine überreiche Lehre von der Vergänglichkeit enthusiastischer Bewegungen, welche bloß von den Evidenzen ihrer Gründer und deren persönlicher Durchsetzungskraft in ihrer Umwelt lebten und denen es nicht gelang, zu einer kirchenähnlichen Organisation zu kommen. Ein anderes Beispiel seien die zahlreichen, in der ersten Hälfte des 19. Jahrhunderts in Frankreich konkurrierenden sozialistischen Gedankengänge eines Fourier, Proudhon usw., die es nur zu einer Scheinlebendigkeit gebracht hätten, wie sie für die Literatur charakteristisch ist; und dies im Unterschied zum deutschen Sozialismus, der von vornherein als organisierter und disziplinierter Parteiapparat aufgetreten sei (vgl. ebd. 76 f.). Es komme also nicht so sehr darauf an, Ideen zu diskutieren, als darauf, ihnen zur Wirklichkeit zu verhelfen. Eine solche Auffassung widerspreche nach wie vor gerade in Deutschland tiefsitzenden Selbstverständlichkeiten: „Vorstellungen wie die, Ideen Rousseaus oder Voltaires hätten ‚sich in Frankreich verbreitet‘ und hätten schließlich ‚zur Revolution geführt‘, sind weltfremd, sie unterstützen den Irrtum, als ob die eigentlich bewegenden Kräfte in der Geschichte die Schriftsteller wären... Ideen sprechen sich nicht herum, sie *werden* verbreitet, sie wirken nur dann, wenn man für sie wirbt, sie setzen nur dann die Menschen in Bewegung, wenn andere Menschen nachhelfen, und im konkreten Falle sind das angebbare Kreise. Es gibt keine falschere und irreführendere Lehre als die Hegelsche von der Selbstbewegung der Idee, und den Hang der Deutschen, Idealismus mit Weltfremdheit zu verbinden, hat sie sicherlich erheblich gefördert." (Ebd. 77)

# III. Zur ideologischen Nomologisierung „natürlicher" Konstanten des menschlichen Wesens

Die dialektische Anthropologie formierte sich, wie man im Rahmen einer ideengeschichtlichen Rekonstruktion nachweisen kann und wie dies nur ansatzweise im Rahmen dieser Ausführungen zu zeigen versucht wurde, als eine reaktive Tendenz gegenüber bestimmten Formen einseitiger ontologischer und methodologischer Konzeptionen: als Gegenposition insbesondere zur Metaphysik des „Geistigen" und zur Metaphysik des „Natürlichen". Der Metaphysik des „Natürlichen" gelten die Ausführungen in diesem III. Kapitel.

## 1. Beschwörungen des Unvermeidbaren

Die namentlich von Friedrich Nietzsche über Max Scheler bis zu Helmuth Plessner und Arnold Gehlen in der philosophischen Anthropologie beschworene Unfestgelegtheit des Menschen hat ihr Gegenstück in Überzeugungen, wonach es Sachverhalte des Naturgeschehens seien, denen der Mensch unterworfen ist und die er – im Unterschied zum Sozialgeschehen – eben nicht beliebig ändern könne. Der naturalistische Glaube an Gleichförmigkeit und Prädetermination wird dabei zumeist gegen jene Formen des historistischen Denkens bemüht, welche die Variabilität und das schöpferische Moment in der Geschichte besonders betonen. Im folgenden sollen Formen der Äternisierung gesellschaftlicher Verhältnisse in

Betracht gezogen werden, die insofern als ideologisch zu bezeichnen wären, als sich falsche Überzeugungen bezüglich sozialer Sachverhalte mit gesellschaftlichen Interessen verbinden.

1) So wäre etwa an die Denkform des *Historizismus* zu erinnern, dessen Anwälte versuchen, im Namen von Naturgesetzen der Geschichte und von angeblich unausweichlich feststehenden Zielen der Geschichte der Unfestgelegtheit menschlicher Verhältnisse zu entfliehen. – Man denke ferner an die in weiten Bereichen des sogenannten Alltagsbewußtseins gegenwärtige ideologische Verewigung sozialer Verhältnisse, die auch in unserem Kulturraum mit einer eigentümlichen Beschwörung der Natürlichkeit des Todes verknüpft ist. Diese *Beschwörung des Todes* als eines Immergleichen der menschlichen Natur hat nicht nur mit der Affirmation der Ewigkeit und Unabwendbarkeit des Todes zu tun, sondern sie weist diesem auch eine Rolle als Herrschaftsinstrument zu. Herbert Marcuse (vgl. Marcuse *1965*, 228) hat, wie später exemplarisch auch Werner Fuchs (vgl. Fuchs *1973*, Kap. V), auf den Zusammenhang von Tod und Resignation vor den bestehenden sozialen Verhältnissen hingewiesen.

2) Der zuletzt erwähnte Sachverhalt gehört gewissermaßen in den bereits sedimentierten Bestand einiger „Volkskulturen". Spielte in diesem Zusammenhang oftmals die Religion eine bestimmende Rolle bei der Prägung von handlungswirksamen Einstellungen, so wird im Zeitalter der „wissenschaftlichen Weltauffassungen" diese Aufgabe häufig durch eine ideologisch instrumentalisierte Wissenschaft besorgt. Exemplarisch sei auf die *Biologisierung der sozialen Ungleichheit* hingewiesen (vgl. auch Teil G, Kap. I, 2). Die Bezugnahme auf „natürliche" Gegebenheiten dieser Art kommt dem Bedürfnis nach Sicherheit und Erfolgsgarantie bestimmter sozialer Schichten

dadurch entgegen, daß einiges Mögliche als unmöglich dekretiert wird – weil nämlich das „Natürliche" dem menschlichen Zugriff entzogen sei. Im Zusammenhang damit soll hier auf eine oftmals suggestiv formulierte Art von Pseudo-Gesetzen kurz Bezug genommen werden: auf Generalisierungen, die von richtig wiedergegebenen Beobachtungen ihren Ausgang nehmen, welche dann unrichtig aggregiert werden; dabei erhalten diese falschen Generalisierungen – jedenfalls für einige Zeit – den Anschein der Richtigkeit, da sie sich praktisch zu bewähren scheinen. Hier hat eine kritische Sozialwissenschaft ein ausgezeichnetes Betätigungsfeld, die, nach Habermas, zu prüfen bestrebt sein sollte, wann theoretische Aussagen invariante Gesetzmäßigkeiten des sozialen Handelns überhaupt, und wann sie ideologisch festgefrorene, im Prinzip aber veränderliche Abhängigkeitsverhältnisse erfassen (vgl. Habermas *1968*, 155–159).

Wie sind nun diese Generalisierungen beschaffen? Es handelt sich bei ihnen um gesellschaftliche Pseudo-Gesetze, welche Fetischisierungen sozialer Regelmäßigkeiten darstellen. Ihnen kommt oft eine unmittelbar lebenspraktische Funktion zu und meist nur sekundär – wenn überhaupt – eine theoretische. Selbst falsche Generalisierungen, so läßt sich an ihnen demonstrieren, gestalten das soziale Handeln mit und werden durch die Handlungseffekte wiederum konfirmiert – wofür Bernard Berelson und Gary A. Steiner den treffenden Ausdruck „Spiralergebnis" geprägt haben (vgl. Berelson/Steiner *1972*, 427). In seiner berühmten Studie über das Wertproblem in der Sozialwissenschaft zeigte Gunnar Myrdal exemplarisch, wie es um die Struktur derartiger gesellschaftlicher Pseudo-Gesetze als generalisierter Spiraleffekte bestellt ist (vgl. Myrdal *1965*, Teil II): Man konstatiert zunächst an bestimmten Gruppen der Schwarzen in den Vereinigten Staaten, daß ihr Bildungsniveau, aber auch ihre zum Zeitpunkt der Untersuchung bestehende Lernkapazität niedrig sind. Eine Überprüfung, durch welche ökonomischen oder sozialkulturellen Faktoren diese Ausgangsdaten kausal bewirkt worden sein könnten, unterbleibt bewußt oder unbewußt. Ebendadurch werden aber nun die jeweiligen Singuläraussagen, welche *für sich* genommen richtig sein mögen, als invariante Persönlichkeitsmerkmale aller Schwarzen in den Vereinigten Staaten genommen, welche Merkmale durch Bildungs- und Erziehungseinrichtungen nicht kompensiert werden könnten. Diese Generalisierung wird nun im sozialen Zusammenhang handlungswirksam, und in der Folge werden Schwarze hinsichtlich ihrer Bildungs- und Erziehungschancen eingeengt. Die (falsche) Generalisierung, das diese Farbigen betreffende (Pseudo-)Gesetz, scheint sich prächtig zu bewähren. Im weiteren Verlauf werden die Schwarzen noch mehr benachteiligt, zumal ja angeblich die Wissenschaft die „natürlichen" Grenzen der Ausbildungsfähigkeit von Schwarzen nachgewiesen habe und die Unsinnigkeit bestimmter Bildungs- und Erziehungsausgaben offenkundig geworden sei. – Eine ganze Reihe von analogen Prozessen könnte hier noch erwähnt werden: Vernachlässigte Kinder tendieren dazu, schlechte Eltern zu werden, deren eigene Kinder dann wieder vernachlässigt werden; das ungeliebte Kind, das sich zurückgewiesen fühlt, zieht sich zurück, wird noch kontaktloser und folglich noch unbeliebter etc.[58] Wesentlich ist auch hier, daß diese Menschen dies zumeist nicht aus ihrer „ersten", der *biologischen* Natur, sondern aus ihrer „zweiten", der *sozialen* Natur heraus tun oder unterlassen.

---

[58] Vgl. dazu Berelson/Steiner *1969*, Kap. 3, C 2, Kap. 3, C 9; Berelson/Steiner *1972*, Kap. 9, B 5.1, Kap. 15, B 4.2.

Es ist im Zusammenhang der hier erfolgenden Erörterung von Ideologisierungen „natürlicher" Konstanten des menschlichen Wesens und der ihnen entsprechenden Pseudo-Gesetze unerläßlich, einen Unterschied zu machen

– zwischen Pseudo-Gesetzen als *pseudo-wissenschaftlichen Gesetzen* und
– zwischen *wissenschaftlichen* Pseudo-Gesetzen.

Bisher war vom erstgenannten Typ von Generalisierungen die Rede. Im folgenden Abschnitt soll es um die Erörterung solcher wissenschaftlicher Generalisierungen gehen, die oft – keineswegs glücklich – als Quasi- oder Pseudo-Gesetze (oder als Quasi- oder Pseudo-Theorien) deshalb bezeichnet werden, weil sich die bei ihrer ursprünglichen Formulierung vermutete universelle Anwendbarkeit oder Reichweite als nicht gegeben erwiesen hat (vgl. auch Teil D, Kap. IV, 6). Die Bedeutsamkeit solcher Analysen hat nicht zuletzt darin ihren Grund, daß sowohl Vertreter eines rigiden Determinismus als auch Vertreter des Voluntarismus in allen Arten von Pseudo-Gesetzen fälschlich Einfallstore für ein metaphysisches Zufallsprinzip erblicken, welches dem Kausalitätsprinzip zuwiderläuft.

## 2. Gesellschaftliche Gesetze
### von beschränkter Reichweite

Im Laufe der Geschichte der Wissenschaften hat es sich stets aufs neue als notwendig erwiesen, den Geltungsbereich nomologischer Aussagen nachträglich auf bestimmte Raum-Zeit-Gebiete einzuschränken. Auch gesellschaftliche Gesetze bilden in dieser Hinsicht keine Ausnahme. Mit ihnen war oftmals eine invariante Beziehung zwischen zwei oder mehreren Variablen behauptet worden, deren prätendierte Universalität sich dann als nicht bestehend erwies. Die Einlösung der mit einer nomologischen Allaussage verknüpften Forderung nach universeller Geltung wurde in der Folge erst wieder durch die Spezifikation der Wirkungsbedingungen realisierbar, also durch die explizite Beschränkung der Reichweite des in Betracht stehenden Gesetzes.[59] Dies ist aber nicht ein Merkmal, das gesellschaftswissenschaftliche Gesetze prinzipiell von den

---

[59] Der beschränkte Geltungsbereich oder – wie man auch sagt – der „historische Charakter" vermeintlich universeller Gesetze läßt sich klar in jener sozialwissenschaftlichen Disziplin nachweisen, deren nomothetischer Charakter am ehesten den entwickelten theoretischen Naturwissenschaften entspricht: in der theoretischen Nationalökonomie. Auf sie sei im folgenden kurz Bezug genommen, wobei sowohl Fragen der Geltung als auch der Wirkungsweise von Gesetzen am Beispiel der „Gossenschen Gesetze" erörtert werden sollen. – Das erste Gossensche Gesetz besagt, daß mit zunehmend verfügbarer Menge eines Gutes dessen Wertschätzung pro Einheit abnimmt, weil dessen Nutzen abnimmt. Das zweite Gossensche Gesetz bringt zum Ausdruck, daß die Wirtschaftssubjekte sich beim Erwerb verschiedener Güter so verhalten, daß sich deren Grenznutzen ausgleichen; mit anderen Worten besagt dieses als „Gesetz des Grenznutzenausgleichs" bekannte zweite Gossensche Gesetz, daß der Grenznutzen, also der Nutzen der letzten Einheit, von irgendeinem der in Betracht stehenden Güter kleiner ist als der Grenznutzen eines anderen möglichen Gutes, wenn anstatt der letzten Einheit des einen eine Einheit mehr vom anderen erworben wird. Das dritte Gossensche Gesetz besagt schließlich, daß die dem Erwerb eines Gutes gewidmete Arbeit so weit ausgedehnt werden wird, daß der Nutzen der letzten erworbenen Einheit (Grenznutzen) der Unannehmlichkeit oder Beschwerde des zuletzt aufgewendeten Arbeitsquantums (Grenzleid) gleichkommt. – Gelten die beiden erstgenannten Gesetze in voller Strenge, so ist das dritte Gossensche Gesetz durch die moderne Gestaltung des Arbeitsmarktes außer Kraft gesetzt, da es nicht im Belieben des einzelnen Arbeiters steht, wie lange er arbeiten will, sondern durch besondere historisch herausgebildete institutionelle Regelungen die Arbeitszeit in den heutigen Industriestaaten für alle Arbeiter einheitlich festgelegt wird. Dieser Sachverhalt zeigt, daß gesellschaftswissenschaftliche Gesetze nur unter bestimmten Voraussetzungen *de facto* gelten.

Gesetzen der Naturwissenschaften unterscheidet. Wie sich durch institutionelle Neuordnungen der für die faktische Geltung eines gesellschaftwissenschaftlichen Gesetzes vorausgesetzte Bestand an Bedingungen ändern kann, so kann eine gleichartige faktische Geltung, wie Alfred Amonn hervorhebt, auch in den Naturwissenschaften nur unter ganz bestimmten Voraussetzungen, die oft nicht gegeben sind, behauptet werden. „Das Gesetz des freien Falles gilt eben nur... unter der Voraussetzung, daß nichts das freie Fallen verhindert. So gilt auch das dritte Gossensche Gesetz nur für den Fall oder unter der Voraussetzung, daß nichts den Ausgleich zwischen Grenznutzen und Grenzleid der Arbeit verhindert. In Wirklichkeit fällt kaum ein Körper streng nach dem Gesetz des freien Falles." (Amonn *1961*, 191)

In den Natur- und in den Sozialwissenschaften sind sonach raum-zeitliche Relativierungen des Geltungsbereichs möglich, und in beiden Bereichen ist gleichermaßen eine Erklärung der als bedingt gültig erkannten Gesetzmäßigkeiten auf der Grundlage von Theorien höherer Ordnung nicht ausgeschlossen. Ein heuristisches Verfahren könnte in diesem Zusammenhang darin bestehen, „daß man den Versuch unternimmt, Bedingungen zu eruieren, die dafür verantwortlich sind, daß die betreffenden Muster des Funktionierens gerade in dem betreffenden Raum-Zeit-Gebiet aufzutauchen pflegen, und sie auf diese relativ invarianten Bedingungen zu beziehen. Eine derartige *strukturelle Relativierung* führt zur Eliminierung des Raum-Zeit-Bezuges der in Frage kommenden Aussage, ohne daß ihr Informationsgehalt dadurch verschwinden muß." (Albert *1976*, 142) – Neben diesen Gemeinsamkeiten gibt es aber auch wesentliche Unterschiede zwischen den Gesetzen im Natur- und im Sozialgeschehen. Der grundlegende Unterschied besteht wohl darin, daß in den

Beziehungen der Objekte physikalischer Natur in einem Ausmaß konstante Kräfte wirksam sind, wie dies im gesellschaftlichen Bereich nicht der Fall ist. Oder andersherum: Die Wirkungsbedingungen für sozialwissenschaftliche Gesetze sind in einer anderen Weise durch individuelle oder kollektive Willensentscheidungen der Menschen manipulierbar als jene für Naturgesetze. Daher werden die „Ausnahmen von der Regel" im gesellschaftlichen Bereich viel häufiger sein als im Bereich der natürlichen Prozesse, weil hier Umstände vor allem institutioneller Art, durch welche das Wirken einer Kraft verhindert oder modifiziert werden kann, und als Folge davon die höhere Variabilität der wirkenden Kräfte selbst, in Rechnung zu stellen sind. Diese Differenz zwischen Natur- und Sozialgesetzen wird von bestimmten Vertretern des Determinismus häufig – und meist zu Unrecht – als Ausdruck einer Relativierung der Nomologie angesehen und als eine wissenschaftsfeindliche Argumentation, die nur dem metaphysischen Idealismus oder dem Fideismus zu Ansehen verhelfen soll.

## IV. Formen des voluntaristischen Menschenbildes: Über antinomologisches Denken

Einleitend zu diesem Kapitel scheint es nützlich, sich kurz dem Zusammenhang von Determination und Freiheit in begriffsanalytischer Absicht zuzuwenden, zumal auch im vorangegangenen Kapitel ohne nähere Differenzierung vom „Determinismus" gesprochen wurde. Dies geschieht vor allem in der Absicht, um im Anschluß an eine kurze einschlägige Analyse die relative Berechtigung, aber auch die Grenzen einer voluntaristischen Position aufzuzeigen.

Bei jeder Erörterung der mit dem Determinismusproblem zusammenhängenden Fragen muß, worauf vor kurzem wieder Ota Weinberger bei Gelegenheit einer Analyse des Verhältnisses von Determinismus und Verantwortung hingewiesen hat (Weinberger *1980*), zwischen zwei Dingen scharf unterschieden werden: dem Bestehen kausaler, das heißt den Verhaltensablauf eines Systems bestimmender Zusammenhänge einerseits, unserem Wissen über diese Zusammenhänge andererseits. Wenn man von dieser Unterscheidung zwischen Wissen und Sein ausgeht, dann bedeutet der Determinismus im wesentlichen, daß das Verhalten jedes Objektes und jedes Systems von Objekten zu einem bestimmten Zeitpunkt durch seine Eigenschaften und Relationen zu anderen Gegenständen vor diesem Zeitpunkt bestimmt ist. Ganz in diesem Sinne ist Kausalität als Beziehung zwischen Zuständen von Systemen aufzufassen. – Das Kausalprinzip ist – im Unterschied zu den sogenannten deterministischen und stochastischen Kausalgesetzen – ein metawissenschaftliches Prinzip. Im Sinne Kants ist es als regulatives Prinzip der empirischen Forschung und der Ordnung unserer Erfahrung die unumgängliche Voraussetzung der Wirklichkeitserkenntnis; es drückt die Struktur der Fragen aus, durch die unsere empirische Erkenntnis geleitet wird (vgl. ebd. 611).

Große Konfusion, die sich auch in der Erörterung von Fragen der praktischen Philosophie sowie der sozialwissenschaftlichen Methodologie auswirkt, entsteht, wenn man die soeben erwähnte Konzeption der Kausalität, die über das Sein spricht und welche das Kausalprinzip als Voraussetzung jeder möglichen Erfahrung auffaßt, mit der These verwechselt, daß unsere Erkenntnis den Ablauf aller Erscheinungen erfassen und bestimmen kann.[60] Nur

---

[60] Trefflich hat I. E. Farber den hier in Betracht stehenden Unterschied gekennzeichnet: "The notion of scientific laws as mandatory or coercive results from confusing scientific laws with judicial or legislative laws. If one does not obey a judicial law, one is punished; but if one does not obey a scientific law, the law is inaccurate and must be modified. Scientific laws do not make anything happen. They are merely statements of what does happen under certain conditions. Natural phenomena do not depend on scientific laws. Rather, the converse is true – the statement of the law depends on the nature of the observed phenomena." (Farber *1964*, 149) – Durch Feststellungen wie diese wird deutlich, daß mit der Formulierung von Gesetzesaussagen nicht die menschliche Handlungsfreiheit in Abrede gestellt wird. Gewiß ist eine solche Erkenntnis nicht erst jüngeren Datums. Spinoza, Kant und Mill – um nur einige zu nennen – hatten ihr bereits Ausdruck verliehen. J. S. Mill tat dies in einer bekannten Passage seines „Systems der deduktiven und induktiven Logik" folgendermaßen: „Niemand, der die Umstände eines Falles ebenso wie den Charakter der betreffenden Personen vollständig zu kennen glaubte, würde Anstand nehmen vorherzusagen, wie Jeder von ihnen handeln werde... Auch streitet diese volle Gewißheit nicht im Allergeringsten mit dem, was man unser Gefühl von Freiheit nennt. Wir fühlen uns darum nicht minder frei, weil Jene, denen wir am genauesten bekannt sind, völlig sicher darüber sind, wie wir in einem bestimmten Falle handeln werden. Wir betrachten im Gegentheil einen Zweifel betreffs unserer Handlungsweise als ein Zeichen von Unkenntniß unse-

in Gegenüberstellung zum Determinismus dieser Art sind, wie Weinberger feststellt, indeterministische Thesen plausibel. „Sie bleiben aber unklar und methodologisch steril, solange sie nicht kundtun, daß nicht die Naturdetermination und das Kausalprinzip negiert werden, sondern Erkenntnis- und Bestimmbarkeitsmöglichkeiten analysiert werden. Man müßte ausdrücklich sagen: Es geht nicht um ‚unbestimmt sein‘, sondern um ‚durch Erkenntnis nicht bestimmbar sein‘." (Ebd. 614) – Diesen Unterschied zu machen, ist besonders bei der Erörterung der Freiheitsproblematik von Wichtigkeit sowie bei der Analyse voluntaristischer Konzeptionen in der Gesellschaftstheorie und der sozialwissenschaftlichen Methodologie.

Gewiß ist eine voluntaristische Position allemal gegenüber jener Variante des Determinismus vorzuziehen, die die Bestimmbarkeit des Ablaufs aller Erscheinungen durch unsere Erkenntnis behauptet. Wenn aber hier kritisch auf den Voluntarismus Bezug genommen wird, so deshalb, weil bestimmten Vertretern dieser Richtung der praktischen Philosophie „frei sein" identisch zu sein scheint mit „unbestimmt sein". Gewiß, Freiheit ist ein konstitutives Merkmal jeder Handlung im eigentlichen Sinne. Aber die entscheidende Frage ist ja, in welchem Sinne Freiheit ein konstitutives Merkmal individuellen und sozialen Handelns ist. Die Antwort lautet: Genau in dem Sinne, daß das lenkende System, also ein bewußt handelndes Individuum oder Kollektiv, zwischen Alternativen im Bereich der Verhaltensmöglichkeiten wählt,

---

res Charakters und empfinden denselben mitunter sogar als einen Vorwurf... Wir können frei sein und doch kann ein Anderer volle Gewißheit darüber haben, wie wir unsere Freiheit gebrauchen werden." (Mill *1885*, 235 f.)

und zwar nach den dem System innewohnenden Handlungszielen und Wertpräferenzen. Demnach besteht Willensfreiheit im Bereich der real möglichen Verhaltensweisen als Beziehung zwischen dem lenkenden System und dem realen Verhalten. „Keinesweges besteht Willensfreiheit darin, daß das willenhafte Entscheiden unmotiviert oder durch Einflüsse auf das handelnde Subjekt unbeeinflußt wäre. Mit anderen Worten: Willensfreiheit als konstitutives Element der Handlung bedeutet nicht, daß die Handlungsentscheidung aus den bedingenden Zusammenhängen herausgelöst und prima causa ist, sondern daß Wahlakte nach dem willenhaften Wesen des Subjekts durchgeführt werden. In traditioneller Diktion: Man wählt und will frei (d. h.: nach seinem Wesen); was man will, ist aber bedingt durch die biologische, moralische und anerzogene Konstitution des Subjekts, und durch Einflüsse und Vorstellungen, die die Person formen." (Ebd. 615) – Gerade für den Anwalt menschlicher Würde geziemt es sich, möglichst viel über jene Einflüsse in Erfahrung zu bringen, durch welche sie korrumpiert wird, nicht aber zu glauben, daß sie nur jenseits aller empirischen Verursachung Bestand habe.

Die Unbedingtheitsauffassung des Voluntarismus ist nur das enthusiastische Gegenstück des Fatalismus – eine eigentümliche Manifestation dialektischer Komplementarität. Für diese metaphysische Position ist die Auffassung charakteristisch, daß gewisse Consequens-Bedingungen unabhängig davon auftreten können, wie die Antecedens-Bedingungen geartet sind. Die Antezedentien können sich also demzufolge mitunter ändern, ohne daß dies auch für die Konsequenzen zuträfe. Der Voluntarismus steht so in direktem Gegensatz zu einer deterministischen Weltanschauung, welche die Konsequenzen als Funktionen ihrer Antezedentien ansieht, was besagt, daß sich die

Konsequenzen ändern, sobald die Antezedentien dies tun.

## 1. Spontaneität und Objektivität von Gesetzen

Es empfiehlt sich, an dieser Stelle auf zwei Varianten von Voluntaristen hinzuweisen, deren Auffassungen der Kritik kaum standhalten können; einerseits auf die idealistischen, andererseits auf die materialistischen Voluntaristen. *Idealistische Voluntaristen* zeichnen sich vor allem dadurch aus, daß sie jede Frage danach, ob die Zuschreibung von Verantwortung (Schuld oder Verdienst, Tadel oder Lob) an die Adresse der handelnden Person wirklich gerechtfertigt ist, eindeutig bejahen. Der Handelnde sei einzig und allein Adressat von Bestrafung und Belohnung, von Tadel und Lob, denn er sei Träger der Handlungslenkung, und er sei als freies Subjekt stets in der Lage, auf die von außen einwirkenden Faktoren bewußt zu reagieren. Nicht gehe es also an, etwa die Schuld an Umstände des sozialen und natürlichen Milieus (Erzieher, Lebenslage, natürliche Disposition) gleichsam weiterzudelegieren; ebenso seien die Verdienste einer Person nicht irgendwelchen Faktoren des sozialen und natürlichen Milieus zuzurechnen. Jede wertende „Mitberücksichtigung" der Umstände, des Persönlichkeitshintergrundes und der Bedingungen der Genesis der Handlung im Verlauf der Beurteilung der Handlungen einer Person erscheint im Falle des idealistischen Voluntarismus als unstatthaft. – Von anderer Art ist die Position der *materialistischen Voluntaristen*. Diese leugnen nicht, daß das Subjekt einer Handlung mit seinem Wollen in ein Netz von äußeren bestimmenden Einwirkungen eingebettet und durch seine spezifischen internen Dispositionen charakterisierbar ist, daß also etwa eine spezifische biologische Präformation und eine dementsprechend geartete Präferenzstruktur bestehen mag. Keineswegs sei das Handlungssubjekt (Individuum oder Kollektiv) eine *prima causa* im Sinne einer unabhängigen Variablen, sondern eine gewachsene, modifizierbare und wenigstens teilweise erklärbare Größe. Gemäß dieser Konzeption seien Erklärungen nicht unter Bezugnahme auf invariante Bedingungen und sonach auch auf irgendwelche Gesetze des Sozialgeschehens durchzuführen. Da zwar die Natur sich weitgehend der menschlichen Beeinflussung entziehe, sei es statthaft, von invarianten *Naturgesetzen* zu sprechen; da aber das Sozialgeschehen eine Funktion von Willensentscheidungen sei, sei die Sprechweise von *Sozialgesetzen*, denen soziale Invarianzen korrespondieren, von vornherein entweder ein Widerspruch in sich oder aber ein Indiz für ideologische Verdinglichungsprozesse.

In der dem positivistischen Denken kritisch gegenüberstehenden philosophischen und sozialwissenschaftlichen Literatur ist häufig die Auffassung anzutreffen, daß objektive, vom menschlichen Willen und Bewußtsein unabhängige Gesetzmäßigkeiten des Sozialgeschehens nur „szientistische" Fetischisierungen seien. Diese Auffassung war bereits vor dem sogenannten Positivismusstreit in der deutschen Soziologie Gegenstand von Kontroversen in den theoretischen Sozialwissenschaften. In der theoretischen Nationalökonomie wurde dieser Streit bis in die jüngste Vergangenheit geführt. 1963 hat Oskar Lange am Beispiel gewisser Ansichten Rosa Luxemburgs den Voluntarismus in der Ökonomie kritisiert. Da Luxemburg den Gegenstand der politischen Ökonomie auf die Gesetze der Warenproduktion, insbesondere der kapitalistischen, beschränkte, gelangte sie zu der Schlußfolgerung, daß „die Nationalökonomie als Wissenschaft ihre

Rolle ausgespielt hat, sobald die anarchische Wirtschaft des Kapitalismus einer planmäßigen, von der gesamten arbeitenden Gesellschaft bewußt organisierten und geleiteten Wirtschaftsordnung Platz gemacht hat. Der Sieg der modernen Arbeiterklasse und die Verwirklichung des Sozialismus bedeuten somit das Ende der Nationalökonomie als Wissenschaft." (Luxemburg *1951*, 491) Lange rügt an derartigen Ansichten die ihnen zugrunde liegende Verwechslung des Begriffs der Spontaneität mit dem Begriff des objektiven Charakters der ökonomischen Gesetze, mit anderen Worten: die Verwechslung der (phänomenalen) Wirkungsweise mit der (realen) Geltung einer gesetzmäßigen Beziehung (vgl. Lange *o. J.*I, 116 f.). Die Objektivität der ökonomischen Gesetze besteht ihm zufolge darin, daß diese dem realen Wirtschaftsprozeß immanent sind, unabhängig vom Bewußtsein und Willen der Menschen. Demgegenüber beziehe sich die Spontaneität auf die Wirkungsweise der ökonomischen Gesetze und bedeute das Fehlen einer (bewußten) Übereinstimmung zwischen den Ergebnissen des Wirkens der ökonomischen Gesetze und den Absichten der Menschen. Die Überwindung der Spontaneität in der Wirkungsweise der ökonomischen Gesetze könne nun aber nicht darin bestehen, daß die objektiven ökonomischen Gesetze zu wirken aufhören; eine solche Überwindung der spontanen Wirkungsweise ökonomischer Gesetze, im Sinne einer Sicherung der Übereinstimmung der Ergebnisse dieser Gesetze mit den Absichten der Menschen, erfolge allein durch die richtige Nutzung der Einsicht in die Struktur und Wirkung der ökonomischen Gesetze durch den Menschen.[61]

---

[61] Schien also für Rosa Luxemburg, gleich wie für Nikolaj I. Bucharin (vgl. Bucharin *1926*), von vornherein festzustehen, daß es nicht möglich sei, ökonomische Gesetzmäßigkeiten ausfindig zu machen, die für mehr

Es zeigt sich, daß der „historische" Charakter von Gesetzen – wenn man die Wirkungsbedingungen der Gesetze zu spezifizieren sucht – mit dem Allgemeinheitsanspruch vollkommen vereinbar ist, welcher für Gesetzmäßigkeiten erhoben wird.

---

als eine Gesellschaftsformation gültig sind, so unterscheidet Oskar Lange Gesetzmäßigkeiten verschiedener Reichweite, die zum Teil für mehrere oder gar alle Gesellschaftsformationen gelten. Da sind zunächst die *Gesetze der technischen Beziehungen und Bilanzbeziehungen der Produktion*, die nach Lange den weitesten historischen Wirkungsbereich haben. Diese Beziehungen werden durch die technischen Bedingungen der Produktion bestimmt, die auf der jeweiligen historischen Entwicklungsstufe gegeben sind. – Eine zweite Art von Gesetzen, welche Gesetzmäßigkeiten des menschlichen Verhaltens und des Aufeinanderwirkens menschlicher Handlungen sind, stellen die sogenannten *allgemeinen ökonomischen Gesetze* dar. Auch sie sind durch die Produktionsverhältnisse bestimmt, aber durch solche ihrer Eigenschaften, die in mehr als einer Gesellschaftsformation auftreten, wie zum Beispiel das Wertgesetz, die Marktgesetze, das Gesetz der Preisbildung. – Eine dritte Art von Gesetzen, welche Regelmäßigkeiten des menschlichen Verhaltens und der Gesetze des Aufeinanderwirkens menschlicher Handlungen darstellen, sind *die durch den Einfluß des Überbaus entstehenden Gesetze*. Diese verändern sich im Laufe der Entwicklung der Gesellschaftsformation mit einer Veränderung des Einflusses des Überbaus. Lange erwähnt exemplarisch institutionelle Einrichtungen im Rahmen kapitalistischer Wirtschaftssysteme, die Ergebnisse der Tätigkeit des Überbaus, im konkreten Fall des Staates, sind: Freihandel, Schutzzollsystem, Goldwährung, verschiedene Formen des Kredit- und Papiergeldes, Devisenmarkt, Devisenkontrolle. – Anders stellt sich das Problem bei einer vierten Art von Gesetzen dar, welche ebenfalls Gesetzmäßigkeiten des menschlichen Verhaltens und des Aufeinanderwirkens menschlicher Handlungen sind. Diese Gesetze werden als *spezifische Gesetze einer Gesellschaftsformation* bezeichnet und sind das Produkt der ökonomischen Verhältnisse zwischen den Menschen, die durch die Produktionsverhältnisse und die ihnen entsprechenden Distributionsverhältnisse bestimmt werden. Ihr Wirkungsbereich ist auf eine bestimmte historische Gesellschaftsformation oder auch nur auf eine Entwicklungsstufe dieser Formation beschränkt (vgl. Lange *o. J.* I, 90–102).

## 2. Zielsetzung und Determiniertheit

Wenn man die metaphysischen Aspekte des Problems von Teleologie und Kausalität exemplarisch im Bereich der Ökonomie zu erörtern versucht, so sieht man sich unversehens in jenen Diskusssionszusammenhang zurückversetzt, der durch den wirkungsgeschichtlich bedeutsamen Aufsatz von Eugen v. Böhm-Bawerk zum Verhältnis von Macht und ökonomischem Gesetz im Jahre 1914 inauguriert wurde (vgl. v. Böhm-Bawerk *1914*).

Auch das gebieterischeste Machtdiktat kann nicht, so wollte er zeigen, gegen, sondern nur innerhalb der ökonomischen Gesetze wirken, sie nicht aufhebend, sondern bestätigend und erfüllend; er wollte zeigen, „daß die Einflüsse der sozialen Macht eben auch hindurchgehen und hindurchgehen müssen durch die Formeln und Gesetze der reinen ökonomischen Theorie" (ebd. 298). – E. v. Böhm-Bawerk ging es – gleich wie Oskar Lange – nicht darum, sich angesichts des Voluntarismus in der theoretischen Sozialwissenschaft für jenen Typus einer deterministischen Metaphysik zu entscheiden, wie er für die als „Ökonomisten" apostrophierten Autoren kennzeichnend ist. Er wollte ja keineswegs aus der sogenannten „reinen" ökonomischen Theorie die ökonomischen Realitäten irgendwie „ableiten", um auf diese Weise die Ansprüche der historischen Analyse im Rahmen der Wirtschaftswissenschaften zurückzudrängen. Die Anerkennung der „formalen" Geltung eines Gesetzes besagt weder, daß damit die „materiale" Wirkungsweise desselben übersehen werden dürfe, noch auch daß die „abstrakte" ökonomische Theorie entgegen den Intentionen der „konkreten" historischen Nationalökonomie betrieben werden solle. Vielmehr zeigt der „Theoretiker" den Spielraum ökonomischer Gesetzmäßigkeiten auf, worauf der „Historiker" dann die konkrete Entwicklung und die Interaktionen der verschiedenen Kräfte und Interessen rekonstruiert, die jeweils dafür bestimmend sind, auf welchem Punkte innerhalb der ökonomischen Grenzmarken sich wirtschaftliches Handeln, etwa die Preisbildung, tatsächlich einpendelt.

Fragt man nach den realen Vorbedingungen des voluntaristischen Menschenbildes, wie es sich in einer gewissen antinomologischen Denkweise kundgibt, so wäre exemplarisch auf die großen Erfolge in der Bewältigung bestimmter Widerstände der natürlichen Umwelt hinzuweisen, wie sie sich im Gefolge der stürmischen wissenschaftlich-technischen Entwicklung einstellten. Und doch geriet dabei zunehmend außer Betracht, daß Freiheit nicht mit Willkür identisch ist und daß sie sich – wie sich dies an der sogenannten künstlerischen Freiheit exemplarisch zeigen läßt – nur vermittels bestimmer Materialien und an bestimmten *Widerständen* der Außenwelt konkretisieren kann. Man ist nie so frei, wie man will, sondern immer nur so frei, wie man kann. Es ist daher falsch anzunehmen, daß der Satz „*Natura parendo vincitur*" nur für die Phase einer unterentwickelten technischen Beherrschung der Natur gegolten habe. Gewiß stimmt es, daß die technische Entwicklung die Möglichkeiten der Anpassung an die Natur erweitert hat: Je unterentwickelter die Technik war, um so elastischer mußte man der Natur „folgen", um erfolgreich zu sein; je entwickelter die Technik wurde, um so „voluntaristischer" konnte der Techniker verfahren, um seinen Konzeptionen zum Durchbruch zu verhelfen. Je entwickelter also die Produktivkräfte, um so größer, so könnte man sagen, wurden die Chancen für den Idealismus. Rudolf Goldscheid faßte diesen Zusammenhang in die Worte: „Je weiter wir in der Ursachenerforschung vordringen, je mehr wir die drängenden Ursachen im

Geiste unserer Zwecktätigkeit zu dirigieren vermögen, von desto umfassenderer Wichtigkeit wird unsere ideelle Zwecktätigkeit für die Erhaltung und Fortentwicklung unserer Art." (Goldscheid *1905*, 155)

Und doch muß eben angesichts des von Goldscheid aufgewiesenen Zusammenhangs auf die Illusion gerade jenes materialistischen Voluntarismus hingewiesen werden, der gleichsam übers Ziel hinausschießt und der uns in bestimmten Auffassungen Rosa Luxemburgs exemplarisch gegenübertritt. Denn einerseits ruht jeder Willensstandpunkt unausweichlich auf bestimmten – im Laufe der Geschichte natürlich in ihrer Wirksamkeit sehr unterschiedlich sich ausprägenden – willensunabhängigen Gesetzmäßigkeiten auf; andererseits zeigt sich, daß jede Freistellung von der „Härte des Realen" (Nicolai Hartmann) mit den Mitteln einer wissenschaftlich betriebenen Naturbeherrschung selbst auf natürlichen Ressourcen beruht, die zumeist nicht beliebig ausschöpfbar sind und deren Knappheit uns auf unausweichliche Gesetzmäßigkeiten aufmerksam zu machen in der Lage ist. Gerade in den letzten Jahren ist die Einsicht gewachsen, daß teilweise jene *natürlichen* Ressourcen im Schwinden sind, welche wir für die Effektuierung von Techniken zur Freistellung vom Realitätsdruck der *natürlichen* Umwelt benötigen.

Ist die Kritik am nomologischen Denken eine Facette des Voluntarismus, so der axiologische Relativismus eine andere. Von ihm war ja bereits in Teil E die Rede. Dort zeigte sich, daß im axiologischen Bereich Probleme auftreten, die den soeben erörterten ganz unmittelbar entsprechen: Gerade wenn man das Singuläre angemessen erfassen will, ist man genötigt, hinter dessen sichtbare Merkmale zurückzugehen. Wo man dagegen am Phänomenalen orientiert bleibt, ist die Irritation im Erkenntnisbereich angesichts der Bilderflut unausweichlich. Im Interesse der angemessenen Erfassung des Individuellen erscheint der Aufweis von *strukturellen Tiefenkonstanzen* von Wichtigkeit. Nur wenn er gelingt, haben wir eine Chance, den bedrängenden Erscheinungen in unserer natürlichen und sozialen Umwelt mit mehr Gelassenheit gegenüberzustehen; und dies nicht etwa deshalb, weil sie nicht oftmals ernste und erschütternde Tatsachen wären, sondern weil wir eben – wenigstens in Ansätzen – ihre Ursachen ergründen können und daher in der Lage sind, die spontane Wirkungsweise von Gesetzen durch die gezielte Änderung bestimmter Wirkungsbedingungen umzuformen.

Anthropologie hat im Sinne des soeben Dargelegten wesentlich mit Selbst- und Fremdverstehen zu tun und ist somit im weiteren Sinn ein Unternehmen der Hermeneutik. Aber was besagt es, etwas besser zu verstehen? Heißt das, daß es uns jetzt weniger fremd ist, daß es uns bis zur Bekanntheit vertraut geworden ist? Das Bekannte ist, wie schon Hegel in der Vorrede zur „Phänomenologie des Geistes" bemerkte, noch nicht das Erkannte. Eine dialektische Anthropologie kann nicht darin bestehen, eine falsche Vermenschlichung zu betreiben, auch wenn es im Rahmen der Sozialwissenschaften eine Reihe von falschen Entmenschlichungen gegeben haben mag. Sie weist die relative Berechtigung vereinseitigter Weltauffassungen und damit die Unhaltbarkeit des Absolutheitsanspruchs metaphysischer Positionen auf: des Naturalismus und des Spiritualismus, des Fatalismus und des Voluntarismus usw. Vor allem die mit dem Begriffspaar Möglichkeit und Wirklichkeit verbundenen Bedeutungsinhalte wurden dabei als die konstituierenden Momente eines jeden Handlungszusammenhanges aufgefaßt, in welchem zwar eines von beiden in einer konkreten Situation dominant sein mag, der aber niemals auf eines von ihnen reduziert werden kann. Daher muß auch den Gesetzmäßigkeiten der Wirklichkeit, und das heißt den Unmöglichkeiten, gerade deshalb Aufmerksamkeit geschenkt werden, damit das Feld der Handlungsmöglichkeiten präzis erfaßbar wird und damit die Willensakte nicht ihr Ziel verfehlen. – Es gibt eine Vielzahl von Unmöglichkeiten: logische, physische, biologische, individualpsychische, ökonomische, sozialstrukturelle, rechtliche usw. Durch ihren Aufweis kann die Wissenschaft objektiv zur Auswahl von Plänen beitragen, wobei die Bedeutung einer derartigen wissenschaftlichen Aufweisungsanalyse eben gerade nicht in einem irrelevanten Spiel mit dem Begriff der Unmöglichkeit liegt, sondern in der Tatsache, daß die rein sachorientierte und werturteilsfreie Feststellung solcher Unmöglichkeiten auch und gerade für den relevant ist, der Absichten hegt. Die Aufweisungsanalyse von Unmöglichkeiten darf allerdings nicht so verstanden werden, als sei durch sie zu bestreiten, daß nicht ein Versuch, das Unmögliche zu erreichen, Nebenfolgen von höchstem kulturellem Wert haben kann. Schon der Versuch kann Bewunderung und Achtung bewirken. Unerreichbare Ideale im Sinne Platons können wertvoll sein als Ziel für das Bemühen, ihnen so nahe zu kommen wie nur möglich. Daß keinem gegenüber ein Vorwurf gemacht werden kann, nur weil er etwas nicht tut oder erreicht, was zu tun oder zu erreichen unmöglich ist, erscheint uns seit der Antike als eine verallgemeinerungsfähige Maxime hinsichtlich der Zuschreibung von Lob und Tadel. Als moralische Pflicht kann in solchen Fällen nur das Streben, die Anstrengung, die *mögliche* Annäherung an das *unmöglich* vollständig zu Realisierende angesonnen werden.

Wie zwischen der Erkenntnis des Unmöglichen und der des Möglichen ein dialektisches Verhältnis besteht, so

auch zwischen der Kausalerkenntnis und der Willens-
teleologie. Erst das teleologische Wollen in Verbindung
mit dem kausalen Erkennen vermag eine weitgehende
Beeinflussung der Lebensbedingungen zu bewirken, eine
Tatsache, welche von Voluntaristen gleichermaßen übersehen wird wie von denjenigen, welche große Hoffnungen
auf die Teleologie der „natürlichen Entwicklung" setzen.
Deren Anwälte verschanzen sich noch immer – und heute
vereinzelt sogar aufs neue – hinter einer historizistischen
Ideologie auf biologistischer oder ökonomistischer
Grundlage. Die jeweiligen biologischen oder ökonomischen Verhältnisse sind nun zwar bestimmend für die
Richtung der jeweiligen Zwecktätigkeit, aber die ihnen
entsprechende Ethik im Sinne einer sozialen Teleologie
kommt nicht schon dadurch zustande, daß sich die einzelnen rein passiv in ihrer Zwecksetzung und Zwecktätigkeit
den jeweiligen (biologischen bzw. ökonomischen) Tendenzen anpassen. Weder die Anpassung an die als „Naturgesetze" des Sozialgeschehens bezeichneten Trends noch
auch die von Vertretern einer aktionistischen Metaphysik
verfochtene Leugnung der Wirkung etwa biologischer
und ökonomischer Gesetze können eine solche soziale
Teleologie bewirken, auf die es bei der Erhaltung und
Höherentwicklung der Gesellschaft in besonderem Maße
ankommt. Soziale Teleologie ist ganz im Gegenteil
dadurch bestimmt, daß Bedingungen geschaffen werden,
unter denen die natürlichen und gesellschaftlichen
Gesetze so wirken, daß die Ergebnisse ihrer Wirkung mit
den Absichten der Menschen übereinstimmen, daß also
das Geschehen den Weg unserer Absichten annimmt.

# G. Pragmatische Aspekte der Sozialwissenschaften – Instrumentalisierung, Hypostasierung, Dequalifizierung

> Da Demokratie ihrer innersten Natur nach Freiheit, und Freiheit Toleranz bedeutet, ist keine andere Staatsform der Wissenschaft so günstig wie gerade die Demokratie. Denn Wissenschaft kann nur gedeihen, wenn sie frei ist; und sie ist frei nicht nur, wenn sie es nach außen, d. h. wenn sie von politischen Einflüssen unabhängig ist, sondern wenn sie auch im Innern frei ist, wenn völlige Freiheit herrscht in dem Spiel von Argument und Gegenargument. Keine Lehre kann im Namen der Wissenschaft unterdrückt werden; denn die Seele der Wissenschaft ist Toleranz.
>
> *Hans Kelsen*, Was ist Gerechtigkeit? (1953)

Die leitende Frage, unter der die folgenden Ausführungen zur Pragmatik der Sozialwissenschaften stehen, lautet: Welche faktische und welche normative Funktion haben die Sozialwissenschaften innerhalb des gesellschaftlichen Zusammenhangs? Im Rahmen der notwendigerweise knappen Ausführungen dazu sollen vor allem die Funktionen der Sozialwissenschaften für die Gesellschaft, mitunter aber auch die Sozialwissenschaften als Funktion der Gesellschaft kurz charakterisiert werden. Eine Berücksichtigung des zuletzt genannten wissenschaftssoziologischen Aspektes erscheint aus dem Grunde nützlich, da ja – von der Problemselektion über die Methodenauswahl bis hin zur Formulierung des Selbstverständnisses und der Ziele der eigenen Tätigkeit – das Tun und Lassen der

Sozialwissenschaftler keineswegs ausschließlich wissenschaftsendogene Ursprünge hat. Nicht allein die innerhalb einer Gemeinschaft von Wissenschaftlern, also institutionsintern wirksame Beschränkungen auf bestimmte Fragestellungen und auf die ihnen zugeordneten Such- und Überprüfungsverfahren spielen hier eine wichtige Rolle, sondern vor allem auch institutionsexterne Faktoren. Die gesellschaftlichen Verwertungsinteressen werden in zunehmendem Maße zum Selektionsprinzip gesellschaftswissenschaftlicher Forschung: „Je einflußreicher und effektiver einzelne Gruppen ihre Interessen gesellschaftlich organisieren und vertreten, je bedeutsamer also die Rolle wird, die sie in der Gestaltung des sozialen Lebens innehaben, desto wichtiger mag es zwar sein, ihr Tun und Lassen zum Gegenstand von Sozialforschung zu machen, desto geringer wird allerdings auch die Chance, eben das tun zu können: Wo finden sich beispielsweise kritisch-empirische Untersuchungen über die Tätigkeit von Regierungsmitgliedern, privatwirtschaftlichen und parteipolitischen Führungsgremien, Lobbies, Direktoren der Massenmedien, Bischofskonferenzen, Aufsichtsräten etc.? Wir haben zwar Auftragssoziologie – wo aber ist eine Soziologie der Geld- und Auftraggeber der Soziologie?" (Beck *1972*, 222)

Es empfiehlt sich, in diesem Zusammenhang kurz bestimmte Voraussetzungen einer Instrumentalisierung der Sozialwissenschaften in Betracht zu ziehen. Dabei geht es um jene Konzeption der wissenschaftlichen Metatheorie, derzufolge – kurz gesagt – die wissenschaftliche Wahrheit als Funktion irgendeiner Form von „praktischer" Nützlichkeit zu verstehen sei.

# I. Zur Instrumentalisierung der Sozialwissenschaften

Das Kriterium der wissenschaftlichen Wahrheit, so ertönt es mit großer Regelmäßigkeit aus verschiedenen Regionen der politischen Landschaft, sei die Praxis. Und dies scheint dann sogar richtig zu sein, wenn bestimmte „praktische" Verhältnisse so lange behauptet werden konnten, bis alle Welt sich daran als an ein Recht oder im Sinne der „Anpassung" gewöhnt hat. Auch im Bereich der Wissenschaftslehre sind solche Devisen nicht selten; mit ihnen ist dann häufig eine recht eigenartige Vermengung von Erkenntnispsychologie und Erkenntnislogik verknüpft, wie sie sich etwa in bestimmten Varianten des erkenntnistheoretischen Pragmatismus und der marxistischen Parteilichkeitsdoktrin niedergeschlagen hat.

Jüngere Vertreter des Pragmatismus und des Marxismus waren nun allerdings bestrebt, einige krude Positionen im eigenen Lager zu kritisieren. Kritik galt vor allem der Annahme, daß eine bestimmte parteiliche Zielsetzung hinsichtlich der Verwertung wissenschaftlicher Erkenntnisse notwendig eine bestimmte parteiliche Methode der Erkenntnisfindung oder der Analyse erfordere. Die Spannung zwischen der auf den Geltungszusammenhang von Aussagen bezogenen wissenschaftlichen Gesinnung und der dem Verwertungszusammenhang zuzuordnender Parteilichkeit müsse vielmehr, wie der marxistische Soziologe Jürgen Kuczynski gegenüber einschlägigen Konfundierungen geltend machte, gerade im Interesse der anwendungsorientierten Forschung ausgehalten werden: „Das von Marx festgestellte Gesetz der ‚absoluten Verelendung der Arbeiterklasse‘, wie es genannt wird, kann für uns, die wir immer parteilich für die Arbeiterklasse sind, Motiv einer Untersuchung, zum Beispiel der Lage der Maurer in einem bestimmten Lande zu einer bestimmten Zeit sein... Ganz unvoreingenommen, das Gesetz unter keinen Umständen als Ergebnis der Untersuchung vorausnehmend, muß ich an die Analyse der Lage der Maurer gehen... Bei einer Untersuchung cum ira et studio, voller Parteilichkeit, voller Zorn gegen den Kapitalismus, voller Parteinahme für die Arbeiterklasse, würde mir... das Phänomen der Herausbildung einer Arbeiteraristokratie, eines für die Taktik und Strategie unseres Klassenkampfes unerhört wichtigen Phänomens, entgehen. Die voreingenommene, die parteiliche Analyse hätte in diesem Fall der Partei sogar einen Schaden zugefügt." (Kuczynski *1972*, 165) Parteilichkeit schützt vor Torheit nicht; vor allem dann nicht, wenn der sich zu ihr Bekennende die Objektivität der sozialwissenschaftlichen Analyse schon mit Gesinnungslosigkeit identifiziert.

Diese Verquickung von Psychologie und Logik sowie von Handlungs- und Erkenntniskategorien ist ein Charakteristikum einer Variante der pragmatistischen Argumentation, die von Vertretern ganz unterschiedlicher Weltanschauungen als nutzbringend angesehen wird. Sie setzt die Wahrheit mit ihrer Bestätigung im menschlichen Handeln völlig gleich und definiert sie als Funktion der praktischen Brauchbarkeit, der Nützlichkeit. Sie behauptet in Umkehrung der wirklichen Beziehung, daß eine Aussage wahr sei, wenn bzw. weil sie nützlich ist – ihre Wahrheit wird gewissermaßen erst durch ihre Brauchbarkeit bei der Anwendung erzeugt –, während eine Aussage sich auf lange Sicht eben dadurch in der Praxis bewähren kann, daß sie wahr ist.

## 1. Praxeologische und ideologische Gesichtspunkte

Die Instrumentalisierung wissenschaftlicher Erkenntnis kann von sehr verschiedener Natur sein und dementsprechend auch in unterschiedlicher Weise wertend beurteilt werden: sie kann einerseits unter dem Druck der Kenntnis dessen erfolgen, was in einer bestimmten Situation die realistischste Möglichkeit wirkungsvollen Handelns darstellt, andererseits aber unter dem Druck dezidierter Willensstandpunkte oder Interessen, die man – bewußt oder unbewußt – vertritt. Klar läßt sich dies an der Rede von den „eigentlichen" Ursachen bestimmter gesellschaftlicher Zustände und Prozesse nachweisen. Dazu einige erläuternde Bemerkungen.

Aussagen über die „eigentliche Ursache" oder über die „in letzter Instanz" entscheidenden Faktoren bekommen, wie Stanislaw Ossowski feststellte, erst dann einen Sinn, wenn wir erläutern, daß wir die „Eigentlichkeit" der Ursache und die „letzte Instanz" im Hinblick auf praktische Direktiven beurteilen; daß „es hier um die Wirksamkeit der Mittel geht, mit denen wir im Rahmen der Möglichkeiten, über die wir unter konkreten Bedingungen verfügen, etwas bewirken oder verhindern können; daß wir unter der Ursache *tout court* eine solche Ursache verstehen, die uns im Rahmen der Möglichkeit wirkungsvollen Handelns besonders interessieren muß" (Ossowski *1973*, 114). In einer solchen Interpretation bedeutet nach Ossowski die These, für Veränderungen der Kultur seien „in letzter Instanz" wirtschaftliche Faktoren entscheidend, daß man angesichts der gegebenen Möglichkeiten kulturelle Veränderungen schneller, einfacher oder wirksamer durch wirtschaftliche Reformen als beispielsweise durch erzieherische Maßnahmen hervorrufen kann. Die im Falle von sogenannten monistischen Kausalerklärungen häufig nachweisbaren Sprechweisen von der „wahren" oder ganz einfach von „der" Ursache eines Phänomens oder von dem „in letzter Instanz" entscheidenden Faktor entbehren des logischen Gehalts, wenn sie so uneingeschränkt formuliert sind. Man muß in vielen Fällen derartige monistische Erklärungen als Verkürzungen ansehen, wobei die uneingeschränkte Formulierung kausaler Abhängigkeiten also einen praxeologischen Standpunkt unterstellt. Dieser Standpunkt bzw. die gegebenen „Sachzwänge" können natürlich niemals zum Kriterium der Wahrheit einer monistischen Erklärung avancieren, sie können jedoch die Akzeptierung einer Erklärung im Lichte bestimmter faktischer Möglichkeiten – oder besser: Unmöglichkeiten – plausibilisieren.

Wir streifen hier den weiten Bereich sogenannter weltanschaulicher Interpretationen. Vergegenwärtigen wir uns, was für „Weltanschauungen" oder „Ideologien" (im weiteren, noch nicht pejorativen Sinn) charakteristisch ist:

1) eine Aufbereitung der grundlegenden Merkmale der realen Welt durch *Begriffe und Bezugsrahmen für Wahrnehmungsinhalte*, um die erfahrbare Welt zu strukturieren, um also begreifen zu können, was der Fall ist *(Was-Standards)*;

2) eine Organisation der erfaßten Wahrnehmungsinhalte durch ein System von *Ursache-Wirkungs-Beziehungen*, die uns eine Entscheidung darüber gestatten, warum etwas der Fall ist *(Warum-Standards)*;

3) eine Formierung von affektiven Einstellungen durch die *Einübung von Wert- oder Gefühlshaltungen*, die es ermöglichen sollen, „praktische" Bewertungen einer durch unser Handeln beeinflußbaren Erscheinung als verwerflich oder billigenswert vorzunehmen *(Wie-Standards)*;

4) eine Darstellung von Handlungszielen und Handlungs-
regeln, also die *Präsentation intrinsischer und instrumenteller Ziele und Normen*, die eine Entscheidung
darüber gestatten sollen, *was* angestrebt und *wie* dies
verwirklicht werden soll *(Wozu-Standards)*.

1) betrifft den deskriptiven, 2) den explanativen Aspekt
der *kognitiven* Komponente unserer Realitätserfahrung;
3) betrifft die *emotive*, 4) schließlich die *volitive* und
*konative* Komponente der Welterfahrung. Liegt nun im
Falle einer praxeologischen Weltbetrachtung sozusagen
eine Dominanz des Konativen vor, so zeigt sich im Falle
von anderen ideologischen Deutungen eine Dominanz des
Emotiven und des Volitiven in der Realitätserfahrung und
Realitätsdarstellung. Bei Vorliegen von ideologischen
Deutungen der Wirklichkeit determinieren also die Komponenten 3) und 4) psychologisch die Formulierung der
auf 1) und 2) bezogenen Aussagensysteme, wobei die
vorgegebenen Wie- und Wozu-Standards die Beschreibung, aber auch die Erklärung der Erfahrungswirklichkeit
prägen. Ideologische Realitätsdeutungen sind aber damit
häufig Ausdruck oder Instrument eines *Wunschdenkens*,
oft aber auch nachträgliche *Rationalisierungen* und *Legiti-
mierungen* bereits vorgefaßter Entschlüsse oder bereits
durchgeführter Aktionen.

## 2. Zur ideologischen Auszeichnung
### bestimmter Kausalfaktoren

Ideologien sind in erster Linie interessengebundene Inter-
pretationsmuster gesellschaftlicher Phänomene. In
erkenntnislogischer Hinsicht stellen sie eine Vermengung
von Werturteilen und Sachaussagen dar, wobei es wesent-

lich ist, diese Vermengung nicht von vornherein als intendiertes oder planmäßig herbeigeführtes Resultat aufzufassen; hier steht vor allem die ideologische *Funktion* von Aussagen in Betracht, nicht eine wie auch immer geartete ideologisierende *Absicht* des die Aussage Formulierenden.[62] „Da es durchaus der Situation des handelnden Menschen entspricht, bestimmte sachliche Gegebenheiten anhand seiner Interessenlage zu bewerten und dementsprechend auf deren Befestigung oder Veränderung zu drängen, ist es für ihn außerordentlich schwierig, seine Ideologiebezogenheit zu erkennen." (Fürstenberg *1974*, 83)

Charakteristisch für die ideologische Instrumentalisierung wissenschaftlicher Inhalte – abermals in funktionaler, und nicht unbedingt auch in motivationaler Hinsicht – ist die Ausweitung einer standortgebundenen Denkweise zur umfassenden Interpretationsformel, die bestimmte gesellschaftliche Interessen (z. B. Sozialstrukturen) pseudowissenschaftlich rechtfertigt. In derartigen Interpretationen sind natürlich stets auch richtige Gehalte – erst die partikulierende *Verabsolutierung* bestimmter materieller Daseinsbedingungen macht sie zu ideologischen. Werden zum Beispiel *biologische Faktoren* als wesentlichste Orientierungs- und Erklärungsgründe angenommen, so können Familienideologien oder auch Rassenideologien entstehen. Die Verabsolutierung *ökologischer Faktoren* führt, wie Friedrich Fürstenberg feststellt, „zu Raumideologien, z. B. zu einer Idealisierung der ländlichen Lebensweise und einer Abwertung des Großstadtmilieus. Politisch besonders brisant war die ‚Volk-ohne-Raum-Ideo-

---

[62] Nicht selten machten sich bekanntlich in der Geschichte – zum Teil aufgrund von unkritischer Imitation von Denk- und Lebensformen – auch jene zum Anwalt von Ideologien, die ihre Opfer werden sollten.

logie', die zur Rechtfertigung imperialistischer Politik diente. Eine besondere Kombination biologischer und ökologischer Faktoren war die Grundlage der Blut-und-Boden-Ideologie des Nationalsozialismus." (Ebd. 84) – Auch die *ökonomischen* und *technischen Faktoren* als grundlegende materielle Daseinsbedingungen einer Gesellschaft werden oft im vorhin erwähnten Sinne ideologisiert. Mit Hilfe ökonomistischer und technizistischer Erklärungs- und Rechtfertigungsmodelle wurde dabei wiederholt das gesellschaftliche Geschehen auf wirtschaftliche Prozesse bzw. auf das Funktionieren von technokratisch geregelten Abläufen reduziert.

Einige illustrierende Hinweise sollen das Verständnis des soeben Erwähnten vertiefen.

## a. Biologismus

Die Beschwörung der „Natürlichkeit" hat unterschiedliche Ursachen, und mit ihr werden oft unterschiedliche Ziele verfolgt. So ist das in der jüngsten Vergangenheit entstandene geschärfte ökologische Bewußtsein breiter Bevölkerungsschichten und das Bemühen, den Wert der bedrohten natürlichen Umwelt zu erfassen, deutlich zu unterscheiden von Bestrebungen, bestehende gesellschaftliche Verhältnisse als im positiven Sinne „natürlich" nur deshalb auszuzeichnen, um eine mögliche, den Anwälten *dieser* „Natürlichkeit" unliebsame Änderung der Verhältnisse als in einem abwertenden Sinne „künstlich" brandmarken zu können. Zweifellos haben nämlich gewisse Gesellschaftsveränderungen auch heute mitunter wieder das latente Bestreben mobilisiert, eine Rückbindung der als bedrohlich empfundenen Gesellschaftsumgestaltung auf den Bereich biologischer Invarianzen mit den Mitteln der Wissenschaft vorzunehmen. Wie dem Historizismus, so scheint auch dieser Denkform das Bedürfnis nach Sicherheit und Erfolgsgarantie zugrunde zu liegen.

In jüngster Zeit waren es vor allem bestimmte nicht sosehr dem Prinzip der politischen, als vielmehr dem Prinzip der natürlichen Gleichheit aller Menschen verpflichtete Lehren, welche, neben der Doktrin von der ausschließlichen Bestimmung des menschlichen Verhaltens durch die soziale Umwelt, auf heftige Kritik vor allem von Biologen und Psychologen gestoßen sind.[63] Haben auch einige jener Biologen und Psychologen, die nun neuerlich auf die erbbedingte Ungleichheit der Menschen hingewiesen haben, auf zum Teil unsachliche Weise Kollegen ihrer eigenen Disziplin sowie solche anderer sozialwissenschaftlicher Disziplinen angegriffen und dabei oft auch gründlich mißverstanden, so ist einigen von ihnen von seiten gewisser Milieu- und Gleichheitstheoretiker mitunter ähnliches widerfahren; etwa wenn es hieß, sie wollten mit ihren Analysen minder leistungsfähige Kinder um erzieherische Hilfen bringen. Autoren wie Hans Jürgen Eysenck oder Richard J. Herrnstein betonen immer wieder, daß es nötig sei, den Kindern besser als bisher zu helfen, indem Schulorganisationsformen und Unterrichtsmethoden geschaffen werden, welche ihren

---

[63] Vgl. exemplarisch Hans Jürgen Eysenck: Race, Intelligence and Education, London 1971, dt.: Vererbung, Intelligenz und Erziehung. Zur Kritik der pädagogischen Milieutheorie, Stuttgart 1975; ders.: Die Ungleichheit der Menschen (1. engl. Aufl. 1973), München 1975; Arthur R. Jensen: Genetics and Education, London 1972; ders.: Educability and Group Differences, London 1973; ders.: Wie sehr können wir Intelligenzquotient und schulische Leistung steigern?, in: Helmut Skowronek (Hrsg.): Umwelt und Begabung, Stuttgart 1973, 63–155; Richard J. Herrnstein: IQ in the Meritocracy, Boston 1973, dt.: Chancengleichheit – eine Utopie? Die IQ-bestimmte Klassengesellschaft, Stuttgart 1974; Wolfgang Brezinka: Die Pädagogik der Neuen Linken. Analyse und Kritik, München [6]1981.

unterschiedlichen ererbten Leistungsmöglichkeiten und Leistungsgrenzen angemessen sind; dennoch erfahren in der Öffentlichkeit – vor allem aufgrund der spezifischen massenmedialen Aufbereitungsverfahren jener, welche von einer Rotation der Eliten am ehesten betroffen werden könnten – nur ganz bestimmte Elemente der biopsychologischen Erkenntnisse Berücksichtigung.[64] Was bei Eysenck Ausgangspunkt einer Argumentation sein soll, wird von vielen seiner ideologisierenden Rezipienten – und oft *deshalb* auch von vielen seiner Gegner – als Endpunkt oder aber als Fundament seiner Erörterungen angesehen. Verschwiegen bleibt dabei, was der vermeintliche Gewährsmann einer neuen biologisierenden Gesellschaftsordnung über jene „Regression zum Mittelmaß" ausführt, also über ein Phänomen, welches aus der Perspektive der politischen Soziologie mit Vilfredo Paretos Rotation der Eliten zur Deckung zu bringen ist. Dieser

---

[64] So sollten etwa Eysencks Hinweise auf die biologische Basis der Intelligenz, die dem individuellen Wünschen und Wollen gewisse Grenzen setze, also darauf, daß nicht alle Menschen die gleichen Fähigkeiten haben, vor allem dazu verhelfen, Kürzungen des Unterrichts- und Ausbildungsbudgets legitimatorisch abzusichern. Solche Maßnahmen könnten jederzeit unter Hinweis darauf gerechtfertigt werden, daß das Unmögliche nicht Wirklichkeit werden kann: daß nämlich nun einmal die Menschen auf wunderbare Weise verschieden seien und in kein von politischen Phantasten gezimmertes Prokrustesbett passen. Darüber hinaus kam es zur Biologisierung der sozialen Ungleichheit insofern, als zwischen Intelligenz und sozialer Schicht eine invariante Beziehung behauptet wurde. Nun finden sich zwar scheinbar gleichlautende Hinweise etwa bei Eysenck: Es könne, so meint er, „schwerlich jemand leugnen, daß zwischen Intelligenz und sozialer Schicht eine enge Beziehung besteht. Angehörige der Arbeiterklasse haben einen rund 30 Punkte niedrigeren Intelligenzquotienten als Mittelkläßler. Environmentalisten, das heißt Milieutheoretiker, behaupten, daß dies an den Entbehrungen liegt, denen Arbeiter angeblich ausgesetzt sind; aber dies kann gar nicht sein…" (Eysenck *1977*, 88) Dies ist aber nicht das letzte Argument in Eysencks Überlegungen.

Regressionseffekt führe nämlich dazu, „daß die Kinder aus Arbeiterfamilien in der Regel höhere Intelligenzquotienten aufweisen als ihre Erzeuger, die Kinder aus Mittelstandsfamilien dagegen niedrigere; so beträgt tatsächlich die durchschnittliche Differenz im Intelligenzquotienten zwischen Arbeiter- und Mittelstandskindern nur noch 15 Punkte. Wenn man sich nun vor Augen führt, daß der vorgenannte 30-Punkte-Unterschied zwischen Unter- und Oberschicht in der Generationsfolge unverändert bestehen bleibt, so ist ganz klar, daß angesichts der Regression zum Mittelmaß eine gewaltige soziale Mobilität vorhanden sein muß: für viele sehr fähige Arbeiterkinder bedeutet das einen Aufstieg, für unfähige Mittelstandskinder dagegen den Abstieg." (Eysenck *1977*, 88)

Allenthalben macht sich heute wieder das Bestreben einer Rückführung des sozialen Handelns auf die der behaupteten sozialpolitischen Willkür enthobenen Tatbestände eines biologischen Naturgeschehens bemerkbar. Daß diese „Natur" nur das Projektionsmedium der Interessen ganz bestimmter sozialer Schichten darstellt, kann wohl kaum übersehen werden. Gewiß würde es heute niemandem einfallen, im Sinne des alten Sozialdarwinismus, so wie das etwa John B. Haykraft getan hat, die Tuberkulose und den Alkoholismus als die Auslese begünstigende Faktoren anzusehen, die die Beseitigung vieler höchst unwillkommener Elemente aus der Gemeinschaft besorgen; niemand würde wohl auch heute so unverhohlen, wie dies einmal Alexander Tille getan hat – und zwar aus denselben Gründen wie Haykraft – Elendsviertel als „Nationalheilanstalten" ansehen; und sicherlich würde es heute als frivol und zynisch gelten, wie Christian v. Ehrenfels im Zusammenhang mit der Pflege der Kranken, der Blinden, Taubstummen, überhaupt aller Schwachen, von „humanen Gefühlsduseleien" zu sprechen, welche nur die Wirksamkeit der natürlichen Zuchtwahl hindern oder verzögern.[65] Aber dennoch ist man auch heute vielfach schon wieder dafür zu haben, dem „Natürlichen" als dem vermeintlich Unverfügbaren bei Entscheidungen gegen egalitaristisch anmutende Reformen und Forderungen ein wenig nachzuhelfen.[66] Dabei tendiert man dazu, selbst antiegalitaristische Sozialwissenschaftler so *radikal* antiegalitaristisch zu verstehen, wie sie sich wohl selbst nie verstanden haben. Aber man ist nun einmal geneigt, nichts lieber zu glauben, als was man gern für wahr hält.

## b. Idealistischer Progressismus

Es ist seit jeher das Kennzeichen einer idealistischen Philosophie der Praxis gewesen, den Akzent nicht auf die Begrenzungen, sondern auf die Möglichkeiten des Handelns zu legen. So wird auf den Umstand Wert gelegt, daß die Wirkungsbedingungen für bestimmte gesellschaftliche Gesetze durch Menschen in einem Maße geändert werden können, wie es im Falle von Naturgesetzen nicht möglich ist. Vertreter idealistischer Gesellschaftstheorien erkannten mitunter durchaus, daß die Erfassung der gesellschaft-

---

[65] Vgl. dazu vor allem Oscar Hertwig: Zur Abwehr des ethischen, des sozialen, des politischen Darwinismus, Jena 1918; ferner Hansjoachim W. Koch: Der Sozialdarwinismus. Seine Genese und sein Einfluß auf das imperialistische Denken, München 1973; sowie Hans-Günter Zmarzlik: Der Sozialdarwinismus in Deutschland – Ein Beispiel für den gesellschaftspolitischen Mißbrauch naturwissenschaftlicher Erkenntnisse, in: Kreatur Mensch. Moderne Wissenschaft auf der Suche nach dem Humanum, München 1973, 289–311.
[66] Vgl. allgemein zur Erörterung der Grundsatzfragen von egalitaristischen Konzeptionen John Rees: Equality, London 1971, dt.: Gleichheit. Anspruch und Wirklichkeit eines politischen Begriffs, Frankfurt-New York 1974.

317

lichen Gesetze die unabdingbare Voraussetzung für die Überwindung der Spontaneität des Wirkens derselben sei. Mit der Einsicht in die Wirkungsweise gesellschaftlicher Gesetze verschwinden diese allerdings noch nicht, und es wäre verfehlt anzunehmen, daß sich *alle* Wirkungsbedingungen für *alle* gesellschaftlichen Gesetze verändern ließen. Bestimmte realhistorische Tendenzen der jüngeren Vergangenheit zeigen so zum Teil drastisch, daß die Versuche der Änderung bestimmter ehemals spontan wirkender gesellschaftlicher Gesetzmäßigkeiten zu spezifischen Formen der Verknappung bestimmter Güter geführt haben, welcher Umstand in der Wirkungsweise bislang nicht oder nicht zureichend beachteter anderer Gesetzmäßigkeiten seinen Grund hat. Daher bildete sich auch, namentlich in den letzten zehn Jahren, die Überzeugung heraus, daß es gerade angesichts gewisser Folgen einer auf ein undifferenziertes Wirtschaftswachstum hin orientierten Politik zur Revision der ursprünglich maßgeblichen Wertaxiome dieser Politik kommen müsse, da es zunehmend knapper werdende Güter sehr unterschiedlicher Art gibt, was einerseits auf natürliche, andererseits auf soziale Grenzen des Wachstums verweise.

Bei den sogenannten „sozialen Grenzen des Wachstums" handelt es sich um neue Phänomene der gesellschaftlichen Knappheit. Ihnen hat Fred Hirsch wertvolle Analysen gewidmet, wobei er auf zwei Sachverhalte mit besonderem Nachdruck hinweist: erstens darauf, daß wirtschaftliches Wachstum in fortgeschrittenen Gesellschaften aufgrund der Existenz von „positionalen Gütern" vorprogrammierte Enttäuschungen mit sich bringt, da der anhaltende und generalisierte Wachstumsprozeß die mit ihm verknüpften Erwartungen nicht zu erfüllen imstande ist; zweitens darauf, daß die Fortdauer des Wachstumsprozesses selbst auf bestimmten moralischen Vorbedingungen beruht, welche – ähnlich argumentierte bereits Joseph A. Schumpeter mit Bezug auf langfristige Entwicklungen des Kapitalismus – durch seinen eigenen Erfolg gefährdet sind (vgl. Hirsch *1976*).[67] Damit wurde ein wertvoller Beitrag zur Erklärung des Sachverhalts geleistet, daß die Veränderungen in den fortgeschrittenen Gesellschaften in Richtung auf mehr Gleichheit und Wahlfreiheit im Sinne der demokratischen Teilhabe zu einem gewissen Teil Scheincharakter annehmen. Hirsch macht so auf bestimmte Unzulänglichkeiten einer kurzbeinigen Reformpolitik aufmerksam, welche nicht Strukturen verändert, sondern für eine oftmals nur im Bereich des Verbalen verankerte „dynamische Gleichmacherei" sorgt. Es sei hier, Hirsch weiterführend, darauf hingewiesen, daß sich heute häufig nicht nur soziale Grenzen eines „positionalen" Fortschritts, sondern auch „materielle" als Nebenwirkungen desselben zeigen: Konkurrenzkämpfe um den beruflichen Aufstieg, also ein Teil der Arbeitsbedingungen selbst, zerstören Kommunikation, produzieren psychische Defekte und neue gesell-

---

[67] Belege für das, was Hirsch mit den knappen „positionalen Gütern" und seiner These vom Überflußparadoxon meint, finden sich häufig. Wenn so jeder ein Auto besitzt, droht dem, der sich schließlich als Autobesitzer sieht, das Steckenbleiben im Verkehrsstau. Wenn jeder in eine Führungsposition in seinem Beruf aufsteigen will, so wird der Konkurrenzkampf um diese Position schärfer. Wenn die Bildungschancen für alle steigen, sinken die Chancen für den einzelnen, aufgrund der massenhaft realisierten Ausbildungsziele Zugang zu begehrten Spitzenpositionen im Berufsleben zu erhalten. Je mehr gleiche Chancen also im Bemühen um Positionen weiter vorn oder weiter oben bestehen, um so mehr „Tore und Sperrschlösser" werden eingebaut, um die einen, wie Hirsch zeigt, einzulassen, die anderen aber auszuschließen. Das von Hirsch formulierte Paradoxon besteht also darin, daß mit der Erweiterung von Wahlmöglichkeiten durch den Marktmechanismus im Namen der Freiheit eine Vermehrung restriktiver Gesetze und Barrieren stattfindet.

schaftliche Randgruppen. Einem breiten Kernbereich geht es leidlich gut, an den Rändern der Gesellschaft treten jedoch immer mehr Probleme auf, und es kommt zu einer eigentümlichen Segmentierung: zwischen Kern und Rand, Arbeitsplatzbesitzern und Arbeitslosen, Ausgebildeten und „Ungelernten", schließlich zwischen denen mit Ellenbogen und denen ohne. Dissens und Entsolidarisierung sind nur die Kehrseite von Gruppenegoismus und Konkurrenzkampf.[68] Wo diese Strukturen nicht erfaßt werden, läuft eine mit den herkömmlichen Mitteln betriebene Politik der dynamisierten „Chancengleichheit" Gefahr, illusionistisch zu sein.

## c. Ökonomismus

Vertreter des Sozialdarwinismus betrachten sich häufig als Gegner von Gesellschaftstheorien, von welchen ausschließlich ontogenetische, also Umweltfaktoren betont werden, und phylogenetische, das heißt Erbfaktoren, außer acht gelassen werden. Ihre im Gegenzug betriebene Einseitigkeit, die zur negierten Auffassung in dem bei Karl Kraus in anderem Zusammenhang einmal so bezeichneten Verhältnis von konvexem zu konkavem Irrsinn steht, bestand in der ausschließlichen Betonung der Erbfaktoren und in der Vernachlässigung der Umweltfaktoren für die Erklärung gesellschaftlichen Handelns. Aber derartige reifizierende Vergröberungen finden sich auch in anderen Bereichen.

---

[68] Vgl. dazu die Rezension der deutschen Ausgabe von Hirsch *1976* von Gunter Hofmann: Weniger Staat – mehr Politik?, in: Die Zeit. Wochenzeitung für Politik, Wirtschaft, Handel und Kultur Nr. 50 (1980) 13.

α. Zum „Basis-Überbau"-Problem

Gedacht ist hier im besonderen an jene Auffassung des Ökonomismus, derzufolge der Bereich des ökonomischen Geschehens gewissermaßen das „Natürliche" *innerhalb* der sozialen Beziehungen und Prozesse darstellt. Dem kulturellen Faktor wird dabei keine Eigenständigkeit beigemessen, er erscheint als bloßes Derivat der Produktionsverhältnisse. In besonderem Maße galt dies etwa für die Überzeugungen eines A. A. Ždanov in der Stalin-Ära, der die verschiedensten logisch-mathematischen und empirischen Theorien gleichermaßen wie die Künste und die praktischen Wissenschaften als durch die jeweilige sozialökonomische Formation konstituiert und bis in ihre Detailstrukturen hinein determiniert ansah.

Nun hat die materialistische Geschichtsauffassung mit ihrer Behauptung einer Determiniertheit unseres Wollens und unserer Interessenhaltungen durch die äußeren Umstände, vor allem durch die ökonomischen Verhältnisse, einer ungerechtfertigten Hypostasierung von Ideen, etwa von Rechtsideen, wirksam entgegengearbeitet. Dennoch haben einige ihrer Vertreter die jeweiligen Produktionsverhältnisse in verkürzter Weise als Ursprung unserer Ideen aufgefaßt; so sollte etwa die Qualität der rechtlichen Verhältnisse mit der Qualität der Produktionsverhältnisse unmittelbar kovariieren, so daß – gemäß dieser reduktionistischen Auffassung – die Rechtspolitik, aber auch die Rechtstheorie durch eine auf die Gestaltung der Produktionsverhältnisse abzielende Wirtschaftspolitik ersetzbar erscheinen konnte (vgl. Rappoport *1927*, vor allem 37–52). Die bisherige Geschichte der verschiedenen Erscheinungsformen sozialistischer Bewegungen und real existierender Sozialismen läßt jedoch den Schluß zu, daß sogar in bestimmter Hinsicht divergierendste Moralen und Rechtsnormen auf der Basis vergesellschafteter Produktionsmittel möglich sind. Wer glaubt, die ethische Determination im Sinne eines „wissenschaftlichen Sozialismus" überhaupt ausschalten zu können und von der ökonomischen Determination allein alles Heil zu erwarten, übersieht die bereits empirisch nachweisbare kulturelle Indeterminiertheit des Sozialismus. Aber es wird nötig sein, sich zu fragen, welche ökonomischen Bedingungen erfüllt sein müssen, damit eine *ethisch* vertretbare Willensdetermination zustande kommt. „Je stärker im Verlaufe die ökonomische Determination wird, desto dringender erfordert sie des Korrelats der ethischen, damit nicht der zum Selbstbewußtsein erwachte Egoismus der Majorität, der endlich mit den Machtinstitutionen und Organisationen des schrankenlosen Egoismus der Minorität aufräumt, seinerseits wieder dazu hinneigt, die berechtigten evolutionistischen Postulate... der vorgeschrittensten Minorität zu vergewaltigen." (Goldscheid *1905*, 139)

β. Zum ökonomischen Historizismus

Ein anderer Aspekt des Ökonomismus als Ideologie betrifft bestimmte mit ihm verknüpfte geschichtsmetaphysische Probleme. Viele Marxisten haben sich – oft mehr an Vor- und Nachworten orientiert, als an dem, was mitunter an Differenzierendem zwischen diesen zu liegen kommt – an Marxens Rede von den „Naturgesetzen der kapitalistischen Produktion" delektiert, von welchen er im Vorwort zum ersten Band des „Kapital" aus dem Jahre 1867 sagt, daß es sich bei ihnen um die „mit eherner Notwendigkeit wirkenden und sich durchsetzenden Tendenzen" handle (vgl. Marx *1962*, 12).[69] Zwei Konsequen-

---

[69] Marx selbst schien sie in der Überzeugung zu bestärken, daß das Bildungsgesetz der Geschichte eine bekannte Sache schon deshalb sei,

zen waren es vor allem, die mit dieser Verheißung eines absehbaren Endes der „Vorgeschichte der Menschheit" gelegentlich verknüpft wurden: einmal eine gewisse teleologische Fatalisierung zum Positiven, der die ökonomische Theorie Ausdruck verleihen sollte; dann aber eine fehlerhafte Auffassung von der Identität von Ursachen, die in den meisten Evolutionstheorien am Werke ist und derzufolge jede Nation deshalb von der anderen lernen könne, weil auch sie in den gleichen Konnex von Ursachen und Wirkungen eingespannt sei.

Bezüglich des erstgenannten Aspekts sei daran erinnert, was Marx, unter dem Namen des „absoluten" Gesetzes der kapitalistischen Akkumulation, zur sogenannten Verelendung sowohl in strukturanalytischer als auch in prognostischer Hinsicht ausgeführt hat. Während Marx selbst anläßlich der Formulierung des allgemeinen Gesetzes der kapitalistischen Akkumulation feststellt, daß dieses Gesetz genauso wie andere Gesetze unter dem Einfluß verschiedener Umstände Veränderungen hinsichtlich seiner Wirksamkeit unterliegen kann,[70] hielten es gewisse Anhänger mit einer Art heilsgeschichtlicher Verheißung auf der Basis des Gesetzes der tendenziell fallenden Profitrate. Dieses Gesetz scheint bei ihnen nahezu ohne historisch-soziale Zusammenhänge konzipiert und die eschatologische Hoffnung durch allein technisch-ökonomische Prozesse abgestützt zu sein, so daß die Tendenz des Gewinnverfalls in engste Nähe zu einem geradezu unaus-

---

weil über die Zukunft bereits die Würfel gefallen seien: „Auch wenn eine Gesellschaft dem Naturgesetz ihrer Bewegung auf die Spur gekommen ist..., kann sie naturgemäße Entwicklungsphasen weder überspringen noch wegdekretieren. Aber sie kann die Geburtswehen abkürzen und mildern." (Ebd. 15 f.)

[70] Vgl. etwa Karl Marx: Das Kapital, Bd. III, in: Marx-Engels-Werke, Berlin 1956 ff., Bd. 25, III. Abschnitt, vor allem 14. Kapitel.

weichlichen Naturgeschehen gerückt wird (vgl. dazu Vogt *1973*). Unabhängig von empirischen und theoretischen Einwänden gegenüber diesem Gesetz[71] scheint der Schluß zulässig, daß sich die auf dem Gesetz der tendenziell fallenden Profitrate basierende Vorhersage der wachsenden absoluten Verelendung der Arbeiterklasse bezüglich der faktischen Begebenheiten in dem genannten Prognoseraum als unrichtig erwiesen hat; daß aber dieses Gesetz als Feststellung einer Tendenz richtig ist, welche der kapitalistischen Produktionsweise innewohnt, die vor allem überall dort wirkt, wo sich keine ihr zuwiderhandelnden gesellschaftlichen Kräfte geltend machen (vgl. dazu Lange *1964*, 110–121). – In methodologischer Hinsicht ist mit dem Historizismus zumeist eine die eigentliche Intention einer Analyse der Geschichtlichkeit gesellschaftlicher Gesetzmäßigkeiten durchkreuzende Identifizierung der gesellschaftlichen mit den natürlichen Prozessen verknüpft. Sie gipfelt in der Überzeugung, daß hier wie dort gleiche Ursachen immer gleiche Wirkungen hätten. Untersucht man aber den gesellschaftlichen Bereich hinsichtlich seiner Entwicklung, so zeigt sich, daß es darin nie genau „die gleiche Ursache" gibt, da die Geschichte des Menschen im wesentlichen eine Geschichte seines Lernens aus der Vergangenheit darstellt. Etwas paradox formuliert, kann so für den Menschen eine alte Ursache insofern zu einer neuen werden, als er von ihr bereits weiß, wie sie sich auswirken kann. Daher kann man auch nicht sagen, daß es im gesellschaftlichen Handeln einen feststehenden Zusammenhang von

---

[71] Vgl. dazu exemplarisch die Ausführungen von Hans G. Nutzinger, Elmar Wolfstetter und Nobuo Ikishio, in: H. G. Nutzinger/E. Wolfstetter: Die Marxsche Theorie und ihre Kritik, 2 Bde., Frankfurt-New York 1974, Bd. II, Sechster Teil.

Ursache und Wirkung gibt, noch dazu einen, der sich durch menschliches Handeln „weder überspringen noch wegdekretieren" lasse – vielmehr kann gerade das, was der Zusammenhang sein wird, durch das inzwischen erworbene Wissen und das sich darauf stützende Wollen des Menschen auf eine bestimmte Art hergestellt werden.

Wenn man die Frage nach der Pragmatik der Wissenschaften im allgemeinen, der Sozialwissenschaften im besonderen stellt, so genügt es nicht, sich bloß auf die mit der ideologischen Instrumentalisierung verbundenen außerwissenschaftlichen Zielvorgaben zu beziehen. Als wesentlich erscheint auch eine kurze Bezugnahme auf das Selbstverständnis der Sozialwissenschaftler, auf die prätendierten Ziele ihres Tuns und auf die Selbsteinschätzung des Wertes ihrer Tätigkeit durch die Wissenschaftler. Manchmal ist dieses Selbstverständnis nicht ganz frei von überhöhten Vorstellungen bezüglich der eigenen sozialen Wertigkeit und von überhöhten Erwartungen hinsichtlich der Durchsetzbarkeit jener Zielsetzungen, die mit der eigenen Tätigkeit verbunden werden.

# II. Zur Hypostasierung
der Sozialwissenschaften

## 1. Subjektivismus als Protest
und Irritation

Im Falle der Ideologisierung der Sozialwissenschaften
geht es, wie im vorigen Kapitel gezeigt werden sollte,
hauptsächlich darum, wissenschaftliche Erkenntnisse
außerwissenschaftlichen Nutzengesichtspunkten zu
unterstellen, und dies mitunter in einer Weise, daß wissenschaftliche Wahrheit geradezu als Funktion der Nützlichkeit erscheint. Im Gegensatz dazu formierte sich oftmals
ein Subjektivismus in der Wissenschaft, dessen Vertreter
das Moment der persönlichen Entscheidung in der Auswahl des Gegenstandes ihrer Analysen gleichermaßen
betonten wie die prinzipielle Distanz gegenüber der „von
außen" erfolgenden Dekretierung von Nützlichkeitskrite-
rien und Zielen ihrer Tätigkeit.

Bemerkenswert ist nun der Umstand, daß die Betonung
der Eigendetermination der wissenschaftlichen Tätigkeit
gelegentlich zu einer Form des subjektiven Idealismus
führt, der zunächst einer Toleranz der wissenschaftstheoretischen Indifferenz, dann aber – natürlich in der Regel
gegen den Willen seiner Proponenten – einer dogmatischen Ideologisierung der Wissenschaft Platz macht. Ein
Fehler des aus oft redlichen Motiven der Entideologisie-
rung von Wissenschaft gespeisten Subjektivismus ist zweifellos die Insistenz, den Pluralismus von praktischen
Orientierungen, auch jenen der wissenschaftlichen Prag-

matik, dadurch sichern zu wollen, daß man die diesen zugrunde liegenden Werte als undiskutierbar ansieht und sie somit jedem rationalen Diskurs entzieht (vgl. dazu auch Teil C und E). Man gerät auf diese Weise schnell in die Nähe jener Form des subjektiven Idealismus, derzufolge es so viele „Wahrheiten" wie „Weltanschauungen" oder „Ideologien" gebe. „Subjektiver Idealismus äußert sich nicht nur in der Leugnung der objektiven Realität, sondern in bezug auf das Wahrheitsproblem oft auch darin, daß das Wahrsein von einem Akt subjektiver Entscheidung abhängig gemacht wird, der natürlich bei verschiedenen Subjekten unterschiedlich ausfallen kann: Was für den einen wahr ist, muß es (nach dieser Auffassung) nicht auch für jeden anderen sein. Das subjektive Für-Wahr-Halten wird mit dem objektiven (vom Subjekt unabhängigen) Wahrsein gleichgesetzt, dem Pluralismus der Ansichten und der subjektivistischen Willkür wird freier Raum gelassen." (Wagner/Terton/Schwabe *1974*, 55) Nicht nur bezüglich der eidetisch verstandenen *Beschreibung* der Realität, sondern auch hinsichtlich der ätiologisch verstandenen *Erklärung* derselben macht sich mitunter ein indifferentistischer Standpunkt bemerkbar, wie bereits in Teil C dieses Buches gezeigt wurde. Die Indifferenz scheint aber häufig ein Nährboden für Dogmatismen zu sein. Wie dem Pluralismus der „Wahrheiten" oftmals die Deklaration *der* Wahrheit folgte, so trat auch häufig an die Stelle des Pluralismus der Erklärungen eine entweder voluntaristisch durchgesetzte oder dezisionistisch „begründete" Deklaration *der* Ursache eines sozialwissenschaftlich bedeutsamen Sachverhaltes.

So erweisen sich mitunter subjektiver Idealismus und erkenntnistheoretischer Relativismus als wichtige Schrittmacher des politischen Dezisionismus. Bestimmte Konzeptionen eines undifferenzierten Skeptizismus und Possibilismus, die nichts außer sich lassen: weder die theoretischen Ansätze noch die Kriterien der logischen und empirischen Überprüfung, stellen vortreffliche Mittel dafür dar, die dogmatische Verwertung ideologischer, mit Wissenschaftsanspruch auftretender Aussagensysteme – unter Hinweis auf die proklamierte Unmöglichkeit einer stringenten Kritik derselben – unangreifbar zu machen. In einer etwas tiefer dimensionierten Betrachtung zeigt sich daher, daß bestimmte Varianten des Pluralismus, bei aller behaupteten Neutralität, Schrittmacherdienste für eine politische Parteilichkeit leisten, welche sich selbst zwar nicht vor der Wissenschaft ausweist, diese aber bei Bedarf instrumentell verwertet. Die Institutionen einer Kultur sowie die ihnen zugrunde liegenden Denkformen und Wertauffassungen müssen jedoch durch den Wissenschaftler in Betracht gezogen werden, will er sich konsistent als Wissenschaftler betätigen können. Daher kann man nicht so ohne weiteres der Ansicht von George A. Lundberg zustimmen, wenn er sagt: "Science provides a car and a chauffeur for us. It does not directly, as science, tell us where to drive." (Lundberg *1948*, 31) Wahr ist vielmehr, daß verschiedene Leute, worauf Anatol Rapoport hinweist, in verschiedene Richtungen fahren wollen, wobei einige dieser Richtungen mit der Richtung unverträglich sind, die der Wissenschaft selbst inhärent ist. Daher muß sich der Wissenschaftler bewußt sein, daß mitunter auch die Toleranz, die Neutralität und der Pluralismus ihre Grenzen haben: "There are some things in which the scientist *cannot* be impartial. He cannot be impartial in the choice between a procedure based on misevaluation and superstition and one based on accurate observation, critical attitude and carefully weighed arguments. Similarly, he cannot be impartial in his judgments about forms of social organization or about patterns of culture, if it is clear that one form tends to encourage scientific behavior and another to inhibit it." (Rapoport *1950*, 231)

Der Wissenschaftler kann, wie soeben festgestellt wurde, nicht indifferent sein gegenüber dem Status, den er in der Gesellschaft einnimmt. Wie jedes andere Individuum kann er allerdings der Gefahr unterliegen, das Verständnis der allgemeinen gesellschaftlichen Praxis auf das Muster der eigenen Praxis zurückzuführen. Es entspricht dieser Hochstilisierung der wissenschaftlichen Praxis zum Paradigma des sozialen Verhaltens, wenn die Rationalität des Dialogs als einzig legitime Anwendung von Rationalität angesehen wird; dabei erscheint die wissenschaftliche Praxis geradezu als das, dessentwillen jede andere Form der gesellschaftlichen Tätigkeit bestehen soll. Einer gewissen damit verwandten professionellen Deformation in der Deutung der sozialen Wirklichkeit unterliegt beispielsweise E. A. Shils, demzufolge die Gemeinschaft der Wissenschaftler als ein Mikrokosmos nur die größere jeweils gleichzeitig bestehende freie Gesellschaft widerspiegle (vgl. Shils *1956*, 176). Diese Annahme ist offensichtlich unrichtig, da sich hinreichend viele wissenschaftliche Enklaven in offensichtlich undemokratischen Gesellschaftssystemen im Laufe der Geschichte nachweisen lassen – ob sich diese nun demokratisch nennen oder nicht. Einer anderen Ansicht zufolge – auch ihr hat Shils Ausdruck verliehen (vgl. ebd.) – seien die Beziehungen zwischen den Wissenschaftlern als prototypisch für eine freie Gesellschaft anzusehen.

Gewiß ist es so, daß ein Wissenschaftler an der Ausweitung der wissenschaftlichen Kompetenz auf eine möglichst große Zahl von Menschen, welche nicht gerade seiner Profession zuzuzählen sind, interessiert sein muß, will er für seine Einsichten ein entsprechendes Auditorium zur Verfügung haben. Es bedarf beispielsweise spezifischer Rezeptionsbedingungen, wenn ein Sozialwissenschaftler den Ausbau unkontrollierter Machtpositionen durch eine entsprechend gestreute Information über das Vorliegen einschlägiger Tendenzen verhindern will. Es müssen seine Mitteilungen durch hinreichend viele Menschen so verstanden werden können, wie sie gemeint sind, um das von ihm extrapolierte und damit hypothetisch prognostizierte Ereignis zu verhindern. Die Möglichkeit des Erwerbs eines entsprechenden Bildungsniveaus spricht stets für die Gewährung einer gewissen Mündigkeit; aber Gedankenfreiheit ist noch nicht *die* Freiheit. Oft läßt man eine gebildete Kassandra klagen, aber nur, um ihr Handlungspotential zu reduzieren. So kann man intellektuelle Demokratie gewähren, die ihr konformen Taten aber sorgfältig unterbinden. Die Rede von den Beziehungen der Wissenschaftler untereinander als Paradigma der freien Gesellschaft läuft leicht Gefahr, dadurch selbst zur Ideologie zu werden, daß man zwar eine fiktive und ungefährliche Institutionalisierung einer bloß verbalen Kritik fordert, daß aber jede Form von Aktivität gegen die Ursachen der Kultivierung eines ideologischen, und das heißt: eines fehlerhaften Denkens, mit dem spezifische gesellschaftliche Interessen verknüpft sind, als theoriefeindlicher Aktionismus gebrandmarkt wird. Allein an den Spielregeln des wissenschaftlichen Diskurses orientiert, der bekanntlich das Wort vor die Tat stellen muß, suggeriert man das Erfordernis, auch dort noch mit Worten weiterzukommen, wo die Dinge zur Entscheidung drängen.

## 2. Zur Rekonfessionalisierung
   von Wissenschaft

Mit dieser Kritik an bestimmten Formen der Herrschafts-
sicherung ist nun gelegentlich auch eine eigentümliche
Kritik an der Sozialwissenschaft verknüpft worden, und
in der Folge eine massive Forderung nach „wertender
Wissenschaft". Wissenschaft allgemein werde eben gedul-
det, solange ihr Primat im Methodischen liege. Wie aber
die Konkurrenzdemokratie (Schumpeters „demokratische Methode") als „Formaldemokratie" das Inhaltliche
und die Zielorientierung vernachlässige – ganz im Unterschied zur klassischen Konkordanzdemokratie (der sogenannten Identitätstheorie der Demokratie) –, so vernachlässige die „formalistische" Sozialwissenschaft ihre Aufgabe einer Zielfindung und Zielbestimmung des Sozialgeschehens. Daher entspreche der Formalismus der Wissenschaft im Sinne des Prinzips von *„trial and error"* auch
unmittelbar dem Formalismus der demokratischen
Methode im Sinne der Konkurrenztheorie der Demokratie. – Hiermit wird eine Analogie formuliert, die zwar
nicht in jeder Hinsicht richtig ist, die jedoch eine wichtige
Nahtstelle zwischen modernem Wissenschafts- und
modernem Demokratieverständnis anvisiert. Bestimmte
Einwände gegen den sogenannten Formalismus in Wissenschaft und Politik verdienen an dieser Stelle – auch
unter moralphilosophischen Gesichtspunkten – einige
ergänzende Hinweise.
   Ein wesentlicher Teil der zeitgenössischen Kritik an der
Konkurrenzdemokratie als einer bloß formalen Demokratie hat gewiß damit zu tun, daß die Prozeduren oder
Verfahren der parlamentarischen Demokratie – die Mehr-
heitsregeln eingeschlossen – natürlich nichts über die
Inhalte und Resultate solcher Verfahren besagen. Mehr-

heiten können, wie die Geschichte zeigt, schrecklich irren, und die Rede von einem „falschen Bewußtsein" ist auch in diesem Zusammenhang am Platz. Aber verheerender als die Irrtümer sind mitunter jene Maßnahmen, die es nicht mehr gestatten, sie korrigieren zu können. Es ist oft ein Zeichen von inhaltsbezogener Gesinnungspolitik, formale Prozeduren und strukturelle Maßnahmen, die ein soziales Lernen in diesem Sinne gestatten, als unwesentlich anzusehen und mögliche fatale Folgen der Unumkehrbarkeit von Entscheidungen zu bagatellisieren. In Anbetracht der verschiedenartigen Kämpfer für *das Gerechte* – verstanden nicht im Sinne einer *prozeduralen* oder Verfahrensgerechtigkeit, sondern eben allein im Sinne einer *materialen* (oder substantiellen) Gerechtigkeit –, welche beanspruchen, das Wissen um das Eigentliche zu besitzen, muß man sich ernsthaft fragen, was mehr Aufmerksamkeit und mitunter wohl auch mehr Respekt verdient: die Konstruktion eines funktionsfähigen, die Umkehrbarkeit von Entscheidungen vorsehenden und daher auch den Schutz von Minderheiten garantierenden Ensembles von Verfahrensordnungen und Regeln oder aber die Bereitschaft zu einem notfalls hohe soziale Kosten einschließenden letzten Gefecht für *das* Menschheitsideal, in dessen Verlauf jeder, der sich widersetzt, zum Menschheitsfeind erklärt werden muß. Nichts wirkt so unbarmherzig wie der Panzer solcher gesinnungsethischen „Letztbegründungen" des Gewissens, mit welchen jede mit den Mitteln der „formalen Rationalität" erfolgende Erörterung logischer und empirischer Voraussetzungen, Konsequenzen und Nebenwirkungen als positivistische Kleingeisterei abgewehrt wird. Und nirgendwo wird so wenig aus Irrtümern gelernt wie dort, wo man nur in invarianten materialen Gerechtigkeitsprinzipien zu denken gewohnt ist. Wo immer man die „Inhalte", die

„Anliegen" und die „Interessen" für allein wichtig hält und Formen, Regeln und Verfahren der Entscheidungsfindung und Entscheidungsrevision als bloß „formalistische" Spielregeln verachtet, ist Wachsamkeit geboten. Denn der Terror der Tugendhaften kann, wie die Geschichte zeigt, von sehr verschiedenen Richtungen über uns kommen.

Es ist zu vermuten, daß hinter der soeben dargestellten und – fast zu ausführlich – kommentierten Argumentation, welche den Formalismus der Wissenschaft dem der demokratischen Methode zuordnet und daraufhin beide ihrer mangelnden Zielorientierung anklagt, zweierlei zu liegen kommt: einerseits eine illusionistisch überhöhte Einschätzung der moralischen Kompetenz von Wissenschaftlern, andererseits eine übersteigerte Erwartung bezüglich dessen, was Wissenschaft zu leisten imstande ist.

Was die vermeintliche besondere moralische Kompetenz der Wissenschaftler anlangt, so ist die Hoffnung darauf alt, die damit verbundenen Enttäuschungen nicht minder. Es gibt viele gute Menschen auf der Welt (darunter oft solche „schönen Seelen", die gar nicht um ihre eigene Güte Bescheid wissen), und es wäre eitel, wollten sich die Wissenschaftler in Sachen der Moral besondere Vorrechte einräumen. – Was andererseits die übersteigerten Erwartungen bezüglich des Vermögens der Wissenschaft anlangt, so ist daran zu erinnern, daß diese in dem Sinne „sinnlos" ist, daß sie auf die Frage danach, wie wir leben und was die letzten Ziele unseres Handelns sein sollen, keine Antwort gibt. „Die Tatsache", so meinte schon Max Weber mit Bezug auf diesen von Leo Tolstoj konstatierten Sachverhalt, „daß sie diese Antwort nicht gibt, ist schlechthin unbestreitbar. Die Frage ist nur, in welchem Sinne sie ‚keine' Antwort gibt, und ob sie statt dessen nicht doch vielleicht dem, der die Frage richtig stellt, etwas leisten könnte." (Weber *1919*, 598)

Was leistet nun aber eigentlich die Wissenschaft Positives für das praktische und persönliche Leben? Max Weber skizzierte in seiner berühmten Rede vom Beruf der Wissenschaft, in der er sich diese Frage stellt, auf nach wie vor beispielhafte Art eine Antwort. Zunächst, so stellt er in diesen sehr persönlich gehaltenen und an Studierende gerichteten Ausführungen fest, leistet sie natürlich „Kenntnisse über die Technik, wie man das Leben, die äußeren Dinge sowohl wie das Handeln der Menschen, durch Berechnung beherrscht... Zweitens...: Methoden des Denkens, das Handwerkszeug und die Schulung dazu... Aber damit ist die Leistung der Wissenschaft glücklicherweise... noch nicht zu Ende, sondern wir sind in der Lage, Ihnen [d. h. den Studierenden] zu einem Dritten zu verhelfen: zur *Klarheit*." (Ebd. 607) Die Klarheit von der hier im Hinblick auf die uns bedrängenden Lebens- und Wertprobleme die Rede ist, betrifft zunächst dreierlei: erstens die durch Wissenschaft zu vermittelnde Erkenntnis der erforderlichen Mittel bei gegebener wertender Stellungnahme, um diese Werthaltung praktisch zur Durchführung zu bringen; zweitens die Einsicht in die nötigenfalls erforderliche Wahl zwischen dem mit der Werthaltung verbundenen Ziel und den unvermeidlichen Mitteln zu seiner Realisierung; drittens die Erkenntnis des Zusammenhangs zwischen dem Wollen eines bestimmten Zieles und den damit erfahrungsgemäß eintretenden Nebenerfolgen. Die letzte Leistung, welche die Wissenschaft als solche im Dienste der Klarheit vollbringen kann und wodurch man zugleich an ihre Grenzen gelangt, besteht nach Weber jedoch in Folgendem: „wir können – und sollen – Ihnen [d. h. den Studierenden] auch sagen: die und die praktische Stellungnahme läßt sich mit innerer Konsequenz und also: Ehrlichkeit ihrem *Sinn* nach ableiten aus der und der letzten weltanschauungsmäßigen Grundposition – es kann sein, aus nur einer, oder es können vielleicht verschiedene sein –, aber aus den und den anderen nicht... Denn Ihr kommt notwendig zu diesen und diesen letzten inneren sinnhaften *Konsequenzen*, wenn Ihr Euch treu bleibt... Wir können so... den Einzelnen nötigen, oder wenigstens ihm dabei helfen, sich selbst *Rechenschaft zu geben über den letzten Sinn seines eigenen Tuns.* Es scheint mir das nicht so sehr wenig zu sein, auch für das rein persönliche Leben." (Ebd. 608)

Vielen erscheint dies, wie man weiß, als zuwenig. Sie suchen in der Wissenschaft, was ihnen die alten Kirchen oder die politischen Säkularreligionen verheißen. Sie suchen wohl zumeist am falschen Ort. Leider scheint vielen von ihnen schon ein Fortschritt erreicht, wenn die Kirchenmänner aus Religion und Politik sich in die Wissenschaft begeben, um dieser das Heil oder die rechte Parteilichkeit zu verkünden. Was daran stört, ist der Umstand, daß diese – mitunter als „Aktionsforscher" verkleideten – Missionare ihr Tun „wissenschaftlich" nennen, und zwar auch dann noch, wenn durch sie im Bereich der Wissenschaft das altbekannte *sacrificium intellectus* durch Frageverbote und Methodenrestriktionen dekretiert wird. Nicht zuletzt deshalb müssen Wissenschaftler stets daran erinnert werden, daß Wissen nicht für sich selbst schon Macht ist. Wissen ist erst dann mächtig, wenn es einen Beitrag zu einer Theorie leistet, die praktisch werden kann, indem sie auf breiter Ebene Handlungsbereitschaften weckt. Das herbeizuführen, kann natürlich nicht allein durch wissenschaftliche Kritik im Rahmen der ihr zugewiesenen Institutionen geleistet werden.

# III. Zur behaupteten Inferiorität
der Sozialwissenschaften

Dem Sozialwissenschaftler ist so viel Distanz zum gesellschaftlichen Status quo zu ermöglichen, daß er diesem
nicht total anheimfällt, zugleich aber auch so viel Nähe,
daß sein Engagement praktisch werden kann. Diese eigentümliche Ambivalenz zwischen Distanz und Nähe der
Sozialwissenschaften zu den politisch-sozialen Gegebenheiten ist es nun allerdings nicht, welche die spezifischen
Schwierigkeiten der Sozial- gegenüber den Naturwissenschaften ausmacht. Gewiß resultiert nicht daher das mangelnde Prestige der Sozialwissenschaften bei etlichen Vertretern anderer wissenschaftlicher Disziplinen.

Interessant sind in diesem Zusammenhang gewisse Infe-
rioritätsgefühle auf seiten der Sozialwissenschaftler. Zum
Teil handelt es sich um Fremd-, zum Teil um Selbstzu-
schreibungen. Wie verhält es sich aber nun wirklich mit
der oftmals unterstellten Inferiorität der Sozialwissenschaften?

In einem diesem Thema gewidmeten Aufsatz weist
Fritz Machlup darauf hin, daß die Sozialwissenschaften
gegenüber den Naturwissenschaften in dreifacher Hinsicht im Nachteil seien: hinsichtlich der Invariabilität von
Beobachtungen, der Verifizierbarkeit von Hypothesen
und der Konstanz von numerischen Beziehungen (vgl.
Machlup *1961*). Was die Unveränderlichkeit oder Wieder-
holbarkeit von Beobachtungen anlangt, so sei es die
größere Anzahl von Variablen, also von relevanten Faktoren in den Sozialwissenschaften, welche mehr Veränderung

und weniger Wiederkehr der exakt gleichen Ereignisfolgen bewirkt. Bezüglich der Verifizierbarkeit von Hypothesen führt Machlup aus, daß der soeben erwähnte Umstand der größeren Anzahl von relevanten Variablen in Verbindung mit der Unmöglichkeit kontrollierter Experimente die Verifikation in den Sozialwissenschaften schwieriger gestalte als in den meisten Naturwissenschaften. Schließlich sei bezüglich der Konstanz von numerischen Beziehungen festzuhalten, daß postulierte oder empirische Konstanten in der Physik, aber auch in anderen Naturwissenschaften nachweisbar sind, während sie in den Sozialwissenschaften fehlen.

Machlup stellt im Anschluß an seine vergleichende Betrachtung der Natur- und Sozialwissenschaften die Frage, ob die konstatierten Unterschiede schon dafür ausreichend sind, von einer Inferiorität der Sozialwissenschaften zu sprechen. Die Zuschreibung der Inferiorität sei davon abhängig, was man wünsche. Oftmals besage „Inferiorität" gerade deshalb sehr wenig gegen einen in Betracht stehenden Sachverhalt, weil der für das Werturteil der Inferiorität vorausgesetzte Gesichtspunkt im konkreten Fall überhaupt nicht als relevant anerkannt wird. So ist, wie Machlup bemerkt, Champagner in der Tat gegenüber dem Reinigungsspiritus inferior bezüglich des Alkoholgehalts, Beefsteak gegenüber Erdbeermarmelade bezüglich der Süße, Sandpapier gegenüber dem Kreppapier bezüglich der Weichheit und die Psychiatrie gegenüber der Chirurgie bezüglich der Fähigkeit, schnelle Heilung zu bewirken. Jedes einzelne der paarweise verglichenen Elemente ist gegenüber dem anderen in einer gewissen Hinsicht inferior. Aber die evaluative Beziehung zu dieser Inferiorität kann sich in den einzelnen Fällen sehr unterschiedlich gestalten. So kann es in bestimmten Zusammenhängen gerade seine Inferiorität sein, die ein

Ding wünschenswert macht: Sandpapier wird mitunter gerade deshalb gewünscht, weil es gegenüber dem Kreppapier bezüglich der Weichheit inferior ist usw. – In anderen Zusammenhängen kann die Inferiorität eines Gegenstandes bezüglich bestimmter Merkmale eine Sache der Indifferenz sein: Die Inferiorität einer Violine gegenüber einem Violoncello hinsichtlich des physikalischen Gewichts wird z. B. dem relativen Wert der Violine weder etwas hinzufügen noch wegnehmen. – Schließlich kann eine bestimmte Inferiorität als ein bedauerliches Faktum angesehen werden, aber da dagegen nichts zu unternehmen und auf den als inferior angesehenen Sachverhalt nicht zu verzichten ist, wird dieser nichtsdestoweniger als erwünscht angesehen: Wir brauchen Psychiatrie, wie sehr wir es auch immer bedauern mögen, daß sie im allgemeinen nicht in der Lage ist, rasche Heilung zu bewirken.

Wenn nun gesagt wird, daß die Sozialwissenschaften gegenüber den Naturwissenschaften in gewisser Hinsicht inferior sind, beispielsweise bezüglich der Verifizierbarkeit, so ist dieses Faktum zwar bedauerlich, es ist aber kein Anlaß dafür, die Sozialwissenschaften zu verwerfen. Was sich mit der Anerkennung der spezifischen Inferiorität verknüpft oder verknüpfen sollte, ist einmal die Erkenntnis, daß man eben mehr Urteilsfähigkeit, mehr Geduld und mehr Einfallsreichtum benötigt, um Propositionen der Sozialwissenschaften in Zukunft zuverlässiger überprüfen zu können. Andererseits sollte einem aber auch klar sein, daß diese Mängel gewisser operativer Verfahren in den Sozialwissenschaften nicht schon deren Pragmatik oder Zielsetzung unterminieren oder gar als unsinnig erweisen. Wie nämlich die naturwissenschaftliche Erkenntnis eine Bereitschaft dem Naturgeschehen gegenüber verleiht, so die sozialwissenschaftliche Erkenntnis eine Bereitschaft dem Wertgeschehen gegenüber. In den theoretischen Sozialwissenschaften wird dabei vielleicht eine technisch-praktische Bereitschaft dominieren, während in den Geisteswissenschaften eine hermeneutische Einstellung vorherrschend sein mag (vgl. dazu Habermas *1968*, 146–168; Acham *1972*). Ungeachtet des in den theoretischen Sozialwissenschaften vielleicht quantitativ vorherrschenden technischen oder praktischen Erkenntnisinteresses, ist für die Sozialwissenschaften insgesamt doch häufig auch das charakteristisch, was Béla Juhos im Blick auf die Geisteswissenschaften als Vertiefung der Menschenkenntnis bezeichnet hat: „Das Bekanntwerden mit den Seiten der menschlichen Natur, wie sie sich in den idiographischen Phänomenen äußerten, bedeutet eine seelische Bereicherung, die wir als ein ‚Öffnen der Augen' bezeichnen dürfen, nicht anders als wenn wir uns selbst unerwartet von einer neuen Seite kennenlernen. Es bedeutet dies eine Erweiterung und *Vertiefung der Menschenkenntnis.* Dann aber stehen wir dem Wertgeschehen, sei es auf religiösem, ethisch-sittlichem, politischem, sozialem, ästhetischem oder sonst einem Gebiet seelisch besser vorbereitet (eben mit geöffneten Augen) gegenüber." (Juhos *1956*, 141 f.) Eine solche Bereitschaft dem Wertgeschehen gegenüber zu verleihen, ist in entscheidendem Maße als Leistung der geisteswissenschaftlichen Erkenntnis, aber auch weiter Bereiche der theoretischen Sozialwissenschaften anzusehen.

Es entspricht einer praktizistischen Arroganz von Wissenschaftspolitikern, aber auch von bestimmten Wissenschaftlern, wenn angenommen wird, daß eine Sozialwissenschaft, die nicht schon unmittelbar anwendungsorientiert ist, auch nicht praktisch bedeutsam sein könne. Jener real bestehenden Inferiorität der Sozialwissenschaften, die darin zu suchen ist, daß diesen von der Gesellschaft nicht jener Rang eingeräumt wird, der ihnen in Anbetracht von lösungsbedürftigen gesellschaftlichen Problemen zukommen könnte, ist nicht durch eine innerwissenschaftliche Segmentierung beizukommen: nämlich dadurch, daß Vertreter der anwendungsorientierten Sozialwissenschaften ihre nicht unmittelbar der Sozialtechnologie verpflichteten Kollegen als weltfremd desavouieren. Die Vertreter der theoretischen Sozialwissenschaften brauchen etwas von dieser „Weltfremdheit", die einen gewissen Schutz vor außerwissenschaftlichen Dauerinterventionen verbürgt. Mit solchen Schwierigkeiten sind zwar vielleicht derzeit öfter Sozialwissenschaftler konfrontiert als Naturwissenschaftler, aber ein Grund für die Attestierung einer Inferiorität des einen Wissenschaftsbereichs gegenüber dem anderen wird sich daraus nur schwer konstruieren lassen.

Die behauptete Inferiorität der Sozialwissenschaften hat viele Facetten. Jene Inferioriät, die in bestimmten Eigentümlichkeiten der Forschung und Analyse und in der dadurch aufgewiesenen größeren Komplexität und Schwierigkeit des Gegenstandsbereichs ihren Grund hat, muß keineswegs negativ bewertet werden. Wenn man so will, kann man in diesem Tatbestand ja auch so etwas sehen wie ein höheres Maß an Herausforderung, welches einen dem Problem des Erkenntnisfortschritts optimistisch gegenüberstehenden Wissenschaftler sogar eher reizen als abschrecken könnte. Der wohl größte Teil der zahlreichen anderen Hinweise auf die Inferiorität der Sozialwissenschaften entspringt hingegen einer entweder nachlässigen oder ideologischen Beweisführung.

# Schlußbetrachtung

> ...als Vertreter in der Vernunft, die Gegen-
> spielerin der Macht ist, können die Wissen-
> schaftler nur kritisch wirken; sie entschleiern
> die Scheinrationalisierungen der Machtpolitik
> vor den Augen derer, die nicht unbedingt
> begeistert und betrogen sein wollen. Ihre
> kulturpolitische Funktion ist es, das schlechte
> Gewissen der Macht zu sein. Und weh der
> Gesellschaft, wo die Macht ihr schlechtes
> Gewissen totgeschlagen hat.
>
> *Theodor Geiger*, Befreiung aus dem Ideolo-
> giebann (Aus dem Nachlaß, 1962)

„Eine tätige Skepsis", sagt Goethe in den „Maximen und
Reflexionen", ist „unablässig bemüht, sich selbst zu über-
winden, um durch geregelte Erfahrung zu einer Art von
bedingter Zuverlässigkeit zu gelangen." Es gibt kaum eine
treffendere Kennzeichnung der wissenschaftlichen Gesinnung. Sie steht jenseits sowohl von dogmatischer Rhetorik
als auch von relativistischer Pluralisierung aller Arten von
Erfahrungsregelung. Zu diesen beiden jederzeit aktuellen
Gefahren im Umgang mit Wissenschaft sollen einige
kurze Bemerkungen folgen.

So nützlich rhetorische Schilderungen für die Erweiterung und Vertiefung unserer *Kenntnisse* sein können, so
schädlich sind mitunter die Wirkungen von Rhetorikern
der Erklärung, welche durch Überredung versuchen,
*Erkenntnisse* zu vermitteln. Vor allem sie hat Vilfredo
Pareto im Blick gehabt, als er mit seiner Lehre von den

Residuen und Derivationen einen bestimmten Typus von sogenannten Argumenten zum Gegenstand ideologiekritischer Analysen gemacht hat (vgl. Pareto *1916*). In vielen Fällen, nicht nur der aktiven Politik, sondern auch der vermeintlich sozialwissenschaftlichen Rekonstruktion des sozialen Geschehens, handelt es sich um Rationalisierungen und Scheinlogik dort, wo die Behauptung aufgestellt wird, man habe soziale Sachverhalte erklärt. Die logische Analyse von Rechtfertigungsverfahren und Erklärungen in den Gesellschaftswissenschaften war noch immer ein gutes Purgatorium für eine pseudo-explanative Rhetorik. Die oft über Gebühr intensive Erörterung des Erklärungsproblems in der Wissenschaftslehre der Sozialwissenschaften hat in der genannten Gewohnheit einen ihrer wichtigsten Ansatzpunkte; gewisse hypertrophe Entwicklungen in der wissenschaftslogischen Diskussion des Erklärungsproblems werden dadurch zum Teil verständlich.

Die Zuwendung zum Problem der Erklärung darf naturgemäß nicht auf Kosten der anderen am sozialwissenschaftlichen Forschungsprozeß beteiligten Aktivitäten, namentlich der Beschreibung und der Erzählung, erfolgen. Andernfalls könnte sich der berechtigte Verdacht einstellen, daß alles, was sich dem erklärenden Zugriff nicht fügt, einfach als erkenntnismäßig irrelevantes Faktum behandelt werden soll. – Umgekehrt besteht wiederum bei all denen, die in den Sozialwissenschaften die expressiv-mitteilende und die impressiv-handlungsanweisende Funktion der Sprache höher gewichten als deren explanative, und die daher die Theorie immer wieder für überflüssig erklären, die Gefahr, einer praktizistischen Arroganz zu erliegen. Sie gipfelt in der Überzeugung, man brauche nicht zu wissen, was man tut, wenn man handelt, und nicht zu wissen, was man sagt, wenn man spricht.

Nun ist der Zustand der sogenannten Theoriediskussion in den Sozialwissenschaften nicht immer übersichtlich, und die vertretenen Positionen sind nicht stets von luzider Art. Aber das ist kein Novum. Die Identität der Sozialwissenschaften in Anbetracht der Vielfalt von „Aspekten", „Schulen" und „Ansätzen" zu bestimmen, ist schon seit geraumer Zeit ein delikates Unterfangen. Aus der Zeit der Jahrhundertwende, nämlich aus dem Jahre 1909, stammt die Bemerkung von Henri Poincaré, daß die Soziologie die Wissenschaft mit den meisten Methoden und den wenigsten Resultaten sei (vgl. Poincaré *1914*, 10). Und einige Jahre vorher charakterisierte der amerikanische Soziologe Lester F. Ward den Zustand seiner Disziplin folgendermaßen: „... es besteht geradezu eine Neigung, alle Versuche zur Synthese zu verdammen. Keiner will irgend etwas, das von anderen geleistet ist, anerkennen. Es existiert ein Geist von intensivem Individualismus; keine Neigung besteht, die Wahrheit, die zutage gefördert ist, sich anzueignen. Die Ideen, welche vorgebracht werden, scheinen keine Verwandtschaft untereinander zu haben, im Gegenteil, sie stoßen einander ab. Dagegen ist geringe wirkliche Kontroverse vorhanden, weil ein jeder die Idee des anderen als vollständig unwert der Beachtung einschätzt." (Ward *1904*, 2) – Was hier von der Soziologie gesagt wird, hatte und hat auch für andere sozialwissenschaftliche Disziplinen seine Geltung. Mitunter scheint es vor allem in sogenannten Theoriediskussionen der verschiedensten sozialwissenschaftlichen Disziplinen, als bestünden diese vor allem aus Behauptungen, die unterschiedliche Auffassungen darüber zum Ausdruck bringen, was die Sozialwissenschaften sein sollen.

Die von Ward für die Soziologie konstatierte Malaise wird in der zeitgenössichen Wissenschaftstheorie nicht selten in eine methodologische Tugend umgedeutet; seit

einiger Zeit hat man dafür den Namen „Wissenschaftspluralismus" parat. Nun hat die Konzeption des Wissenschaftspluralismus gewiß einen wichtigen Beitrag zur
Überwindung dogmatischer Forschungsmethoden geleistet. Aber es ist gleichermaßen unleugbar, daß heute
mitunter eine Form des Wissenschaftspluralismus kultiviert wird, welcher keine Eindeutigkeit zuläßt: weder
bezüglich der Theorien, noch vor allem bezüglich der
Kriterien der empirischen und logischen Überprüfung
derselben. Der methodologische Dadaismus (vgl. Feyerabend *1975* und *1976*) ist dabei nur der grelle Reflex einer
Tendenz, die sich schon lange ankündigte: nicht allein die
stets wichtigen Alternativkonzeptionen in der Wissenschaft zu entwickeln, sondern – in Analogie zur Anti-
Kunst-Bewegung – auch Anti-Wissenschaft zu kultivie-
ren. Darüber sich zu freuen, ist nicht nur Sache der
Gegner jenes Wissenschafts-Establishments, dessen Definition von Wissenschaft oft tatsächlich in hohem Maß
Engstirnigkeit und Gruppenegoismus verrät. Die Freude
ist leider auch auf seiten derer, die uns ohnehin stets
versichern, daß Wissenschaft mit „eigentlichem Denken"
nichts zu tun hat, und man sie daher bei Bedarf auch auf
nur ganz bestimmte Gegenstände einschränken solle. Vor
allem sind wissenschaftsfeindliche Devisen Musik in den
Ohren jener Manager der Macht in ganz unterschiedlichen
Bereichen, die ihren vorgefaßten Absichten in Anbetracht
von damit konfligierenden wissenschaftlichen Überzeugungen zum Durchbruch verhelfen wollen. Bestimmte
Varianten eines „Pluralismus" von Wissenschaftsstan-
dards könnten – welche Vermutung durch einen historischen Rückblick auf die alte Symbiose von Relativismus,
Kulturpessimismus und politischem Voluntarismus nahegelegt wird – durchaus wieder einmal dem Zweck dienen,
mögliche Ansprüche der Kritik in ihrem Wert zu min-

dern. Man kann sich des Eindrucks nicht erwehren, daß oft nur der Schein des Pluralismus öffentlich kultiviert wird, und daß die mit ihm verbundenen Verwertungsinteressen darin bestehen könnten, dogmatische Überzeugungen unter Hinweis auf die proklamierte Unmöglichkeit einer stringenten wissenschaftlichen Kritik derselben unangreifbar zu machen. Vielleicht hat gerade in diesem Umstand die Sensibilität auf seiten bestimmter Wissenschaftler ihren Grund, die diese bei besonders lautstarker Beschwörung des „Pluralismus" zur Analyse von Schein und Wirklichkeit solcher Wortmarken und nicht selten in eine präventive Haltung der Distanz ihren Propagandisten gegenüber drängt. Die von ihnen abgelehnte Spielart eines universellen und kritikimmunen erkenntnis- und wissenschaftstheoretischen Anarcho-Liberalismus gibt nämlich das gerade für die Wissenschaft unverzichtbare Element der aufklärerischen Denktradition preis: das Prinzip der Kritik angesichts verschiedenster Formen von antiintellektuellem Dogmatismus. Dieser kann nie besser gedeihen als in jener Verdunkelung der Vernunft, in der alle Einsichten als gleich trübe und gleich unsicher erscheinen.

Daß der gesellschaftliche Fortschritt nicht stattfinden *muß*, hat entgegen den immer wieder auftretenden historizistischen Glaubensbeständen seine Richtigkeit; daß er nicht stattfinden *kann*, ist, wie Max Horkheimer bemerkt hat, eine plumpe Lüge (vgl. Horkheimer *1934*, 207). Daß in diesem Zusammenhang eine bestimmte Variante des Relativismus dafür nützlich ist, real mögliche Entwicklungen einzubremsen, indem die Kritik an den vorhandenen Zuständen als nur eine von vielen möglichen Bewußtseinshaltungen diesen gegenüber angesehen wird, soll nicht ignoriert werden.

# Literaturverzeichnis

Als Ergänzung des vorliegenden Bandes seien folgende Bücher besonders empfohlen: Albert *1964* und *1972a*, Brodbeck *1968*, Krimerman *1969*, Lessnoff *1974*, Sandkühler*1975*, Acham *1978*, Snizek/Fuhrmann/Miller *1979*, Burrichter *1979*, Topitsch *1980*. Für Aufsätze, die hier nur in beschränktem Maße verzeichnet sind, verweise ich auf die vorzügliche, seit 1971 erscheinende Zeitschrift „Philosophy of the Social Sciences", in der viele einschlägige Abhandlungen erschienen sind.

Um im Text keine falsche Vorstellung von der Priorität argumentativer Positionen nahezulegen, wird als Jahreszahl der Literaturverweise mitunter das Erscheinungsjahr genannt, obwohl die anschließende Seitenzahl sich nicht auf den ersten, sondern auf den jeweils zuletzt angegebenen Druck bezieht.

| | | |
|---|---|---|
| Abel, T. | *1948* | The Operation Called *Verstehen*, in: American Journal of Sociology 54 (1948/1949); wiederabgedruckt in: Albert *1964*, 177–188. |
| Acham, K. | *1972* | Zum Verhältnis von Hermeneutik und Sozialwissenschaften, in: Conceptus 6 (1972) Nr. 1–3, 19–38. |
| – | *1974a* | Analytische Geschichtsphilosophie. Eine kritische Einführung, Freiburg/München. |
| – | *1974b* | Grundlagenprobleme der Geschichtswissenschaft, in: Thiel *1968ff.*, 10. Lieferung: Methoden der Geschichtswissenschaft und der Archäologie, München-Wien, 3–76. |

| | 1977 | Über Parteilichkeit und Objektivität in den Gesellschaftswissenschaften. Einige methodologische Betrachtungen, in: Koselleck/Mommsen/Rüsen 1977, 393–424. |
|---|---|---|
| – (Hrsg.) | 1978 | Methodologische Probleme der Sozialwissenschaften, Darmstadt. |
| – | 1979 | Historizität und Generalisierung. Zur Rolle des Historischen in den theoretischen Sozialwissenschaften, in: J. Kokka/T. Nipperdey: Theorie und Erzählung in der Geschichte, München, 153 bis 220. |
| – | 1980 | Sozialwissenschaft und Wertgeschehen. Zur Rolle normativer Gehalte im Erkenntnisprozeß, in: Topitsch 1980, 165–195. |
| – | 1982 | Über den Zusammenhang von Erwartungshaltung, Wirklichkeitskonzeption und Darstellungsweise in den Sozialwissenschaften, in: R. Koselleck/H. Lutz/J. Rüsen (Hrsg.): Formen der Geschichtsschreibung, München, 353–414. |
| – (hrsg.) | 1983 | Gesellschaftliche Prozesse. Beiträge zur historischen Soziologie und Gesellschaftsanalyse, Graz. |
| Ackoff, R. L./ Emery, F. E. | 1975 | Zielbewußte Systeme. Anwendung der Systemforschung auf gesellschaftliche Vorgänge, Frankfurt a. M. (1. amer. Aufl. 1972.) |
| Adler, M. | 1904 | Kausalität und Teleologie im |

347

|                    |         | Streite um die Wissenschaft, Wien. |
| ------------------ | ------- | --- |
| –                  | *1964*  | Grundlegung der materialistischen Geschichtsauffassung. Soziologie des Marxismus 1, Wien u. a. (= Neuauflage des ersten Bandes der „Soziologie des Marxismus": „Lehrbuch der materialistischen Geschichtsauffassung", Berlin 1930.) |
| Adorno, T. W.      | *1973*  | Aufsätze zur Gesellschaftstheorie und Methodologie, Frankfurt a. M. |
| –                  | *1975*  | Gesellschaftstheorie und Kulturkritik, Frankfurt a. M. |
| Albert, H. (Hrsg.) | *1964*  | Theorie und Realität. Ausgewählte Aufsätze zur Wissenschaftslehre der Sozialwissenschaften, Tübingen. |
| –                  | *1967*  | Marktsoziologie und Entscheidungslogik, Neuwied-Berlin. |
| – (Hrsg.)          | *1972 a* | Theorie und Realität. Ausgewählte Aufsätze zur Wissenschaftslehre der Sozialwissenschaften, 2. veränd. Aufl. Tübingen. |
| –                  | *1972 b* | Ökonomische Ideologie und politische Theorie. Das ökonomische Argument in der ordnungspolitischen Debatte, 2. Aufl. Göttingen. |
| –                  | *1972 c* | Konstruktion und Kritik. Aufsätze zur Philosophie des kritischen Rationalismus, Hamburg. |
| –                  | *1976*  | Aufklärung und Steuerung. Aufsätze zur Sozialphilosophie und zur Wissenschafts- |

|  |  | lehre der Sozialwissenschaften, Hamburg. |
| – | *1978* | Traktat über rationale Praxis, Tübingen. |
| – | *1980* | Traktat über kritische Vernunft, 4. verb. Aufl. Tübingen. |
| Albert, H./Stapf, K. H. (Hrsg.) | *1979* | Theorie und Erfahrung. Beiträge zur Grundlagenproblematik der Sozialwissenschaften, Stuttgart. |
| Albert, H./Topitsch, E. (Hrsg.) | *1971* | Werturteilsstreit, Darmstadt. |
| Aldrup, D. | *1971* | Das Rationalitätsproblem in der Politischen Ökonomie. Methodenkritische Lösungsansätze, Tübingen. |
| Amonn, A. | *1961* | Nationalökonomie und Philosophie, Berlin. |
| Apel, K.-O. | *1973* | Transformation der Philosophie, 2 Bde., Frankfurt a. M. |
| – | *1979* | Erklären und Verstehen, Frankfurt a. M. |
| – | *1980* | Art. „Geisteswissenschaften" in: Speck *1980*, Bd. 2, 247 bis 251. |
| Armer, M./Grimshaw, A. D. (Hrsg.) | *1973* | Comparative Social Research. Methodological Problems in Strategies, New York u. a. |
| Aron, R. | *1938* | Introduction à la philosophie de l'histoire. Essai sur les limites de l'objectivité historique, Paris. |
| Ayer, A. J. | *1970* | Sprache, Wahrheit und Logik, Stuttgart. (1. engl. Aufl. 1936.) |
| Badura, B. (Hrsg.) | *1976* | Seminar: Angewandte Sozialforschung. Studien über Voraussetzungen und Bedingungen der Produktion, Diffusion und Verwertung sozialwissen- |

Barber, B./Hirsch, W. (Hrsg.) 1962 ... schaftlichen Wissens, Frankfurt a. M.

Barber, B./Hirsch, W. (Hrsg.)    1962    The Sociology of Science, New York.

Barley, D.    1975    Grundzüge und Probleme der Soziologie, 7. Aufl. Neuwied-Berlin.

Barnes, J. A.    1977    The Ethics of Inquiry in Social Science, Oxford u. a.

Bauman, Z.    1978    Hermeneutics and Social Science, London.

Baumgartner, H. M./Rüsen, J. (Hrsg.)    1976    Seminar: Geschichte und Theorie. Umrisse einer Historik, Frankfurt a. M.

Bavink, B.    1933    Ergebnisse und Probleme der Naturwissenschaften, 5. Aufl. Leipzig.

Bayertz, K. (Hrsg.)    1981    Wissenschaftsgeschichte und wissenschaftliche Revolution, Köln.

Beattie, J. H. M.    1959    Understanding and Explanation in Social Anthropology, in: Journal of Sociology 10 (1959) 45–59.

Beck, U.    1972    Soziologische Normativität, in: Kölner Zeitschrift für Soziologie und Sozialpsychologie 24 (1972) 201–231.

Becker, H.    1968    Through Values to Social Interpretations. Essays on Social Contexts, Actions, Types, and Prospects, 2. Aufl. New York.

Becker, H. S.    1966    Whose Side Are We on?, in: Social Problems 14 (1966) 239–247.

Becker, W./Hübner, K. (Hrsg.)    1976    Objektivität in den Natur- und Geisteswissenschaften, Hamburg.

Beehler, R./Drengson, A. R. (Hrsg.)    1978    The Philosophy of Society, London.

Ben-David, J.  *1971*  The Scientist's Role in Society, Englewood Cliffs, N. J.

Benjamin, W.  *1974*  Kunst zu erzählen, in: W. Benjamin: Denkbilder, Frankfurt a. M., 136–138.

Benn, S. I./Morti-  *1976*  Rationality and the Social
more, G. W. (Hrsg.)  Sciences. Contributions to the Philosophy and Methodology of the Social Sciences, London.

Benton, T.  *1977*  Philosophical Foundations of the Three Sociologies, London u. a.

Berelson, B./Steiner,  *1969*  Menschliches Verhalten.
G. A.  Grundlegende Ergebnisse empirischer Forschung, Bd. I: Forschungsmethoden/Individuelle Aspekte, Weinheim-Basel. (1. amer. Aufl. 1964.)

–  *1972*  Menschliches Verhalten. Grundlegende Ergebnisse empirischer Forschung, Bd. II: Soziale Aspekte, Weinheim-Basel. (1. amer. Aufl. 1964.)

Berger, H.  *1974*  Untersuchungsmethode und soziale Wirklichkeit, Frankfurt a. M.

Berger, P. L.  *1971*  Einladung zur Soziologie. Eine humanistische Perspektive, München. (1. amer. Aufl. 1963.)

Berger, P. L./Luck-  *1971*  Die gesellschaftliche Kon-
mann, T.  struktion der Wirklichkeit. Eine Theorie der Wissenssoziologie, 2. Aufl. Frankfurt a. M. (1. amer. Aufl. 1967.)

Berlin, I.  *1966*  The Concept of Scientific History, in: History and Theory 1 (1960) unter dem Titel „History and Theory: The Concept of Scientific History“;

|                                        |        | wiederabgedruckt in: Dray *1966*, 5–53. |
|----------------------------------------|--------|------------------------------------------|
| Berlyne, D. E.                         | *1958* | The Influence of Complexity and Novelty in Visual Figures on Orienting Responses, in: Journal of Experimental Psychology 55 (1958) 289–296. |
| Bernheim, E.                           | *1908* | Lehrbuch der Historischen Methode und der Geschichtsphilosophie, 5. u. 6. Aufl. Leipzig. |
| Beyme, K. v.                           | *1980* | Die politischen Theorien der Gegenwart. Eine Einführung, 2. veränd. Aufl. München. |
| Blackburn, R.                          | *1972* | Ideology in Social Science, London-Glasgow. |
| Blalock, H. M.                         | *1968* | The Measurement Problem. A Gap Between the Languages of Theory and Research, in: Blalock/Blalock *1968*, Kap. 1. |
| –                                      | *1969* | Theory Construction. From Verbal to Mathematical Formulations, Englewood Cliffs, N. J. |
| – (Hrsg.)                              | *1971* | Causal Models in the Social Sciences, New York. |
| – (Hrsg.)                              | *1974* | Measurement in the Social Sciences. Theories and Strategies, New York. |
| Blalock, H. M./ Blalock, A. B. (Hrsg.) | *1968* | Methodology in Social Research, New York. |
| Blau, P. M.                            | *1960* | Structural Effects, in: American Sociological Review 25 (1960) 178–193. |
| – (Hrsg.)                              | *1975* | Approaches to the Study of Social Structure, New York. |
| Blaug, M.                              | *1980* | The Methodology of Economics, Cambridge. |
| Böhm-Bawerk, E. v.                     | *1914* | Macht oder ökonomische Gesetze?, in: Zeitschrift für Volkswirtschaft, Sozialpolitik |

|  |  | und Verwaltung 23 (1914); wiederabgedruckt in: Gesammelte Schriften von Eugen von Böhm-Bawerk, hrsg. von F. X. Weiss, 2 Bde., Wien-Leipzig 1924 und 1926, Bd. I, 230–300. |
| Bohnen, A. | *1975* | Individualismus und Gesellschaftstheorie, Tübingen. |
| Boland, L.A. | *1982* | The Foundations of Economic Method, London. |
| Boltzmann, L. | *1905* | Populäre Schriften, Leipzig. |
| Borger, R./Cioffi, F. (Hrsg.) | *1970* | Explanation in the Behavioural Sciences, Cambridge. |
| Bottomore, T. | *1975* | Structure and History, in: Blau *1975*, 159–171. |
| Bottomore, T./ Nisbet, R. (Hrsg.) | *1978* | A History of Sociological Analysis, London. |
| Boudon, R. | *1970* | Notes sur la notion de théorie dans les sciences sociales, in: Archives Européennes de Sociologie 11 (1970) 201–251. |
| Braithwaite, R. B. | *1947* | Teleological Explanation, in: Proceedings of the Aristotelian Society 47 (1946/1947) 1–20. |
| – | *1953* | Scientific Explanation, Cambridge. |
| – | *1970* | Models in the Empirical Sciences, in: E. Nagel/P. Suppes/A. Tarski (Hrsg.): Logic, Methodology, and Philosophy of Science, Stanford 1962; wiederabgedruckt in: Brody *1970*, 268–293. |
| Braniß, C. J. | *1848* | Die wissenschaftliche Aufgabe der Gegenwart als leitende Idee im akademischen Studium, Breslau. |

353

Braybrooke, D. (Hrsg.) 1965 Philosophical Problems of the Social Sciences, New York-London.

Brecht, A. 1961 Politische Theorie. Die Grundlagen politischen Denkens im 20. Jahrhundert. Stellenweise revid. u. erg. dt. Ausgabe Tübingen. (1. amer. Aufl. Princeton 1959.)

Brenner, M./ Marsch, P./Brenner, M. (Hrsg.) 1978 The Social Contexts of Method, New York.

Brodbeck, M. 1954 On the Philosophy of the Social Sciences, in: Philosophy of Science 21 (1954) 140–156.

– 1958 Methodological Individualisms: Definition and Reduction, in: Philosophy of Science 25 (1958); wiederabgedruckt in: Brodbeck 1968, 280–303.

– 1963 Meaning and Action, in Philosophy of Science 30 (1963); wiederabgedruckt in: Brodbeck 1968, 58–78.

– (Hrsg.) 1968 Readings in the Philosophy of the Social Sciences, New York-London.

Brody, B. A. (Hrsg.) 1970 Readings in the Philosophy of Science, Englewood Cliffs, N. J.

Broom, L./ Selznick, P. 1957 Sociology. A Text with Adapted Readings, New York.

Brown, R. 1963 Explanation in Social Science, London.

Brown, S. C. (Hrsg.) 1979 Philosophical Disputes in the Social Sciences, Sussex-Atlantic Highlands, N. J.

Bubner, R. 1973 Dialektik und Wissenschaft, Frankfurt a. M.

Bucharin, N. I. 1926 Die Politische Ökonomie des Rentners. Die Wert- und Pro-

| | | fittheorie der österreichischen Schule, 2. Aufl. Wien-Berlin. (1. russ. Aufl. 1919.) |
|---|---|---|
| Buckley, W. (Hrsg.) | *1968* | Modern Systems Research for the Behavioral Scientist, New York. |
| Bühl, W. L. (Hrsg.) | *1972* | Verstehende Soziologie. Grundzüge und Entwicklungstendenzen, München. |
| – (Hrsg.) | *1975* | Funktion und Struktur. Soziologie vor der Geschichte, München. |
| Burckhardt, J. | *o. J.* | Weltgeschichtliche Betrachtungen. Historisch-kritische Gesamtausgabe. Mit einer Einl. u. textkrit. Anhang von R. Stadelmann, Pfullingen. |
| Burrichter, C. (Hrsg.) | *1979* | Grundlegung der historischen Wissenschaftsforschung, Basel-Stuttgart. |
| Canguilhem, G. | *1977* | Das Normale und das Pathologische, Frankfurt a. M. u. a. (2. erw. frz. Aufl. 1972.) |
| Carr, E. H. | *1972* | Was ist Geschichte?, 3. Aufl. Stuttgart. (1. engl. Aufl. 1961.) |
| Cassirer, E. | *1910* | Substanzbegriff und Funktionsbegriff. Untersuchungen über die Grundfragen der Erkenntniskritik, Berlin. |
| Cherns, A. | *1979* | Using the Social Sciences, London u. a. |
| Chisholm, R. M. | *1955* | Law Statements and Counterfactual Inference, in: Analysis 15 (1955) 97–105. |
| Cicourel, A. V. | *1970* | Methode und Messung in der Soziologie, Frankfurt a. M. (1. amer. Aufl. 1964.) |
| Clark, Sir G. | *1937* | Science and Social Welfare in the Age of Newton, Oxford 1937. (Kap. III dt. in: P. Weingart *1974* II, 326–346.) |

355

Cohen, P.                1972    Moderne soziologische Theo-
                                 rie. Erklärungsmodelle zwi-
                                 schenmenschlichen Verhal-
                                 tens, Wien u. a. (1. engl. Aufl.
                                 1968.)

Collingwood, R. G.       1946    The Idea of History, London.

Conrad, W./Streek,       1976    Elementare Soziologie, Rein-
W. (Hrsg.)                       bek b. Hamburg.

Coombs, C. H.            1964    A Theory of Data, New York.

Costner, H. L.           1969    Theory, Deduction, and Rules
                                 of Correspondence, in: Ame-
                                 rican Journal of Sociology 75
                                 (1969) 245–263.

Cotgrove, S.             1978    The Science of Society. An
                                 Introduction to Sociology,
                                 4. Aufl. London.

Crawford, E. T.          1973    The Sociology of the Social
                                 Sciences, The Hague-Paris.

Croce, B.                1944    Die Geschichte als Gedanke
                                 und als Tat, Bern. (1. ital.
                                 Aufl. 1938.)

Cunningham, F.           1973    Objectivity in Social Science,
                                 Toronto.

Dahn, F.                 1883    Für freie Forschung gegen
                                 Dogmenzwang in den Wissen-
                                 schaften. Philosophische Stu-
                                 dien, Berlin.

Dallmayr, F. R./         1977    Understanding and Social In-
McCarthy, T. A.                  quiry, Notre Dame-London.
(Hrsg.)

Davis, K.                1959    The Myth of Functional Ana-
                                 lysis as a Special Method in
                                 Sociology and Anthropology,
                                 in: American Sociological Re-
                                 view 24 (1959) 757–772.

Davis, K./Golden,        1954    Urbanization and the Deve-
H. H.                            lopment of Pre-Industrial
                                 Areas, in: Economic Develop-
                                 ment and Cultural Change 3
                                 (1954) 6–26.

Davison, I.            1977      Values, Ends and Society, St. Lucia, Queensland.

Demerath III, N. J./ 1967      System, Change, and Conflict. A Reader on Contemporary Sociological Theory and the Debate over Functionalism, New York-London.
Peterson, R. A.
(Hrsg.)

Deutsch, K. W./       1980      Zur Theorie der Vereinfachung: Reduktion von Komplexität in der Datenverarbeitung für Weltmodelle, Königstein, Ts.
Fritsch, B.

Diener, E./Cran-      1978      Ethics in Social and Behavioral Research, Chicago-London.
dall, R.

Dilthey, W.           1914ff.   Gesammelte Schriften, Leipzig. (Spätere Auflagen unverändert, seit 1957 Verlagsort Stuttgart-Göttingen.)

Ditfurth, H. v.       1981      Seit Hiroshima lacht niemand mehr. Naturwissenschaft als emanzipatorischer Prozeß: Ein Plädoyer für das naturwissenschaftliche Sachbuch, in: Die Zeit, Nr. 48 (20. November 1981) 64.

Dollard, J./Doob,     1939      Frustration and Aggression, New Haven-London.
L. W./Miller, N. E./
Mowrer, O. H./
Sears, R. R.

Douglas, J. D.        1970      The Relevance of Sociology, New York.
(Hrsg.)

–                     1976      Investigative Social Research, London-Beverly Hills.

Dray, W. H.           1957      Laws and Explanations in History, Oxford.

–                     1963      The Historical Explanation of Actions Reconsidered, in: Hook 1963; dt. in: Acham 1978, 151–185.

– (Hrsg.)             1966      Philosophical Analysis and History, New York-London.

357

Durkheim, E. 1976 Die Regeln der soziologischen Methode, 4. revid. Aufl. Neuwied-Berlin. (1. frz. Aufl. 1895.)

Edel, A. 1959 The Concept of Levels in Social Theory, in: Gross 1959, 167–195.

– 1979 Analyzing Concepts in Social Science, New Brunswick, N. J.

Eichner, K./Habermehl, W. (Hrsg.) 1977 Probleme der Erklärung sozialen Verhaltens, Meisenheim.

Elias, N. 1969 Über den Prozeß der Zivilisation. Soziogenetische und psychogenetische Untersuchungen, 2. Aufl. Bern.

Elster, J. 1979 Ulysses and the Sirens. Studies in Rationality and Irrationality, Cambridge u. a.

Emmet, D./MacIntyre, A. (Hrsg.) 1970 Sociological Theory and Philosophical Analysis, London.

Engelberg, E. 1980 Theorie, Empirie und Methode in der Geschichtswissenschaft. Gesammelte Aufsätze, Berlin.

Engelberg, E./Küttler, W. (Hrsg.) 1977 Probleme der geschichtswissenschaftlichen Erkenntnis, Köln.

Engels, F. 1894 Herrn Eugen Dühring's Umwälzung der Wissenschaft („Anti-Dühring"), 3. durchges. u. verm. Aufl. Stuttgart; wiederabgedruckt in: Marx-Engels-Werke, Bd. 20, Berlin 1962, 1–303.

Esser, H./Klenovits, K./Zehnpfennig, H. 1977 Wissenschaftstheorie, 2 Bde., Stuttgart.

Eysenck, H. J. 1977 Die biologische Grundlage des sozialen Verhaltens, in: Schicksal? Grenzen der Machbarkeit. Ein Symposion, München, 68–90.

Faber, K.-G.      1974      Theorie der Geschichtswissenschaft, 3. erw. Aufl. München.

Faber, K.-G./Meier, 1978      Historische Prozesse, München.
C. (Hrsg.)

Farber, I. E.      1964      A Framework for the Study of Personality as a Behavioral Science, in: P. Worchel/D. Byrne (Hrsg.): Personality and Personality Change, New York; wiederabgedruckt in: Brodbeck 1968, 145–179.

Feigl, H./Brod-      1953      Readings in the Philosophy of
beck, M. (Hrsg.)            Science, New York.

Feyerabend, P.      1975      "Science". The Myth and Its Role in Society, in: Inquiry 18 (1975) 167–181.

–      1976      Wider den Methodenzwang. Skizze einer anarchistischen Erkenntnistheorie, Frankfurt a. M. (1. amer. Aufl. 1975.)

Fleck, L.      1935      Entstehung und Entwicklung einer wissenschaftlichen Tatsache. Einführung in die Lehre vom Denkstil und Denkkollektiv, Basel. (Mit einer Einführung von L. Schäfer neu hrsg., Frankfurt a. M. 1980.)

Fleischer, H.      1969      Marxismus und Geschichte, Frankfurt a. M.

Fleischmann, G.      1966      Nationalökonomie und sozialwissenschaftliche Integration, Tübingen.

Friedrichs, R. W.      1970      A Sociology of Sociology, New York.

Fuchs, W.      1973      Todesbilder in der modernen Gesellschaft, Frankfurt a. M.

Fürstenberg, F.      1974      Soziologie. Hauptfragen und

Grundbegriffe, 2. Aufl. Berlin-New York.

Galbraith, J. K.    *1963*    Gesellschaft im Überfluß, München-Zürich. (1. amer. Aufl. 1958.)

Galtung, J.    *1978*    Methodologie und Ideologie, Frankfurt a. M.

Gardiner, P.    *1952*    The Nature of Historical Explanation, Oxford.

– (Hrsg.)    *1959*    Theories of History. Readings from Classical and Contemporary Sources, New York-London.

Garfinkel, H.    *1967*    Studies in Ethnomethodology, Englewood Cliffs, N. J.

Gehlen, A.    *1952*    Das Bild vom Menschen im Lichte der modernen Anthropologie, in: Merkur 52 (1952); wiederabgedruckt in: Gehlen *1961*, 55–67.

–    *1961*    Anthropologische Forschung. Zur Selbstbegegnung und Selbstentdeckung des Menschen, Reinbek b. Hamburg.

Geiger, T.    *1962 a*    Arbeiten zur Soziologie. Methode – moderne Gesellschaft – Rechtssoziologie – Ideologiekritik, Neuwied-Berlin.

–    *1962 b*    Befreiung aus dem Ideologiebann. (Die Emanzipation von der Befangenheit.) [Aus dem Nachlaß], in: Geiger *1962a*, 431–459.

Gellner, E.    *1956*    Explanations in History, in: Proceedings of the Aristotelian Society, Supplementary Vol. 30 (1956); wiederabgedruckt unter dem Titel „Holism versus Individualism" in: Brodbeck *1968*, 254–268.

| | | |
|---|---|---|
| – | *1973* | Cause and Meaning in the Social Sciences, London-Boston. |
| Georgescu-Roegen, N. | *1966* | Analytical Economics, Cambridge, Mass. |
| Gewirth, A. | *1954* | Can Men Change Laws of Social Science?, in: Philosophy of Science 21 (1954); dt. in: Acham *1978*, 445–469. |
| Gibson, Qu. | *1960* | The Logic of Social Enquiry, London-New York. |
| Giddens, A. (Hrsg.) | *1974* | Positivism and Sociology, London. |
| – | *1979* | Central Problems in Social Theory. Action, Structure and Contradiction in Social Analysis, London-Basingstoke. |
| Giesen, B./Schmid, M. (Hrsg.) | *1975* | Theorie, Handeln und Geschichte. Erklärungsprobleme in den Sozialwissenschaften, Hamburg. |
| Giesen, B./Goetze, D./Schmid, M. | *1975* | Sozialer Wandel, in: Reimann *1975*, 88–130. |
| Gindev, P. | *1978* | Philosophisch-methodologische Probleme der Erkenntnis sozialer Prozesse, Berlin. |
| Girtler, R. | *1979* | Kulturanthropologie. Entwicklungslinien, Paradigmata, Methoden, München. |
| Gist, N. P./Halbert, L. A. | *1956* | Urban Society, 4. Aufl. New York. |
| Godelier, M. | *1973* | Rationalität und Irrationalität in der Ökonomie, Frankfurt a. M. (1. frz. Aufl. 1966.) |
| Goldscheid, R. | *1905* | Grundlinien zu einer Kritik der Willenskraft. Willenstheoretische Betrachtung des biologischen, ökonomischen und sozialen Evolutionismus, Wien-Leipzig. |
| Goldstein, L. | *1956* | The Inadequacy of the Principle of Methodological Indi- |

|  |  | vidualism, in: The Journal of Philosophy 53 (1956); dt. in: Acham *1978*, 49–67. |
|---|---|---|
| – | *1958* | The Two Theses of Methodological Individualism, in: British Journal for the Philosophy of Science 9 (1958); wiederabgedruckt in: Krimerman *1969*, 625–631. |
| – | *1961* | The Phenomenological and Naturalistic Approaches to the Social, in: Methodos 14 (1961) 225–238. |
| Gomperz, H. | *1905* | Weltanschauungslehre. Ein Versuch, die Hauptprobleme der allgemeinen theoretischen Philosophie geschichtlich zu entwickeln und sachlich zu bearbeiten, 1. Bd.: Methodologie, Jena-Leipzig. |
| Goodman, N. | *1954* | Fact, Fiction, und Forecast, London. |
| Gouldner, A. W. | *1964* | Anti-Minotaur. The Myth of a Value-Free Sociology, in: I. L. Horowitz (Hrsg.): The New Sociology, Oxford-New York, 196–217. |
| – | *1968* | The Sociologist as Partisan. Sociology and the Welfare State, in: The American Sociologist 3 (1968) 103–116. |
| Greer, S. | *1969* | The Logic of Social Inquiry, New York. |
| Groeben, N./ Scheele, B. | *1977* | Argumente für eine Psychologie des reflexiven Subjekts, Darmstadt. |
| Gross, L. (Hrsg.) | *1959* | Symposium on Sociological Theory, Evanston, Ill. |
| Gunnel, J. | *1975* | Philosophy, Science and Political Inquiry, Morristown, N. J. |

| | | |
|---|---|---|
| Gurvitch, G. | *1965* | Dialektik und Soziologie, Neuwied-Berlin. (1. frz. Aufl. 1962.) |
| Habermas, J. | *1968* | Technik und Wissenschaft als „Ideologie", Frankfurt a. M. |
| – | *1969* | Protestbewegung und Hochschulreform, Frankfurt a. M. |
| – | *1971* | Theorie und Praxis. Sozialphilosophische Studien, 4. erw. Aufl. Frankfurt a. M. |
| – | *1973* | Zur Logik der Sozialwissenschaften. Materialien, Frankfurt a. M. |
| – | *1975 a* | Legitimationsprobleme im Spätkapitalismus, Frankfurt a. M. |
| – | *1975 b* | Erkenntnis und Interesse. Mit einem neuen Nachwort, 2. Aufl. Frankfurt a. M. |
| – | *1976* | Zur Rekonstruktion des historischen Materialismus, Frankfurt a. M. |
| – | *1981* | Theorie des kommunikativen Handelns, 2 Bde., Frankfurt a. M. |
| Habermas, J./Luhmann, N. | *1971* | Theorie der Gesellschaft oder Sozialtechnologie – Was leistet die Systemforschung?, Frankfurt a. M. |
| Hahn, F./Hollis, M. (Hrsg.) | *1979* | Philosophy and Economic Theory, Oxford. |
| Hanson, N. R. | *1961* | Is There a Logic of Discovery?, in: H. Feigl/G. Maxwell (Hrsg.): Current Issues in the Philosophy of Science, New York, 20–35. |
| – | *1967* | The Genetic Fallacy Revisited, in: American Philosophical Quarterly 4 (1967); dt. in: Acham *1978*, 68–101. |

363

| | | |
|---|---|---|
| Harré, R. | 1970 | Principles of Scientific Thinking, London. |
| Harrison, R. (Hrsg.) | 1979 | Rational Action. Studies in Philosophy and Social Science, Cambridge u. a. |
| Harsanyi, J. C. | 1960 | Explanation and Comparative Dynamics in Social Science, in: Behavioral Science 5 (1960) 136–145. |
| Hartfiel, G. | 1972 | Wörterbuch der Soziologie, Stuttgart. |
| Hauser, A. | 1974 | Soziologie der Kunst, München. |
| Hayek, F. A. | 1967 | Studies in Philosophy, Politics and Economics, London. |
| – | 1978 | New Studies in Philosophy, Politics, Economics and the History of Ideas, London. |
| Hegel, G. W. F. | 1970 | Differenz des Fichteschen und Schellingschen Systems der Philosophie (1801), in: G. W. F. Hegel: Jenaer Schriften 1801–1807 (= Werke in 20 Bden., Bd. 2), Frankfurt a. M., 9–138. |
| Heilbroner, R. L. (Hrsg.) | 1969 | Economic Means and Social Ends, Englewood Cliffs, N. J. |
| Heise, D. R. | 1975 | Causal Analysis, New York. |
| Helmer, O./ Rescher, N. | 1960 | On the Epistemology of the Inexact Sciences, Santa Monica, Cal. |
| Hempel, C. G. | 1963a | Reasons and Covering Laws in Historical Explanation, in: Hook 1963; dt. in: Acham 1978, 128–150. |
| – | 1963b | Explanation and Prediction by Covering Laws, in: B. Baumrin (Hrsg.): Philosophy of Science. The Delaware Semi- |

nar, Bd. I, New York, 107–133.

–       1965      Aspects of Scientific Explanation, New York. – Das vom Autor ergänzte und überarbeitete Schlußkapitel dieses Buches ist dt. erschienen unter dem Titel „Aspekte wissenschaftlicher Erklärung" (Berlin-New York 1977).

–       1966      Explanation in Science and in History, in: Dray 1966; dt. in: Albert 1972a, 237–261.

Henshel, R.      1976      On the Future of Social Prediction, London.

Hesse, M.      1967      Laws and Theories, in: P. Edwards (Hrsg.): The Encyclopedia of Philosophy, Bd. IV, New York, 404–410.

Hessen, B.      1971      The Social and Economic Roots of Newton's „Principia" [Text eines Aufsatzes, vorgelegt beim „International Congress of the History of Science and Technology", London 1931], in: N. I. Bukharin: Science at the Cross Roads, London; dt. in: Weingart 1974 II, 262–325.

Hicks, J. R.      1979      Causality in Economics, Oxford.

Hindess, B.      1977      Philosophy and Methodology in the Social Sciences, Stanford Terrace.

Hirsch, F.      1976      Social Limits to Growth, Cambridge; dt.: Die sozialen Grenzen des Wachstums. Eine ökonomische Analyse der Wachstumskrise, Reinbek b. Hamburg 1980.

Hofmann, W.      1968      Universität, Ideologie, Gesell-

Hofstätter, P. R. 1973

Hollis, M. 1977
Holt, R. T./Turner, 1970
J. E. (Hrsg.)
Holzkamp, K. 1978

Homans, G. C. 1964

– 1969

– 1972

Hook, S. (Hrsg.) 1963

Horkheimer, M. 1930

– 1934

– 1968

– 1974

Horkheimer, M./ 1947

schaft. Beiträge zur Wissenschaftssoziologie, Frankfurt a. M.
Individuum und Gesellschaft. Das soziale System in der Krise, Frankfurt a. M. u. a.
Models of Man, Cambridge.
The Methodology of Comparative Research, London.
Gesellschaftlichkeit des Individuums, Köln.
Bringing Men Back in, in: American Sociological Review 29 (1964); dt. unter dem Titel „Wider den Soziologismus" in: Homans 1972, 44–58.
Was ist Sozialwissenschaft?, Köln-Opladen. (1. amer. Aufl. 1967.)
Grundfragen soziologischer Theorie. Aufsätze, Opladen.
Philosophy and History. A Symposium, New York.
Ein neuer Ideologiebegriff, in: Archiv für Geschichte des Sozialismus und der Arbeiterbewegung XV (1930); wiederabgedruckt in: M. Horkheimer: Sozialphilosophische Studien. Aufsätze, Reden und Vorträge 1930–1972, Frankfurt a. M. 1972, 13–32.
Dämmerung. Notizen in Deutschland, Zürich.
Kritische Theorie. Eine Dokumentation, 2 Bde., 2. Aufl. Frankfurt a. M.
Zur Kritik der instrumentellen Vernunft, hrsg. von A. Schmidt, Frankfurt a. M.
Dialektik der Aufklärung,

Adorno, T. W.

Amsterdam. (Neuausgabe Frankfurt a. M. 1969.)

Horowitz, I. L. *1961* Philosophy, Science, and the Sociology of Knowledge, Springfield, Ill.

– (Hrsg.) *1971* The Use and Abuse of Social Science. Behavioral Research and Policy Making, New Brunswick, N. J.

Hospers, J. *1956* What is Explanation?, in: Journal of Philosophy 43 (1946); wiederabgedruckt in: A. Flew (Hrsg.): Essays in Conceptual Analysis, New York, 94–119.

Huizinga, J. *1935* Im Schatten von morgen. Eine Diagnose des kulturellen Leidens unsrer Zeit, Bern-Leipzig.

Hutchison, T. W. *1938* The Significance and Basic Postulates of Economic Theory, London.

– *1977* Knowledge and Ignorance in Economics, Oxford.

– *1978* On Revolutions and Progress in Economic Knowledge, London u. a.

Israel, J. *1979* Der Begriff Dialektik, Reinbek b. Hamburg.

Janowitz, M. *1959* Sociology and the Military Establishment, New York.

Jochimsen, R./Knobel, H. (Hrsg.) *1971* Gegenstand und Methoden der Nationalökonomie, Köln.

Johach, H. *1974* Handelnder Mensch und objektiver Geist. Zur Theorie der Geistes- und Sozialwissenschaften bei Wilhelm Dilthey, Meisenheim a. G.

Jonas, F. *1964* Das Selbstverständnis der ökonomischen Theorie, Berlin.

| | | |
|---|---|---|
| Juhos, B. | *1956* | Das Wertgeschehen und seine Erfassung, Meisenheim a. G. |
| Kant, I. | *1910 ff.* | Gesammelte Schriften, hrsg. von d. Preuß. Akad. d. Wiss., Berlin. |
| Kaplan, A. | *1964* | The Conduct of Inquiry, San Francisco. |
| Kaufmann, F. | *1936* | Methodenlehre der Sozialwissenschaften, Wien. |
| Keat, R./Urry, J. | *1975* | Social Theory as Science, London-Boston. |
| Kekes, J. | *1976* | A Justification of Rationality, Albany. |
| Kelsen, H. | *1982* | Vergeltung und Kausalität. Eine soziologische Untersuchung. (Unveränd. Neuaufl. d. Ausg. Den Haag 1941, mit einer Einl. von E. Topitsch.) 2. Aufl. Wien. |
| Kerlinger, F. N. | *1975* | Grundlagen der Sozialwissenschaften, Bd. 1, Weinheim-Basel. (1. amer. Aufl. 1964.) |
| Kippenberg, H. G./ Luchesi, G. (Hrsg.) | *1978* | Magie. Die sozialwissenschaftliche Kontroverse über das Verstehen fremden Denkens, Frankfurt a. M. |
| Knapp, H. G. | *1978* | Logik der Prognose. Semantische Grundlegung technologischer und sozialwissenschaftlicher Vorhersagen, Freiburg/München. |
| Kocka, J. (Hrsg.) | *1977* | Theorien in der Praxis des Historikers. Forschungsbeispiele und ihre Diskussion (= Sonderheft 3 der Zeitschrift „Geschichte und Gesellschaft"), Göttingen. |
| Kockelmans, J. J. (Hrsg.) | *1979* | Interdisciplinarity and Higher Education, University Park-London. |

Komarovsky, M. (Hrsg.)    *1957*    Common Frontiers of the Social Sciences, Glencoe.

Koselleck, R.    *1975*    Art. „Geschichte, Historie", in: O. Brunner/W. Conze/R. Koselleck (Hrsg.): Geschichtliche Grundbegriffe. Historisches Lexikon zur politisch-sozialen Sprache in Deutschland, Bd. 2 Abschn. V-VII, Stuttgart.

–    *1977*    Standortbindung und Zeitlichkeit. Ein Beitrag zur historiographischen Erschließung der geschichtlichen Welt, in: Koselleck/Mommsen/Rüsen *1977*, 17–46.

–    *1979*    Vergangene Zukunft. Zur Semantik geschichtlicher Zeiten, Frankfurt a. M.

Koselleck, R./ Mommsen, W. J./ Rüsen, J. (Hrsg.)    *1977*    Objektivität und Parteilichkeit, München.

Kraft, V.    *1960*    Erkenntnislehre, Wien.

–    *1973*    Die Grundformen der wissenschaftlichen Methoden, 2. veränd. Aufl. Wien.

Krajewski, W.    *1968*    Das Naturgesetz als notwendiger Zusammenhang, in: Kröber *1968 b*, 95–102.

Kreckel, R.    *1972*    Soziologische Erkenntnis und Geschichte. Über Möglichkeit und Grenzen einer empirisch-analytischen Orientierung in den Humanwissenschaften, Opladen.

Kreutz, H.    *1968*    Der prognostische Wert von subjektiven Erwartungen, Zielen und Plänen, in: AIAS 1 (1968/1969) 206–227.

Krimerman, L. I. (Hrsg.) 1969 The Nature and Scope of Social Science. A Critical Anthology, New York.

Krockow, C. v. 1981 Nur die anderen planen Böses. Traktat über die Spielregeln der Demokratie, in: Die Zeit. Wochenzeitung für Politik, Wissenschaft, Handel und Kultur Nr. 27 (1981) 53.

Kröber, G. 1968 a Gesetz und Prognose, in: Kröber 1968 b, 179–205; wiederabgedruckt in: Acham 1978, 273–303.

– (Hrsg.) 1968 b Der Gesetzesbegriff in der Philosophie und den Einzelwissenschaften, Berlin.

Krupp, S. R. (Hrsg.) 1966 The Structure of Economic Science, Englewood Cliffs, N. J.

Kuczynski, J. 1972 Studien zur Wissenschaft von den Gesellschaftswissenschaften, Berlin.

Kuhn, A. 1974 The Logic of Social Systems, San Francisco u. a.

– 1975 Unified Social Science. A System-Based Introduction, Homewood, Ill.

Kuhn, T. S. 1962 The Structure of Scientific Revolutions, Chicago. (Dt. Frankfurt a. M. 1967.)

Laitko, H. 1979 Wissenschaft als allgemeine Arbeit. Zur begrifflichen Grundlegung der Wissenschaftswissenschaft, Berlin.

Lakatos, I./Musgrave, A. (Hrsg.) 1970 Criticism and the Growth of Knowlegde, London.

Lamont, W. D. 1974 The Value Judgement, 2. Aufl. Westport.

Lange, O. 1964 Entwicklungstendenzen der modernen Wirtschaft und Gesellschaft, Wien u. a.

| | | |
|---|---|---|
| – | *o. J.* | Politische Ökonomie, 2 Bde., Frankfurt a.M.-Wien. (1. poln. Aufl. 1963.) |
| Larson, C. J. | *1973* | Major Themes in Sociological Theory, New York. |
| Laslett, P./Runciman, W. G. (Hrsg.) | *1967* | Philosophy, Politics and Society, Third Series, Oxford. |
| Lau, C. | *1974* | Theorien gesellschaftlicher Planung. Eine Einführung, Stuttgart. |
| Lazarsfeld, P. F. | *1959* | Problems in Methodology, in: R. K. Merton/L. Broom/L. S. Cottrell Jr. (Hrsg.): Sociology Today, New York, 39–78. |
| – | *1973* | Soziologie. Hauptströmungen der sozialwissenschaftlichen Forschung, Frankfurt a. M. u. a. (1. amer. Aufl. 1970.) |
| Lazarsfeld, P. F./ Rosenberg, M. (Hrsg.) | *1955* | The Language of Social Research, New York. |
| Leat, D. | *1972* | Misunderstanding *Verstehen*, in: Sociological Review 20 (1972); dt. in: Acham *1978*, 102–114. |
| Leik, R. K. | *1973* | Methods, Logic and Research of Sociology, London. |
| Lenk, H. (Hrsg.) | *1971* | Neue Aspekte der Wissenschaftstheorie, Braunschweig. |
| Lepsius, M. R. | *1976* | Zum Verhältnis von Geschichtswissenschaft und Soziologie, in: W. Conze (Hrsg.): Theorie der Geschichtswissenschaft und Praxis des Geschichtsunterrichts, Stuttgart 1972; wiederabgedruckt in: Baumgartner/Rüsen *1976*, 118–138. |
| Lerner, D. (Hrsg.) | *1961* | Quantity and Quality, Glencoe. |

371

| | | |
|---|---|---|
| – (Hrsg.) | *1965* | Cause and Effect, New York-London. |
| – | *1973* | The Human Meaning of the Social Sciences, 2. Aufl. Gloucester, Mass. |
| Lessnoff, M. H. | *1974* | The Structure of Social Science. A Philosophical Introduction, London. |
| Löwenthal, R. | *1979* | Gesellschaftswandel und Kulturkrise. Zukunftsprobleme der westlichen Demokratien, Frankfurt a. M. |
| Lord, F. M./ Novick, M. R. | *1968* | Theories of Mental Test Scores, Reading, Mass. |
| Lotze, H. | *1909* | Mikrokosmus. Ideen zur Naturgeschichte und Geschichte der Menschheit – Versuch einer Anthropologie, 3. Bd., 5. Aufl. Leipzig. (1. Aufl. 1856.) |
| Lowe, A. | *1965* | On Economic Knowledge, New York. |
| Lübbe, H. | *1977* | Geschichtsbegriff und Geschichtsinteresse. Analytik und Pragmatik der Historie, Basel-Stuttgart. |
| – | *1981* | Legitimitätswandel der Wissenschaft, in: Stimmen der Zeit 199 (1981) 193–202. |
| Luhmann, N. | *1973* | Zweckbegriff und Systemrationalität. Über die Funktion von Zwecken in sozialen Systemen, Frankfurt a. M. |
| – | *1978* | Geschichte als Prozeß und die Theorie soziokultureller Evolution, in: Faber/Meier *1978*, 413–440. |
| Lukács, G. | *1923* | Geschichte und Klassenbewußtsein, Berlin. (Neuauflage in: Werke, Bd. 2, Neuwied 1968.) |

– 1955 Die Zerstörung der Vernunft. Der Weg des Irrationalismus von Schelling zu Hitler, Berlin.

Lukes, S. 1973 Individualism, Oxford.

– 1977 Essays in Social Theory, New York.

Lundberg, G. A. 1948 Can Science Save Us?, 2. Aufl. New York u. a.

Luxemburg, R. 1951 Einführung in die Nationalökonomie (Ausgewählte Reden und Schriften, Bd. 1), Berlin.

Machlup, F. 1961 Are the Social Sciences Really Inferior?, in: Economic Journal 27 (1961); wiederabgedruckt in: Machlup 1978, 345–367.

– 1975 Essays in Economic Semantics, New York.

– 1978 Methodology of Economics and Other Social Sciences, New York u. a.

– 1980 Knowledge. Its Creation, Distribution, and Economic Significance, Bd. 1: Knowledge and Knowledge Production, Princeton.

MacIver, R. M. 1942 Social Causation, Boston.

MacLean, M./ Genn, H. 1979 Methodological Issues in Social Surveys, London-New York.

Malinowski, B. 1960 A Scientific Theory of Culture, New York.

Mandelbaum, M. 1955 Societal Facts, in: The British Journal of Sociology 6 (1955); wiederabgedruckt in: Krimerman 1969, 632–641.

– 1957 Societal Laws, in: British Journal for the Philosophy of Science 8 (1957); wiederabge druckt in: Krimerman *1969*, 642–650.

Manners, R. A./   *1968*    Theory in Anthropology. A
Kaplan, D. (Hrsg.)       Sourcebook, Chicago.

Mannheim, K.   *1935*    Mensch und Gesellschaft im Zeitalter des Umbaus, Leiden.

–   *1964*    Das Problem einer Soziologie des Wissens, in: K. Mannheim: Wissenssoziologie. Auswahl aus dem Werk, Berlin-Neuwied, 308–387.

–   *1969*    Ideologie und Utopie, 5. Aufl. Frankfurt a. M.

Marcuse, H.   *1965*    Triebstruktur und Gesellschaft. Ein philosophischer Beitrag zu Sigmund Freud, Frankfurt a. M. (1. amer. Aufl. 1955.)

Marquard, O.   *1973*    Schwierigkeiten mit der Geschichtsphilosophie. Aufsätze, Frankfurt a. M.

Martin, R.   *1977*    Historical Explanation. Re-Enactment and Practical Inference, Ithaca-London.

Martindale, D.   *1965*    Functionalism in Social Sciences, Philadelphia.
(Hrsg.)

–   *1974*    Sociological Theory and the Problem of Values, Columbus, Ohio.

Marx, K.   *1857/1858*    Grundrisse der Kritik der politischen Ökonomie (Rohentwurf) 1857–1858, 2. Aufl. Berlin 1974.

–   *1962*    Das Kapital, Erster Bd. (1. Aufl. 1867; nach der 4. von F. Engels durchges. u. hrsg. Aufl. Hamburg 1890), Berlin (= Marx-Engels-Werke, Bd. 23).

Masterman, M.   *1970*    The Nature of Paradigm, in:

Lakatos/Musgrave *1970*, 59 bis 89.

Mayntz, R.      *1961*      Soziologie in der Eremitage? Kritische Bemerkungen zum Vorwurf des Konservativismus in der Soziologie, in: Kölner Zeitschrift für Soziologie und Sozialpsychologie 13 (1961) 110–125.

McClelland, P. D.      *1975*      Causal Explanation and Model Building in History, Economics, and the New Economic History, Ithaca-London.

McEwen, W. P.      *1963*      The Problem of Social-Scientific Knowledge, Totowa, N. J.

McKinney, J. C./      *1970*      Theoretical Sociology. Perspectives and Developments, New York.
Tiryakian, E. A. (Hrsg.)

Meek, R. L.      *1973*      Ökonomie und Ideologie. Studien zur Entwicklung der Wirtschaftstheorie, Frankfurt a. M. (1. engl. Aufl. 1967.)

Melden, A. I.      *1961*      Free Action, London.

Menger, C.      *1883*      Untersuchungen über die Methode der Socialwissenschaften, und der Politischen Oekonomie insbesondere, Leipzig.

Mertens, W./      *1978*      Krise der Sozialpsychologie?. München.
Fuchs, G.

Merton, R. K.      *1955*      A Paradigm for the Study of the Sociology of Knowledge, in: Lazarsfeld/Rosenberg *1955*, 498–510.

–      *1957*      Social Theory and Social Structure, 2. rev. u. erw. Aufl. New York.

–      *1967*      On Theoretical Sociology. Five Essays, Old and New, New York-London.

–      *1973*      The Sociology of Science.

|  |  | Theoretical and Empirical Investigations, Chicago-London. |
| – | *1976* | Sociological Ambivalence and Other Essays, New York-London. |
| Mill, J. S. | *1885* | System der deductiven und inductiven Logik, 3 Bde., Bd. 2 (Gesammelte Werke, III), 2. verm. u. verb. dt. Aufl. Leipzig. (1. engl. Aufl. 1843.) |
| Mills, C. W. | *1963* | Kritik der soziologischen Denkweise, Darmstadt-Neuwied. (1. engl. Aufl. 1959.) |
| Mises, L. v. | *1962* | The Ultimate Foundation of Economic Science, Princeton, N. J. |
| Mises, R. v. | *1939* | Kleines Lehrbuch des Positivismus. Einführung in die empiristische Wissenschaftsauffassung, The Hague. |
| Mitroff, I. I./ Kilmann, R. H. | *1979* | Methodological Approaches to Social Science, London-San Francisco. |
| Mittelstraß, J. (Hrsg.) | *1975* | Methodologische Probleme einer normativ-kritischen Gesellschaftstheorie, Frankfurt a. M. |
| – (Hrsg.) | *1979* | Methodenprobleme der Wissenschaften vom gesellschaftlichen Handeln, Frankfurt a. M. |
| – | *1982* | Wissenschaft als Lebensform. Reden über philosophische Orientierungen in Wissenschaft und Universität, Frankfurt a. M. |
| Mommsen, W. J. | *1977* | Der perspektivische Charakter historischer Aussagen und das Problem von Parteilichkeit und Objektivität historischer |

376

Erkenntnis, in: Koselleck/
Mommsen/Rüsen *1977*, 441
bis 468.

Montefiore, A.    *1975*    Neutrality and Impartiality.
(Hrsg.)                    The University and Political
Commitment, Cambridge.

–                *1980*    Art. „Wertfreiheit", in: Speck
*1980* III, 703–713.

Moore, W. E.    *1966*    The Utility of Utopias, in:
American Sociological Review
31 (1966) 765–772.

Moser, S.    *1962*    Some Remarks about Relati-
vism and Pseudo-Relativism
in Ethics, in: Inquiry 5 (1962)
295–304.

Mühlfeld, C./    *1974*    Soziologische Theorie, Ham-
Schmid, M. (Hrsg.)    burg.

Müller, K./    *1975*    Der Wissenschaftsbegriff in
Schepers, H./           den Natur- und in den Gei-
Totok, W.                steswissenschaften, Wies-
baden.

Münch, R.    *1976*    Theorie sozialer Systeme. Eine Einführung in Grundbe-
griffe, Grundannahmen und
logische Struktur, Opladen.

Myrdal, G.    *1965*    Das Wertproblem in der Sozialwissenschaft, Hannover.
(1. amer. Aufl. 1958.)

Nagel, E.    *1953*    Teleological Explanation and
Teleological Systems, in: Feigl/
Brodbeck *1953*, 537–558.

–                *1956*    A Formalization of Functionalism, in: E. Nagel: Logic
Without Metaphysics, Glencoe, 247–283.

–                *1961*    The Structure of Science.
Problems in the Logic of
Scientific Explanation, Lon-
don.

Natanson, M.    *1963*    Philosophy of the Social
(Hrsg.)                    Sciences, New York.

| | | |
|---|---|---|
| Needham, R. | *1962* | Structure and Sentiment, Chicago. |
| Neurath, O. | *1931* | Soziologie im Physikalismus, in: Erkenntnis 2 (1931) 393 bis 431. |
| – | *1973* | Empiricism and Sociology, Dordrecht. |
| Nisbet, R. | *1966* | The Sociological Tradition, New York. |
| Northrop, F. S. C. | *1947* | The Logic of the Sciences and the Humanities, London-New York. |
| Nowak, S. | *1977* | Methodology of Sociological Research. General Problems, Warszawa-Dordrecht-Boston. (1. poln. Aufl. 1971.) |
| Nowotny, H./ Rose, H. (Hrsg.) | *1979* | Counter-Movements in the Sciences, Dordrecht u. a. |
| Nozick, R. | *1981* | Philosophical Explanations, Oxford. |
| O'Neill, J. (Hrsg.) | *1973* | Modes of Individualism and Collectivism, New York-London. |
| Opp, K.-D. | *1970* | Methodologie der Sozialwissenschaften. Einführung in Probleme der Theoriebildung, Reinbek b. Hamburg. |
| Ossowska, M. | *1968* | Value-Judgements in Our Conceptual Apparatus, in: The Polish Sociological Bulletin, No. 2 (1968) 22–30. |
| Ossowski, S. | *1962* | Die Klassenstruktur im sozialen Bewußtsein, Neuwied-Berlin. (1. poln. Aufl. 1957.) |
| – | *1973* | Die Besonderheiten der Sozialwissenschaften, Frankfurt a. M. (1. poln. Aufl. 1967.) |
| Ossowski, S./Ossowska, M. | *1936* | Die Wissenschaft von der Wissenschaft, in: Organon 1936, Heft 1, Warszawa; wiederabgedruckt in S. Ossowski: |

| | | Dziela [Gesammelte Werke], Bd. 4: O nauce [Über die Wissenschaft], Warszawa 1967. |
|---|---|---|
| Pareto, V. | *1916* | Trattato di sociologia generale, Milano; dt. Auswahlausgabe: Allgemeine Soziologie, hrsg. von C. Brinkmann, Tübingen 1955. |
| – | *1920* | Epilog (zu „Fatti e teorie"), in: Pareto *1976*, 333–344. |
| – | *1976* | Ausgewählte Schriften, hrsg. u. eingel. von C. Mongardini, Frankfurt a. M. u. a. |
| Parsons, T. | *1951* | The Social System, New York. |
| – | *1971* | Das Problem des Strukturwandels: Eine theoretische Skizze, in: Zapf *1971*, 35–54. (Teilübersetzung von: Outline of the Social System, IV. The Problem of Structural Change, in: T. Parsons u. a.: Theories of Society, 2 Bde., New York 1961, 30–79.) |
| – | *1979* | Sozialstruktur und Persönlichkeit, Frankfurt a. M. |
| Parsons, T./ Shils, E. A. (Hrsg.) | *1952* | Toward a General Theory of Action, Cambridge, Mass. |
| Parsons, T./ Smelser, N. J. | *1956* | Economy and Society. A Study in the Integration of Economic and Social Theory, London. |
| Pawlowski, T. | *1975* | Methodologische Probleme in den Geistes- und Sozialwissenschaften, Warszawa. |
| Peters, R. S. | *1960* | The Concept of Motivation, 2. Aufl. London. |
| Peters, R. S./ Tajfel, H. | *1957* | Hobbes and Hull – Metaphysicians of Behaviour, in: British Journal for the Philosophy of Science 8 (1957) 30–44. |

Phillips, D. L.          1973a     Paradigms, Falsification, and
                                   Sociology, in: Acta Sociologi-
                                   ca 16 (1973) 13–30.
–                        1973b     Abandoning Method, Lon-
                                   don-San Francisco.
Plessner, H.             1953      Zwischen Philosophie und
                                   Gesellschaft, Berlin.
Poincaré, H.             1914      Wissenschaft und Methode,
                                   Leipzig-Berlin. (1. frz. Aufl.
                                   1909.)
Popper, K. R.            1958      Die offene Gesellschaft und
                                   ihre Feinde, 2 Bde., Bern.
                                   (1. engl. Aufl. 1945.)
–                        1965      Das Elend des Historizismus,
                                   Tübingen. (1. engl. Aufl.
                                   1944/1945.)
–                        1969      Conjectures and Refutations.
                                   The Growth of Scientific
                                   Knowledge, 3. Aufl. London.
Pratt, V.                1978      The Philosophy of the Social
                                   Sciences, London.
Przeworski, A./          1970      The Logic of Comparative So-
Teune, H.                          cial Inquiry, New York u. a.
Rabinow, P./Sulli-       1979      Interpretive Social Science. A
van, W. M. (Hrsg.)                 Reader, Berkeley u. a.
Radcliffe-               1952      Structure and Function in Pri-
Brown, A. R.                       mitive Society, London.
Rapoport, A.             1950      Science and The Goals of Man.
                                   A Study in Semantic Orienta-
                                   tion, New York.
–                        1967      Verschiedene     Bedeutungen
                                   von „Theorie", in: Schmidt
                                   1967, 303–329. (Various Mea-
                                   nings of Theory, in: The Ame-
                                   rican Political Science Review
                                   52 [1958], dt.)
Rappoport, A.            1927      Die marxistische Rechtsauf-
                                   fassung, Riga. (Reprogr.
                                   Nachdr. s'Gravenhage 1972.)
Recker, H.               1974      Mobilität in der „offenen" Ge-
                                   sellschaft. Zur theoretischen

|                                |          | Orientierung der vertikalen sozialen Mobilitätsforschung, Köln. |
|--------------------------------|----------|----------------------------------------------------------------|
| Reimann, H. u. a.              | *1975*   | Basale Soziologie: Hauptprobleme, München.                     |
| Rescher, N.                    | *1969*   | Introduction to Value Theory, Englewood Cliffs, N. J.          |
| Rex, J.                        | *1970*   | Grundprobleme der soziologischen Theorie, Freiburg i. Br. (1. engl. Aufl. 1961.) |
| –                              | *1973*   | Discovering Sociology. Studies in Sociological Theory and Method, London-Boston. |
| Reynolds, J. F.                | *1975*   | Policy Sciences. A Conceptual and Methodological Analysis, in: Policy Science 6 (1975) 1–27. |
| Rickert, H.                    | *1902*   | Die Grenzen der naturwissenschaftlichen Begriffsbildung, Tübingen-Leipzig. |
| Riedel, M.                     | *1978*   | Verstehen oder Erklären?, Stuttgart.                           |
| Riley, G.                      | *1971*   | Partisanship and Objectivity in the Social Sciences, in: The American Sociologist 6 (1971) 6–12. |
| – (Hrsg.)                      | *1974*   | Values, Objectivity and the Social Sciences, Reading, Mass.    |
| Ritsert, J. (Hrsg.)            | *1976*   | Zur Wissenschaftslogik einer kritischen Soziologie, Frankfurt a. M. |
| Robbins, L.                    | *1935*   | An Essay on the Nature and Significance of Economic Science, 2. Aufl. London. |
| Rosenblueth, A./ Wiener, N.    | *1950*   | Purposeful and Non-Purposeful Behaviour, in: Philosophy of Science 17 (1950) 318–326. |
| Rosenblueth, A./ Wiener, N./ Bigelow, J. | *1943* | Behaviour, Purpose, and Teleology, in: Philosophy of Science 10 (1943) 18–24. |

| Rothacker, E. | *1948* | Logik und Systematik der Geisteswissenschaften, 2. Aufl. Bonn. (1. Aufl. 1926.) |
|---|---|---|
| Rudner, R. S. | *1966* | Philosophy of Social Science, Englewood Cliffs, N. J. |
| Rüsen, J. (Hrsg.) | *1975* | Historische Objektivität. Aufsätze zur Geschichtstheorie, Göttingen. |
| – | *1976* | Für eine erneuerte Historik. Studien zur Theorie der Geschichtswissenschaft, Stuttgart-Bad Cannstatt. |
| Runcie, J. F. | *1976* | Experiencing Social Research, Homewood, Ill. |
| Ruse, M. | *1979* | Sociobiology. Sense or Nonsense?, Dordrecht u. a. |
| Russell, B. | *1967* | The Impact of Science on Society, London. |
| Ryan, A. | *1973a* | Die Philosophie der Sozialwissenschaften, München. (1. engl. Aufl. 1970.) |
| – | *1973b* | The Philosophy of Social Explanation, London. |
| Salamun, K. | *1981* | Ideologie, Erkenntnis und Wahrheit. Historische und systematische Aspekte des Ideologieproblems, in: A. Pelinka (Hrsg.): Ideologien im Bezugsfeld von Geschichte und Gesellschaft, Innsbruck, 15 bis 33. |
| Sandkühler, H. J. (Hrsg.) | *1975* | Marxistische Wissenschaftstheorie. Studien zur Einführung in ihren Forschungsbereich, Frankfurt a. M. |
| Schaff, A. | *1970* | Geschichte und Wahrheit, Wien. (Aus d. Poln.) |
| – | *1980* | Art. „Objektivität", in: Speck *1980* II, 460–464. |

Scheffler, I.    *1967*    Science and Subjectivity, Indianapolis-New York.

Schieder, T./Gräubig, K. (Hrsg.)    *1977*    Theorieprobleme der Geschichtswissenschaft, Darmstadt.

Schmid, M.    *1979*    Handlungsrationalität. Kritik einer dogmatischen Handlungswissenschaft, München.

Schmidt, R. H. (Hrsg.)    *1967*    Methoden der Politologie, Darmstadt.

Schmied-Kowarzik, W./Stagl, J. (Hrsg.)    *1981*    Grundfragen der Ethnologie. Beiträge zur gegenwärtigen Theorie-Diskussion, Berlin.

Schmitt, C.    *1927*    Der Begriff des Politischen, Berlin.

Schnädelbach, H.    *1974*    Geschichtsphilosophie nach Hegel. Die Probleme des Historismus, Freiburg/München.

Schneider, R.    *1976*    Der Wert des Wissens und die Verantwortung des Wissenschaftlers, Meisenheim a. G.

Scholtz, G.    *1973*    „Historismus" als spekulative Geschichtsphilosophie: Christlieb Julius Braniß 1792–1873, Frankfurt a. M.

–    *1974*    Art. „Historismus", in: J. Ritter (Hrsg.): Historisches Wörterbuch der Philosophie, Bd. III, Basel-Stuttgart, 1141 bis 1147.

Schütz, A.    *1932*    Der sinnhafte Aufbau der sozialen Welt. Eine Einleitung in die verstehende Soziologie, Wien. (Neuauflage Frankfurt a. M. 1974.)

–    *1965*    The Social World and the Theory of Social Action, in: Braybrooke *1965*, 53–67.

–    *1971*    Das Problem der Relevanz, Frankfurt a. M.

| | 1971/1972 | Gesammelte Aufsätze, 3 Bde., Den Haag. |
| Schumpeter, J. A. | 1908 | Das Wesen und der Hauptinhalt der theoretischen Nationalökonomie, Leipzig. |
| – | 1950 | Kapitalismus, Sozialismus und Demokratie, München. |
| – | 1965 | Geschichte der ökonomischen Analyse, 2 Bde., Göttingen. (1. amer. Aufl. 1952.) |
| Schweitzer, M. (Hrsg.) | 1978 | Auffassungen und Wissenschaftsziele der Betriebswirtschaftslehre, Darmstadt. |
| Schwemmer, O. | 1976 | Theorie der rationalen Erklärung. Zu den methodischen Grundlagen der Kulturwissenschaften, München. |
| Scriven, M. | 1959 | Truisms as the Grounds for Historical Explanation, in: Gardiner 1959, 443–475. |
| – | 1962 | Explanations, Predictions, and Laws, in: H. Feigl/G. Maxwell (Hrsg.): Minnesota Studies in the Philosophy of Science, Bd. III, Minneapolis, 170–230. |
| Seeley, J. R. | 1967 | The Making and Taking of Problems: Toward an Ethical Stance, in: Social Problems 14 (1967) 382–389. |
| Seger, I. | 1970 | Knaurs Buch der modernen Soziologie, München-Zürich. |
| Shackle, G. L. S. | 1972 | Epistemics and Economics, Cambridge. |
| Shapere, D. | 1972 | The Paradigm Concept, in: Science 172 (1972) 706–709. |
| Shils, E. A. | 1956 | The Torment of Secrecy. The Background and Consequences of American Security Policies, New York. |
| Simon, H. A. | 1957 | Models of Man. Social and Ra- |

Simon-Schaefer, R./ 1975
Zimmerli, W. C.
(Hrsg.)

Sjoberg, G./Nett, R. 1968

Skidmore, W. 1979

Small, A. 1910

Smelser, N. J. 1976

Smith, C. W. 1979

Snizek, W. E./Fuhr- 1979
man, E. R./Miller,
M. K. (Hrsg.)

Sombart, W. 1930

Sorokin, P. A. 1956

Speck, J. (Hrsg.) 1980

Spiro, M. E. 1968

Stagl, J. 1981

tional, New York-London-
Sydney.

Wissenschaftstheorie der Geisteswissenschaften, Ham-
burg.

A Methodology for Social Research, New York u. a.

Theoretical Thinking in Sociology, 2. Aufl. Cambridge
u. a.

The Meaning of Social Science, Chicago.

Comparative Methods in the
Social Sciences, Englewood
Cliffs, N. J.

A Critique of Sociological
Reasoning. An Essay in Philosophical Sociology, Oxford.

Contemporary Issues in
Theory and Research. A Me-
tasociological Perspective,
London.

Die drei Nationalökonomien,
München.

Fads and Foibles in Modern
Sociology and Related Sciences, Chicago.

Handbuch wissenschaftstheo-
retischer Begriffe, 3 Bde.,
Göttingen.

Causes, Functions, and
Cross-Cousin Marriage. An
Essay in Anthropological Explanation, in: Journal of the
Royal Anthropological Insti-
tute 94 (1963); wiederabgedruckt in: Manners/Kaplan
1968, 105–115.

Kulturanthropologie und Gesellschaft. Eine wissenschaftssoziologische Darstellung der

Kulturanthropologie und Ethnologie, 2. verb. Aufl. Berlin.

Stegmüller, W.    *1960*    Das Problem der Kausalität, in: E. Topitsch (Hrsg.): Probleme der Wissenschaftstheorie. Festschrift für Victor Kraft, Wien, 171–190.

–    *1969*    Probleme und Resultate der Wissenschaftstheorie und Analytischen Philosophie, Bd. 1: Wissenschaftliche Erklärung und Begründung, Berlin-New York.

Stelzl, I.    *1976*    Wissenschaftstheoretische Erwägungen, in: Die Psychologie des 20. Jahrhunderts, Bd. I: Die europäische Tradition, hrsg. von H. Balmer, Zürich, 82–116.

Stinchcombe, A. L.    *1968*    Constructing Social Theories, New York.

Ströker, E.    *1976*    Wissenschaftsgeschichte als Herausforderung. Marginalien zur jüngsten wissenschaftstheoretischen Kontroverse, Frankfurt a. M.

Studdert-Kennedy, G.    *1975*    Evidence and Explanation in Social Science. An Interdisciplinary Approach, London.

Sumner, W. G.    *1906*    Folkways. A Study of the Sociological Importance of Usages, Manners, Customs, Mores and Morals, New York.

Suppe, F. (Hrsg.)    *1977*    The Structure of Scientific Theories, 2. Aufl. Urbana, Ill.

Sutherland, J. W.    *1978*    Societal Systems. Methodology, Modeling and Management, New York u. a.

Tarter, W. I.    *1973*    Heeding Skinner's Call. Toward the Development of a Social Technology, in: The

|  |  | American Sociologist 8 (1973) 153–158. |
|---|---|---|
| Taylor, C. | *1964* | The Explanation of Behavior, London. |
| Taylor, P. | *1961* | Normative Discourse, Englewood Cliffs, N. J. |
| Thiel, M. | *1968ff.* | Enzyklopädie der geisteswissenschaftlichen Arbeitsmethoden, 12 Lieferungen, München-Wien. |
| Thom, M. | *1978* | Autonomie der reinen Vernunft und Verbindlichkeit des Handelns. Über Entstehung und Entwicklung der Ethik Immanuel Kants, in: Philosophie und Humanismus. Beiträge zum Menschenbild der deutschen Klassik, Weimar, 22–40. |
| Thomas, D. | *1979* | Naturalism and Social Science. A Post-Empiricist Philosophy of Social Science, Cambridge u. a. |
| Thomas, W. I. | *1965* | Person und Sozialverhalten, Neuwied-Berlin. (1. amer. Aufl. 1951.) |
| Timasheff, N. S./ Theodorson, G. A. | *1976* | Sociological Theory. Its Nature and Growth, 4. erw. Aufl. New York. |
| Timmermann, M. (Hrsg.) | *1978* | Sozialwissenschaften, Konstanz. |
| Topitsch, E. | *1958* | Vom Ursprung und Ende der Metaphysik. Eine Studie zur Weltanschauungskritik, Wien. |
| – (Hrsg.) | *1980* | Logik der Sozialwissenschaften, 10. veränd. Aufl. Königstein, Ts. |
| Tugendhat, E. | *1965* | Zum Verhältnis von Wissenschaft und Wahrheit, in: E. W. Böckenförde u. a. |

|  |  | (Hrsg.): Collegium Philosophicum. Studien, Joachim Ritter zum 60. Geburtstag, Basel-Stuttgart, 389–402. |
| Tumin, M. M. | 1964 | Einstellungen und Verhalten, in: Vorurteile. Ihre Erforschung und ihre Bekämpfung, Frankfurt a. M., 72–80. |
| Turner, J. H. | 1978 | The Structure of Sociological Theory, 2. Aufl. Homewood, Ill. |
| Turner, J. H./ Maryanski, A. | 1979 | Functionalism, Menlo Park, Cal. |
| Vanberg, V. | 1973 | Wissenschaftsverständnis, Sozialtheorie und politische Programmatik, Tübingen. |
| – | 1975 | Die zwei Soziologien. Individualismus und Kollektivismus in der Sozialtheorie, Tübingen. |
| Van Dyke, V. | 1960 | Political Science. A Philosophical Analysis, Stanford. |
| Vogt, W. | 1973 | Zur langfristigen ökonomischen Entwicklung eines kapitalistischen Systems, in: Leviathan (1973) 161–188. |
| Wagner, K./Terton, G./Schwabe, K. H. | 1974 | Zur marxistisch-leninistischen Wahrheitstheorie, Berlin. |
| Wallace, W. L. (Hrsg.) | 1969 | Sociological Theory. An Introduction, Chicago. |
| Ward, L. F. | 1904 | Soziologie von heute, Innsbruck. (Aus d. Amer.) |
| Warner, W. L./Meeker, M./Eells, K. | 1960 | Social Class in America. A Manual of Procedure for the Measurement of Social Status, New York. |
| Watkins, J. W. N. | 1952 | Ideal Types and Historical Explanation, in: British Journal for the Philosophy of Science 3 (1952) 22–43. |
| – | 1957 | Historical Explanation in the |

|              |      | Social Sciences, in: British Journal for the Philosophy of Science 8 (1957); wiederabgedruckt unter dem Titel „Methodological Individualism and Social Tendencies" in: Brodbeck *1968*, 269–280. |
|--------------|------|---|
| Weber, M.    | *1904* | Die „Objektivität" sozialwissenschaftlicher und sozialpolitischer Erkenntnis, in: Weber *1968*, 146–214. |
| –            | *1906* | Kritische Studien auf dem Gebiet der kulturwissenschaftlichen Logik, in: Weber *1968*, 215–290. |
| –            | *1907* | R. Stammlers „Überwindung" der materialistischen Geschichtsauffassung, in: Weber *1968*, 291–359. |
| –            | *1913* | Über einige Kategorien der verstehenden Soziologie, in: Weber *1968*, 427–474. |
| –            | *1917* | Der Sinn der „Wertfreiheit" der soziologischen und ökonomischen Wissenschaften, in: Weber *1968*, 489–540. |
| –            | *1919* | Wissenschaft als Beruf, in: Weber *1968*, 582–613. |
| –            | *1921* | Soziologische Grundbegriffe, in: Weber *1968*, 541–581. |
| –            | *1968* | Gesammelte Aufsätze zur Wissenschaftslehre, 3. Aufl. Tübingen. |
| Weinberger, O. | *1970* | Rechtslogik. Versuch einer Anwendung moderner Logik auf das juristische Denken, Wien. |
| –            | *1980* | Determinismus und Verantwortung, in: Zeitschrift für philos. Forschung 34 (1980) 607–620. |

Weingart, P. (Hrsg.) 1974    Wissenschaftssoziologie. Determinanten wissenschaftlicher Entwicklung, 2 Bde., Frankfurt a. M.

White, M. 1965    Foundations of Historical Knowledge, New York-London.

Winch, P. 1958    The Idea of a Social Science, London; dt.: Die Idee der Sozialwissenschaft und ihr Verhältnis zur Philosophie, Frankfurt a. M. 1966.

Windelband, W. 1911    Geschichte und Naturwissenschaft (Straßburger Rektoratsrede 1894), in: W. Windelband: Präludien. Aufsätze und Reden zur Einführung in die Philosophie, 4. verm. Aufl. in 2 Bden., Tübingen, 2. Bd., 136–160.

Wittgenstein, L. 1964    Philosophische Bemerkungen, Frankfurt a. M.

Wright, G. H. v. 1974 a    Erklären und Verstehen, Frankfurt a. M. (1. engl. Aufl. 1971.)

– 1974 b    Causality and Determinism, New York-London.

Wright, L. 1976    Teleological Explanations, Berkeley u. a.

Wrong, D. H. 1961    The Oversocialized Conception of Man, in: American Sociological Review 26 (1961) 183–193.

Zapf, W. (Hrsg.) 1971    Theorien des sozialen Wandels, 3. Aufl. Köln-Berlin.

Zedler, H.-P. 1976    Zur Logik von Legitimationsproblemen, München.

Zilsel, E. 1941    Physics and the Problem of Historico-Sociological Laws, in: Philosophy of Science 8 (1941) 567–579.

Znaniecki, F.          *1952*          Cultural Sciences, Urbana, Ill.
–                      *1975*          The Social Role of the Man of
                                       Knowledge,   2. Aufl.   New
                                       York.

# Personenregister

Das Literaturverzeichnis (S. 346–391) wird bei den folgenden Angaben nicht berücksichtigt.

Abel, T. 95 f.
Acham, K. 77, 111, 137, 152 Anm. 23, 339
Adler, M. 201–203, 213, 214 Anm. 44
Albert, H. 7 Anm., 25 f., 146, 192 f., 289
Amonn, A. 289
Apel, K.-O. 41–43
Arendt, H. 33
Aristoteles 62, 197 f.
Ayer, A. J. 65

Bacon, F. 97
Barley, D. 65, 204 f.
Bavink, B. 184 f.
Beck, U. 195 Anm. 39, 232, 306
Becker, H. 255
Becker, H. S. 123 f., 126
Benjamin, W. 160–162 Anm. 24
Benn, S. I. 199
Berelson, B. 188 f., 285, 286 Anm. 58
Berger, H. 134 Anm. 20
Berger, P. L. 134
Bergstraesser, A. 33
Berlin, I. 140 f.
Berlyne, D. E. 188
Bernheim, E. 6
Beyme, K. v. 34
Böhm-Bawerk, E. v. 6, 299
Boehmer, H. 109

Bollnow, O. F. 267
Boltzmann, L. 139
Boyle, R. 184
Braithwaite, R. B. 146
Braniß, C. J. 236 f.
Brecht, A. 25, 230
Breysig, K. 237
Brezinka, W. 314 Anm. 63
Brodbeck, M. 7 Anm., 68, 90, 92, 146 f.
Brody, B. 149
Broom, L. 182 Anm. 32
Bucharin, N. I. 297 Anm. 61
Buck, R. C. 222 Anm. 47
Buckle, H. T. 237
Burckhardt, J. 169

Canguilhem, G. 240 Anm. 51, 241, 243 Anm. 54
Cassirer, E. 139
Chisholm, R. M. 175 Anm. 29
Cohen, P. S. 55–58, 60, 158, 191
Collingwood, R. G. 203 Anm. 41
Comte, A. 237
Cooley, C. H. 103, 157
Croce, B. 237

Dahn, F. 237
Davis, K. 113, 182
Descartes, R. 100

395

# Sachregister

Ablaßwesen 109f.
Abnormität, Abnormalität 240,
242, 244 Anm. 54
Absicht, Handlungsabsicht (sie-
he auch Intention) 103, 169,
204, 297, 304, 312
Abweichung 157, 242
adäquat
– kausal 96
– sinnhaft 96
Adaption (siehe Anpassung)
Äquivalenz, funktionale 225
Affekt (siehe auch Gefühl, Stim-
mung) 259
Aktionismus 330
Aktionsforschung 335
Akzidenz 164, 264
Allaussage (siehe auch Generali-
sierung) 174, 176, 228 Anm.
49
Allgemeines 63, 269, 271
Allgemeingültigkeit (siehe auch
Geltung) 238
Allgemeinheit, Allgemeinheits-
grad
– von Gesetzen 179, 192, 228
– von Handlungen 239f.
Analogie 159, 170, 218
Anaskopie 85
Annahme (siehe auch Vermu-
tung) 158, 194
Anomalie 240, 241f. Anm. 52
Anpassung 86, 243
Anthropogeographie 148
Anthropologie, philosophische

55, 265, 267, 270, 276, 278f.,
283, 302
Anthropomorphismus 53
Antiquarianismus 235f.
Anwendbarkeit von Gesetzen
(siehe auch Reichweite) 178,
180, 192, 287
Approximation 89
Atomismus 206
Attraktion 272
Aussage, wissenschaftliche
passim
– nichtregistrierende 175
– registrierende 175
– Allaussage (siehe dort)
– Gesetzesaussage (siehe Gesetz)
– Sachaussage, Tatsachenaussage
232, 311
– Wertaussage (siehe Werturteil)
Autonomie 83f.
Axiom 146, 152
axiomata media 97

Basis, Überbau, Basis-Überbau-
Verhältnis 80, 210 Anm. 43,
224, 298 Anm. 61, 321
Bedeutsamkeit 38
– objektive 169
– subjektive 169
Bedeutung 90–94
Bedingung
– hinreichende 204, 209–211,
215f.
– notwendige 208–210, 216

397

405

409

# Handbuch Philosophie

herausgegeben von Elisabeth Ströker und Wolfgang Wieland
im Verlag Karl Alber, Freiburg/München

Die Bände des *Handbuchs Philosophie* entfalten die hauptsächlichen Fragestellungen der verschiedenen Disziplinen, stellen ihre Theorien nach Grundprinzipien und Konsequenzen klar heraus und machen ihre Grenzen durch Berücksichtigung interner und externer Kritik sichtbar. Keine Richtung oder Schule wird einseitig repräsentiert, vielmehr kommen alle Aspekte zur Sprache, die sachdienlich die internationale Problemdiskussion bestimmen. Da es indessen keine völlig standpunktunabhängige Philosophie gibt, wird jeder Autor in seinen Band einbringen, was ihm im Zusammenhang seiner Forschungen wesentlich erscheint. Das schließt die Möglichkeit ein, bei der Darstellung fremder Auffassungen der eigenen Kritik Raum zu geben. So wird jene Vielfalt widergespiegelt, in der sich das philosophische Denken unserer Tage manifestiert.

Das Gesamtwerk ist nach philosophischen Disziplinen gegliedert. Jeder Band hat wesentlich den gegenwärtigen Problemstand seiner Disziplin zum Gegenstand. Das Schwergewicht liegt auf der systematischen Darstellung; Historisches wird berücksichtigt, soweit es dazu beiträgt, die gegenwärtige Problematik begreiflich zu machen. Die Zielsetzung des Werkes bedingt eine klare und verständliche Diktion auf einem der Sachproblematik angemessenen Sprachniveau. Daher werden die Fachterminologien so verwendet, daß die Bedeutung der Spezialausdrücke auch dem einer Disziplin ferner Stehenden aus dem Kontext hinreichend deutlich wird.

*Jeder Band mit Bibliographie, Sachregister und Personenregister.*
*Die Bibliographie bringt jeweils eine Auswahl der einschlägigen Literatur: Gesamtdarstellungen der Disziplin, Monographien zu zentralen Problemen, Literatur mit historischer Ausrichtung, Zeitschriftenaufsätze und Lexikonartikel.*

Umseitig eine Übersicht
über die einzelnen Bände des *Handbuchs Philosophie*.

# Die einzelnen Bände

des *Handbuchs Philosophie* in der Reihenfolge
ihres voraussichtlichen Erscheinens:

Verlag Karl Alber, Freiburg/München